马克思列宁主义哲学文献丛书

③

主　编　胡孝红

副主编　范　畅　郑来春　周德清　王　燕

人民日报出版社

北京

图书在版编目（CIP）数据

马克思列宁主义哲学文献丛书 . 3 / 胡孝红编 . –
北京 : 人民日报出版社 , 2020.12
ISBN 978-7-5115-6804-5

Ⅰ . ①马… Ⅱ . ①胡… Ⅲ . ①马列著作－哲学－汇编
Ⅳ . ① A563

中国版本图书馆 CIP 数据核字 (2020) 第 243781 号

书　　名：马克思列宁主义哲学文献丛书 . 3
　　　　　MAKESI LIENING ZHUYI ZHEXUE WENXIAN CONGSHU.3

主　　编：胡孝红

出 版 人：刘华新
责任编辑：刘　悦
封面设计：人文在线

出版发行：人民日报出版社
社　　址：北京金台西路 2 号
邮政编码：100733
发行热线：（010）65369527　65369512　65369509　65369510
邮购热线：（010）65369530
编辑热线：（010）65363105
网　　址：www.peopledailypress.com
经　　销：新华书店
印　　刷：天津雅泽印刷有限公司

开　　本：787mm × 1092mm　　　1/16
字　　数：377 千字
印　　张：47.5
版次印次：2020 年 12 月第 1 版　　2020 年 12 月第 1 次印刷

书　　号：ISBN 978-7-5115-6804-5
定　　价：2980（全 5 册）

第三册

目 录

辯證法的唯物論入門

德波林著 ● 林伯修譯

上海南強書局版

第三版序文

在本書底第三版出版的時候，著者覺得有附記幾句說話的必要。

本書是寫於1907年的，最初問世是在寫好八年之後。就是1915年始由"治志尼·志拿尼埃"社出版。

為了以唯物論和革命的馬克思主義底精神一貫了的本書找出版者，這在革命之後來臨的反勤時代是一件困難的事。故蒲列哈諾夫，為了對於觀念論及機會主義鬥爭的目的，認為本書有出版的必要，就自己擔任了找尋出版者之勞。但是，他在這方面的一切奔走也沒有什麼效果。

當時尚在其苦慘困難的時代。1905年底革命底失敗，不僅招來布爾喬亞的地主的反動，而在其不久以前熱中於革命的口號尤其是馬克思主義的智識階級之間也惹起價值底再估價了。幾百千底勞動者及革命家或被殺戮，或在沙皇底牢獄裏過着苦痛的日子，同時革命及其當事者則受了從理論底高處底攻擊。

官權，藉着斯托魯平式"領帶"之助而絞殺革命家，"上流社會"也找求其種種學者底教化的協作而企圖以"批判底武器"來壓殺馬克思主義。馬克思主義者也有幾分降服於布爾喬亞思想底這一危險的影響。他們之間，在理論及革命的實踐底方面，開始重大的動搖。於是對於這一動搖不能不使正統派馬克思主義底見地與之對立。本書底著者也與辯證法的唯物底其他代表諸君在一起，盡其能力所及地參加了這種觀念的鬪爭。從這個意味看來，這一勞作是一定底歷史的時代底產物。他方，我們提起了克服對於馬克思主義懷着敵意的哲學的傾向這種非學院的，實踐的課題。我們樹立着這樣的課題，同時爲要高調一定底歷史的時代的經驗論底進步的性質，及由最高見地——卽辯

2

證法的唯物論底見地——看來的經驗底一面性及制限性起見，認爲有敍述其史的概觀的必要。古典的經驗論底發展史，同時又是其徐徐的否定和崩壞的歷史。對於古典的合理論也不能不加以這樣的辯證法的批判。但是，我們是由純粹的實踐的思考出發而制限了自己底主題的。

康德底學說是形成着由經驗論和合理底要素而成的新的獨自的綜合的。康德是奠定了以古典的觀念論這一名稱見知的偉大的知的運動之基礎的。但是，這一德意志底古典的觀念論——完全是特殊底現象。第一，這是生出了新的——辯證法的邏輯的。第二，這辯證法的方法，在把理念當做觀念的東西與現實的東西，概念與存在，主觀與客觀，底統一而解釋和理解這一意味上，當然不能不把自己底烙印加於體系。這一事，就意味着存在，現實，在絕對的觀念論底體系已經被認爲和概念同權的實在。爲什麼呢，因爲依着黑格爾，理念是形成存在與概念底統一的緣故。主觀與客觀是相對的對立，不像形而上學者所主張一樣，是絕對的對立。但是德意志底古典的觀念論是將這個矛盾

3

4

"在思維底要素之中"解決的。體系是和偉大的觀念論者，主要是黑格爾，所提起的辯證法的方法，矛盾了。辯證法的唯物論，作爲辯證法的觀念論底真理而出現。黑格爾哲學，爲費爾巴哈及馬克思底哲學所代替了。這就是哲學思想發展底行程。

但是，哲學思想發展底行程，是依着什麼所規定呢？對於這個問題，馬克思主義者應該如次地答覆道：那是依着社會關係，社會關係底根柢橫着生產力底發展。但是，著者不能不自行局限於觀念底歷史了。固然，有時也暗示諸時代底社會關係與觀念之關係。他面，我們是以在其對於唯物論的關係描寫經驗論的哲學爲課題的。這一勞作底性質就爲這個所規定。經驗論之引起我們底興味的，是只限於在上述那樣的時代（反動時代——譯註）成爲馬克思主義者底注意之焦點的當時底哲學傾向底根原，植根於這種經驗論，而且唯物論者＝馬克思主義者不能不和機會主義鬪爭，的範圍內而已。

如果著者利用辯證法的方法，而以記述哲學史爲其課題，且那時欲由規定牠的社會史的制約導出各體系，那末，著者將不能不寫成數卷的巨著。但是，那本來是一個頗為複雜的課題，因為要充實這個必須要有社會關係，階級鬪爭等底歷史領域中之認真的豫備的研究，我們能否立即實行這一事呢，這是一個疑問。然而有些輕率的批評家却非難著者不寫這樣的著作了。

故蒲列哈諾夫在其"序文之中，希望着"入門"（本書——譯註）底著者"在第二版為勢力論的世界觀及基於牠的認識論批判特設一章"。著者以為蒲列哈諾夫這種非難是當然的。遺憾的是我們在第二版及本版都不能夠做到。但是，在這裏不能不說一句話，這一缺憾在今日是不能認為很本質的東西的。又在這個期間，發生了許多有利於唯物論的變化。勢力論的世界觀底創始者又是說教者，現在已經高齡了的奧斯特窪爾德，因為來得及看見物理學方面的最近底發見之故，感到有承認原子底存在的必要了。

馬赫及他底俄羅斯底追隨者們叫原子做人工的象徵，虛構，形而上學的幻影等而種種揶揄了。唯物論者，是和這種"自然科學的哲學者"對立，而

5

一點也沒有豫斷原子底構成問題，主張了其實在的存在的。我們在唯物論底奠定基礎的問題上，是立於自然科學底確固的基礎之上的。同時，我們在1907年已經指出了最新底物理學的理論意味着辯證法的自然觀底勝利（參照第七章），辯證法的唯物論在一切此等新發見之中獲得了滿足的科學的確證。知道蒲蘭克底量子論的人，關於唯物論者＝辯證論者在所謂"飛躍"底擁護也是正確的這一點，是一定會和我們一致的。

辯證法的唯物論，在歷史的領域更加堂皇地證明自己底正當了。能夠成爲其證明的，就是最近十年底血腥的歷史。現在我已經過多地證明了成爲其證人的，最深刻的社會的變革，在社會生活底根柢，不是橫着某種"觀念形態的因子"而是橫着生產底物質物條件及由牠而生的階級鬥爭。只要健全地思考着的人，誰也不會想依非經濟的秩序底某種原因來說明世界戰爭吧。對於誰也明白的執拗的現代史底事實，甚至在布爾喬亞學者底歷史理論也開始發生影響了。

博士的馬克思主義底"批評家"們，在其當時

6

引用着康德及其他大家，而颇為熱心地論證着革命底概念因爲內面地矛盾着故革命是不可能的。對於此等"深遠的思想底"哲學者，現實的革命與其以邏輯的論證，寧是以痛烈的打擊而使之懂得其"可能性"，這是值得三思的。

國際的普羅列搭利特巳在革命的馬克思主義底旗幟之下向着資本主義的城塞襲擊了。資本主義社會是碰壁了。由這碰壁的唯一出路就是社會主義。先進諸國底普羅列搭利特底日程的課題是政權底獲得。資本主義社會底這一發展道程，是七十五年前我們底偉大的導師卡爾·馬克思所豫示了的。如今普羅列搭利特獲得政權的問題，在一切先進國是成爲當面底問題了。社會主義，無論對於幾百萬底勞動者抑對於社會的進步一般，都有存在的必要。這樣的，如果相信布爾喬亞批評家底說話，則那麼樣擺脫種種"危機而來的馬克思主義，不僅是幸而健在，而且形成着統合幾百萬人於其旗幟之下這個古今未有的運動了。不是多麼偉大的光景麼！！於一個壯大的綜合把握着認識及世界創造底問題，與社會的及歷史的生活底問

7

題的，科學的世界觀是在人類史上始成為人民大
衆之所有。人類是在建築其生活於合理的科學的
基礎之上的時候，進入新的歷史的時代的。

　　本書也是從這個科學的世界觀，即從辯證法
的唯物論，底見地所寫成的。著者很知道自己底勞
作底缺點。就形式的方面說，本書甚多重複，但是，
這是難於避免的。為什麼呢，因為我們所不能不處
理的馬克思主義批評家諸君，是在反覆着同一底
論證，哲學地從一樣的觀念論的前提出發了的緣
故。加之，本書底後半（第七章以下）是收集從種種
的動機但是一般地為了同一的主題即為了擁護辯
證法的唯物論而寫的雜誌論文而成的。本書或許
應該把若干章補足和改作也未可知。遺憾的是因
為沒有餘暇，所以不能不斷念了。著者認為使本書
底出版延緩是不行的。

　　　一九二三年九月八日阿・德波林。

序

　　究竟哲學的課題在於那一點呢?策勒 (E. Zeller) 答道:"那是在於研究認識和實在底究竟的基礎，並且在其與這基礎底聯繫上把握一切實在的東西"。

　　這是正確的。但是，這裏立即就生起新的問題來，即:能夠把認識底基礎作為離開存在底基礎的東西來觀察麼?對於這個問題，是應該用決定的否定囘答的。我們底"我"是使自己與外界(非我)對立的,同時,"我"是感知自己和外界的聯繫的。所以，人類開始哲學的思索時,即人類起了建設整然

9

的世界觀底希望時，他必定會碰着"我"對於"非我"，"意識"對於"實在"，或"精神"對於"存在"有着怎樣的關係這個問題。固然，也有過這個問題對於哲學者們不發生的時代。這是古代希臘哲學發展底初期的事。例如<u>退利斯</u>就是這樣。他是主張水是本原的實體，從這一實體生出一切的東西，而一切的東西又復歸於這個的。但是，他在這個場合，並不發生意識對於這個根本的實體有怎樣的關係這一疑問。以爲根本的實體不是水而是空氣的<u>亞諾芝曼尼</u>（Anaximenes）對於這一事也不發生疑問。但是到了後來，希臘哲學者無論如何也不能避免"我"對於"非我"，意識對於存在的關係的問題的時代就到來了。在當時，這個問題已成爲哲學的根本問題。這個問題就在現代還是依然如此。

種種的哲學體系，對於這個問題給與種種的解答。但是，如果洞察種種的哲學體系所給與的種種解答，我們就知道這些解答決不像驟看時那麼多種多樣的。一切這些是可以分爲二個部門的。

屬於第一部門的解答，是思想家們以客觀——換句話說卽存在或自然——爲出發點的場合所生

10

的一切解答。在這個場合，思想家們不能不說明怎樣地主體觀被添加於客觀，意識被添加於存在，精神被添加於自然。他們並不是同樣地說明這個，所以，出發點儘管是同樣的但可以得到不必同樣的體系。

屬於第二部門的，是以主觀，意識，及精神爲其出發點的一切底哲學的構成。這個場合，說明怎樣地客觀被添加於主觀，存在被添加於意識，自然被添加於精神，就成爲思想家們的義務，這是很易了解的。又依着他們怎樣地去完成自己這種義務，屬於這一部門的諸哲學體系也就互相差異了。

在由客觀出發的人們——如果他有激底地思維的能力和勇氣——就可以創出種種的唯物論的世界觀之一種類。

以主觀爲某出發點的人們——如果他不害怕激底的事——就會成爲帶有一種色彩觀念論者。

但是沒有激底地思維的能力的人們，則中道而廢，滿足於唯物論和觀念論的混血種。這種不激底的思想家，就叫做折衷派。

11

關於這一點，或許有人要反駁我吧，不是還有"批判"哲學底一派麼，他們與唯物論和觀念論都隔得很遠，並且不為折衷派底的世界觀所常有的弱點所累？這種反駁，記得是什麼時候奢爾拍諾夫教授曾經加諸我的。但是我要向讀者推薦這裏所提出的德波林底著書底第六章（先驗的方法）。如果讀了這一章，讀者就可以知道這個反駁是多麼無力的東西。德波林明白地確信地證明了康德的"批判"哲學為二元論所惱了。因為二元論常是折衷的，所以對於我上面所說的。一切澈底的思想家不能不於唯物論和觀念論中選擇其一的說話，能夠抬出康德的，只是出於誤解。

費希特(Fichte)也指摘了康德主義底不澈底。固然他起初不把這個康德主義的缺點歸罪於康德自己，而歸罪於其學徒。費希特向着康德底學徒說："諸君底地球是象在支載着，然而象又是地球所支載的。諸君底純粹思想的物之自體，是不能不對於主觀起作用的"。相信康德自己是已由這個矛盾——事實上明明白白的不可容許的矛盾——解放的費希特，是主張"康德底康德主義"底真意是

12

包含於觀念論（即費希特底"智識學"）之中的。但是，康德是不同意這個的。康德對於這樣地解釋他自己底哲學用着文字反對了。依着他底說話，費希特底觀念論的體系在他看來好像是幽靈似的東西，即"明白的，當你以爲能夠捉住那幽靈的時候，你除了自己以外是什麼東西也沒有的，而且這個場合，除了爲捉住而伸出來的手之外是什麼東西也沒有的"。(註) 其後，費希特就除了非難康德自己底不澈底之外沒有方法了，即費希特非難着康德而稱他爲 "ein Dreiviertelskopf（照文字說是四分之三的腦袋）"，了。

（註）Kant's Werke, "Ausgabe von Hartenstein,"）.
Band, SS. 577-578. 其詳請參閱拙著論集我們底對：
判農的批判 4 底論文：唯物論呢，康德主義呢？

二

再往前進吧。我們各個人對於自己（我）是主觀，若對於他人，各個人又只能是客觀（汝），這是完全明白的事體。人類不是存在於自然底限界外而是存在於其中，也是一樣地明白的。因爲這個緣

18

故，這個自然（存在，客觀）就被認為應該是一切哲學的構成底出發點了。那末，不以自然而以精神為其出發點的諸體系底起原，應該怎樣地說明呢？

要答覆這個問題，就不能不先著眼於文化史。

有名的英國人類學者耶德華·皮·持拉，早已說過，和唯物論哲學對立的唯心論哲學底本質，是植根於原始的物活說的。(註一)這可以說是一種Paradox。不僅如此。別的讀者，或者要指摘道，人類學者一般在哲學史差不多是沒有資格的，也未可知。

對於這種讀者我要這樣地回答：即在這一場合這位人類學者底意見，至少其一部分是最有名的一位哲學史家所同有的。龔勃爾(Theodor Gomperz)在其專講"希臘思想家"底名著中，認為柏拉圖底關於理念的學說與生長於或種原始民族底物活說的基礎之上的見解之間有顯著的類似。(註二)但是無須引用大家的說話。我們用自己底眼光來看問題吧。什麼是物活說？這是未開化人說明自然現象底嘗試。這種嘗試不管牠是怎樣地無力，怎樣地可憐，但在原始人底生活條件之下，那是不可避

14

免的。原始人在其生存競爭之際從事某種行動，依着這種行動惹起了某種現象。這樣的，原始人就習慣於把自己看做這些現象底原因．

他們也比擬自己而判斷事物，而以爲其他一切現象是爲一種具有和他同樣的感覺，欲望，情慾，悟性及意志的本質底作用所惹起的東西。但是，他眼睛沒有看見牠們底實體，於是以爲牠們底實體在普通的條件之下是不到達於他底外的感官，而只在特殊的場合直接地作用於他的"精神"。基於這種物活說，就產生出宗敎。宗敎底後來底發達是爲社會發展底程度所決定的。

諸神就是諸精神，原始人以爲那是配劑這種精神於自己的，所以又向牠禮拜。原始人將世界底創造歸諸這些精神中之一個或幾個之所爲。

事實上，原始狩獵人，對於那狩獵所給與他生活手段的動物是誰所創造呢的問題不感到與味，感到與味的是動物從那裏生來呢的問題。對於這個根本問題，狩獵人底宇宙開闢說又給與了解答。關於創造世界的故事，是在生產力底發展擴大了人類底生產的活動，依着這，關於創造的觀念在人

15

類益發成了普通一般的東西的時候，始行出現的。世界之一創造者（或諸創造者）底活動，原始人把牠看做類似他自己底生產的活動，這完全是自然的事。例如依着阿非利加底某種種族底神話，人類是用粘土所揑成的。在孟菲斯，人們相信勃達之神恰如石匠造屋般地建設了世界，在塞斯，傳說世界是一位女神所織出來的，等等。

我們知道宇宙開闢說和技術有密切的關係。但是，這是餘談。（註三　我以爲在這裏只要注意下面一點：卽世界爲某一精神所創造這種信仰一經確定，依此就準備了以精神（主觀）爲其出發點的，因而精神又在那裏依着一些方法自行决定自然（客觀）底存在的，一切哲學體系底素地。在這個意味上，我們就能夠承認，而且不能不承認，唯心論的——及一切觀念論的——哲學，和唯物論反對地，是起原於原始的物活說的。

不消說，觀念論者底創造的精神——例如薛林及黑格爾底絕對精神——是和我在上面所說過的相信人類是由粘土所做成的阿美利加種族之神相似的。原始種族底神們是完全像人類的東西，只在比人類更強有力這一點是不同的。然而薛林及黑格爾底絕對精神，除了意識之外，是沒有什麼人類的東西的。換句話說，原始人所有的精神的概念，要與偉大的德意志底觀念論者們所精製的絕對精神底觀念合流，是不能不經過極長期底蒸溜（像恩格斯所說一樣）過程的。但是長期底"蒸溜"過程不能夠把何等本質的變革帶到物活說的觀念之中，這些觀念，在本質上依然是一如從前的。

（註一）La civilisation primitive. Paris, 1876, I. P. 493.

（註二）因為手邊沒有原書故引用法譯本。襲勃爾底意見在第二卷（羅散奴，1905年）414-415頁。

（註三）關於這一事請參照文集由防禦到攻擊中我底最初底論文關於宗教的探求。

三

物活說是我們所知道的自然現象間底因果關係在人類意識上最初底表現。物活說是藉着神話之助而說明社會現象的。但是，物活說底說明雖使原始人底好奇心滿足，但牠全然沒有增大原始人對於自然的支配權。

17

舉例來說明吧。患病的菲治人，相信一旦離去的自己底靈魂會復歸於身體，而躺在地下叫喊了。不消說，他訴諸自己底靈魂之論據，並不表示什麼影響於他底有機體中的病理的過程底進行。為要獲得如願地作用於這些過程底進行的可能性，人們便不能不豫先從科學底見地觀察有機的生活。從科學底見地觀察自然現象，不是依某一精神的實體底作用而說明牠，而是依着那自然底法則而說明的意思。人類對於自然底支配權底增大，只應於他留意現象底合則的聯繫的程度而成功。對於自然現象之某方面的科學的見解，是全然否定物活說對於牠的的見解的。像一個希臘底歷史家正當地指摘過一樣，知道繞着地球的太陽之那種眼看得見的運動底真的原因的人，早已不談及那赫里阿斯，卽朝乘火之車而出現，沿着環狀底天路而昇天，一到黃昏便沒於西空而休息的赫里阿斯了。所以，這就是說當說明繞着地球的太陽之眼看得見的運動力之際，他早已不由主觀出發，而是由客觀出發，不訴諸精神，而是訴諸自然了。

　　希臘底伊奧尼亞學派底思想家們，剛剛是這

樣做了。告訴一切存在物底原素是水或空氣的人們之出發點，明白地是客觀的不是主觀的。和這完全同樣地，在赫拉頡利圖說着宇宙不是神及人所創造的，"宇宙是未來永刼地規則地發火規則地滅火的，活的火，現在是火，將來也是火吧"的場合，任你怎樣強烈地希望着，總不能將那把世界當做精神或諸種活動之產物看的物活說的見解歸屬於他的。我們在想及策勒對於哲學底課題所下的定義時，可以說在伊奧尼亞學派底思想家們認識底究竟底基礎依據於存在底究竟。所以，例如立了萬物是空氣底變態這種學說的阿波羅尼亞底治奧格內斯，還以爲第一實體具有理性，"知道許多的事"呢。

對於自然現象的科學的見解，大優於物活說的見解，所以，希臘哲學在其後來底發展，明白地常不由主觀出發，但不能不由客觀出發了。即是不成爲觀念論的哲學，而不能不成爲唯物論的哲學了。然而我們知道希臘哲學最少從梭格拉底時代就決定地進入了觀念論底道途。在現在觀念論完全獲得支配權了。如今哲學專門家——尤其是私

19

講師諸君——還以爲沒有和唯物論者論爭的必要。他們確信批評唯物論，像還要故意去開那已經開着的門戶般地是多餘的事體。不消說，對於唯物論那麼甚地侮辱的國度，是有了叔本華所極確切地指出特質的許多哲學教授的德意志，而且現在還是依然如此。俄羅斯底智識階級底大多數——只要是有哲學興味的——在追隨着德意志底哲學教授，所以，在俄羅斯（像約瑟‧普利斯特里所說一樣）The Philosophical People（哲學的人士）——有輕視我們底兄弟，剛愎的唯物論者的習慣，是不足怪的。不消說，這一事是可以依諸君所淸楚的事實，卽在俄羅斯有許許多多要把新的哲學的根據給與馬克思恩格斯底學說的企圖，來說明的。一切這些企圖是依着要使歷史底唯物論的解釋和一種觀念論的認識論調和的要求所促進的。這些企圖，自始就有不成功的運命，爲什麼呢，因爲折衷主義是像獻身於神的少女般地常有不姙症的緣故。加之，嘗試着這些企圖的著述家們是旣沒有知識也沒有天才的。他們底著作，或者可以敍述什麼爲那時代底最有特色的表徵也未可知，但沒有研究牠

20

的價值。

（註）Parerga und Paralipomena: Ueber die Univers

ıtäts Philosophie。

四

爲什麼科學的自然觀明顯地優於物活說的見解，而觀念論却會對於唯物論奏着凱歌呢？

這件事主要的可以依着二個原因來說明。

第一，在長久的時代間，自然科學底進步極其遲緩，因而不能從其一切的地位驅逐物活說。人們徐徐地習慣了由科學的見地觀察現象底一方面，但在此外底更廣汎的方面，依然固守着物活說的解釋。因爲這個緣故，他們底世界觀在大體上，依然是物活說的，在社會生活複雜化而個個底社會內底交通反覆着的時候，長期間，甚至生出不受科學的研究，因而又作爲由某一神底活動而來的東西而物活說地被說明了的，完全新的現象底領域來。埃烏利披爹士底悲劇，屢被以如次的話語結束着："天之力依着許多事體顯示自己底存在。神們出乎意表地做着許多的事。我們所期待的事不能成就，

21

可是神們則發見實現不可能的事的手段"。

在某一民族底諸勢力底互相鬥爭中，或在民族間底戰爭及商業的交通上，以為不可能的東西實現了，並且在實現着的事；或所期待的東西沒有成就的事：全然不是稀罕。對於"天之力"底存在及求其幫助的傾向，大部分是為這件事所維持的。這種信仰及傾向在傑出的思想家們——他們是科學的世界觀底途上的文明的人類底指導者——也可以看到。科學的自然哲學底元祖——伊奧尼亞學派底思想家們——是仍然繼續地信仰着神底存在的。(註一)

此外還有一點也是不能不記憶的。即物活說的表象，自其發生以來，在某一時代之間，是和未開人對於所屬的社會的義務觀完全沒有關係地繼續着牠底存在，但這一義務觀是從很古的時代就開始和這一表象結合的東西。其後，在更高度底文明的階段，物活說的表象，就作為多少堅固的宗教的信仰底體系而凝固起來，並且和人類底相互義務底概念結合得極其鞏固。人們把這些義務看做神底訓戒了。宗教是把在那社會上建築起來的道

22

德神聖化，把那社會底其他一切基礎神聖化的東西。我們在馬努底法典讀到萬有底造物主由自己之身體底種種部分造了種種社會階級底人們。由口造出巴拉門（被稱爲最貴重的部分——蒲列哈諾夫），由手造出克舍特利亞，由臀造出——貝舍，最後由髀造出——斯德拉（註二）

造物主（註三）希望下層階級服從上級，並且說過現存社會底階級的區別，像四季底循環一樣，無論何時應該是不變的。（註四）

這樣地，由於某種宗教的某一社會秩序底神聖化，是使那宗教成爲很著的保守的力的。因爲這個緣故，一切底保守派都大大地尊重宗教。如果某一社會的支配階級，由其自己底環境產生出一般地染指於理論問題，特殊地染指於哲學問題的人們，那末這些人們必然地要成爲那把自然的合則性底概念擴張到一切的世界觀並推翻宗教的信念底根柢之自身般的，哲學說之不俱戴天的仇敵的。魯克修斯用着如次的陶醉的話語稱讚唯物論者伊壁鳩魯沒有破壞對於神的信仰了：

"當地上的人類生活，在從天上伸出頭來而以

23

可怕的面目威嚇了人類的，宗教之重荷之下，侮蔑地被壓迫了的時候，那時候，希臘底男子始敢正視之而反抗了。他是一個不屈於諸神底聖殿，電光及上天底可怖的爆音的人"。

這樣的稱讚，使人豫想着發出稱讚的人，是對於旣存底社會秩序懷着敵意，不然就是他確信這一社會秩序爲萬古不易而以依着"精神的武裝"來擁護牠是徒費的：二者之中必居其一。任何支配階級，都決不會作爲全體來反抗自己底支配。他方面，在經驗了許多動亂的現代歐羅巴社會，支配階級是沒有毫末底根據可以相信現存狀態底確固不動的。所以，他們決不閑却"精神的武裝"。他們底思想家，都在費着全力使哲學由"破壞的"要素淨化出來。

在某一階級對於從來立於其上的階級雖不充分但漸獲得勝利，而因鬥爭所惹起的思想的動搖在這一社會內還未完全安定——這樣的社會進化底過渡期，哲學的欺騙，開始被視爲思想家對於"有秩序的"社會的義務了。這一事也被認爲不會如此的。但是，這也是事實。諸君是可以通讀如次的數行，那是從哲學史之唯物論的說明離得再遠不過的人所寫的。他是說着關於十七世紀及十八世紀前半底英國的。

"……如果初期底自由思想不能不從教權奪得自己發展的地位，但隨着時間底經過，在自由思想自身之中，反對着思想底自由底無制限的支配而蹶起的人之聲開始發出來了。歷史的見解，益發遠離於既成的宗教，甚至幾分是受了法蘭西文學底影響而開始攝取固有的世俗的懷疑論於這個了。反之，在公教的教理，人們又益發適應於純粹政治的或警察的宗教觀而行事了……這種狀態特別在英國社會底上流階級顯著起來了。"

(註一) 人們把神和其他萬物都生於水這種思想歸於退利斯，這是事實。這一傳說是退利斯底同時代人以為自己關於神的觀念與退利斯底觀念不相似的證明。

(註二) 同書，第一冊，三十一章。

(註三) 同書，第四冊，三百十三章——三百二十六章。

(註四) 同書，第一冊，三十章。

五

温打斑德很公平地舉出在1738年出版的有名的Letters on study of history底著者，勞特·波林勃洛克，爲上述狀態底最明白的精神的表現者了。

我們在温打斑德底著書中更讀到如次的文字："作爲那麼樣地體會批判主義，那麼樣地少信聖經的，最頑固的一個理神論者，他（波林勃洛克——蒲列哈諾夫）將傳布着這樣的見解的一切文獻叫做革命的文獻，叫做社會的百斯篤。他不隱蔽自由思想只是支配階級底權利這種意見，而使社會的特權底全利己主義……和解放思想底普及對立着。既成宗教觀念之偏狹和不合理是值得嘲笑的東西，他在客廳裏這樣想。然而自己却不怕受着最不客氣的嘲弄。在社會生活上，宗教——是沒有打破國家底基礎卽大衆底服從心便不能使之動搖的必然的力"。(註一)

温打斑德發見了波林勃洛克其實"不過是有着十分的決斷力可以告語當時底上流社會底祕密——不限於只爲這個時代所有的祕密——吧了"

26

完全是這樣的。但是，若果如此，在階級分化的社會裏，哲學的觀念底歷史，就不能不用唯物論的命題底眼光郎不是思維依着自己而規定存在，反對的是存在依着自己而規定思維這種眼光來觀察了。在那個場合，現今到處之觀念論的世界觀底勝利，不是有利於這一世界觀的論證，寧是有害於牠的論證。

還有誰不知道西歐社會的階級鬥爭日益激烈化麼？還有誰不知道依着這個理由，既存秩序底擁護在西歐社會的支配階級眼中，不能不益發獲得重大的意義麼？

溫打斑德非難波林勃洛克底"意識的欺騙"而謂"他底議論底淺薄"是容易看穿的。他在這一場合也是正確的。上流階級底先驅的思想家，一經把自己在儕輩間所嘲笑的"眞理"介紹於"大衆"，他們底思想底眞面目便終於有爲國民所周知及傳播於國民之間的危險。誠然在這個時候，"國家底基礎"的"大衆底服從心"會動搖吧。由社會秩序底見地看來，在上流階級底思想家有"內面的見解"存在，是極不合目的的。如果此等思想家排斥"內面的見解"而與"既成宗教締結不僞的和睦，那末，社會秩序就會得到更加良好的保證。但是，果能夠對於他們提出這樣的要求麼？縱使在他們"意識的欺騙"底貯蓄是怎樣地豐富，但是强要他們拿出自己所無的信條來是不行的。卽應該從新把此等信條注射給他們，但因此不能不改造他們底概念，又主要的要努力破壞對於社會的安寧有危險的 "內面的見解"底根本的理論的基礎。

甚至特權階級一派底本來（自由思想）底友人也開始視爲危險的，英國自由思想底基礎，在那裏呢？結局，那是歸着於一切自然現象是不變地依從其自身底法則這個信念。換句話說，那是唯物論對於自然的見解。這一點，如果親近自由思想底顯著代表者，例如約翰·托蘭德(1670——1722)，底著作，就可以容易了解。他底學說是一貫地具有唯物論底精神的。（註二）故英國底保守派第一不能不對於唯物論武裝了。他們是這樣的人們卽發見了就使只在上流社會中間，"內面的見解"之普及，無論由英國教會底見地看來，抑由社會的安寧看來，總是有害的的人們。

28

對於全社會或一定的社會階級有重大意義的某種要求發生的時候，差不多常有發願要爲滿足這種要求而不辭勞苦的人們。在英國，有巴克萊（1684——1753）出而與自由思想鬥爭了。但是，他是努力破壞自由思想之唯物論的基礎而與之鬥爭了的。

巴克萊後來做了僧正。但是，一讀他還在學習時代底記述，便可知道他在青年時代，早已專心一志於爲擁護傳統的信條而鍛鍊着犀利的"精神的武器"的目的了。雖然還在學生時代，但他已完成了其有名的命題 esse——Percipi（存在是——在知覺上存在）。而且不難知道是什麼使他完成和擁護這一命題的。在他底記錄，寫着如次的話語："把存在和知覺形態上的存在區別的意見要導出可怕的結果。這一意見——就是霍布士學說（卽唯物論——蒲列哈諾夫）底基礎"。（註三）在這個青年學生底同一筆記底另一地方有如次的說話："一經肯定物質底存在，則誰也不能證明神不是物質吧"。（註四）爲要避免這樣的"可怕的結果"，賸下的只有不肯定物質底存在（註五）這一種手段。可是，這一

29

事是可以依着存在是等於知覺上的存在的(esse—
Percipi) 這一學說而達到目的的。由這個學說可
以得到"物質之自身不過是我們底表象之一，這是
神底問題，我們沒有權利說這是自然底問題"，這
個慰安的結論。"神是一切自然現象底原因"——
未來底僧正聲明了。(註六) 但是，在他如次地寫了
的時候，不能不認他是沒有錯的："如果我底學說
充分被理解着，則作爲宗教底公然的敵人而出現
的伊壁鳩魯，霍布士，斯賓挪莎等底一切哲學就會
被破壞吧"。(註七) 這是不消說的！！如果沒有物質，
則唯物論也是沒用的。

(註一)Le Journal Philosophique de Berkeley, etude
et traduction par Raymond Gourg. Paris,
1908, p. 107-108。

(註二)Ibid, P. 123。

(註三)依着史梯芬底話，在巴克萊 " 打破物質就感知精
神"。"to destroy mattar was to feel the soul."
(History of english thought iu eighteenth
century, London, 1881, vol. I. P. 39。)

(註四)Ibid., P.89。

(註五)Ibid., P 125。

80

六

但是,這決沒有那麼順利。巴克萊以爲充分理解我底學說就是了解沒有爭論的餘地的我底正當性。在事實上,這一事就暴露了他底不澈底。

如果是 esse——percipi,——巴克萊是終生堅決地主張了這個命題的——則神將和物質同其運命。即神將和物質同樣地只是在我們底表象之中存在吧。因而不僅唯物論被破壞,宗教也要被破壞的。巴克萊底學說,正是依着別的方法招來了這位有好計劃的思想家所欲排除的"可怕的結果"的。巴克萊是沒有,或者不欲,感覺到這個矛盾的。他是被無論如何都要擁護自己底傳統的信條的欲求所眩惑了。

同樣的欲求也眩惑了康德。他底"批判的"體系,事實上是使由新教徒底祖先傳來的某種見解與十八世紀底眞的批判的思想底結論一致的嘗試。康德以爲可以依着把信仰底領域從智識底領域分離,而使兩者一致的。即以爲可以依着信仰是和本體有關係,科學底權利只及於現象之上的

31

事而使之一致。(註一) 而他是沒有對於其讀者隱蔽爲什麼科學底權利底這個制限於他是必要的。他在其著作純粹理性批判第二版底序文率直地陳述了他之出此是爲信仰廓清座位的願望所驅策的。(註二)

保爾特爾是加特力教會底不俱戴天的敵人。他底格言 "ecrasons l'infame!" (打破可惡的迷信！)是値得囘想的。但是，保爾特爾也和康德一樣，相信不能不爲信仰留下座位。他雖激烈地和加特加教鬥爭，但他是一個理神論者，而且說教了有神論———卽對於勸善懲惡的神的信仰。要理解他對於神底必要的信念起因於何處，只要少爲知道他底這一辯護信仰底論證便十分了。馬列·丟·滂，在其囘想錄中，如次的陳述着：有一個時候，在晚餐底席上，搭蘭伯爾和孔德爾色在保爾特爾之前開始辯護無神論了。那時，"夫埃爾內優底教長" 慌慌張張地命僕人退出食堂，然後，說道："現在諸君可以繼續排斥神祇的議論呀！我今晚不願爲僕人所殺或被盜，所以我不願意他們聽着諸君的說法"。這一事可以使人想起關於目保爾特爾爲無神

32

論底使徒的波倍爾的話來：“如果讓他指揮着五六百個農民，他將不會閑却在農民之前公言勸善懲惡的神之存在吧”。由這方面看來，這位有名的法蘭西啓蒙主義者，大概使人想起給了大影響於他底思想狀態的英國人波林勃洛克來。保爾特爾也爲了社會的秩序，爲信仰肅清座位，恐怕不是和“意識的欺騙”無關係吧。

保爾特爾，是一位爲了自已解放而與精神的及世俗的貴族主義法蘭西鬥爭了的第三階級底思想家。由社會學底見地看來，最重要的事是在這個階級底母胎之中藏着牠底萌芽的階級對立，巳經在革命前表現於法蘭西啓蒙主義者底世界觀——即一方脫却了陳腐的宗教及其他一切偏見的，他方能夠保持經濟地被掠奪的人民大衆底從順的，世界觀——之完成底苦心之中了。只有極少數的十八世紀法蘭西啓蒙主義者，對於這樣的細心留意沒有關心，甚且嘲笑了。唯物論者，在這位“教長”用着不安的眼光看着其僕人及其夫埃爾內優底農民而躊躇了的場合，邁進到最後了。唯物論就在革命前也全然不是有教養的法蘭西·布爾喬亞氾間底哲學思想底支配的傾向。革命後，布爾喬亞氾更不欲傾聽唯物論了。當時，穩健中正的折衷主義更能適合他們底脾胃。

我說過哲學史——和一切觀念形態底歷史同樣地——是完全確證着不是意識規定存在而是存在自行規定意識這一唯物論的命題；但是我完全不是想說哲學者常意識地努力由自己底體系作出憑藉其力而能主張自己底階級底利益的"精神的武器"。這是沒有根據的事體。固然我們由溫打班德聽到有一個時代"意識的欺騙"在哲學的觀念底運命上演着頗爲重大的脚色。但是，這樣的時代，把牠當做例外的東西而觀察，是更加慎重其事的。爲要希望自己底見解和自己階級底利益底一致，在個人是不需要"意識的欺騙"的。在個人只要有一定底階級的利益是和全社會底利益一致這一種由衷的信念就十分了。這一信念生起時——這是受了圍繞着那個人的環境底影響而自然地對於個人而生起的東西——那時候，最良的人類的本能，即服務全體放棄自己等，就會使他認那伴有在他底階級看來是"可怕的結果"之虞的觀念爲謬誤，

34

（請回想年青的巴克萊吧），又反之，認誓約對於這個階級有效的東西爲眞理。對於一定的社會階級有效的東西，在形成這個階級的個人眼裏，是作爲眞的東西而呈現的。不消說，在以那置其存在底基礎於他一階級或他諸階級底搾取之上的，階級爲問題的範圍內，這種把有效的東西與眞的東西同一視的心理過程，常是像想着使他嫌惡那能夠妨害這一過程底進行的一切東西的幾分無意識的欺騙的。跟着一定底社會階級臨近沒落，這種無意識的欺騙底部分就益發增大起來。在這一場合，意識的欺騙就與無意識的欺騙粘結在一起。現在所述的事，很可以依着現今底實用主義的哲學底例子得到確證。德波林關於這一哲學費了數頁寫得極富於教訓了。

　　但是，不問把有效的東西與眞的東西同一視的心理的過程上的意識的或無意識的欺騙底任務是怎樣的東西，這一過程在社會進化底行程上總是不可避免的。所以，如果我們把牠忽視，那末，一般地在觀念史上，特別地在哲學的觀念史上，就會什麼理解也得不到吧。（註三）

35

（註一）這在奧爾特德克斯（埃爾·伊·阿克色利羅德）底哲學概觀（彼得堡，1906年）說明得很好。所以我慫促讀者注意這本概觀。

（註二）"這樣的，我不能不爲信仰取得座位而揭棄智識了"。（Kritik der reinen Vernunft, herausgegeben von Dr. K. Kehrbach, Verlag von Reclam, Vorrede zur zweiten Ausgabe S. S. 25-26。

（註三）甚至新康德派底闌格也認"沒有從自已自行發展的哲學"，但是"與其學說一起，只有是自已底時代底兒子的，從事哲學的思索的人類存在着"（唯物論史 N. N. 斯特拉保夫譯，二版，39頁）。但是，這不過是反覆着黑格爾底有名的思想：某一時代底哲學是那個時代底思想的表現。對於這，只要補足上，在人類史，所與的一切時代底特徵，結局是爲那一時代所固有的社會關係底特徵所規定，就夠了。

七

康德底"批判"哲學是犯了二元論的過失的。這一點，費希特已經很能把牠看穿了。但喀尼希斯伯爾希底思想家底二元論，由理論底見地看來，縱

36

使有着缺憾，但從實踐的見地看來，那在現在西歐諸國底布爾喬亞氾底思想家是極其便利的東西。他底二元論，是成爲極帶舊臭味的二重眞理說底最新版，而使支配階級底思想家，在科學上成爲唯物論者，同時在所謂在科學的認識底界限外的概念底領域，則把握着觀念論了。二重眞理說之康德的變種，很普及於德意志了。不大精通康德的英國底學者們喜歡把二重眞理說與休謨哲學結合了。我在自己底論文中已經再三把赫胥黎當做這種例子而引用了。我之所以這樣做的，是因爲這種例子是極有教訓的。

在一方面，這位有名的自然科學者如次地主張了："如今，立於近代科學底高處而知道諸種事實的人，誰也不會懷疑應該於神經系統底生理學覓求心理學底基礎。被稱爲精神活動的東西，是腦髓機能底總體。我們底意識底材料是腦髓活動底產物"。(註一) 最"極端的"唯物論者不曾再比這種主張進步了。我們又在赫胥黎，發見如次的告白："唯物論底名稱被適用於主張除了有延長的實體以外，沒有其他任何思維的實體的學說的範圍內，

37 -

近代生理學是直接地導於唯物論的東西"。這——
已經是公然的唯物論，而且表現得最正確的唯物
論，即是脫却了神學的外衣的斯賓挪莎主義了。

然而，這位自然科學者，恰像爲其自巳底大膽
所驚一樣，依着自巳底純唯物論"沒有包含什麼與
最純粹的觀念論矛盾的東西" (註二) 這種思想，而
努力勿使傷及自巳底見解了。這可以依着赫胥黎
引用了我們在本質上，只不過是知覺自巳底感覺
的事，而證明的。

"腦髓是一個機構，物質界是依其助而到達於
自意識的。這是可能的。但是指摘出如次一點是重
要的，即我們雖認對於世界的這樣的見解，對於世
界底其他諸要素與意識底關係的這樣的見解，是
正當的，可是我們還依然是被封鎖於思想底界限
內。又推翻純粹觀念論底論證在我們是不可能的，
這是可以容易地指出的，但我們越取着唯物論的
見地，觀念論底論證，最少在觀念論者封鎖於實證
的知識底界限內的場合，是越不得推翻的"。(註三

這一思想是能夠使"可尊敬的"英國底公衆與
赫胥黎底自然科學的理論妥協的。(註四) 只要他保

38

存着物活說的見解底殘滓——這種思想，就能夠使他安心。但是這種殘滓，像在頗爲奔放地自由地思索了的差不多一切十八世紀底英國人一樣，在他明顯地是十分穩固的東西。但是他怎樣地把這殘滓看做"不可推翻的"東西呢，這是不可解的。

　　讀者還記憶着巴克萊否定着離知覺而獨立的物質底存在——如果欲邏輯地思考牠——而不能不到達於神底存在底否定。赫肯黎是努力把自己底唯物論的結論底可怕更加減少，又因此而採用着觀念論底根本命題。而陷於和巴克萊類似的狀態了。卽如果欲邏輯地思考牠，那末，我們底生理學者就不能不否定離開知覺而獨立的有機的生命底存在及一般的自然底存在吧。

　　有機的生命，沒有有機體與圍繞着牠的環境間底物質的交換是不可能的。如果笛卡兒說"我思，故我在"，那末自然科學者就能夠，而且應該，說"我在，故離開我的知覺而獨立的自然也存在"。結局，我不是有機體，但不過是某種感覺或表象底總體，不消說我是能夠這樣說的。赫肯黎也把這種"實證的知識"置諸念頭了。但是，他差不多沒有

39

想到這種"實證的知識"是怎樣容易陷於不合理的。

假定巴克萊是正當的，即存在其實是等於在知覺上的存在(esse——percipi)。但是，這麼一來，就不單只物質，自然及神都要喪失離開我底知覺而獨立的存在。在完全同樣的程度上，我底一切鄰人也要喪失存在的。他們底存在，是等於在我們底知覺上的存在。在我及我底意識底種種狀態之外，什麼物什麼人都不存在——這就是由宣言存在是等於知覺上的存在的觀念論底根本命題導出來的唯一正當的歸結。

沒有什麼物也沒有什麼人！讀者可以想一想這是什麼意思。這就意味着不是諸君由諸君底雙親而生，而是雙親由諸君而生。為什麼呢，因為雙親底存在也歸着於諸君底知覺內的存在的緣故。如果觀念論能夠只以柴霍甫底"六號室"底住客們所能夠認真地採用般的荒唐無稽，對於唯物論布起防禦線來，那末，在理論上，觀念論底工作就是絕望的徒勞了。

我及我底表象以外什麼物什麼人也不存在這

40

種學說，是被稱爲唯我論的。（註五）如讀者所知道
一樣，唯我論在個人的意識被用爲出發點的場合，
卽在思想家站在主觀的觀念論底立場的場合，是
不可避免的東西。

(註一）Hume, sa vie sa Philosophie Par. Th. Huxley,

trad. Par. Compayre, Paris, 1880 P. 103。

(註二）Hume P. P. 108-109。

(註三）Ibid P. 111。

(註四）他底傳記底作者密查爾怎樣地稱讚了這一思想呵！

請看Thomas Heury Huxley Chap. XIII P. P.

210-222頁。

(註五）唯我論是由拉丁語 solus ipse 而來的東西。

八

唯我論之荒唐無稽是很明白的，於是捨棄主
觀的觀念論底立場吧，而且來看看：如果我們由超
個人的意識底見地——那是沒有勇氣承認唯我論
的觀念論者所依賴的——來看知覺上的存在的場
合，觀念論與唯物論底論爭是以怎樣的形態出現
吧。

41

第一就要質問：這個超個人的意識是什麼呢？那是從那裏來的呢？如果存在是等於知覺內底存在，那末，我是全然沒有權利可以說及（注意！是邏輯的）恰像存在於我底個人的意識之外的某種超個人的意識。於是巴克萊底謬誤——即起初說離開知覺而獨立的任何存在也沒有，後來說神是離開知覺而獨立存在的謬誤——就在這裏反覆着了。

承認超個人的意識之存在的觀念論者，縱使嘴裏怎樣地反覆着批判底必要，依然還是一個獨斷論者。但是，就在這裏也放穩重點吧。現在姑且承認這個獨斷，然後來看看由其中可以得到什麼結論。

關於超個人的意識的獨斷的學說，在薛林及黑格爾有了最完整的形態。他們底絕對的精神不過是恰像客觀和主觀，自然和（主觀的）精神，都包含在其中似的，超個人的意識。但是，在薛林，絕對的精神，就是萬有不過是這個精神底自己直觀底意思。依着黑格爾（在他底體系‘無人稱的，”絕對的”，邏輯過程占有許多的地位）底學說，萬有是絕

42

對的精神底自己思維。在本質上，這一事是同一的。如果赫胥黎防禦着唯物論者，而想求救於絕對的觀念論底立場，則他將不能不如次地告訴我們吧："我以生物學者底資格，不消說，要承認活的有機體及圍繞着牠的物質的環境底存在。但是以哲學者底資格，我就這樣地想：圍繞着有機體的物質界，這些有機體之自身，及以多大的努力和成功研究着比較解剖學並且完成了其進化理論的生物學者的我——簡單說一句，就是曾經存在了的，現在存在着並且將來也會存在的，一切東西，只是在絕對的精神底自己直觀或自己思維之中，曾經存在了，現在存在着，將來也會存在吧。"

認真地接受這樣的"幽靈"（回想康德關於費希特底體系的答辯吧），還是不可能的事體。薛林及黑格爾底體系有着他自己底偉大的功績。他們底體系頗有貢獻於思維的人。但是牠有多大的貢獻的，不是因為宣言了在絕對的精神之中所行的過程就是萬有。反對的，這一體系底天才的作家們在注意現實界時，把到達了的偉大的發見弄成無價值的這一體系底最大弱點正在這裏。

43

再說一句，一切欲依訴諸觀念論底根本命題
(esse——percipio 沒有主觀便沒有客觀，等等)而
逃避唯物論之嘗試，在理論的意味上，就豫定了悲
慘的失敗。

如果此等嘗試曾經固執地被反覆着，現在也
在反覆，將來還要反覆，那末，這個場合，問題完全
不在於理論。此等理論上無望的嘗試之執拗的反
覆，是可以依着上面說過的社會心理學的原因來
說明的。

但是，為了一些什麼事情，沒有經驗這一（社
會心理學的）影響的思想家，不能不怎樣地解決哲
學底根本的問題呢？那是如次的。

九

觀念論者及新康德派，非難着唯物論者把心
的現象"使之歸着於"物質現象。蘭格說："說明怎
樣地意識的感覺能夠由物質運動產生的事，對於
唯物論，依然是難於逾越的障礙"。註一 但是，作為
唯物論底史家底蘭格是應該知道唯物論者未曾約
定給與對於這樣的問題的解答的。唯物論者，是只

44

——依着上述的赫胥黎底頗爲巧妙的表現——不過是主張在有延長的實體之外沒有其他思維着的實體，及，和運動同樣地，意識是物質底機能。這種唯物論的思想——固然是極素朴的——已經在亞婆羅尼亞底治奧格內斯底學說之中表現了。治奧格內斯是主張第一實質——依着他底學說就是空氣——所賦奧的東西，而"知道了許多的事"。被目爲"最粗糙的唯物論者拉美特理拒絕說明物質底感覺能力是起原於那裏。他把這一能力看做事實。他把這個看做與運動能力同一程度地屬於物質的能力。對於這個問題的拉美特理底見解，甚接近於斯賓挪莎對於這個的見解。這不是不可思議的事。爲什麼呢，因爲拉美特理雖是受了笛卡兒底影響而完成自己底學說，——和斯賓挪莎同樣——但放棄了這個偉大的法蘭西人底二元論的緣故。他在其著作L' Homme——plante（人類機械論）說了：一切生物之中，人類是具有最多的靈魂的，植物是具有最少的靈魂的。但是，在這裏，他使人理解植物底"靈魂"完全不似人類底靈魂。"任何顧望，任何欲求，任何熱情，任何缺點，及任何德性，

45

都沒有的，而又不爲關於肉體底欲求的任何掛念所煩惱的，靈魂是偉大的"！！他欲依着這來述說對於物質的組織底多種多樣底形態有"生氣性"底種種程度與之適應。(註二)

我在與伯倫修泰因底論爭中，文獻地論證了十八世紀法蘭西唯物論底另一潮流底最偉大的代表者第德羅是站在"新斯賓莎主義者"（他自己底表現）底見地的。(註三) 新斯賓挪莎主義者是"由物質是能夠感覺的這一根本原理出發的"。而且確信只有物質"存在"着，其存在成爲一切現象底充分的說明。爲避免多餘的反覆起見，只附加上一句，卽在我國頗爲有名的唯物論者摩列蕭特也曾努力採入這樣的見解於其著作之中。順便說一句，他是把有物質的＝精神的見解（Stoff geistige Anschauung）這個有特徵的名稱給與這種見解了。(註四)

在觀念論底現在底全般的支配之下，如今由觀念論的見地來說明哲學史，這是極自然的事。這一結果，斯賓挪莎是已在很久以前被算做觀念論者的。所以，某些讀者，對於我以唯物論的意味來理解斯賓挪莎主義，會大吃一驚也未可知。但是，

46

這是對於他的唯一正當的解釋。

費爾巴哈已經在1843年陳述了斯賓挪莎學說是"最新的時代底唯物論的概念底表現"這個十分有根據的確信了。不消說，斯賓挪莎也是不能免於其時代底影響的。他底唯物論，依着費爾巴哈所述，是穿了神學的衣裳的。註五 但是重要的，是斯賓挪莎在一切的場合，都把精神與自然底二元論除去了這一事。如果自然在斯賓挪莎被叫做神，那末，他底神底屬性之一就是延長性了。斯賓挪莎與觀念論底差異就在這裏。(註六)

自然和精神底二元論在觀念論也被除去了。絕對的觀念論，說了在絕對者底胎內的主觀與客觀底同一。但是，這個同一，是依着承認客觀底存在不過是絕對的精神底"自己直觀"(或自己思維)上的存在，而達成的。在這裏，存在，結局也是"存在於知覺之中"(csse——percipi)底意思。以這個爲根據，觀念論者就能夠說主觀與客觀底同一了。

唯物論者是不主張主觀與客觀底同一，而主張其統一的。"我"不僅是主觀，又是客觀。所與的

47

一切的"我"——對於自己是主觀，對於他人則是客觀。"在我，或主觀地，純粹精神的，非物質的，非感性的作用，其自身，客觀地就是物質的作用"。（費爾巴哈）

如果這樣，則我們是沒有任何權利可以說客觀底不可知性的。

(註一)唯物論史，653頁。

(註二)丟·波亞·黎們在其關於拉美特理的講演（伯林，1875年）不僅正確地陳述了拉美特理底這種見解，又認爲現今許多自然主義者所支持的，一元論的見解，這是有摘錄的價值的。黎們底這一講演，能夠成爲對於他底關於自然認識底界限的講演的（生了許多波瀾的）解答吧。

(註三)" 把舊斯賓挪莎主義者與新斯賓挪莎主義者混同是不行的。後者底一般原理,在於物質是能夠感覺的.' 等等(Encyclopedie t. X V me P. 474)以下附着對於第德羅自己底見解的簡短的敍述。"1I ne fant Pas confondre les spinosistes anciens avec les spinosistes modernes. Le principe general de ceux-ci, cedt que la matière est sensible"

48

(註四)"Für meine Freunde" Lebens-Erinnerungen
von Jac. Mcleschott. Gilssen 1901, S. S. 222,
230, 259.

(註五)天才的第德羅理解了這一事。故他像我們剛纔說過
一樣,不欲把"新斯賓挪莎主義者"和"舊"斯賓挪
莎主義者混同。

(註六)巴克萊(請看上面)說過承認離意識而獨立的物質底
存在,不可避免地要導至神底延長性底承認 , 又,
依着他底意見,在這一承認之中,包含着唯物論底本
質。

✚

關於與康德之名有密切關係的客觀 (物之自
體)之不可知性的"批判的"學說,事實上是頗古舊
的東西。那是從柏拉圖的觀念論移入於近代哲學
的東西,前者,像我們上面說過一樣,又是從原始
的物活說借用了這一學說的。

在柏拉圖底 Phaidon, 蘇格拉底主張了靈魂
"不是通過自己而是像通過牢獄之壁一樣地"通過
肉體而直觀着存在, 因而又在於 "完全的無智狀

49

態"。(註一) 在這個對話底另一個地方,他更加明白地表示了:"在我們裏着肉體之間,又我們底靈魂和這種惡結合在一起之間,我們是決不會如願地完全地把握着所願望的東西 —— 我之所謂眞理 —— 吧"。(註二) 眞理是不能"通過肉體",卽不能依着我們底外的感官底媒介,不能通過這一靈魂底牢獄,而到達於認識的。——在柏拉圖,全認識論是建築於其上的。這個命題,爲"批判"哲學之父無批判地所採用了,那恰如近代及更進而中世紀底("實在論者")觀念論者所採用的一樣。

物之自體底不可知說,正惟由這種——完全原始的——認識論底見地看來是有意味的。喪失了基礎的陳腐的不可知說是不可避免地要導於難解的矛盾的。和這一矛盾鬪爭的場合,思慮周到的康德是和費希特所給與的 "ein Dieiviertelskopf" 這個名稱不相宜的。

認識是豫想着二個客觀底現存,第一被認識的東西,第二認識的東西。認識的客觀稱爲主觀。客觀要多少爲主觀所認識,必須對於主觀惹起某種作用。"人體在經驗着外的物體底某種作用的範

50

圍內，知覺着外的物體"，——斯賓挪莎說。

　　外的物體對於人體的作用底結果，在人體由客觀的方面看來，是純粹物質的結果，（某一組織底新狀態）由主觀的方面看來——是心理的結果（某種知覺）。但是，無論由孰一方面看來，這一結果，是認識的客觀即主觀底狀態。在這一意味上，一切智識是主觀的。被認識這一件事就是對他者存在着的意思。可是，不能因此就說對於客觀的眞底認識不到達於主觀，或換句話說這個對他底存在不與存在自體一致。這樣的事情的豫想，只在看做認識的"我"是某種立於自然之外的非物質的東西之間，是可能的。認識的"我"完全沒有這樣狀態。費爾巴哈正確地如次地說着："作爲全一體底我底肉體，又是我底自我，我底眞的本質。思考着的（因而又認識外界——蒲列哈諾夫）不是抽象的本質，正是這個現實的本質，即這個肉體"。這個肉體是宇宙底一部分。如果外的對象對於肉體不別樣地作用而特地以一定底狀態作用，——就是由客觀的及主觀的兩方面看來——那是爲全一體底本性所制約的。依着赫肯黎底適切的話，人類底腦

51

髓，是對於宇宙的自意識底機關。但是具備着這一機關的肉體，是在某一物質的環境之中生活着的。所以，如果腦髓不能認識這個環境底一點性質，那末，人類的有機體底存在也是不可能的吧。爲要生存，人們至少必須能夠豫見若干底現象。可是此等現象底豫見，是豫想着最少眞正地知道，有作爲其一少部分底認識的主觀的，全一體底若干性質的。(註四)

　　最後，努力把歷史底唯物論的說明結合於觀念論的認識論的，折衷主義地被養成了的"思想家"們，忽視了在客觀對於主觀是不可知的場合，社會底進化，和社會底存立自身，都是不可能的這一事。即忽視了社會底進化和社會底存立，都是豫想着，能夠怎樣使自己底行動一致的，即能夠互相認識的・客觀＝主觀底幾分底現存這一事。

　　自然底認識及自然相互底認識底材料，是我們底外的感官所給與我們的。我們底悟性導入或種秩序於這一感官所給與的材料之中。悟性於自己之間結合甲現象而分離乙現象。康德以這個爲根據，而說了悟性以自己底法則命令自然。悟性在事實上，只不過是導來自然所命的東西，而使之"顯現"。"我們使在自然上被分割的東西分割，使在自然上被聯繫的東西聯繫——費爾巴哈說。我們使物作為原因及結果而互相從屬。因為物之事實的，感性的，現實的，對象的，相互關係是這樣的緣故。(註五)

科學的進化論，告訴我們，不僅有着概念的人類及生物一般，甚至在地球之自身，太陽系之自身，還未存在的時候，物質已經存在了。

又現在許多自然科學者已傾向於勢力論的世界觀，是明白的了。不僅如此。勢力論底有名的說教者德國化學者奧斯特窪爾德已經從許久以來着手於"科學的唯物論底克服" (Ueberwindung des wissenschaftliche Materialismus)了。

但是，這是易見的誤解。偉大的化學者奧斯特窪爾德只因過於不懂哲學故欲依着勢力論來克服唯物論了。

我是不以勢力論的世界觀為滿足的。我是在許多關係上以為這是微力的東西。勢力論的認識論，依着我底意見，是陷於難解的，又可以說是難

53

拔的，矛盾中的。(註六) 但是，人們把勢力論的世界觀去和唯物論的世界觀對立時，我是憤慨的。

不僅是著名的化學者，還有和奧斯特窪爾德相異的精巧的思想家約瑟·普利斯特里，對於物質拒絕承認其不可入性(impenetarbility or solid-ity) 底性質了。依着他底學說，物質只是具有牽引及反撥底二種性質的。(註七) 而他底這一物質觀，依着他自身底說話，是他由保斯可微支借用了的東西。(註八) 換句話說，依着普利斯特里，物質的粒子不過是某種力底中心。但是，這樣的見解——在本質上甚接近於勢力論者底見解，—— 並不妨害普利斯特里頑強地固執着唯物論。所以，如果唯物論這樣地定義物質，卽囘想物質是以什麼狀態直接乃至間接作用於我們底外的感官的東西，那末，他們就有這樣做的完全權利，這是能夠同意的。(註九)

在這裏，以"對於活的有機體底的感官"來代替"對於我們底感官"是更好的。但是，無論如何，總之，如果連想也不想及我們確認能力沒有影響於生物底外的感官，那末，"勢力"也進入於這一

54

定義之中的。

這一事，是能夠使勞力論的世界觀和機械論的世界觀對立的，(註十) 但決不能使之與唯物論的世界觀對立。

像赫爾諸英所說一樣，若干德意志觀念論者及其後繼者一派，作爲反對唯物論底論據而稱讚了最近底化學上底發見。德波林暴露了這個欺騙的論據底破產而顯示其手腕了。關於他之所述(參照第七章底最後)我還想附加幾句。

N．A．司羅夫教授，在原理上採用着"多少緊密地與原子及分子關聯了的"電子底運動及振動底可能性，巧妙地陳述了·"依着這一事，電子論已經明白把電子認作物質構成的部分了"。這位自然科學者，很公平地以爲最近底化學的發見，使人到達於關於"比原子自身微細的"若干 materia prima（第一物質）底存在的思想。(註十一) 但是，行"於原子底胎內"的現象是無以復加地把辯證法的自然觀確實化了，這是應該指出的。

黑格爾嘗經非難了"有限的物理學"(die end-liche Physik) 過於固執抽象的悟性的規定。從這裏生出來的謬誤之一，就是"有限的物理學"否定諸要素底轉化底可能性。(註十二)——他說，其後，在十九世紀底五十年代之末，當時研究着比較解剖學和生理學的恩格斯，發見了，如果這位"老人"(der Alte)"現在"(1858年)寫了其自然哲學，他會知道在一切方面發生了確證着他關於自然過程的辯證的理解之正確的事實了。(註十三)那末，在今日，直到最近還看做完全不可能的"於原子底胎內"生起的，這樣的可驚的物質底轉化發見了的今日，恩格斯又將說着什麼呢？

萬物流轉。萬物變化。再進同一的水流是不能夠的。如今我們是比任何時候，都善知道牠！！

(註一)Phaidon，德密特里・列伯底扶譯，莫斯科，1896年，60-61頁。

(註二)同書，23頁。

(註三)倫理學，衞・伊・樸笛斯托夫譯，第四版，86 頁。這一點是極其重要的，所以，我把原文引在這裏。At quatenus Corpus humanum a Corpore alipuo externo aliquo modo afficitur, eatenus Corqus externum percipit." (Bendicti de Spinoza:

''Opera quac supersunt Omnia'', vol. II, Jena, 1803, y. 104)。

把這和恩格斯下面底話對照是有益的 。"除了運動，又除外對於其他物體的一切關係，關於物體就什麼也不能說。(Briofwechsel zwischen Friedrich Eugels und Karl marx, herausgegeben von A. Bebel und Ed. Bernstein, Stuttgart, 1913. IV Band S. 344。

(註四)P・笛爾貝巧妙地如次地說："Pour etablir la valeur de nos sensations, il suffit que pour une même excitation, la réaction Céllulaire soit la même, et ancum esprit scientifique ne saurait douter qu'elle le loit. si elle est la même pour une même excilation …… la répétition du phénomene entraine nécessairement â elablir une concordance entre léxcitation et la reation, de felle sorte, que cette réaction devient révélatrice de cette excitation. Ainli s'établit une Concoirdance du monde extérieur quine peut étre tromdeuse" "La science et la

57

réalité"。Paris, 1913, P. 80)。

(註五)"Kritisch Bemerkúngen zu den Grundsátzen der Philosophie" (Aus dem handschriftlichen Nachlass). Feuerbach' werke II Band, Stuttgart 1904, S. S. 322-323。

(註六)希望德波林在其"入門"底第二版,特別割愛一章於勢力論的世界觀及以牠為根據的認識論底批判。

(註七)"Matter is substance possessed of the properties of attraction and repulsion only" (Disquisitions relating matter and spirit", second edition, Birmingham, MDCCLXXX II P. 32)。

(註八)ibid, P. P. 23-24。

(註九)這一定義底由來是容易了解的。唯心論者,像周知一樣,以為"精神"不作用於的感官。

(註十)見阿·列底有興味的著書 L'Energe' tique et le Mecanisme, Paris 1908。

(註十一)在原子底胎內,自然,1915年二月,182頁及179頁。

(註十二)Naturphilosophie, 236及其 zusatz (Hegels werke, VII B. S. S. 172-173)。

(註十三)見在 1858 年七月一日寄馬克思底書簡（上載底

Briefwechsel II. B. S. S. 278-269）。

G. 蒲列哈諾夫。

目 次

1

第 一 章

·培根(Bacon of Verulam)

培根——是新時代最初的大哲學者；他底學說是發生於中世底煩瑣哲學 (Scholastik) 底廢墟之上，而為新時代多少完成了的最初的產物。繁榮了煩瑣哲學的社會的條件，漸被破壞而讓其地位於新條件；而新的觀念形態就以之為基礎而發展了。中世煩瑣哲學之繁榮的一個條件就是僧侶底支配及僧侶之調和宗教和理性底要求的努力，這是無可疑的。但因其認教會的教義為最高標準之故，哲學就全然被神學所併吞了。神學，就是僧侶要在彼岸尋"正認"自己底社會的勢力和地位的自然

1

的意識形態。我們以爲發展了煩瑣哲學的第二個條件就是封建制度。因爲這種制度是全然滅却個性的，所以關於概念之獨立存在的學說就成了這個社會組織底觀念的反映。在這個社會組織中，個性被解消了，"種類"即"一般的概念"也被看做眞的實在了。

隨着封建組織底崩壞和布爾喬亞的新社會關係底成熟，舊的"煩瑣哲學的"意識形態也被破壞，而新的"布爾喬亞的"意識形態就發展起來。兩個世界——老朽的世界和新興的世界——間底陰慘的鬥爭，是發生於封建組織自身底胎內的。中世紀的意識形態底分裂過程，就在實在論者(Realist)和唯名論者(Nominalist)關於概念底意義的有名的論爭中出現了。

關於坡菲立(Porphyrios)所立的五"元"自然的問題，成爲實在論者和唯名論者之間的鬥爭的端緒。坡菲立常研究"五個自然"或"五元""自然"之際，專心於這個問題：卽我們底概念云者，是於我們底思維之外具有"種類""種屬"等等的實在的存在呢，還是這些不過是存在於我們的悟性之中

2

呢?其次,就專心於這樣的問題:如果這些是實在地存在着,則其性質如何?——是物體的呢,還是精神的呢?——又這些是以怎樣的形式存在呢?即這些是不可分地內含於事物自身之中,於感官的世界呢,還是獨立地存在呢?

帶了坎特布利底安瑟倫(Anselm of Canterbury)傾向的實在論者,和柏拉圖一樣,承認一般的概念是非物體地存在而與感性的事物沒有關係;及概念是實在的而且先行於事物 (Sunt ante res)。實在論者以思維和概念為出發點,其次,分析後者而指出內屬於一個概念的一切規定——正確的說,就是預先使之歸屬於一個概念的一切規定,使物理的實在歸於這樣地被發見了的屬性。安瑟倫及一切實在論者一般底謬誤,在於他們把客觀的實在性歸屬於僅有"主觀的"意義的東西,及把思維和實在,邏輯的範疇和"實體論的"範疇同一視之點。

唯名論者反對抗着實在論而出現了。唯名論,無疑地代表着當時進步的現象而表示個性對於破壞個性而且不給牠自由的社會組織的抗議。唯名

8

論同時意味着復歸於具體的現實。如果以為實在論以關於其概念的形而上學的意義的學說，代表着合理主義的方向，則唯名論自始就是表現着對於感覺論的憑依。實在論者主要就在依據柏拉圖底觀念的學說（註一）。唯名論者是以自己底見地結合於伊壁鳩魯主義，因而結合於唯物論。故由某種意味說來，實在論和唯名論的鬥爭，就是意味着觀念論和唯物論的鬥爭……

唯名論，完全和唯物論一致而否定觀念和概念底形而上學的意義，而且主張在自然中只有個個的對象存在，事物是先行於不外是單純的抽象的我們底邏輯的概念。

我們上面說過，唯名論者在其和實在論者的鬥爭，事實上立於唯物論底立場，但是如果以為唯名論者否定神之存在，大體上明白地表明了一些無神論的傾向，那就錯誤。反之，煩瑣哲學底兩種智識傾向底代表者却是信仰者——即僧侶。法蘭西斯派不消說沒有和宗教鬥爭的念頭，但是，這却不妨礙他們一方在哲學思想底發展上，他方在封建的觀念形態底破壞過程上，各演了深刻的革

4

命的脚色。（註二）

不消說，實在論及其形而上學的概念，比唯名論更和教會底教義調和。以是，要把哲學和神學，智識和信仰分界的努力，便首先出現於唯名論底中間。

唯名論隨着時間的經過，成為廣大的潮流。助長這種傾向的，就是漸次地破壞着封建的，教會的組織而由於從束縛人的個性的桎梏解放牠的社會底生產力底發展。

在中世紀，人們集注其全部注意於他們認為值得研究和檢討的唯一的實在的超經驗的世界。但是到了十六世紀，研究以前只認為單純的假象的具體的現實之要求，就次第成熟起來。如果如唯名論所證明一樣，概念不是實在的存在，那末為什麼要為無益的思索浪費精力呢？人們於是就開始著眼於唯一的實在——即具體的事物及其合法則的聯繫。這樣，"新的"科學和"新的"哲學就產生了。我們這裏不來討論那些姓名半被忘却的思想家，雖然他們當時在哲學的及科學的思想發展史上演了重大的脚色。因為在我們底路途中所碰到

5

的一切哲學史上的學說之詳細的解說和分析，不是本書的範圍。我們的目的，不過要簡單地概說"經驗論的"哲學對於唯物論的關係而已。但是因爲經驗論底古典的表現始於英國，所以我們第一不能不從事於英國經驗論的研究。可是，我們在這裏不打算細大無遺地來說明和批判這些學說，祇就適合於我們上面所立的目的之程度來利用材料而已。

唯名論最先發達於英國。這種情形，不消說是與這個國度的資本主義的關係之發展和封建主義及其觀念形態——神學——之破壞過程有密切的關係。上面已經說過，唯名論是可以當做對於柏拉圖主義和觀念論的抗議及復歸於唯物論觀察的。這不僅可由"形式邏輯的"見地，並且也可以由哲學思想發展之"史的"歷程底見地理解的。柏拉圖主義在其當時即在希臘，是表現否定唯物論的哲學了。關於柏拉圖底理念學說，是在其與唯物論，感覺論 (Sensvalismus) 及赫拉頡利圖斯主義的鬥爭之中完成了的。感覺論和唯物論爲柏拉圖底觀念論所壓倒了。柏拉圖底這種觀念論在思維

6

之形式的方面底發展或許有所裨助也未可知，但在現實之物質的•具體的方面則立於敵對的立場。為什麼呢，因為這種哲學說底信徒，把在感性的事物底彼岸的觀念和概念看做眞正的實在的緣故。依着他們的意見，具體的現實底研究，是却使觀察曖昧模糊，且使注意離開實在底眞正的本質。這是很明白的對於柏拉圖底觀念論的鬥爭，隨着科學的興味底勃興只有依據唯物論始能成功。而且就在古代，唯物論對於科學底發展也已經給與了這樣的有力的刺激了。

但是，唯名論者，在許多場合，沒有公然站在唯物論底立場的決心。雖然，唯名論，如馬克思所說一樣，總是"唯物論底最初的表現"。只要唯名論者是由勃洛大哥拉（Protagoras）的感覺論出發而努力樹立自己底見地底基礎，則他們就必然地要復歸於觀念論的懷裏。在事實上我們就在兩三位唯名論者看到，近代現象論和主觀的觀念論底萌芽，就是他們都是於其結論到達了外的世界底否定的。唯名論者—離開唯物論而立於純粹經驗論或感覺論的現象論的立場，當然可以使之復舊的

7

現實自身就被否定了。威廉·奧坎（WilliamOccam）曾經說過：內的經驗和自己認識具有最高的真實性；我們底內的狀態和經驗，在我們看來比着我們外部的物底存在更加詳悉。這種立論顯然要得到正反對的結果。但是，感覺論，比較實在論者底放肆的合理主義，就在其一面的公式，也是前進一步的。

科學——尤其是自然科——是在學者把握着唯物論的見地時獲得自己底最偉大的收獲。在這一點，最著名的學者兼哲學家就不能不推尊伽利略（Galiles）了……

唯名論之對於實在論鬥爭的本質，主要的可以歸着於所謂方法論的問題。合理論的·煩瑣哲學的思維方法，應爲新的唯物論的認識方法所替代了。近代哲學底創始者笛卡兒（Descartes）和培根，實在都是在這個意味上理解了自己底歷史的課題，即理解必須在方法論上植下科學底偉大的勝利之基礎。實踐先行於理論。要奠定認識一般底原理的基礎，就必須基於自然科學所已經到達了的結果，去研究科學的研究方法底根本的前提。而最

8

初完成了這個課題的哲學者就是培根。

蘭格(F. A. Range)在其唯物論史中關於培根很正確的說道"嚴密地決定地指出他和唯物論底差異點比指出他和唯物論底共通點還要困難。"的確的,不僅培根一人,如果把這個過渡時代底一切思想家所表現的若干不澈底置諸度外, 則近代哲學底創始者都無疑地是唯物論者了。並且也不能不是這樣,因為近代底一切自然科學,如果都依據着唯物論的哲學底前提, 故由橫亙於近代自然科學底根柢的諸條件抽出認識的培根, 是不能不走向唯物論了。這樣地方法論的諸問題,遂成為哲學的及科學的興味底中心。而培根也集中其注意於此。時時對於培根所發的非難,就是說他在本質上並沒什麼新的貢獻,他底學說底一切要素,都是他以前的許多思想家如忒列治奧 (Bernardino Telesio) 康帕內拉(Thommaso Campanella) 夫留德, 克列模尼尼 (Cesare Cremonini) 羅哲爾·培根 (Roger Bacon) 等所完成的: 這種非難絲毫也沒有批評底價值。現在誰也早已知道:偉大的學說不是像從柔畢達 (Jupiter神王) 頭裏生出來的米涅

9

爾窪（Mimerva 智底女神）那樣作為既成品而產生的東西；又或種學說如果是表現時代底要求，則這個學說就會以種種的形式出現於種種的思想家了。因而作為一個哲學者底培根底重要性，就一點不因他有了先驅者而貶損。培根所遺給後人底功績，就在他以最激底的而且最有體系的形式把一切既成的要素結合為一個調和的全一體並且把科學的方法普及於人類智識底一切方面之努力這一點。

培根在其所著新機械論（Novum Organon）中說："如果在物質世界——陸地，海洋，遊星——無限地被擴大，被認識的時候，智識世界（即知的領域）還依然停留於為古代所支配的界限內，這是對於人類的侮辱。"

培根底這句評語可謂中肯……。這位英國思想家所生活的時代，是以科學底非常隆盛為特色，這結局是生產力底發展，社會底物質的要求所惹起的。新的發明及發見，一方面增大了人類對於自然力的力量，他方面引起了人類底認識範圍底擴大。新的思維形式乃不能不適應於新的物質的生

10

活條件。

　　真正的偉人其勝人處在於理解其時代底要求。無疑的，培根就是這樣的一個人。他理解了新的物質的生活條件不可避地要伴着對於智的領域變革。新的生活是不能以舊的思維形式爲滿足的。培根努力於新時代底表現物——新邏輯之創設，而決然地左袒着剛生出的新生活。新邏輯（說正確點就是新的認識方法）和煩瑣哲學相異，不能不努力於和唯名論完全一致，而集中其全注意於具體的現實，完全客觀地來研究自然並且認識內屬於自然的合法則性的。依着這位哲學者底意見，所謂科學的最高目的而又是唯一的課題，就是人類君臨自然。智識云者——就是獲得這種能力的最希望的手段。只有智識能夠保證人類對於物對於物質世界的支配權。爲什麽呢，因是我們對於自然的力和支配權是——基於物之內面的相互聯繫底理解，自然法則底智識的緣故。依此，知識就是力，力就是知識。"能行"者就是"強者"，能知者就是能行者。爲什麽呢，因爲"人底知和力是相一致的。"（註三）這樣，在培根看來，科學不是和實生活分離的反而

11

是和實生活關聯結合的。因為，科學自身就是物質生活的要求底產物，並且本來是能夠使人類底物質的勢力增大的手段的緣故。科學完成着二個有密切不可分離的關係的課題。第一，為物質生活的要求所刺激的科學，闡明物底內面的聯繫，發見自然法則。第二，自然法則底知識，給與人類以支配自然的可能性；卽變理論的知識為指導人類底文化的發達底有力的手段。中世哲學底本質，被包含於論爭底技術之中，並且包含於用由純粹理性所汲取，由抽象概念所導出的三段論法及論證底方法，以建立某種真理的技術之中。中世哲學底這種性質，使這一哲學變成了不結實的無花果了。依着培根的意見，新哲學不是應當依着"概念"及三段論法；而是應當依着事實。煩瑣哲學者分析了抽象的沒有內容的概念。新哲學則和中世哲學不同而以自然本身，具體的現實底分析和研究為其課題。為什麼呢，因為"存在的一切東西皆有可以認識的價值。"只有物底眞正知識，纔能使自然服從人類底要求。

培根努力用着自己底新方法以包攝人類知識

12

底一切領域——自然科學,政治學,邏輯及倫理學等。"自然"形成一個以內的統一所結合的全一體。研究自然,不宜局限于現象底某一個圈內,應當努力去認識自然全體。只有這樣做纔能給與建立一切自然現象所共通的法則的可能性。如培根所說一樣,謬誤有種種相,而真理則是統一的。全自然全體是應當作爲一個統一的有機體來觀察的。這個有機體可爲以其內屬的合法則性爲究竟目的的同一的哲學的方法所認識。

然則應該怎樣地研究自然現象呢?培根對於這個問題回答道:"以觀察和實驗爲介"。就是不藉助於任何"主觀"所構成的邏輯的概念,而以經驗爲介來研究牠。物底認識,能夠只以經驗爲介而到達。經驗則依新邏輯而提高爲認識底原理。但是把培根看做像後來休謨(D. Hume)及現代底"純粹經驗"底信徒一樣,是以狹隘的一面的意義理解着"經驗",那就錯誤了。培根底方法,不是後面所述的心理主義的方法而是唯物論的方法。他所私淑的不是勃洛大哥拉而是德謨頡利圖(Demoncritus)。這位德謨頡利圖,依着培根底正確的批

13

許，是古代哲學者中最能看透自然底本質的哲學者。科學是以給與實在之正確的客觀的描寫爲其目的，不是把自然理想化，而是應該客觀地研究牠底機構。爲什麼呢，因爲我們只有在這樣的場合，能夠知道現象底現實的原因，知道現象底客觀的聯繫，並且使我們能夠利用其知識於人類支配自然力的目的——文化的目的的緣故。在或種意義上，我們有服從其所研究的客體的必要。所以，培根雖是從用作認識的底根本原理及源泉底經驗出發，但是他底"經驗"和休謨及一般"素樸的經驗論者"所說的經驗，却全然異其意義。從培根底觀點看來，認識底規準是客體，物質的世界，不是內的經驗，體驗或意識狀態。培根批判了勃洛大哥拉及近代一切"純粹經驗論"的信徒底根本問題卽人爲萬物底尺度這個問題。培根關於這一點在其主要著作新機械論底第一卷中說："這些偶像(Idola tribus)在人類底本性自身之中有着根源……把人的感官看做物底尺度，這是錯誤的。反而我們底感官及悟性底一切知覺，都是依着人類的類推所創造而不是依着宇宙的類推所創造的。人類底悟性，對於物

14

底光線像銹蝕了的鏡子一樣。這樣的，人底悟性把自己固有的本性質和物底本性混同，而把物歪曲毀損着。"（註四）

這位哲學者，不把其他三種偶像看做像我們這裏所引用過的 Idola tribus（種族的偶像）般有害於科學，在這一點我們以為他沒有錯誤。這第四個偶像，在其被提高為理論的原理，因而從人類底見地（Sub Specie hominis）觀察物底總體時，益發有害了。人——是萬物之鏡。他經過自己底感覺去認識環境。外界反映於人類的精神，而同時自行變化。客觀的世界，採取着適應了人類底本性，適應了人類底機構底殊底形式。因而就有把只屬於人類的組織之中的主觀的要素和認識底客觀的要素區別的必要。如果由人的希望及同情的視角去觀察世界，則我們決不能獲得客觀的認識。所謂真實的認識——就是從同樣的客觀世界的觀點，探求客觀的世界而獲得的。

一切對於自然的認識，和感官的知覺一起開始。但是，不能無批判地接受感官的知覺所供給於我們的東西，而盲目地依從感官的知識。科學就是

15

經驗。科學——恰如馬克思所指出的培根底觀點底特色一樣——是由適用着合理的方法於外的感官所給與的東西而成立的。我們不可局限於由物所受的知覺。爲什麼呢，因爲對象底知覺和知覺底對象不是同一的。感覺是外的對象之對於我們底感性作用的結果；並且把這兩面——客觀的和主觀的——混同的時候，就犯了最重大的謬誤。從主觀的感覺底視角觀察世界，不是正確的。我們因爲稱直接經驗爲物底尺度，就會得不到客觀的智識而成爲使世界從屬於人類的本性。然而這在實實上又意味着從人類的類推(ex analogia hominis)去視察世界。我們不能不"合理地"加工我們的知覺以求到達適應於客觀的世界的完整的認識。近代繼承巴克萊(G. Berkley)及休謨之後的現象論者,(Phenomenalist)說及"純粹經驗"的時候,他們把這個名稱解做意識的直接內容。"純粹"經驗論者底所謂的"純粹經驗",究竟是歸着於內的經驗,主觀的體驗之總體。現象論者又把感覺或知覺提高爲認識底原理和基準。以是,他們一說到純粹經驗,在那說話裏總含着不可不努力使感覺從一切

16

使人想起外界的東西淨化出來的意味。然而，在培根則"純粹經驗"全然具有別種的意義。我們的哲學者希望成為唯物論者德模頡利圖的偉大的傳統底後繼者。他是在把外的事物，物質世界由主觀的夾雜物淨化出來的意味上用力於純粹經驗的。休謨主義者把內的經驗看做自己出發底目標及終極的目的。他們以為：由存在底客觀的要素隔絕了的直接經驗，是供給真正的認識——即"純粹經驗。"他們以為除開感覺以外沒有何等一般地存在的東西，而否定一切向着感覺底界限外的東西底研究之認識。我們稱這種見地為主觀的＝心理主義的見地，因而又叫現象論者所用的方法為心理主義的方法。為什麼呢，因為他們是由主觀底直接體驗底視角以人類的類推(ex analogia homi-nis)研究世界的緣故。

這位有名的英國思想家培根，只要他是從活動於我們的感覺器官而使我們生起感覺的物質世界底承認出發，他底方法就可以完全正當地認為唯物論的方法。認識底規準，在培根看來，就是離開意識獨立存在的現實世界。他從宇宙的類推

17

(ex. analogia Universi)努力於自然，具體的現實底研究。一言以蔽之,培根——是一位客觀論者，而現象論正統派則為主觀論者。

"自然之一切現實的說明——培根說——都是由確實的實驗（experiment）而成立。這個場合,感官只判斷實驗,實驗則判斷客體自身。"工具完成我們的感官所不能完成的地方。這種感官是可變動的東西,而其感受力底程度則非常的少。然而工具——則完全和牠相異。

實驗還有更大的意義。我們在從事實驗的場合可以確見自然底最深處底祕密；使自然在一定狀態底作用，並且使自然回答和我們有關係的問題等等。

只有暴露着物之客觀的聯繫和現象底原因的實驗,眞有科學的意義。要認識自然,就不能不離開一切只有歪曲現實的力的"偶像"，而訴諸自然本身。

但是，實驗在其本質上不過是意味着事實底確立。實驗,確認或修正我們底感官的認識。然而科學不能止於赤裸裸的事實底斷定。科學應該努

18

力於自然法則底發見及一般的命題底建立。培根不僅理解了工具及實驗——即技術對於近代科學，"Techmque"底偉大的意義，他還是一位最初理解知識底新理論即新邏輯的必要之人。培根——就是新歸納邏輯(Inductive logic)底創始者。這種邏輯表示着由觀察和實驗所確立的各個事實到普遍化，一般法則，及理論底上昇方法。關于這一點，他底關于"事例"的學說是值得注目的。由部分的到一般的推論或所謂普遍化，是應該以否定及肯定事例的對照爲基礎而作成的。這種事例底對照給與推移到一般的公理(Axiom)和自然法則底發見的可能性。適用所發見的自然法則的結果，人類便成爲自然底支配者。

煩瑣哲學倚靠着三段論法。牠分析了概念和語言，而依之構成新思想。新哲學則藉助于自然本身，具體的現實底分析及內屬于自然的合法則性底發見而努力于造成使之可能的研究方法。

我們底判斷，是由概念而成立，這是自明的事體。但是，我們底概念，應該是表現現實底正確的而且客觀的寫象。一般法則不是可以由抽象的邏

19

輯的概念"導出"來的。這些法則應該由具體的事實抽象出來。構成我們底判斷的概念之中，應該"表現"着現實本身。

一切自然界底東西，都依一定法則而成就。所以，物底最高認識，就包含于依以引起某種變化的原因底研究及定立之中。培根一方從科學的領域驅除了一切目的論（Teleology）而于機械的因果性之中觀察物底眞正的聯繫。在現在，生物學者及哲學者復歸于目的論的見地，而高談"合目的的因果性"或"因果的合目的性"不去研究客觀的原因而用力于自然所追求的"目的"底定立和發見底時代，力倡培根哲學中的這一契機是尤其重要的。"Vere scire et per causas scire"（眞知是通過原因而知的事）——培根說。自然之實際的說明及其客觀的認識，只有在我們把握了培根之所謂"純粹經驗"的場合纔有可能。擬人觀的（Anthropmorphistic）要素，必然地要賦與人類的目的卽和自然無關係的目的于自然。自然是只知道機械的因果性的。我們應當集中精力于後者（機械的因果性）底研究。培根努力指示了：要到達確實的智識，應該

20

用怎樣的手段。他不懷疑客觀的認識底可能，——在這一點，他不是一位懷疑論者。他底課題在于明示應該怎樣地使我們的感官和悟性結合。馬克思所謂培根底"合理的"方法正是這個意思。培根是不停止于感官的知覺，直接體驗的。他努力要依"合理地"加工着感官的知覺越出其界限之外，以克服絕對的經驗論——導出主觀的觀念論的絕對的經驗論……。

　　正當的方法是由于現實底正當的觀察和正確的寫象而成立的。只有這種場合，我們纔能得到現實底客觀的圖形。反之，只有和物自身底本性一致的客觀的知識，爲使人類能夠支配自然之不可避的，必然的條件。爲什麼呢，因爲"支配自然，是依着自然法則始有可能的。"（註五）現象底新發見的原因，自然底法則，都是成爲我們實踐的活動底規矩的。故在培根看來，科學不僅具有理論的價值，而又是使之滿足偉大的文化的目的的。科學，爲人類一般底文化的，給與使自然服從人類底要求的可能性。科學底這個純文化的任務是培根所常注意的。在這一點，他也是他底時代底眞正的表現

81

者。培根以為，人類底實踐的活動，不能不依存於物底客觀的本性之理論的認識。理論的認識，給與使自然服從人類底實踐的要求底可能性，就是給與人類對於自然的支配權。

近代科學底創始者培根和近代社會學底創始者馬克思不僅在科學之文化的任務之理解上互相一致，而且"在適用"合理的方法於外的感官所給與的東西之點，也是互相一致的。在努力創造在一切方面都完全整備，對於一切時代都妥當的體系，在這兩位思想家看來，都是不足重輕的事體。他們兩位都在正當的科學的方法底定立之中看到自己底主要的課題。

擺在培根面前的問題，就是純然的方法論上的問題。如上所述，只要培根是傾向於德謨頡利圖而把物質和力看做太古以來所與的東西，其次只要他不懷疑外的物質世界的底存在，最後，只要他不把直接體驗而把存在於我們的外界的客體看做客觀性底規準，他底方法同時就是唯物論的方法了。

（註一）這不是什麼意外的事。為什麼呢，因為為基督教準備

22

了地基的柏拉圖主義，在中世紀不能不成爲使宗敎和哲學者最容易結合的學說。

(註二)馬克思在某一場合說過如次的話：＂煩瑣哲學者頓斯・蘇格陀斯取了‘物質是不能思維的麼？’這個問題,爲要使奇蹟成爲可能,他是乞靈于萬能的神了,換句話說，就是他強使神學自身宣傳了唯物論了。＂要使唯物論＂神學化＂的努力，是不可避地要導出神學底＂唯物論化＂，即是神學底廢除。

(註三)Seientia et Potentia humana in idem comcident (Nov. Org.第一冊§3。)

(註四)Novum Orgnon §41。

(註五)Bacon· Neues Organ der Wissenschaft, 德意志版，1830年., 96頁。

23

第 二 章

霍布士 (Thomas Hobbes)

在霍布士肄業過的牛津 (Oxford)，有唯名論者威廉·奧坎 (William of Occam) 在那裏講過邏輯。這件事情給與這位有名的唯物論者以決定的影響，是無可疑的。我們上面說過，唯名論無論在"邏輯上"抑在"歷史上"都是近於唯物論。威廉·奧坎底唯名論的邏輯當然要把霍布士推進唯物論底道路。總之，奧坎底邏輯，助他獲得正當的科學底見解並且培養了他對於煩瑣哲學的嫌惡。

和培根同樣，霍布士也以為科學底目的，在於諸現象底因果關係底認識之中，又和培根同樣，以

25

為科學底偉大的文化的意義是獲得對於自然的支配權之手段。要支配自然力，就必須知道：怎樣的結果是作為某種原因底結果而出現，翻過來說就是依着怎樣的原因纔能引起一定的結果。就是說不能不好好明白從結果追溯其原因，由原因推求其結果。為什麼呢，因為現象底豫知和在實踐上我們底理論的認識底適用，只有在我們明瞭一現象對於他現象之內的依存關係的時候纔可能的。因之，由霍布士底立場看來，認識就是盡於物質世界底因果關係底研究。

所謂科學的研究底問題的唯一的實在，——就是物質世界。為什麼呢，因為一切存在底東西不外乎物質的物體的緣故。在自然中，一切的變化是以物質底運動為媒介而完成。我們底表象，也是外的對象，外的物質的物體對於我們底感官的作用所惹起的。作為唯物論者的霍布士，不能不支持感覺論的認識論，這是自明的事體。

唯物論——是澈底的感覺論。然而"純粹感覺論"——却是不澈底的觀念論。在事實上澈底的感覺論究竟必至於承認我們底感覺底原因的物質世界。停止於粹純感覺論就等于半途而廢了。唯物論，是感覺論底說明，是奠下牠底基礎。不承認橫於我們底全知覺底基礎的物質世界，就不僅不能說明事物底第一性質，而且連其第二性質也不能說明。感覺論，一方訴於外界，卽我們底知覺底客觀的基礎，他方訴於主觀的體驗——感覺。唯物論則以客觀的世界爲其出發點而說明我們底感官的知覺，純粹感覺論或感覺論的現象論，則停止於我們底感覺底主觀的本質。"純粹"感覺論，因爲否定了外的物質世界，不能說明我們底感覺的體驗底源泉，而把客觀的世界要素轉化爲主觀的現象，必然的立於主觀的觀念論的基礎之上。

　　如上所述，霍布士是不停止於"純粹"感覺論的，他一點不懷疑外的世界底存在。但是，同時誰也會不以素樸的實在論——那是在我們的現代"認識論"時代，人們那麼喜歡毫無根據地用以非難唯物論者的——來非難霍布士吧。反之，霍布士在近世哲學史上，成了感覺論，感覺論的認識論底創始者底一人。但是，他理解"澈底——爲哲學者底第一個義務。"他實在以澈底的感覺論者底

27

資格，看見轉化於唯物論的不可避性，感官底感覺的客體，是物體的客體。我們以覺官的知覺為媒介而知覺對象。但是這個感官的知覺是不可和我們底感覺底原因的對象混同或同一視的。以感覺為基礎而生起的我們底表象，就這樣地為對於我們底外的感官作用的外的對象底本性所決定。物質世界是離開我們底意識而獨立存在的。一定的客觀的質內屬於物質世界。外的運動，即物體的實體底偶性，喚起我們底主觀的過程。霍布士和笛卡兒同把外延和形象看做物質底恆存的質，即物質的實體底本質。然而運動，色彩等等，不過是物底可變化的質。實體自身，是橫於運動底根柢而占有空間的東西。感覺使我們底表象，即主觀的世界和物體的或客觀的世界聯結着。我們能夠以我們底感覺為基礎，為關於物質的實體——第一的物質底本性的推論，這個第一物質底規定或偶性，我們是能夠直接知覺牠的。霍布士完全正當地支持着非物體的實體是全不到達於我們底知覺這種意見。然而感覺論的現象論者却是其正反對。他們底推理歸着於："非物體的東西"即體驗或意

28

識底內容為直接的所與。他們說：—— 成為我們底問題的只是感覺，然而感覺，不外是意識狀態，不外是心理的現象，所以我們關於物質的實體不能知道什麼，是很明白的。所謂物質的實體——就是我們由感覺或表象所作成的抽象概念。但是，抽象概念是不能有實體的，即物理的實在，云云。不消說，一切的現象論者，沒有巴克萊那樣徹底。巴克萊是以現在所引用的推理為基礎而到達於唯心論的。但是，總而言之，巴克萊在某種意義上比着其他現象論者更為徹底，這是不能否認的。

霍布士和巴克萊就這樣地明示了二個正反對。一個是唯物論者，以為感覺自身係物質底狀態，另一個是觀念論者，斷言連物質世界自身也是精神底表象。

培根底唯物論的方法，依着理解了數學對於自然科學的意義的霍布士而發展和補足了。他和當時的大思想家同抱着數學在自然科學底領域底功能這種見解。伽利咯（Galileo），笛卡兒，斯賓挪莎，霍布士——他們都一樣地以機械的因果底法則和由質的關係降下量的關係的原理為指南針，

29

而努力於自然底闡明。在我們以量爲問題的場合，適用數學是可能的。原子機械論底學說——就是應用數學於自然現象底研究的結果。

霍布士排除一切精神的實體，依此，使心理生活從屬於支配物質世界的客觀的法則，並移入唯物論底原理於心理學底領域。

"思維是——笛卡兒說——心底屬性（Attribute）。但是，因爲我們通過屬性而認識實體之故，所以心是思維的實體，而且作爲這樣的東西，心是不死的。"

讓我們聽一聽霍布士底意見吧。"沒有思維的主體，思維是不存在的。"——這位知名的唯物論者論證着。笛卡兒底有名的論題 Cogito, ergo sum（我思故我在），是什麼意思呢？笛卡兒是想說：我思維，故思維是實體。但是，我思這一句話，除了我是思着以外，沒有他種意思。但是這件事就意味着思維不是獨立了的實體，而是表現主觀底單純的賓辭，即某種能力。如讀者所看見一樣，謬誤就在主觀底作用或狀態被本質化或實體化了這一點。

80

霍布士和一切的唯物論者一樣，在認識上立於感覺論底立場。感覺是為外部底物質的物體和我們底感覺器官之間的運動所引起的。這樣地，我們底感覺，是以物體的實體底實在，物質世界底現存為前提。意識內底表象底現存，是以意識外底表象底對象之現存為前提。要我們能夠感覺對象，就必須對象是離我們而獨立存在着。如若對象係離我而獨立地存在於我底意識之外，對象因為這個緣故，就必須具有實體的，物理的實在。現象論者主張，對象底存在盡於我們底知覺，及外的世界只在為我們所感覺的範圍內存在着。但是，感覺或知覺着對象的事就是意味着從對象接受着印象的事。於是，如果全然沒有什麼對象存在，怎樣地能夠有印象呢？——這個疑問就發生了。就是我們還是應該和巴克萊一起，承認神（或其他幽幻的而且形而上學的，神祕的力）在我們之中喚起感覺和印象呢，還是應該以唯物論的見地代替“過於沒有蓋然性的”這個假說呢，二者之中必屬其一。依着唯物論底見地，表象是為外的對象對於我們底感官的作用而於我們底意識內所惹起的東西。這是很

81

明白的：第一個"假說"，蓋然性很少，在其本質上並不能說明什麼。事實上，科學從未曾立於這個立場，而常奉唯物論底假說為圭臬，只有牠能夠給與科學的經驗以基礎。

在巴克萊看來，感覺是物質上和物質對立而排除物質的。感覺是非物質的本質底結合，而且作為非物質的本質這個結合，只能夠為非物體的實體——即精神——所體驗的。同樣的事情也可以適用於感覺底原因。精神的東西，只能在精神之中有着自己底基礎，因而一切存在底基礎，就是神——即絕對的精神的實體。這是很明白的，巴克萊底思考行程，是全然依據於邏輯上所謂 Petitio Principii（丐詞）的。但是現在惹起我們的興味的却不是這個。我們只想指出如次的事：唯物論是與使物質自身轉化於感覺，轉化於精神狀態的觀念論相反，却認為感覺自身不外是物質底狀態。霍布士不於精神之中見到獨立的實體，而只看到物質底實辭；他是只要求着純一的物質的實體。

從巴克萊及其一派底立場看來，"存在着就是被知覺着的意思"（esse—percipi）即成爲感官的體驗底對象——表象——的意思。如果感覺是某種絕對地和物質對立的東西，那麼，前者和後者之間不消說是全然沒有什麼接觸點。從感覺移行到物質的過渡是不可能的。其次，如果以爲我們係以感官爲媒介去認識一切，當然，我們不能越出感覺底領域，並且關於物質絲毫不能有所知道。由巴克萊底現象論底立場看來所謂物質的實體，是一個矛盾的概念。爲什麼呢，因爲我們所常以爲問題的只是存在於我們自身之中的感覺，然而物質的實體，在其本質上，是以存在於我們外部爲前提的緣故。

霍布士底意見却全然和這個相反。他以爲矛盾的概念不是物質的實體而是精神的實體自身。爲什麼呢，因爲存在的東西都是物質的緣故。就拿精神來說，如果以爲精神係現實地存在着，則牠不能不存在於什麼地方，即不能不占有一定底空間，而在空間占着一定處所的東西都可以名爲物體。故精神不外是物體底狀態。在經驗上，我們沒有遇到精神而常只以物體爲問題。在客觀上只有物質

33

存在着。主觀上，在意識底領域內物質是主觀地採取表象底形式。霍布士是一個唯物論者完全和費爾巴哈 (Feurbach) 一致的。費爾巴哈以如次的話表現外界與內界，主觀世界與客觀世界底相互關係："在我看來，或主觀地看來，純粹精神的，非物質的，非感覺的作用，其自身從客觀地看來，就是物質的，感覺的作用。"（註一）如果巴克萊底公式是：esse percipi（存在着就是被知覺着的意思），則霍布士，費爾巴哈及其他一切唯物論者底哲學底主旨就可以還原於 esse—corpus esse（所謂存在着就是實體底存在的意思）（註二）的公式。

笛卡兒和培根一樣，是從溫和的懷疑論出發的。但是，這兩位思想家底懷疑論是具有純方法論的物質的東西而不是目的自身。培根和笛卡兒努力於科學底復舊和再生及新的研究方法底樹立。如在經驗論底建設者及近世合理論底創始者之這個方法，在其本質上是歸着於唯物論的方法。但是，這兩位哲學者底方法論，縱使極具有唯物論的特質，卻決不能因此就說他們在自己底唯物論澈底到究竟。這兩人儘管在復歸於德模頡利圖底唯

84

物論之中見到科學底復活底唯一的可能性，儘管在其研究實際上立脚於唯物論的方法，可是他們依然還是"形而上學"底領域中的二元論者……。"培根在精神（註三）與物體（神與世界）底問題是和笛卡兒一樣，立於觀念論底立場的"——顧諾·斐雪（K. Fischer）說。——但是，努力要於現象上定立聯繫和統一的科學，在其本性質上是和二元論矛盾的。因爲這個緣故，培根所建設的的哲學傾向於排除培根底二元論的事實，可以用這件事來說明。如果培根底哲學欲澈頭澈尾地忠實於自己底根本命題，並且爲了實在論的思維欲避免二元論，就不能不拒絕精神，（培根底哲學沒有說明這個精神的力量。）或不能不和心一起認爲物體的實體。這樣，培根底哲學，就要跟着排除二元論而不可避地趨於唯物論了。這恰像笛卡兒底哲學趨於斯賓挪莎底哲學一樣——"（註四）

像培根底哲學一樣，笛卡兒底哲學也有妥協的痕跡。但是，這不是兩思想家底個人的缺點，而是他們所生活了的時代的"缺點"。鬥爭着的雙方之中，一方未至充分強大，而他方也相當的貧弱，

故在其　方不能獲得決定的勝利的時代，雙方底妥協是很自然的。而且這種妥協的傾向不僅是"自然界"（Lumen naturale）的特徵，並且 Lumen supranaturale 卽神學方面對於"哲學"也有極重大的讓步。宗教的及科學的哲學的運動雖互相鬥爭，但是"和解"之事也屬常有。

　　休志之類的僧正們成爲懷疑論者及感覺論者。卽爲要根本地鞏固基督教底獨斷起見，外面上立於反對者底立場的。佛蘭梭亞·德·拉·模特·爾·巴伊埃，再進一步承認人智底相對性而欲藉以證明能夠給與絕對的驗方的信仰底優越。牧師伽桑狄以信仰甚深的基督教徒而復活了伊壁鳩魯（Epicurus）和德模頡利圖的底體系。依着他底意見，基督教卽神學，是完全和唯物論兩立的東西。布列亞·帕斯卡爾，到達了這樣的結論：科學雖能夠滿足理性底要求，但"心情"和"感情"却追求着宗教。這恰和我們的觀念論者，神祕論的無政府主義者，新基督教徒，"索羅比埃夫派"等等是同樣的。

　　·這樣的，二重眞理說就成爲過渡時代之特徵。

36

這就是想調停二個社會形態，和適應於牠的二種相排斥的世界觀的企圖。讓步，如上述一樣，就起於最難期待的方面即僧侶底方面。在笛卡兒及培根的哲學，含有幾分二元論。這並不是怎樣可怪的。但是，隨着時間底經過，科學思想變爲有力的時候這種二元論就不能不被排除了。在英國，這件事就由使培根底哲學展開和體系化了的霍布士完成了。笛卡兒底體系則於大斯賓挪莎底哲學最發展了。

笛卡兒底"思維的實體"，被斯賓挪莎降低到屬性即從屬的要素。思維的實體是和外延一起而成爲一個實體的屬性。斯賓挪莎關於笛卡兒說道："他以爲精神和肉體是非常相異，因此無論說明兩者的或說明精神自身都不能指示何等唯一的原因"云云。(註五) 由此觀之，斯賓挪莎底意見，以爲肉體和精神並不那麼懸隔，至於要說明兩者底相互關係必須乞靈於神祕的玄祕性(Qualitates Occultae）故斯賓挪莎底體系比較笛卡兒底學說在唯物論的一元論底傾向上前進了一步。所以只有不把握這位偉大的思想家底學說底精神而固守着死文

87

字的人，纔能夠以觀念論的意味來說明斯賓挪莎。
"斯賓挪莎把自己底全一底實體——世界——叫
做神，這正和盧梭在其社會契約論(Contrat social)
中叫國民做王子 (le prince) 相似。他們兩人都特
地使用着傳統的名稱，但是他們在這個名稱之中
裝進可以替代被除去的東西的內容。"（註六）——
叔本華 (Schopenhauer) 這句話完全是正當的。

　　斯賓挪莎底哲學和霍布士底學說之間，有一
般在同一哲學傾向底二個變種間所常有的內面關
係。他們二人都把肉體和心，外延和思維看做唯一
的實體底屬性。笛卡兒和培根底二元論，在斯賓挪
莎和霍布士就轉化爲完整的唯物論的一元論了。

(註一)Feuerbach, Werke, II. B., 1846, S. 350.

(註二)Feuerbach: Sein heisst sinnlich sein (Todes
　　　　Gedanken, 第一卷, 1803年版 256頁)。

(註三)培根把"精神"和"心"區別着。依着他的意見，"心"
　　　　是物質的實體。精神——則爲 "不能說明的" 實體，
　　　　是發源于神的。

(註四)Kuno Fischer. Franz Bacon von Verulam,
　　　　Leipzig 1856. SS. 251—252.

(註五)Spinoza, Etik, S. 248, Stern 的德意志版。

(註六)Schopeuher, Neve Parallpomena. 列克蘭版, 61
　　　　頁。

38

98

第 三 章

洛克(John Locke)

　　培根和笛卡兒是近代哲學中唯物論的方法的創始者。科學，尤其是自然科學，因其堅持了唯物論地闡明自然現象的立場，始獲得了其最光輝的最偉大的收穫。所以，培根及笛卡兒努力擴大唯物論的方法於人智底全領域而使之成爲所謂普遍的方法，卽一般的科學的研究方法，這是沒有什麽不可思議的。他們所創始的事業，遂爲霍布士和斯賓挪莎所繼承了。這兩個人脫離了笛卡兒及培根所固有的二元論而把唯物論的方法結合於完全的唯物論的世界觀，這個世界觀我們在前章之末已經作爲唯物論的一元論而説明了。

依着斯賓挪莎的意見，所謂自然是到處一樣的，所以只有一個研究方法是可能的。同一底機械的因果，同一底必然性及同一底自然力，內屬於一切現象，──他在其著作倫理學第三部底緒論中，這樣地説。而當討論情緒（Emotion）的起原和本性之際，向讀者聲明適用着同一底基礎的方法。笛卡兒，斯賓挪莎及霍布士，本來是給與基礎於心理學上的唯物論的方法的人。不但如此，霍布士和斯賓挪莎，不僅由自己底唯物論的方法底立場去觀察心理學，而且由這個立場觀察倫理學及政治學。因此，在斯賓挪莎和霍布士看來，心理的，道義的及政治的生活底迴轉底樞軸，也是爲了自己保全底努力。

讀者諸君，可以把下面底事想像一下：在一切時代裏面最有名而且最偉大的這位哲學者，如果出現於我們底觀念論者諸君之中卽出現於和絕對者"對話着"的觀念論者諸君之中，他將不能不聽着怎樣的説話呢，又如果像他在其著作倫理學中大胆地説過一樣，向着觀念論者諸君説，絕對的善是不存在的，善和惡不過是相對的槪念，或再進一步全然以和粗野的唯物論者及可唾棄的馬克思主義者同一底精神，說出確信對於我們有益的東西，那就可以叫做善"（註一），則他將要由這些紳士們聽到怎樣的話呢。普羅列搭利亞由於"自己保存"底感情，發見和資本主義制度鬥爭的事，是對於自己及社會有益的時候，他們底這種努力及這種鬥爭，在斯賓挪莎看來，同時是成爲最道德的東西。我們不能夠停止於討論斯賓挪莎底哲學，因此，應該囘轉頭來看看英國底哲學。現在只請注意下面一事：就是我們已經看到在斯賓挪莎及霍布士，又在培根也有多少，適用唯物論的方法於社會科學底端緒，因而他們在某種意義上是科學的社會學底創始者。實證哲學教程底著者（孔德）——他使用"社會學"的術語努力於社會科學的創設——他稱霍布士爲"革命哲學之父"並非無故。

在囘轉頭來看看洛克的時候，我們不能不指出，在霍布士及培根底哲學之中，已經有了產生 An essay concerning human understanding （關於人類底悟性的論文）底著者底學說的契機

(Moment)。在霍布士底哲學，有着所謂心理主義的方法底萌芽，是應該注意的。這種方法在洛克底學說差不多早已有獨立的意義。但在巴克萊和休謨底體系則成為指導的方法。心理主義的方法，從在霍布士底哲學上的從屬的契機轉化為在巴克萊和休謨的基本的原理。在論及霍布士底感覺論時，我們巳指出他過度地力說這個契機，而時時以和現象論同樣的精神說話。

其次，由此之故在霍布士時時看到，眞理在於表象底一致之中這個思想。"超絕論的眞理概念，即以表象和物底對比為前提的日常的意識底概念，就為這事所驅逐，而在洛克成為今後一切認識論底範本的，內在的眞理概念，就代替之而進來了。這種內在的眞理概念是依着唯名論底一切發展所準備，並且為霍布士所完全發表了的概念。這種概念就是說，在人類看來，眞理不在表象和物底一致之中，而在於表象底相互一致之中。眞理者，不外是表象底正常的統合。在這個意味，眞理就不屬於單一底單純的表象，而是只在人類使端初的表象底內容從屬於某種法則之下並且使之互相聯絡的時候開始的。"(註二)我們從溫打德坦(Windelba-nd)的哲學史引用了這節有興味的引用句，為的是要使讀者一目瞭然於什麼是唯物論的方法，什麼是心理主義的方法。關於這一點打算在後面論述，現在只以上面所引文底註釋為止；再把話頭移到洛克和他底先驅者（主要的為培根和霍布士）之間所存在的接觸點來。(註三)

我們頭先說過培根和笛卡兒都從溫和的懷疑論，一般從未決定方面的認識條件之規定，開始其研究。培根關於偶像的學說，無疑地明示着要把主觀的認識要素從客觀的要素分別出來的企圖。笛卡兒和霍布士在這個傾向上更加前進了。純粹認識論上底問題，雖已為笛卡兒，尤其是霍布士所提出，但這個問題在他們不過只演了從屬的脚色，具有第二次的意義而已。然而在洛克，這個要素就出現於前舞臺而成為支配的要素；說正確一點，洛克底一切課題只是歸着於認識論底問題底研究而已。

要對於觀念論和中世底實在論能夠得到決定的勝利，認識的問題，就應該包括其全範圍而提

43

起。因而，經驗論就是近代哲學上必然的契機。經驗論是起於唯名論和實在論間發生有名的論爭的時候，而依着近代哲學底全發展所準備的。要使科學和科學的哲學一般成爲可能，要使我們底認識能夠建立於具體的事實底基礎之上，要使主觀主義爲客觀主義所取代，就有克服觀念論底放肆和獨斷的合理論底極端底必要。爲着這個目的，無論在歷史上抑在論理上都要求把我們底認識能力和一切科學的認識一般的條件，委諸根本的全面的研究。故這個哲學課題，主要的出現於英國，而且出現於我們所討論的時代，是一點也不足驚訝的。時間和空間決定哲學運動一般的特質。

培根和霍布士是新文化時代底代表者。當時，要努力支配自然的新社會出現於舞臺了。以是，上面這兩位哲學者底學說可以視爲這種實際狀況底表現。在他們看來，科學主要的是具有文化的意義。生長着的社會的要素之力，是在於知識之中，而不在於信仰之中。社會生活底新形態底發展依存於知識，科學及技術之上。超感覺的世界和超經驗的智識界，在與自然鬥爭上，不能夠齎給什麼明

44

瞭的而且積極的結果。

對於超經驗的知識的信仰，應該常加以拘束。為什麼呢，因為這種信仰使人類迴避地上底問題，而妨害人類對於自然力的有效的鬥爭的緣故。

以純粹概念底分析為媒介所獲得的知識，及由純粹理性所抽出的智識，不能成為確實的知識。中世底實在論和柏拉圖派底合理論，如今應該讓席於對於現實，即實在地存在的物的方法的研究了。這種傾向已發現於唯名論之中。若要不陷於無益的推理和概念底遊戲，就應當於人類底理性和認識能力一般設置界限。

科學在實踐上已經利用着新的方法。其結果自然科學達到了未曾有的繁榮，但是理論的課題還殘留着，即要使這種方法論的原理能夠意識地適用及擴大於人智的全領域，還有一個闡明這種原理底純理論的基礎的課題留待解決。但是為了這個，就必須研究人類底認識的武器自身——人類底理性及其能力——決定認識底範圍和界限。這個課題始由洛克底經驗論自行擔任了。洛克底經驗論底歷史的意義就在這一點。

45

但是，現在我們不能不把下面一點指出來，就是：經驗論發揮盡了自己底內的內容，而達到一定發展階段時而走於另一極端，即轉化於其自身底對立物——感覺論的或經驗論的觀念論了。應當被克服的東西——即主觀的觀念論，如今又再蘇生起來。

柏拉圖派底客觀的觀念論與巴克萊及休謨底主觀的觀念論間底差異，就是一方是依據合理論，他方則依據感覺論，一方是於理性之中見到認識底源泉，另一個則於感覺之中見到認識底源泉的差異。因此之故，我們就叫巴克萊和休謨底觀念論為感覺論的觀念論或經驗論的觀念論。這樣，我們暫時已能夠達到如次的結論（這個結論後章敘述巴克萊和休謨底學說時，可以看到立論底基礎。）：經驗論底發展史同時就是牠底崩壞底歷史。我們在這裏應當聲明的，就是：洛克底經驗論還未到達於其自己否定底境域。在洛克底學說恰如康德一樣，自始就有二種要素在鬥爭着——即實在論的要素和觀念論的要素，或——關於洛克說確切一點，——唯物論的及心理主義的要素——在互相

46

門爭着。並且在洛克唯物論的契機是占了心理主義的契機底上位。恰像說在康德反是觀念論的契機，結局優勝於唯物論的或實在論的契機，同樣的更確切些。但是，在洛克底學說中，心理主義的契機已經獲得重大的意義，因此，到了巴克萊及休謨這個契機就成爲支配的原理，並且能夠決定地驅逐唯物論的契機。洛克是這個契機底準備者。在他之中這個契機雖已成熟，但還未達到轉化爲新的"質"——新原理的地步。

一到認識論底問題，事情就完全兩樣。培根，笛卡兒，霍布士，赫伯 (Herbert of Cherbury) 已經理解了研究認識能力底必要。在洛克，認識問題成爲中心問題。他和培根同以經驗爲出發點。但他底努力和霍布士一樣，是用於以數學爲其典型的"純證明的 (Demonstrative) 科學，即不依存於經驗的科學"之完成。

如果我們的知識，和培根及霍布士所想一樣，是賦與我們支配自然的權力，則顯然應當知道怎樣的智識是關於物自身的，因而又在怎樣的程度我們底認識是客觀的，實在的。洛克在其全範圍

47

處理了這個課題。但是不能說他已把這個課題解決得十分滿足，也不能說他自身沒有給與他底學說被看做純粹經驗論底體系或現在之所謂純粹經驗底體系那樣的原因。

上述的矛盾即在兩要素———唯物論的和觀念論的或心理主義的要素 ——— 底鬥爭之中的矛盾，在於次點，即洛克在一方面，因為只有現實及其內的因果關係底知識是能夠保證人類對於自然，或這個現實的支配權之故，所以欲我們底認識與事物自身關聯，或和客觀界契合。故洛克不是一個像實在論者·合理論者一樣努力於獲得純粹形式的知識的人，那種智識是由純粹思維導出實在底一切內容的手段。他欲以實質的內容充實自己底智識。這種實質的內容，不消說是只能從現實自身引出的。為什麼呢，因為人類的活動，只有依據於物底客觀的關係底現實的智識，而且只有依據物在人類意識內底正常的"反映"，始能現實地有效地期待某種成功。

這———就是洛克底學說中的一個傾向，這個傾向我們稱之為唯物論的傾向。

48

在他一方面,這位洛克還有別的一種思想。他以為:一切我們底知識,不外是關於我們自身的知識,卽自己底表象底知識;為什麼呢,在我們看來,只有我們底表象,是直接的客觀的緣故。因而,真理是表象相互底一致。我們稱之為洛克底體系中的觀念論的或心理主義的契機。

如果唯物論的認識觀底本質在於,我們底思維係為實在所規定的這一點,則心理主義的方法底本質就可以歸着於存在係為我們底表象所規定。在第一場合,我們具有客觀的認識。而真理基準是表象對於對象的一致。在第二種場合,客觀主義就變為主觀主義。在培根,斯賓挪莎,及霍布士看來,思維是為實在所規定的,為什麼呢,因為他們在大體上是立於唯物論底立場。在他們看來,第一真理,就是客觀世界底現存。

如果我們現在把話頭移到心理主義的或觀念論的研究方法（這,在洛克是與唯物論的方法並存而到了巴克萊及休謨就達到其最高點的研究方法。）,首先就不能不指出下面底事,卽:若從這個觀念論的立場看來,就如溫打斑德在上面引用文裏

49

所說過一樣，第一個眞理全不是客觀世界，不是實在，而是內在的表象或心理學的內容，即關於我們自身的思維表象。所以，這個方法底根本命題──就成爲實在是爲想維所規定的。試把感覺論的或經驗論的觀念論底見地以三段論法表示之就得到如次的公式：──

(1)除了主觀之外就沒有客觀。

(2)物質和世界──即是主觀底意識內容。

(3)Ergo,(故)物質和世界沒有主觀就不存在。

我們稍有一點跑過頭了。但是，這是由於欲以明白一些的形式指示兩種根本的見地，兩個世界觀之間底差異給讀者的底一片婆心。關於這兩個世界觀，爲要使讀者在本問題能夠採取更好的方向，後面當再詳論。現在認爲有暫作一小結束而囘洛克方面的必要。

我們所到達的結論是這樣：──心理主義的或經驗論的觀念論，不僅像康德所做過一樣使認識底形式轉化爲純主觀的現象，而且使我們底認識底一切內容也轉化爲純主觀的現象。因爲這個緣故我們可以叫巴克萊和休謨底觀念論爲實質的觀念論以別於康德底形式的或先驗的觀念論。

洛克嚴密地而且決定地提起了關於認識底起原,範圍,界限及條件的問題,在這一點他是偉大的歷史的課題底完成者。他雖然沒有滿足地解決了問題,雖然他底學說是滲進了二元論,但是,他是首先多少正當地公式化了這個問題而留下不可爭的功績。不視科學及哲學為空言的人,是容易在研究自然現象或歷史現象的場合把握着正當的方法底意義的。在歷史"哲學"底領域,就是到了今日還有許多"學者"用着觀念論的或主觀論的方法。"應該發見善美的理想——他們說——而猛促其實現,"又說:"應當盼望歷史的事實屈服於我們底理想,我們底希望,憧憬底偉大和美麗之前。"

如果提議用這同樣的方法於自然科學方面,則讀者將說什麼呢?不消說讀者因為不相信我們底知的能力之"規範性",會問答道:我們從純粹理性所引出的"概念"是不能創造物的。但是,不僅從神底概念導引出神底實在的中世底實在論者及合理論者這樣做,而且現在底一切觀念論者,縱使不在自然科學底領域內(註六)而在歷史哲學及"純

51

粹哲學"底領域也都是這樣做的。依着這事就可以說明，一切哲學者不僅對人類並就是對於自然自身，也必以主觀的"概念"爲準則而建設當爲而且不可不的哲學體系這個事情。有的把實在底本質看做"意志"，有的把牠看做——"絕對精神"，第三種人又把牠看做"無意識者"，等等。

　　如果這種現象在洛克，康德以後還存在着，那末讀者就可以想像洛克以前，尤其是在中世紀實在論者及柏拉圖主義者，有怎樣的"自由"在支配着呢。在他們中世實在論者及柏拉圖主義者看來，"觀念"，概念及神是認識底本原的所與而且是唯一底對象。放逸的思索和對於實在世界的無限的蔑視——這就是中世底特色。於是，就有抑制人類底思想，使之停止其永遠飛翔於無益的抽象之中，並且硬從瞑想底九天拉下到罪惡底地上的必要。在這裏有着洛克所企圖了的事業之方法論上的意義。

　　不可不把一定的具體的事物結合於一切概念，或一定的各個表象，云云。要征服自然而強使之貢獻人類的文化的新時代底方法論的或認識論

52

的要求，是可以依着這個簡短的文句來說明的。洛克也這樣地理解了這個課題。但是，他還露出很大的不澈底並且他脫不了許多和他自身底方法論的根本原理甚相矛盾的偏見。我們姑且不涉及這些矛盾，只就他底學說中拿出直接和我們有關係的方面來看一看吧。

洛克在其所著人類悟性論第一册中批判笛卡兒關於先天的觀念論底學說。這是很明白的，如果我們具有先天的觀念，那末，我們就同時被賦與先天的，卽離開經驗而獨立的知識。因而，就必須證明我們底意識之中沒有什麼先天的觀念及先天的表象。但是這同時又成爲證明我們沒有先天的知識。我們現在不來說明洛克在第一册所述對於先天的觀念和先天的表象底一切證明。爲什麼呢，因爲現在站在笛卡兒底立場的人非常之少，雖然康德的先驗主義無疑地是笛卡兒及來布尼兹 (Gottfried Wilhelm Leibniz) 底哲學底新的修正物。

洛克在自著第一册中到達了沒有先天的觀念和先天的表象底結論了。如果這樣，那末，我們底

53

表象底起原可以用什麼來說明呢？第二册就是討論表象底起原及發生底問題。

笛卡兒關於先天的觀念底學說及洛克對於這個的論爭，實有比普通所想像更大的意義。為什麼呢，因為先天的觀念底理論，實和特殊的思維的實體或非物體的實體之承認有着關聯的緣故。洛克對於先天的觀念底理論的勝利，實質上就意味着對於唯心論和觀念論的勝利。笛卡兒說，──心是思維的實體。心是通過思維而認識自己獨自的本質的。人類思維着，這一事情不僅是證明人類存在着，而且也證明心係作為意識地思維着的實體（Sum cogitans）而存在。這樣地先天的觀念就和心的實體關聯着。而這種心的實體，以這樣的實體的資格必然地為意識和思維所內屬。打破先天的觀念底理論就意味着絕滅特殊的思維的實體。

這不單在純科學的意味上，而且在社會學的及倫理學的關係上也是可以從下面的考察而明白其怎樣的重要。即如果思維或心是獨立的實體，則心便不依於物體。這樣地，作為獨立的實體的心，不僅能夠和實在無關係地而從其自身導出先天的

54

知識，而且能夠不順應客觀的事實而考慮思維的實體底狀態和先天的觀念並創造着歷史。思維是自己具足自己底內容，不需外界，卽客觀的實在。在這樣的場合，我們底心是不須由外部受取某種印象及知覺。如前所述，心是自行創造自然和歷史的。在現在所引用的思想之中，當然是包含着合理論底一切本質。經驗論底歷史的功績就在其與這種合理論的鬥爭之中。在這一點上，經驗論也成了近代哲學發展上的必然的契機。不消說斯賓挪莎和霍布士由否定思維的實體之點看來在洛克以前，已經演過巨大的脚色。斯賓挪莎轉化那在笛卡兒成爲實體的思維爲屬性，藉此抹殺了思維的實體——心——底獨立的意義。又自斯賓挪莎底立場看來，只要自然是統一的，是外延和思維底實在的主體，在他，思維在事實上就被降到存在底從屬的要素底階段了。思維是爲存在所規定的。"在我們的思維之中反映着實在的世界。因而現實世界，完全是以固有的肉體爲媒介而反映於精神世界的。爲什麼呢，因爲精神底內容是肉體所形成，肉體底種種的過程，肉體底相異的狀態及刺激都

55

反映於精神之中的緣故。這種事物又以通過其他事物在肉體上所引起的印象爲媒介而反映於人類精神之中。"（註七）我們在上面已引用過這樣的話，即：斯賓挪莎和笛卡兒論爭着，心無論在其自身看來，抑在其和肉體的聯繫看來，都不是和肉體差異到必須特種底"神秘的"原因。心並不是表現和肉身相異的本質或實體的。

拿霍布士來說，他是完全和斯賓挪莎一致不承認心或思維爲獨立的實體，並且在與笛卡兒論爭之際說過，思維不過只是肉體底"作用"，是其顯現形式，是我們底表象及觀念底單純的邏輯的主體。這兩位思想家，這樣地使心的實體轉化爲"屬性"而除去思維底獨立的意義。思維就成了存在或唯一實體底從屬的契機。

洛克大體上是由唯物論底立場與觀念論鬥爭的。

在對於笛卡兒的鬥爭，他特利用了從霍布士借來的純唯物論的論據。在笛卡兒以前看做先天的東西的神，及道德的判斷等的概念，始被視爲研究和批判底對象的事情，有了怎樣重大的科學

56

的社會的意義呢，關於這一點我們姑不向讀者證明。

　　洛克專心一志於這個最後的目的（研究和批評）了。他否定先天的觀念和先天的表象，而證明表象係從外部到達於我們（頭腦裏），次第地充滿我們底意識的。表象不是從太古以來就作為存在於意識內的一種既成物而內屬於我們的東西，而是徐徐地由我們所獲得的東西。若以心為思維的實體，則其本質就完全在於思維之中。因而，心就不能不常思維着，表象不能不以既成物底狀態既經存在於心——意識之中。反之，若表象不存在意識之內，又在我們看來不是先天所賦稟的東西而是徐徐地由外部到達於我們的，那末，這就意味着表象不是依存於我們而是依存於外界，而作為實體的心底獨立性就為這個所否定了。

　　如果表象和觀念在我們不是先天的東西，不是太古以來存在於意識內的東西，又在一方面沒有表象和觀念就沒有思維，那末，就不能不成為，我們連同表象一起獲得思維，可是表象是不能不連同印象一起——即連同依着外的對象對於我們

57

底作用從外部所喚起的印象一起而獲得的。這樣的，我們一切底思維即所謂精神只是依着外的物質界之賜而生起的。這一事是值得牢牢記憶的。爲什麼呢，因爲在先天的觀念底論駁之中，讀者可以明白知道，對於我們底心理的體驗，表象及觀念底起原底說明，唯物論的方法和觀念論的方法底差異在那裏。不消說洛克固然沒有十分澈底。但是，這並不妨礙他在這個場合正當地利用了唯物論的方法。這樣的，洛克把我們底一切表象和觀念，又把人類底"心"底一切內容，看作外的世界對於我們底影響的結果，看做感覺底變形。"從這種見地去觀察心理的活動性，就意味着把人類底一切表象，一切概念及感情看做圍繞着人類的環境對於人類的影響底結果。"（註八）

洛克沒有把可以由他獨自的學說直接引出來的結論作成，即沒有把可以由主要的關於表象，概念及觀念的完全正當的 ——（我們所引用過的）—— 而且極其重要的考察直接引出的結論作成。在這種傾向，法蘭西底唯物論者極爲前進。他們沒有停止於中道而廢的感覺論，他們使洛克底立場

58

展開到其論理的究竟點，卽自然已和歷史，人類社會接觸之點。如果問題在實際上是笛卡兒所想那樣，卽心是思維的實體，應當具有絕對的，普遍妥當的先天的觀念，是內屬於這樣的心，那末，這個場合，存在就是爲前述的思維所規定的。若將這個適用於人類社會及歷史的時候，就成功社會制度及社會的政治的關係爲觀念所規定，簡單地說，就是"世界爲意見所支配。"斯賓挪莎否定了思維的實體，而把牠降下於屬性，再進一步，洛克否定了思維的實體底存在底結果之先天的觀念，這就到達於：我們底心及同時我們底觀念和概念爲我們底環境，世界所規定這個結論。

斯賓挪莎使思維的實體轉化爲屬性這一事，同時就是否認了先天的觀念。反之，洛克底先天的觀念底否定，也同時意味了思維的實體底否定。因而，人類底思想當然要到達的結論，而且法蘭西底唯物論所已經多少明白地公式化了的結論，就歸着於"意見爲環境所規定。""法蘭西底唯物論者常極熱情地斷定地公言：人類及人類底判斷和感情是環境——卽第一自然，第二社會——以其人爲

59

基礎而作出了的。" L' homme est tout éducation（人類完全依存於教育）——愛爾伯秋斯這樣斷言了。他把教育這個名辭，解爲一切社會的影響底綜合底意思。這樣的，把人類看做環境底成果的見解，就是法蘭西唯物論者底改革者的要求之主要理論的根據。事實上，如若人類是依存於環境，而其性格底一切性質是歸因於環境的，那末，人類底缺點也宜歸因於環境。因而，諸君若想和人類底缺點奮鬥，諸君就不能不適當地變更人類底環境，而且是變更社會的環境自身。爲什麼呢，因爲自然是不使人善也不使人惡的。把人類置於合理的社會關係之下，卽置於停止驅使各人與他人鬥爭的自己保存底本能那樣的條件之下，而使各個人底利害和社會全體底利害一致的時候，德（vertu）自會興起，恰如失了支持物的石頭自會轉落於地面一樣。德不是可以說法而致，而是依著社會關係底合理的構成所準備的。從前世紀底保守主義者及反革命家得了勝利的時代直至今日，法蘭西唯物論者底倫理，久被視爲利已主義的倫理。但是，只有法蘭西底唯物論者，他所下的倫理底定義正確得多，即：他們說：依着我們看來，倫理完全是依着政治而轉移的東西"(註九) 我們在這裏把伯利特夫（伯利特夫是蒲列哈諾夫底假名———譯者）底幾句話引用了。這幾句話巧妙地道破了唯物論對於社會生活的意義和重要性。法蘭西底唯物論受了笛卡兒和洛克底影響，所以，二個命題———即人類底意見爲環境所規定的命題和環境爲意見所規定的命題———間底矛盾，可以還元於笛卡兒和洛克底論爭。固然，法蘭西底唯物論者已經脫却了先天的觀念及"思維的實體。"但是，他們還是完全無意識地繼承了某種見解而不能自拔。只要沒有獨立的思維的實體，他們是完全理解了我們底表象及觀念是爲環境所制約的。但是同時他們却復歸於社會的存在是爲思維所規定這種思想。即是：他們在自然科學方面十分地適用唯物論的一元論底見地，但一涉及社會現象及歷史現象底問題，便完全不能脫却笛卡兒底二元論。

我們底一切概念，表象及觀念，不外是感覺底變形。這些東西，都是外界，社會的環境及教育之及於我們的影響底產物，即經驗底結果。一言以蔽

61

之,觀念是我們所獲得的東西,不是以既成的形態存在於意識之中,即天稟的東西。如果這樣——實際完全這樣——則不能不下着觀念及表象是外界所喚起的這個結論。

這樣的,我們底心就是 Tabula rasa, 無垢之版,潔白的紙片,而經驗則在其上面印下自己底符號。我們底一切底觀念,是以經驗為其根源。經驗可分為二種: 一是為外的對象底知覺所引起的外的經驗, 另一種是以依着這種方法而獲得的表象為基礎而於意識自身之中生起的內的經驗, 或由內的體驗及內省底狀態而生的內的經驗。外的客觀供給我們以感覺的質底觀念或表象。對象使我們生起某種印象。我們經我們底感官而知覺這種印象。一般地刺激我們底意識活動的第一對象,是外的對象,外的客體底知覺。我們底知識是由外的經驗出發的。獲得外的經驗以前及沒有外的經驗,在我們一般沒有, 也不能夠有,何等底表象。這樣的,思維是跟外的對象底知覺一齊開始的。沒有外的對象底知覺,思維是完全不可能的。為什麼呢,因為思想是以表象為其內容的,內的經驗,說起來,是

62

外的經驗底繼續，故我們之有表象就意味着我們預先知覺着外的對象。內的感官底經驗，是基於外的經驗而發生和發展。像把心看做實體的笛卡兒所想像一樣，我們底心不是恆久地常住地思維着東西，這由上述看來是當然的。思維應該常內屬思維的實體。沒有外延的物質的實體是不能想像的。

但是，思維全不是常住不斷地內屬於我們的東西。思維與心底初端也不一致。因而，思維不是思維的實體底本質。思維是一種心底活動底形式，或說正確一點，不過是我們底肉體底質——即屬性。為什麼呢，因為在以我們底感官為媒介而知覺了外的對象時，纔開始思維的緣故。內外底兩經驗底知覺——即感覺(Sensation) 內省 (Reflection)——是認識底源泉。外的經驗及內的經驗，供給我們底表象，我們底認識底一切材料，總體。我們底表象，可以分為單純和複合。離開我們任意的活動獨立地發生而對於我們有強制的意義的表象，洛克名之為單純表象。

"在我們底悟性之中惹起表象來的對象 底 能

力，我名之爲對象之質。"（註十）對象之質，有第一次的質和第二次的質二種。第一次的質不能全然和外的對象分離。第二次的質雖由外的對象使之生起，但不與對象自身契合，即是不與那使之生起的原因一致的質。前者即第一次的質是主客合一的運動，不可入性，靜止，外延，形態，量，數等是與第一次的質有關係的。第二次的質或主觀的質就是色，味，音，臭等。

洛克稱樣式及關係底觀念爲複合觀念。複合觀念由單純表象所構成。單純表象是在我們底悟性在完全受動的關係之下所攝取的。單純表象對於我們是第一次的材料。悟性把這種材料加以幾分加工，統合之而成爲複合觀念。單純表象是對於我們底意志而獨立，而強課於我們的。我們沒有變化牠們底力量。第二個場合，事情就完全不同。悟性轉化爲能動的要素，悟性統合單純表象而使之保有一定底關係，或把複合表象分解爲其構成要素。

在複合觀念之中，我們認爲說明實體底觀念一事尤爲重要。

64

橫於種種單純表象底結合及共存底基礎之原因，卽種種質底基體或主體，我們稱之爲實體。單純表象是不獨立存在的。我們看見這些表象底某一總體常在一起發生。從這一點，我們構成這些一切表象歸屬於同一底對象的推測。我們把這些表象結合在一起而給與一個名稱。單純表象不能自己存在。所以我們以對象之這些一切底質及性質底共通的支持者爲必要。爲這些質及性質底基礎之基體，名爲實體，實體底質及活動名爲偶性。

　　實體底本性是什麼？牠底本質在那裏？我們不知道。爲什麼呢，因爲我們不能直接知覺實體的緣故。我們關於實體所知道的，都是屬性，各個底質及性質，這些東西是使我們生起單純表象的。實體云者，是基於我們底知覺而爲我們底悟性所構成的概念。實體是由外的經驗及內的經驗所導出的抽象。單純表象是以外的及內的經驗爲媒介，而作爲橫於這些表象底基礎的實體（卽基體）底作用底結果所攝取的。因而，悟性能夠由這些單純表象導出實體底概念。洛克把實體區別爲三種：卽物質的實體，思維的實體，及神底實體。我們姑且不來證嗣他承認後面兩種實體而怎樣地陷於自家矛盾。一涉及神底概念，他還是完全站在煩瑣哲學底立場。

其次，拿思維的實體來看看吧。洛克自己證明道：思維與對於物質的外延或不可入性的場合不同，不是我們底心底本質，思維寧是可以和運動或物質底其他底質比較的。但是，這不是完全抹殺作為思維的實體底心麼？他方，這位洛克又證明思維及一般底心理生活所賴藉以開始的我們底表象是從外部而來。表象是為物質世界所產出的東西，故此不是表現人類底心底永久的性質的東西。不消說，心或有機體，具有某種一般的知覺能力，思維作為這樣的東西觀察的時候，不是永久內屬於心的屬性，心底不變的永遠的本質。如果以心為實體，這個場合，心在自己底活動便不能不完全離開物質的或外的世而獨立，外界無論依着怎樣的方法也不能作用於實體，為什麼呢，因為物質的實體和思維的實體是互相排除的緣故。如果認為洛克底命題，即：我們底心在經驗以前是一張白紙，外的經驗即物質世界通過我們底感官而印着自己底符

66

126

號於其上這個命題是真的，那末，心底獨立的實體的意義不就為這個所除去了麼？我們底心理的生活，如霍布士所證明一樣，是單純的活動而不是實體，即是我們底身體或組織底表示形式。於是生起了這樣的質問：洛克是違背自己底前提而以怎樣的根據斷定心的實體底存在呢？洛克自己也感到在這一點有點兒不對，而設下物質在事實上也能夠賦有感覺及知覺底能力這個假說。但是，他於是急急地這樣地附說道：神能夠賦與物質以感覺和知覺底能力，他是全然不認由思維的實體底假定自然會導出神底存在的。

洛克是由如次的確信出發了，即我們底一切認識是通過外的及內的經驗而獲得的，而這個場合，外的經驗有成為一切認識底出發點的重要性，為什麼呢，因為關於我們自身或內面的心的狀態的智識，在其本質上最是密切地依存於外的經驗的，並且外的經驗是外界所喚起的東西。他雖然由這些確信出發了，可是還以為物體的世界底存在尚不能確實證明。我們已經在洛克遇到一個根本的矛盾，這個矛盾，和以後一貫於康德底純粹理論

67

批判底一切之矛盾是同一的東西。他們兩人在研究底初頭都假定外界底實在而從之出發，依着外界底實在來說明我們底一切表象，概念，及觀念底起原。一到我們底一切意識內容，因而一切底認識材料巳由外的經驗，即外的對象之對於我們底感官的作用，抽出和獲得的時候，他們就開始懷疑外界底存在。

洛克把結合自己與物質世界的一切線索一刀兩斷而踞踖於狹隘的悶氣的感覺和知覺底境地。他說："因而，認識——不外是我們底表象之相互契合或非契合的關係底知覺。"我們底認識便成爲直接的所與所制約而不能逾越意識底界限的東西，並且不能與物底世界聯繫。我們底悟性常以自己底表象爲直接的對象。認識只成立於我們意識中的表象底比較和對立之中，因而，眞理只是存在於表象相互底一致之中，不是存在於表象與物底一致之中。

我們巳在前面指出，在洛克有二個要素——即唯物論的要素和觀念論的要素或心理主義的要素——在鬥爭着。他對於眞理概念不是完全立於

68

心理主義的見地，或如溫打班德所想像一樣，完全立於內在的見地。作爲一個觀念論者及康德信徒底溫打班德，不消說會在洛克底內在的或觀念論的眞理概念——把眞理看做正常的表象的眞理概念——之中，發見"將來底一切認識論的雛形"。洛克決不是完全立於這種見地的。但是，在他裏面恰恰和康德一樣，這個要素與唯物論的要素在鬥爭着。

同時，洛克又很理解着：一切底認識，在其本質上不能不多少表現出物之自身，因而認識應當也與物關聯。一切底認識都努力於把握物之自身。思維具有要認識存在自身的傾向，於是洛克就研究客觀即認識底對象與我們表象底關係底問題。

縱使我們以表象爲問題，卽縱使我們底認識直接地只是關聯於意識內容——表象，如若表象契合於物的時候，表象便喪失自己底主觀的特徵，並且，在表象表出關於物之自身的判斷的範圍內，這些判斷及表象就有客觀的意義。"我們底認識，只有在我們底觀念與現實的事物之間有着契合的範圍內，是眞理。"（註十一）

69

這樣的，洛克自己雖主張眞理歸着於表象底相互契合，然在一方面，却說着只有在表象與實在的對象之間有契合存在的場合，認識在客觀上纔能是眞實，卽是現實的。但是依着洛克底意見，我們還是不能逾越我們底感覺底界限……。這樣的在這裏有着和康德同樣的矛盾。卽是：在一方面，認識如果不關聯於物之自身的時候，就全不副其認識底名稱，在他方面，我們底悟性決不到達於物之自身，而只是以表象爲問題，所以物是不能認識的。這個觀念論的契機，在洛克已經頗爲明晰地表現着，但是還未得着支配的地位———然而——到巴克萊和休謨，這個契機就占着上位而成爲認識原理了。

物是我們所不能認識的。然而洛克還要求着我們底表象契合於物。我們看一看洛克怎樣地衝出這個迷途，怎樣地解決這個矛盾吧。要達這個目的，除了再囘到表象底起原底問題，沒有出路，而且除此也不能有出路的。爲什麼呢，因爲表象底意義是爲表象底起原所決定，表象底根源是表象底眞理性底最可信憑的規準的緣故。表象起原問題

70

130

底研究，引導洛克到了表象爲外界所喚起這個結論。因而表象係爲外的對象所規定。這時候，洛克發見了我們自身所不能創造的，因而又不依存於人類底意志的（單純）表象。這種表象不得是我們底空想底產物，牠們出現於外的對象之及於我們底感官的作用底結果之中，而且完全和這些外的對象契合。單純表象底客觀性底問題，依着這些表象底起原問題而解決，不是明白的事麽？單純表象不外是物底性質底映像。

複合表象是悟性底活動底產物，而不順應於外界，實在的對象的。如果單純表象係以物爲自己底"原型"，則複合表象——洛克以爲——即是以自己爲原型。樣式底複合表象＝爲人類自身所構成，因而對象底表象與表象底對象是主客合一的。

以複合表象爲自己底對象的認識，必然地是客觀的並且是實在的。例如數學就屬於這種認識。這個場合，我們底表象，不是順應於物——即外界，反而是對象順應於表象。這種思想到了巴克萊更加發展。在巴克萊及休謨，我們底一切認識，被轉化爲自己底表象底智識，而我們於自己底心即

71

意識之中有着這些表象底原型。

依着洛克底見解，複合表象是我們自身所構成的，但是應當契合於我們外部的物即不可不與物一致。例如拿實體底觀念來看吧。這個觀念是我們由單純表象所構成的觀念，而單純表象則為我們從外部所攝取的。我們自身，由這些單純表象，構成複合表象，這個複合表象，不可不契合於存在於我們外部之物。單純表象直接為外界所喚起，因而，應該以最大的確定性為其特色。一到樣式及關係底複合表象，事情就兩樣了。牠們以表象為其原型，在這裏，表象底客觀同時就是客觀的表象。

依着洛克底意見，一切認識底這三種形式，是依其特質及其實在性與客觀性底程度而相異的。認識底實在性，結局依存於我們底表象與對象底契合。對象是一切認識底根本前提，又是一切意識內容底原因。但是，雖有這事，洛克還謂直觀的認識最富於確實性。但是，不可由某種表象存在於自己底意識之中，就謂客觀的實在契合那個表象。

外界底實在性，在洛克是不容易置信的。不消說，他自身是承認，我們應當把表象看做物底作用

72

底結果；表象係以外界為其根源的。然而由洛克底立場看來，外界底實在性還是可疑的東西。外界底確實性，是為感官的知覺所決定的。這個確實性，是越是要求實踐越是顯著的。但是，說起來，在理論上，這個確實性決不能逾越當前底知覺底界限。我看見某個對象時，我是依着當前底感官的知覺而知道那個對象對於我以何等底形態而存在。但是，那個對象是不是在繼續着自己底存在——假定現在有一張我在寫着字的桌子，或有一位和我談話的人——當我沒有知覺這個的時候，我們是不知道這個的。"以前"底對象底存在和"現在"底對象底存在之間，沒有何等必然的內面的關係。這種思想——在這裏面休謨底懷疑論既經明白地被公式化了——我們後面還要與之接觸，我們現在認為有就洛克底學說底契機之中把到了後來更加完全地發達了的契機力說一下的必要。

我們還應該注意到最重要的一點。

物之現實的存在，是通過經驗而為我們所認識的。經驗決不能給與普遍妥當的認識，為什麼呢，因為我們不過能夠知覺單一之物，而普遍妥當的認識却以一般的或抽象的表象為前提的緣故。但是概念及抽象的表象，只存在於我們底悟性之中，故一般的及普遍妥當的判斷，完全不能說明物之自身，而只關聯於我們底表象，即完全沒有對象的或客觀的實在的意義。如果以為"經驗"是決定認識底客觀性及實在性底問題的終審判決，那末在把經驗看做知覺底集合的條件之下，單一底知覺及感覺就成為實在性及客觀性底標準，這是很明白的事體。如果驅逐和否定實體性及因果性，則一切存在物底一般的內的聯繫就澈底地被切斷了。如果以為存在的只是單一底知覺，實體不外乎概念即以單純表象底結合為基礎而為我們所構成的複合表象，那末，實體就是邏輯的抽象。一般的表象和概念，不過是沒有和物之自身關聯的主觀的表徵。我們底認識，是被制約於單一之物底一個特性，單一的質；從這裏導出一般的判斷的事情，就意味着把實在的存在賦與邏輯的概念。實體，即是表示這樣的概念的東西，為什麼呢，因為實體是由感官的知覺所抽象的東西。所以實體直接地是不能認識的。這樣的，洛克把培根底經驗論轉化

74

為感覺論。經驗論不是全然與感覺論同一的東西，感覺論是經驗論底變種。經驗論教給我們：一切我們底知識係以經驗為其根源。感覺論則把經驗還元於感官的知覺底集合。洛克把感官的知覺或感覺由對象割離，而依以改變唯物論為感覺論，改變"唯物論的"經驗為"感覺論的"經驗了。同時，他又準備着否定實體底地步，及使第一的質或客觀的質轉化為主觀的質底地步。如若我們不能逾越感覺底界限，那末，所謂客觀的性質或第一次的性質就是感覺：這是自明底道理。……

　　不消說，洛克自身，還未達到那樣程度的懷疑論及觀念論。他自身攝取了伽利略，笛卡兒，霍布士及德謨頡利圖等底關於對象底第一次的質底客觀性及實在性的學說。他和這些思想家一齊支持着如次的意見。即是：第一次的質是恰以那些質給與我們的那種形式而內屬於對象自身的東西。又第二次的質雖在對於外的對象不是主客合一的這一意義上是主觀的，但是在實在的事物之中有其原因的。但是，兩者——一方底第二次的或主觀的質與他方底第一次的或客觀的質——之間有不可

75

變的因果關係存在着。……我們之所以不得不認所與之物爲一定顏色例如赤色的，就是因爲在那所與之物之中有一種必然地常於我們惹起赤色而不惹起他色的實在的性質或力的緣故。

這是不能不牢牢記憶的：卽提唱關於主觀的性質的學說的思想家及自然科學者，以是，不想主張這些性質一般地與物底客觀的性質或客觀的實在界並沒有何等底聯繫。

事實上許多哲學者都有這種誤解。驅使巴克萊說出‘第一次的質也是主觀的’的一個原因也是這個誤解。然而第二次的質具有主觀性這句話本來的意義，是在於承認這些質係外的對象對於我們底感覺的活動底產物這一點。對象底第一次的或客觀的性質就是第二次的性質底原因。因而後者是和前者同樣地實在的，客觀的。若除去第一次的質，同時第二次的質也被除去。從反面看來，後者只是在前者存在之間存在的。兩者底領域，同樣地是實在的。努力於自然底眞正科學的研究的人，應當立脚於使我們之中生起某種表象的客觀的原因，不應當常返覆着說完全放棄了表象之“主觀

76

的"之間底差異

巴克萊及休謨把主觀的質轉化為單純的主觀的現象，而拒絕了把質二分為客觀的及主觀的東西；關於這件事，洛克也有幾分底罪過。為什麼呢，因為他雖一切立於前述的立場，但對於外的世界之存在，認為能夠表示懷疑——這是由他底觀點看來最難許可的——的緣故。洛克雖由實在論的及唯物論的原理出發，但他自己底研究却以觀念論完成了。

洛克在所謂"混合樣式"底問題，立於觀念論底見地，而為悟性不是適應於物反而是物適應於悟性的這個康德底有名的命題之先驅，大使康德高興了。樣式底複合表象，全然不宜有對象的或客觀的意義。這些表象是悟性所構成的東西，不須以物為自己底原型，但是，同時這些複合表象還是不能不和客觀的存在契合。思維與存在之間底這樣的調和，是為什麼所規定，所確立呢？

我們底表象是以外的對象為根源，而作為這個對象之對於我們底感官的影響底結果而發生的。這是實在論的契機。另一個契機即觀念論的契

77

機就包含於賦與我們的只有感覺和表象，這些感覺和表象底界限是不能逾越的這一主張之中。但是，如果這二個領域之間沒有聯繫的契機，換句話說，如果客觀界與其主觀的"反映"無論在那裏都不碰頭，都不接觸，沿着二條不同的軌道而以同一的距離平行地走去，那末就要發生兩者底契合底規準在那裏這個質問。保證我們底表象與存在於我們外部的對象底契合的東西在那裏呢？這些問題，同樣地又關係於"混合樣式。"洛克依着物以我們底悟性底構成物的資格不能不適應於"混合樣式"這個理由，要求"混合樣式"向客觀界宣布着法則了。

判斷只對於我們底表象是妥當的——如果想起洛克這一說，我們底認識也成為不能與物自身關聯的東西。洛克把表象底結合底實在性，與作為判斷底要素底表象自身底實在性區別着。通常確認斷判之中有着表象底某種結合。洛克以為只有各個表象即判斷底要素是實在的，然而各個表象底聯結或結合底任何形式都是依屬於主觀的東西。因為這樣地理解着判斷底意義及性質，所以作

78

為對於現實的判斷底體系或集合之眞理也只在於表象及判斷底相互契合之中，卽眞理就帶了純主觀的，觀念論的性質。

由觀念論的或內在的見地看來，表象底一切底結合，在其本質上，一樣地是眞理的，爲什麼呢，因爲沒有客觀的規準，故不能決定表象底怎樣的結合爲正常，怎樣的結合爲異常的緣故。觀念論不過能夠給與主觀的規準而已。這是與欠缺一切底規準同樣的。基於表象相互底結合底"正常性"而確立眞理底規準或判斷底客觀性底基準，就意味着純形式的規準底確立。故在這一點，洛克也是康德底先驅。……

這樣的，培根底經驗論被洛克改變爲感覺論了。而在洛克底感覺論，如我們上面所述一樣，旣經包含有現象論及主觀的觀念論底若干萌芽，因爲這個緣故，洛克底感覺論，在某一發展階段，是能夠變化爲感覺論的觀念論的。

經驗論是作爲近代哲學的必然的契機而出現，經驗論不能不作爲前代底放肆的觀念論，合理論及柏拉圖派實在論底反動及抗議而發生。爲了

79

哲學底自由的真正科學的發達，必須造成基礎。為了這，就要求着預先對於一切一般的認識底前提加以深刻的研究，即應該研究認識底根源，牠底範圍及牠底客觀性及實在性底條件。經驗論就是為要解決這個課題所喚起的。經驗論不能不證明：我們底認識不能不專受廣義底經驗所制限；超感覺世界是無形底幻想即是自欺；我們底認識只在依據客觀的現實的時候，有某種價值。

在與柏拉圖派底鬥爭，經驗論是這樣的立於唯名論底立場，而提出個體底意義了。經驗論與合理論相異，牠底課題在於證明：理性在其自身不能到達什麼智識。在悟性之中，感官中以前所不存在的東西，什麼也不存在，即是，我們底一切認識，不是通過純粹概念而獲得的東西，却是借助於我們由外的對象所受取的感官的智識而獲得的。簡單說一句，經驗論是取着感覺論底形態的。但是這個感覺論，只有在與唯物論結合了的場合，實際上能夠獲得科學的意義。事實也是這樣，感覺論最初出現就是與唯物論結合的，後來洛克把感官的知覺，從實在的對象，即把結果從原因割離了以來，

80

逐完成了感覺論與唯物論底分離。

這樣的，發揮盡了自己底內容之後，徐徐地開始轉化於自己底對立物，對象從感官的知覺割離着，因此，給與了由唯物論移轉於純粹感覺論底可能性了，純粹感覺論，是不可避地要被改變爲主觀的觀念論的。……

在他方面，洛克底感覺論重新引導法蘭西人於唯物論。感覺論，對於唯物論及感覺論的觀念論成爲共通之點。在這一"點"上，這二種世界觀交叉着。洛克是把感覺看做對象對於我們底感官底作用底產物或結果，而由外的經驗之中探求表象底起原，但是，後來，他又如我們前述一樣，把意識由存在，外界割離開來。在這個矛盾之中，兩種相異的傾向——即唯物論的傾向和觀念論的傾向——底萌芽植下了根苗。唯物論，在把感覺看做外的對象底作用底結果底範圍內，就是感覺論底歸結。唯物論是以感覺爲媒介而把意識結合於外的物質界——對象的。

感覺論的觀念論或現象論，完全忘却我們底觀念論底根源，原因，又在原則上認爲不能逾越感

81

覺底界限而把意識內容當做直接的所與而承受。現象論這樣地使意識從對象，使感官的知覺從實在界,使對象底表象從表象底對象,分離了。驅逐了外界,同時留下的，只是體驗底總和,主觀的意識內容而已。全世界被轉化爲心理的現象,對象之客觀的質被除去,而且這些主觀的質成爲主觀的,並且沒有一切客觀的原因的心理的體驗。這樣的,我們是到達於主觀的觀念論的。洛克底學說中的實在論的及觀念論的契機，在一方對於唯物論底發達,在他方對於主觀的觀念論底發達,各與以新的刺激。法蘭西底哲學者把洛克底感覺論改造爲唯物論了。而感覺論的認識論遂成爲一般的，唯物論的世界觀底從屬的契機。

巴克萊及休謨從洛克底學說中的內在的契機出發，而把洛克底感覺論改變爲現象論或主觀的觀念論了。唯物論以物,對象,作爲我們底感覺底原因來觀察，現象論則由感覺出發而把外界看做我們底感覺底產物,客觀化了的感覺。唯物論(註十二)提出超主觀的或超現象論的眞理概念，由這個概念看來,表象是契合於物的東西，而爲物所制約;

現象論或感覺論的觀念論則展開着內在的或心理主義的眞理概念，但是依着這個概念，眞理結局是歸着於表象底相互契合或正常的結合的。

這樣的，在洛克底學說中埋下根苗的傾向是發展於二個相異的傾向的。

但是蘭格獨反對着把在法蘭西感覺論發展爲唯物論這件事這樣地解釋，他指出在法蘭西，唯物論比康的亞克 (Étienne Bonnot de Condillac) 底感覺論還要發達得早些。不消說，這在某一程度是正確的。拉美特理 (Julien de La Mettrie) 底著作 (Histoire naturelle de l'âine) 巳在1745年出版，而康的亞克底最初底著作却是1746年出版的(註十三)——蘭格底這一指摘也是正當的。蘭格在這個場合反駁黑格爾及所謂黑格爾學派，但是黑格爾自身與這個是沒有什麼關係的。黑格爾只不過指出 "Sentir"（感覺）與 "Penser"（思維）底內的對立，證實了從霍爾巴哈底 Systéme de la nature（自然體系）及拉美特理底 L'homme Machine（人類＝機械論）兩著述中思維被看做感覺底結果，感覺又被看做物質對於我們的影響底產物之點看

88

來，這些著作是到唯物論底推移的吧了。

拿顧謊・斐雪及奢拉來說，他們實在犯了"年代學"上的錯誤。在康的亞克出版其最初底著作以前，拉美特理已到達了唯物論這一點，蘭格是正當的。

笛卡兒給了十八世紀法蘭西底唯物論以偉大的影響，是毫無疑義的。笛卡兒之外，還有斯賓挪莎及霍布士也影響了法蘭西人。但是，蘭格所下的結論還是錯誤。（註十四）

溫打斑德也不滿意於黑格爾，他這樣地寫着："蘭格底積極的功績在於次點：即依着黑格爾底解釋，由洛克所創始而由康的亞克移植於法蘭西的感覺論，在那地方宛如產生了唯物論似的，但是蘭格則反對此說，根據事實證明了拉美特理底唯物論是全然離這方面而獨立發生了的，反而是法蘭西唯物論爲了自己底體系的展開，占有和利用了感覺論的。但是，這個場合，拉美特理沒有始創唯物論的必要，他是發見了旣成底唯物論的。感覺論是從洛克底學說以必然性而發展了的。而且其必然性在巴克萊表現得最是明白。但是，這位唯心論者

84

正是最能夠證明唯物論怎樣鮮少地是感覺論底必然的歸結的。對於洛克底學說底感覺論的理論雖頗表同情但常是唯物論底反對者福耳特耳（Francois Marie Arouet de Voltaire）也證明了同樣的事。又法蘭西底最優秀的一位感覺論者康的亞克也教給了同樣的事。"(註十五)這裏所說都是誤解。

第一，說："由洛克所創始而由康的亞克移植於法蘭西的感覺論，在那地方宛如產生了唯物論似的說着的黑格爾底解釋云云。"但是黑格爾完全沒有說及宛如有‘在法蘭西直接地產生了拉美特理底唯物論’之觀的康的亞克底感覺論。第二，拉美特理底唯物論與十八世紀一般底法蘭西唯物論不是同一的東西。……

依着所謂黑格爾底解釋，唯物論是感覺論底邏輯的歸結，但依着蘭格及温打斑德底意見，則感覺論是唯物論底末裔。我們前面已經說過。感覺論在其本質上是導出唯物論及觀念論的學說。這件事，不但在歷史上是正常的，在邏輯上也是正常的。這可以依着感覺論之中包含有唯物論及觀念論底萌芽的事情而得到說明。唯物論不能有感覺

85

論以外底認識論，而觀念論却與感覺論的認識論在邏輯上完全是無關係的。但是，感覺論，在把感覺或感官的知覺與惹起他們的對象割離的時候，就不可避地要轉移於觀念論。

但是，蘭格及溫打斑德確能夠證明在法蘭西感覺論由唯物論而發生麼？蘭格反對"黑格爾派"而主張在法蘭西，感覺論是繼起於唯物論的。在一處，他企圖着證明康的亞克是依存於拉美特理。這件事，本來意味着感覺論為唯物論底產物，作為比較唯物論更為成熟的成果而出現於更高的發達階段的。作為最高的眞理底觀念論，是作為感覺論成果在時間上更為晚出的。這就是蘭格腦裏底思案底過程。如果這個圖式實際上和眞理一致，那末，溫打斑德就能夠在這個大感到愉快吧。但是這雖對於溫打斑德甚為抱憾，可是不得不承認觀念論也是產生唯物論的。這件事，只要看到德意志底觀念論底例子就容易相信。這且勿論，重要的只是：蘭格及溫打斑德反對黑格爾底解釋，而以別種解釋與之對立，雖說在"年代學"上沒有矛盾，但和歷史的事實却是全不一致這件事。蘭格在證明康的亞克由拉美特理底唯物論出發而到達了感覺論之點，完全沒有成功。其沒有成功的簡單明瞭的原因就在次點. 即拉美特理最初底著作之發行和康的亞克底最初底著作之出世，其間底距離無論從那一點看來都是不出一年以上，因而不能用爲根據以推測康的亞克是受了拉美特理底唯物論底感化而到達了感覺論的。

康的亞克底見解在知道拉美特理底著作以前大體旣經完成，及他是和拉美特理底唯物論無關係地到達於感覺論，這都是很明白的。康的亞克無疑地在法蘭西國裏是洛克底感覺論底直接的繼承者。這不僅康的亞克一個人，當時底優秀的人們都直接地通曉洛克底學說，因而爲要成爲感覺論者，預先卒業拉美特理底學說的必要，在康的亞克是完全沒有的，由另一方面看來，拉美特理也能夠通曉洛克底感覺論而到達到唯物論的。這位法蘭西底唯物論者，在來登（荷蘭，1733年）訪過有名的富爾哈武的時候，年巳二十四歲了。他以前巳經精通洛克底感覺論是沒有什麼可疑的。[7]這是大家所知道的，富爾哈武自身是一個斯賓挪莎底信徒，並

87

且熟知笛卡兒底學說，所以，拉美特理由富爾哈武受了刺激而傾向於唯物論和笛卡兒派是無容疑的。

拉美特理是和康的亞克無關係地到達了唯物論的事，決不成為他底唯物論也和一般底感覺論無關係而發生的證明。把感覺論與康的亞克一人底學說同一視，這是多麼謬誤的事體！拉美特理能夠直接地研究洛克，他於研究洛克全然不感到有以康的亞克為媒介的必要。康的亞克是和拉美特理無關係地為法蘭西中洛克底感覺論底繼承者的。

由上面所引用的溫打斑德底說話看來，他顯然是把拉美特理底唯物論和一般法蘭西底唯物論同一視了。他說，蘭格根據事實證明了"拉美特理底唯物論"，說起來，全然和感覺論無關係地（應當說是和康的亞克底感覺論無關係地。——德波林）發生了的，反而是法蘭西底唯物論為了自己底體系的發展占有和利用了感覺論的云云。如若法蘭西底唯物論是"占有"了感覺論的，那末，感覺論比着唯物論顯然應當是先存在的，不然的時候，唯物

88

論"占有"感覺論是不可能的了。

　　無論我們怎樣地觀察黑格爾及黑格爾學派底"解釋"，下面底事是無疑的，卽：蘭格雖"根據事實"但什麼也沒有證明；或至多證明拉美特理之與康的亞克無關係而不是證明其與一般感覺論無關係。在理，應當決定康的亞克之對於拉美特理底依存，卽感覺論之對於唯物論底依存的這個論證底第二部分，却較黑格爾底解釋，更加"隨便。"康的亞克如要到達洛克底感覺論，爲什麼不能不通過拉美特理底唯物論呢？關係拉美特理，我們承認事實上他是和覺感論無關係地到達了唯物論的。但是，這件事是證明什麼呢？在把拉美特理底唯物論與法蘭西一般唯物論同一視的溫打斑德看來，拉美特理對於感覺論的無關係是證明一切的，但是，如若想起拉美特理之外法蘭西還有其他底唯物論者，則這個問題就不是像蘭格及溫打斑德用着自己一流底解釋順便決定那樣地可以簡單解決的。看到其他底唯物論者底例子，我們就可以知道，養育了十八世紀許多法蘭西底思想家的康的亞克底感覺論，事實上是帶來了唯物論的。

在這裏，就拿與我們有關係的時代底最優秀的唯物論者霍爾巴哈來看吧。如果以為拉美特理底唯物論是洛克底感覺論和笛卡兒底機械論底綜合，則霍爾巴哈就無疑的是由康的亞克底感覺論出發的。他是完全依據這個感覺論的。就是關於其他唯物論者底例子，我們也能夠指出同樣的事。

這樣的，蘭格所熱心盼望證明的事，即作為人類底思想之更加成熟的成果底感覺論在時間上比較唯物論晚出的事，就全然不能證明了。十八世紀底法蘭西哲學發展底頂點，是唯物論，不是感覺論。

(註一) Ethik V. Spinora, S. 25. 3 Definitionen, Reclam's Ausgabe.

(註二) 溫打斑德近代哲學史第一卷，208頁。

(註三) 笛卡兒對于洛克的影響是很明白的，我們認為沒有多辯底必要。

(註四) Hartmann, geschicht der metaphysik（形而上學史）第一卷499頁。

(註五) 這是已經說過的，在霍布士已有心理主義底萌芽。但是，霍布士却是一個唯物論者。

90

（註六）我們在後面可以看到在這方面也會碰到陸"奇怪"的現象吧。

（註七）Spinoza. Ethik. 修特倫底序文，10頁。

（註八）伯利持夫關于歷史的一元論的見解底發展底問題（中譯史的一元論——譯者註）第二版，5頁。

（註九）同上書，第二版，5——6頁。

（註十）洛克，Essay on human understanding（人類悟性論）；'The power to produce any idea in our mind I call quality of the subject" chap. VIII, p. 58.

（註十一）洛克，上書）"Our knowledge is real only sofar as there is a comformily betwcen our ideas and the reality of things" Chap. IV,

（註十二）法蘭西唯物論與辯證法的唯物論，是表示一般唯物論底二個發展階級的。讀者可以在伯利托夫—蒲列哈諾夫底著作中看到由現代辯證法的唯物論底立場見來的法蘭西唯物論底說明和詳細的批判的分析，及由史的唯物論底見地看來的法蘭西唯物論底估價。

（註十三）指蘭格 1746 年在阿姆斯特丹出了版標題 Essai

91

sur l'origine de la connaissence humaime 的著

作。

(註十四)烏拉治彌爾·索羅比埃夫譯，黑格，唯物論史，

第一卷，169頁以下參照。

(註十五)溫打班德，近代哲學史第一卷，1902年，316頁。

第 四 章

巴 克 萊 底 現 象 論

洛克是一方面位於培根與霍布士之間，他一方面位於巴克萊與休謨之間的。兼有了不調和的矛盾要素的洛克底不澈底，當然要使他底學說生出澈底的唯物論的實在論與澈底的現象論底分解。

在洛克底學說之中，唯物論的契機和觀念論的契機還是並存着，但在洛克以後，這兩種契機就成爲獨立的哲學的傾向底出發點。

表象和感覺是外的對象使之生起的，我們底一切知的活動及一切認識，是以外的經驗爲其出發點，爲其本源的根源的————這是洛克所教道的。
法蘭西底唯物論就從這裏出發，法蘭西底唯物論，
．．．．．．．
是作出這全然隱蔽於唯物論的命題之中的一切結
論的東西。我們直接地只賦有感覺，我們決沒有逾
．．
越我們底知覺及表象底界限，因而我們底認識，在
其本質上只關聯於表象，內的心理的體驗————洛
克這樣地教道了。這個純粹的觀念論的命題就成
爲巴克萊及休謨底學說底出發點。這個命題，卽這
個觀念論的命題，後來就成爲所謂純粹經驗底哲
學或經驗批判論所依據的命題。

　　洛克自身又承認外界卽超現象論的世界之存
在。他承認外界，同時主張逾越我們底感覺底界限
之不可能，這是最不澈底的。這累了他，以致有的
時候以內在的意義理解眞理，有的時候又以超越
的意義理解眞理。我們已經把他以唯物論的————
實在論的精神定義了眞理的文章引用了。洛克雖
常彷徨於唯物論與觀念論之間，但由全體看來，我
以爲就說他主要的還是傾倒於唯物論，也沒有錯
誤。

　　在他，客觀界是存在着，成爲第二次的質底原

94

因也成爲主觀的質底原因之質，是內屬於這個超主觀界的。如果在我們底外部，現實地有客觀的實在的世界存在，又如果我們底認識現實地窺見客觀的意義的時候，我們底表象就明白地不能不與實在的對象契合到某種程度。所以，眞理就可以歸着於存在於我們外部的對象與我們底表象之契合。

這件事在巴克萊就不能看到。在他多少有點澈底的心理主義已經成爲問題。主觀蟄居于自己之中，卽蟄居於個人的意識底界限內。因爲全世界只可分解爲心理的要素，故他研究表象或自己底心理底體驗。超越的要素卽外的世界就完全被排除了。

心理主義底出發點就是內在的意識內容。我們如果立於這個內在的見地，就進入一個全新的領域。（而且在那裏存在着自己底認識底規準，自己底心理解釋等。）兩個世界觀卽唯物論與唯心論之間底一切差異就一擧在這裏呈現。在這兩個世界觀之間有難於逾越的溝渠；所以，髣髴可以把這二個不可調和的而又互相排斥的見解結合似的主

95

張着，或者科學無論對於一方底見地抑對於他方的見地髣髴是同樣地一致似的主張着，這在我們看來都覺得滑稽。我們在後面可以看見：這樣的主張，並沒有何等底根據；而科學的經驗底基礎，無論在自然科學底領域抑在歷史底領域，只有由唯物論底立場始有確立底可能。

唯物論是從承認客觀界出發的，這個客觀界作用於我們底感官，依此而使我們底意識中生起某種表象。我們底表象是我們底感覺底變形，感覺則為外的對象所惹起。一定底表象與一定底對象之間不能不有契合存在，是很明白的。正當的理論的認識及有效的實踐的活動，都能夠依據對象底表象與表象底對象底這一契合。真理底基礎及規準，由唯物論的立場看來時，就是外界——即客觀。如果我們底表象正確地反映着對象及其內的相互關係，我們便得到客觀的，即真理的，認識。故重心在於認識底出發點而又是究竟目的的客觀之中。

唯物論，如我們所見到的一樣，是立於"純粹經驗"底基礎之上的東西，但是這種"純粹經驗"不消說不是巴克萊，休謨，馬赫(Ernst Mach)及阿芬納留斯(Richard Avenarius)等所理解的那種意思的東西。

我們已經在前面指出了培根底"純粹經驗"與經驗批判論者或休謨主義者底"純粹經驗"之間的差異。培根要求：全然客觀地研究對象，卽人類應當脫却自己底主觀的希望或同情而由內屬於自然的合法則性底觀點來觀察自然。客觀的認識，只是在我們由世界底類推(Analogia Universi)而研究對象的場合，總能夠到達的。僞示對象的一切"偶像"是應該驅逐的。唯物論就是立於這個培根底意思的純粹經驗底立場。

在唯物論者看來，由純粹概念及觀念而來的認識是不存在的，並且他是仰給一切認識材料於經驗的人，在這些點上，唯物論者就是經驗論者。但是，唯物論者在他一方面，適用合理的方法於外的感官所供給的所與。唯物論承認思維有某種獨立的意義，不消說這不在賦與理性以從"其自身"之中認識物的力量底意思上，而是在承認依着歸納的方法由個個底所與所導出的概念有着重大的

97

認識上底意義的範圍內，而承認的。唯物論不安於只以證實個個底對象或進而證明個個底感覺爲自己底目的之限定的偏狹的經驗論。一面地理解了的經驗論，不能夠把一切底現存物聯繫於爲內的合則性所支配的全一體。一面地理解了的經驗論在一切東西之中看到概念底"本質化。"這種經驗論把物質底存在和外界底存在看做以"概念實在論"爲其根據的錯誤了的邏輯的推論。唯物論反對這種對於認識底"合理論的契機"的態度，唯物論努力結合"合理論"及"經驗論"底積極的方面。故唯物論底見地可以歸着於思維及直觀底統一，及被看做"對象的思維"底特色。

現在我們來看一看巴克萊底心理主義底本質在那裏，那一點是所謂心理主義的方法與唯物論的方法底差異。

心理主義底基礎已經在洛克底學說中置下了，但是這個心理主義在巴克萊及休謨底學說中到達了牠底全盛。在他們，洛克底感覺論取着現象論底形態。經驗獲得主觀的＝心理的特徵，而被還元於知覺底集合，印象底總和；因而"印象主義"又更加偏狹地被提高爲認識底原理。

　　如果由培根底立場，因而由唯物論一般底立場看來，研究底對象是客觀或外的對象，那麼，由巴克萊底立場看來，則研究底對象是我們底感覺，對象不過爲這種感覺所構成。

　　在第一的場合，我們底認識關聯於物，其研究的方法，就帶有唯物論的或超現象論的特徵；在第二的場合，則專以我們底感覺及表象爲問題，而且這些感覺及表象底界限是不能逾越的，因而研究的方法就成爲純內在的或心理主義的方法。觀念論者常把事物顛倒。唯物論者則以爲思維是被存在所規定，卽我們底表象，概念及觀念是爲外界底作用所惹起的。

　　觀念論者把這種關係變換，而主張感覺，表象，概念及觀念創造對象，創造全世界，簡單地說就是存在爲思維所規定。表象底原因——卽對象——在觀念論者被轉化爲結果，並且公然宣言結果——卽我們底表象及觀念——爲物底原因。對象底表象成爲表象底對象。

　　巴克萊爲要說明感覺而導入了超越的原因

99

——即神。他以為神是使我們底表象生起的。若把這個超主觀的動因——那是以違背現象論底根本原理換來的——驅逐的時候，便發生一個疑問：事物果是首尾一貫的麼？休謨是不倚靠超越的動因，而實際地努力引導現象論至於其邏輯的究竟的一個人。那末，獲得了什麼呢？其所獲得的就是現象論之趨於絕對的迷妄論底變質。這個絕對的迷妄論，現在還有許多人誤認牠是唯一底科學的見地。

心理主義底根本的傾向，在於努力把物底總體分解為感官的知覺，把一切底存在分解為我們底意識狀態，這個傾向，已見諸洛克，而巴克萊和休謨却把這個心理主義的契機改變為獨立的認識原理了。

我們直接地所稟受的，只是意識內容，感覺而已。如果我們不欲立脚於"概念實在論"，我們就一點也沒有勞驕實在的對象契合於感覺似的主張着的邏輯的權利。實在的對象，不直接地賦與我們。由感覺導出實在底邏輯的歸結，這就意味着賦與實體的，超現象論的，存在於只有現象論的即"心理的"存在。

這樣的，對象就被由感官的知覺底實在的原因一轉而轉化爲一個單純的意識內容或意識狀態卽主觀底體驗。主觀的假象就被代用爲客觀的現象。如今，一切底注意不集中於客觀的對象及其內的聯繫，而集中於主觀底心理的體驗。

洛克把"被認識的東西"與在感官上所體驗的東西同一視，又把在感官上所體驗的東西與對象，表象底對象與對象底表象同一視了。因而主觀的體驗也被認爲認識底規準，而成功了主觀的體驗底相互契合，表象底正常的結合，構成眞理。

要到達心理主義，卽內在的見地，就有預先驅逐超主觀的世界的必要，並且有把實體的存在分解爲心理的要素，體驗——實在不與這個契合——底必要。洛克巳經關於實體之被認識性發表過十分的懷疑論的思想。他以爲接近於認識的只是物之質，物底屬性，不是橫於這些質底根柢而又是物底性質底支持者的實體。洛克，就在這個問題也陷於自家矛盾，爲什麼呢，因爲他在一方面主張我們所認識的物之性及質之中有的關聯於物之自身，並且關聯於被認識的客體底本質自身；在他一方

101

面,又主張物底本性自身,其實體的本質,不接近於我們底認識,所以是不可知的。

洛克底思想依着巴克萊而更加展開。巴克萊完全驅逐了實在論的契機,而堅實地立脚於心理主義底基礎。因爲實體不接近於我們,故感官的知覺爲唯一底認識底客體,這是洛克所敎道的。我們底意識只以感覺爲問題。如果我們只以感覺爲問題——巴克萊繼續說道——則在感覺底彼岸的東西對於我們明明白白地都是 Terra Incognita(不可知的世界)。還不僅此,連我們底意識底界限外的何等"國度"底存在之自身也是完全不能知道的。

巴克萊展開着自己底思想說道, 第一次的質或客觀的質所內屬的實在界係存在於意識之外這個主張,是不合理的,爲什麽呢,因爲第一次的質,從本質上說來是由主觀的質所抽出的東西, 一樣地都是"第二次的",又客觀的性質,與第二次的性質同樣地是主觀的, 所以把意識內容分類爲主觀的及客觀的兩種質,是矛盾的。

依着巴克萊底見解,對於意識底本源的所與,正是物底第二次的性質或主觀的性質, 客觀的性

102

質，全不是作爲第一次的東西，作爲對於主觀獨立存在的東西，而給與於我們底意識的，那是"主觀的"性質或單是由我們底感覺所抽象的東西。

洛克在只存在於意識之中的表象與反映內屬於物之自身的實在的質的表象中間設了區別。巴克萊則與洛克相反，主張除了第二次的質或主觀的質，物之第一次的質是完全不能想像的。這樣的，洛克和巴克萊中間底差異在於次點：卽是，依着洛克底意見，因爲主觀的質是第一次的，客觀的質底結果，故主觀的質沒有第一次的客觀的質就不能存在。然而巴克萊則以爲客觀的性質，沒有主觀的性質是不能被表象的，前者是後者底抽象物。

由洛克底立場（和伽利略，笛卡兒，德謨頡利圖及其他同樣地）看來，主觀的質，說起來，也是客觀的。這些質是有客觀的，實在的基礎的，沒有這個基礎就不能思維這些質。

由巴克萊底立場看來，物底客觀的質也是主觀的，爲什麼呢，因爲我們由感覺卽直接被賦與的體驗，構成並導出客觀的質或第一次的質的緣故。

103

依着唯物論底學說，意識內容可以分爲二類，卽對於主觀獨立地存在的客觀的質（物的）——外的對象與我們底感官底交互作用底產物之主觀的質。唯物論底學說，在本質上，只要在意識內容關聯着存在於我們外部的世界的範圍內，都把意識內容客觀化，然而巴克萊及休謨底觀念論底見地，則把客觀的存在底一切內容，移轉於我們底意識之中，又使一切底存在物轉化爲心的現象，—— 一言以蔽之，就是連物底一切客觀的質也把牠主觀化了。唯物論的見地與心理主義的或觀念論的見地中間底本質的差異就在這一點。

巴克萊是爲着建立唯心論底基礎而利用了感覺論的人。但是，他導入超越的動因而違背自己底內在的見地，因此破壞了現象論之道。

巴克萊巧妙地利用了洛克底不澈底，洛克說過我們直接地裏受了感覺，而感覺底界限是不能逾越的，他依此爲外界之否定準備了地步。如果我們是直接地裏受了感覺，而外界底存在成爲“問題，”卽如果其存在一般成爲疑問，那末，第一，感覺底原因就爲客觀的存在底否定所驅逐，第二，把

104

感覺認爲意識底直接所與，在邏輯上就成功了使客觀的質轉化爲主觀的質了。

巴克萊這樣的把一切底存在，一切底世界看做意識底內容或狀態而謂物質是抽象的，邏輯的，概念。巴克萊所到達的歸結，就是"一切存在的東西，只存在於精神之中，卽牠不過作爲單純的表象而出現。"(註一)

一經排除物質，物體的實體而把全世界轉化爲表象底集合，就能夠以精神的實體替代我們底表象底原因。唯心論便對於唯物論奏了凱歌。感覺論在一方面，把我們底一切表象認爲感覺底變形，在他方面則拒絕承認惹起這些感覺的物體的世界底存在———巴克萊就這樣的爲唯心論利用了感覺論這種不澈底。

物質的實體不外是知覺底集合。(註二)巴克萊爲要把物質，物體的世界分解爲心理的現象而利用感覺論和現象論了。原因與結果成爲同一種類。一切物質世界成爲知覺底集合，因而，這些知覺底原因———就成爲精神———。神這是不消說的，從現象論的前提出發了的巴克萊，一點也沒有什麽可

105

以導出這樣的結論，而導入超越的或超現象論的動因的權利。我們要在這裏力說下面這一點,即是如果人們不欲被局限於內在的意識內容而想努力於意識底彼岸發見我們底感覺底原因，那末，巴克萊底唯心論在本質上看來，就是感覺論底邏輯的歸結。跟着物質世界之排除,同時就不能不假定精神的實體爲我們底表象底原因。唯物論就爲非物質論所驅逐。

這裏有可注目的趣事，就是當巴克萊僧正藉助於感覺論而建立唯心論底基礎之際，大高興於拿治安志底長老格列哥利已早着了先鞭。格列哥利也 (331—394年) 傾注全力於證明物質自身,說起來,是非物質的,因而"非物質的東西"能夠以同一種類底"非物質的東西"爲其原因。這樣的，格列哥利是與巴克萊同樣地，因爲要給精神的實體——即神——清道，預先把物質的實體分解爲心理的要素——即表象底集合了。在這裏,神學者爲要建立唯心論底體系的基礎，又爲要與 "無神論的"唯物論鬥爭,而利用了哲學——在這個場合就是利用了感覺論。

106

巴克萊也把物底客觀的質轉化爲主觀的體驗，把物體的外界轉化爲意識狀態底集合，而欲依此達到物質的實體之驅逐及否定。一切感官的體驗底實在的，客觀的，基礎及原因自身，在巴克萊便成爲主觀的質底集合而被分解於人類底心理之中。唯物論就轉移於非物質論或觀念論，哲學就轉移於心理學。如果在霍布士，斯賓挪莎，培根及一部分還在洛克，"客觀性"是"主觀性"底尺度，物是表象底規準，那末，在巴克萊就有着向勃洛大哥拉底見地底轉移，卽是說人類成爲物底尺度，"主觀性"成爲"客觀性"底規準。世界底認識就被轉化爲自己底認識。

世界底客觀的＝實體的存在不過是單純的假象，爲什麼呢，物質不過是抽象概念，抽象概念是沒有實在的卽"物理的"存在的。一般的，抽象的，表象底否定底結果，就是在第一次的質底名下習慣地賦與物之自身的一般的質底否定。我們底表象是單一的物底表象。依着洛克，我們底悟性，是由物抽象出一切物所共通的質或表徵，而由單一的物底表象構成一般的表象的。由實在的事物所

107

抽象的這等底質，是爲一般概念所統一的。這樣的概念，就是由洛克底見地看來，也不過是人類悟性底產物。但是，巴克萊底唯名論的見地，比着這個更加前進。他不僅否定一般的表象底"物理的"存在，並且否定思維這些表象的可能性。

在經驗論者，經驗是認識底根本原理，也是其根源。不能不從我們底悟性方面，又從我們底思維方面割棄一切能夠給與經驗的所與——即感官的知覺——的東西。在經驗只是單一底對象被給與着，因而我們不過能夠思維個別的表象而已。在這個問題，培根使人想起霍布士。在霍布士看來，一般的抽象的表象也是不存在的。但是，霍布士以爲一般的意味是起因於言語。依着霍布士底意見，不是如普通所想一樣，一般的表象是契合於一般的言語符號的東西。無論由霍布士底見地看來抑從巴克萊底見地看來，這樣的表象是不存在的，如果眞是這樣，那麼，我們要立於怎樣的根據纔能和霍布士同樣地賦與言語，言語底符號以獨立的一般的意味呢？這就成爲問題。霍布士以爲科學之所以能夠成立，就是因爲言語獲得一般的意味而依以使一般的判斷能夠構成。洛克關於言語符號支持着別一種意見。洛克以為一般的名辭，一般的稱呼，或言語，不外是一般的表象底表現。我們前面旣經說過，依着洛克，只有單一底對象，因而單一或個別底表象是有實在的存在的東西，依着抽象底方法能夠構成一般的表象，——以語言表現這種一般的表象的東西就是一般的稱呼卽言語。一般的判斷之所以可能，就是因為我們占有作用一般的表象的能力。依着霍布士底見地，認識與言語底正當的使用最有密切的關係，洛克則發見了認識不依屬於言語，而依屬於一般的表象。現在我們來看一看巴克萊以怎樣的態度處理這個我們感到興味的問題。

巴克萊在抽象的表象是不能思維的這一點與霍布士一致。在這等底抽象的表象沒有實在的存在這一點，霍布士，洛克，巴克萊及休謨都是一致的，為什麼呢，因為他們都是唯名論者，當然沒有感染着中世紀底實在論者底偏見之毒。所以，問題不是一般的表象能不能夠實在地，說起來，"物理"地存在的事，而是能不能夠把一般的表象當作一

109

般的表象而思維，如果能夠，則這種表象底認識上底意義是怎樣的東西的事。巴克萊是以一般的表象底否定爲自己底課題之一的，並且以爲這個否定是到達於物底一般的屬性或一般的質底否定的。

他底論證槪括起來如下：

我們說及"三角形一般"或"人一般"的時候，我們在事實上，決不是思維着"人""三角形"這個抽象的表象，我們常是置單一底標本於念頭，卽是一定底個別的人或三角形代理着三角形或人底全系列底地位。不是直角三角形，不是銳角三角形，不是等邊三角形也不是不等邊三角形，同時，想像爲有這一切的三角形是不可能的。

巴克萊底這些說話，是對於洛克——他至少在理智卽悟性之中容許一般的表象底存在的——而發的。巴克萊如次地以爲，因爲我們有以同一底語言表示許多相異的表象的習慣，所以發生這個場合底誤解。可是，這個言語自身全不是單一底概念，單一底一般的抽象的表象之表現。這樣的一般的或抽象的三角形，只可以試一想像；這麼一來，

110

我們就會知道這是無益的事，這樣的一般的表象，是一個擬制的。我們常僅以代理類似的表象底全系列之單一的個別的表象為問題。但是我們底意識內容底分析，明示我們沒有思維抽象的或一般的表象之力。巴克萊只在言語是許多同一種類底對象底象徵這一點，承認言語底一般的意味，又只在言語之這個特性即表示對象底集合這個特性，不是或一個意味內屬於言語的事及言語不是表示一個抽象的概念，而在於表示代理許多單一底表象底結合的地方這一點承認言語底一般的意味的。

　　"我不能不指出我不是絕對地排斥一般的觀念底存在，而是絕對地排斥抽象的，一般的，觀念底存在，"(註三) 巴克萊在一處這樣地說了。他在另一個地方更加確定地如次的說道："在我所理解的範圍內，普有性不是在於絕對的積極的本質之中。普有性是在或一東西與他一單一底事物對立而代表或者代理這些事物之那種關係之中，而且因此，由其固有底本性看來是個別的底事物，名稱或概念能夠成為一般的底東西。"(註四)

111

這樣的，發生完全沒有豫期的結果。單一底表象只要有其表象系列所共通的性質，就占有代理那表象底全系列的能力。如巴克萊在上引的說話之中明白地說過一樣，一般的概念底存在是承認的，但一般的，抽象的，表象底存在却否認着。我們在能夠以單一底表象爲根據而作成關聯於或一系列底一切表象的結論這一點，認爲那個表象是一般的而能夠脫離內屬於那個個別的表象的特性。表象在其本質上是單一的，但是，單一的表象在牠具有一切或許多單一的表象所固有的質之範圍內，就能夠代理這些表象。巴克萊在他之所謂"Definition"（卽定義）與一般的,抽象的,表象之間設下差別。但是無論這個差別是怎樣地重要的東西,這個差別在事實上,結局成爲他在別的名稱之下導入同一底概念。不消說,在一般的,抽象的,表象,不是存在的東西,而"一般的東西"常爲具體的,單一的,表象所表現這一點,完全能夠同意於巴克萊。但是,只要關聯於這個具體的,單一的,表象的判斷,對於單一的表象或所與底具體的對象所代表的質所內屬的事物之一切是妥當的,則這個具

112

體的，單一的，表象還是有一般的意味的。在單一的表象不能不把屬於一定種類的一切表象所共通的東西包藏於自己之中，而且一定底範疇底一切對象所共通的性質爲或一個別的表象所代理的範圍內，這一個別的表象就能夠成爲一般的判斷底基礎。故巴克萊沒有把一般的概念或一般的表象驅逐成功，雖然是以別樣的形式，却反對地不得不承認牠們底存在：這是明明白白的。巴克萊不過把更加具體的特質附加於這些一般的表象而已。

普通以爲抽象的，一般的，表象，是從單一底感覺的事物所抽象的。實在論者賦與這些抽象的表象以或種獨立底存在。巴克萊底一般的表象，是具體的＝感官的表象，而於其一切底感覺性及具體性之中，內含着全部類底一切表象所共通的東西。縱使這個一般的表象不是抽象的表象，又縱使其任務是代理的任務，這並不妨害這個表象底普遍的意味。並且能夠由這個導出具有一般的意味的結論。

作爲或一獨立的存在物而思維般的"外延"是沒有的。但是，在事實上，外延底屬性並不內屬於一切具體的對象，一切單一的，具體的，對象，就這樣的成為以"外延性"為其特色的一切對象底代表者或代理者。

巴克萊這樣地推理着。但是，生起了一疑問，就是：巴克萊到達了他自己所盼望的地方麼？一般的，抽象的，表象底否定，是可以用為外界底否定，物底一般的屬性底否定底根據的。巴克萊以為：如果欠缺一般的，抽象的，表象，就必然地會成為物質底否定。物質及外界底存在，只能以抽象的，概念或表象為媒介而證明。依着巴克萊底意見，物質不過是抽象，——抽象概念。

由巴克萊底立場看來，感覺的知覺是認識底唯一底根源。我們常僅知覺單一的事物，或更說正確一點，感官的知覺常僅供給我們單一的感覺及表象。所謂"物"者，如果本質地觀察之，牠已經是單一的表象底集合，因而物就是抽象，即不能實在地存在的抽象概念。我們當知覺世界之際，是以種種底感官為媒介而受納種種底單一的表象的。眼供給光底感覺於我們，耳供給音底感覺於我們，觸官供給不可入性底感覺於我們……。我們這樣的

114

受納個個底單一的感覺底全系列。以我們底"感性"爲媒介而攝取的這些單一的印象,是給與我們的唯一底實在的東西, 如果我們只欲以"純粹經驗"底所與爲問題, 我們就不能逾越牠們底界限。感覺是唯一的建築材料, 我們以這種材料構成世界。故"純粹經驗" 底見地歸着於認識論的印象主義。(註五)

如果我們稟受個個底知覺, 而在那場合由各個器官得到完全獨立底知覺,那末, 我們就不能把這些知覺歸於或種統一——即物——之所爲。

我們只依着結合種種獨立的又不互相依屬的種種系列構成抽象的統一——即物底概念。巴克萊以爲使這種種感覺聯合係悟性底活動, 在我們構成一個物底概念時, 巳經是明白地逾越了經驗底界限。爲什麼呢,物是抽象,而且作爲抽象底物, 是沒有"物理的"或實體的存在的。

在事實上,物,物體,物質,究竟是什麼東西呢? 物底第一次的性質, 與主觀的質沒有何等區別,前者與後者是同樣的知覺。知覺單是構成意識狀態的東西,不過是主觀底經驗。故以爲在我們意

115

識底外部有或種物質世界之存在，是矛盾的。物質，物體的實體是不能為我們所知覺的，但是我們所知覺的東西，不外是我們自身底體驗，"物質"是我們底體驗底集合，是個別的感覺底總和。感覺，不能於在感覺着的人之外或離開他而獨立存在。並且，作為個別的感覺底集合底物質是抽象的，即是沒有實體的存在的抽象概念。因而物質不存在於我們底意識之外，或離開我們底意識而獨立存在。

一切底存在，可以分解為單一的知覺。在使知覺生起的原因對於知覺是必要的範圍內，只有精神的，能動的，實體 —— 即神 —— 能夠成為這個原因。神直接地使一切底知覺與表象生起於我們之中，神是一切存在底眞正的本體，而一切底存在是神底活動底產物。巴克萊自身底發展大為進展，遂達到他底本源的思想就是神這個地步。但是由他底論證底進行方法看來，他是很巧妙地隱蔽了作為僧正底那種先入的見地的，巴克萊為要使人承認精神的實體，換句話說，為要建立神底信仰底基礎，是不能不"在哲學上"證明物質係無形底非物質的質之集成的。

116

"給與我們底感官的表象，是現實的物，或存在於現實之中的東西。我們不否定這個，但是，表象獨立地存在於知覺着表象的精神之外，或表象是存在於精神之外的原型底反映，這是我們要反對的，爲什麼呢，因爲感官的知覺或表象底現實的存在，是成立於那個知覺或表象底被知覺性的東西（Esse-percipi存在就是被知覺的事）而表象只能夠類似表象的緣故。並且感官所知覺的物，不是爲精神自身一舉所創造的，在物爲與"知覺"着牠的精神相異的精神所惹起的範圍內，這等底物，若由其起原之點看來，可以稱爲外的事物。"（註六）

作爲"實體"底物質，是不能由構成這個物質底屬性，心理的質———（物質是可以分解爲這種心理的質的）———區別的。因爲這個緣故，物質是非物質的，物質不外是"觀念"底集合。但是，這等非物體的質或"觀念"，不能不具有牠底原因。精神的實體很明白的就是這個原因，爲什麼呢，因爲"表象只類似表象，"精神只類似精神的緣故。

我們關於世界所能知道的一切事，可以還元於知覺或我們自身底表象。但是，驅逐質底"支持

117

者"或感覺底外的原因，同時物底統一，物底實在的即實體的同一也被驅逐，我們所認爲同一底對象的這個事實，其實是由種種感覺系列而成立的，所以，如果說我們看到和我所觸着的對象同一底對象，這是不正確的。譬如這裏有樹在我們底面前。我們看見這樹即由這樹受得視覺。我們觸着這樹而受得觸覺。這個場合，我們看見並且觸着同一底對象，即是樹；這個對象離着我們底感覺獨立地存在着；並且這個對象對於我們底眼和手給與各別的作用——唯物論在認識這些事上是完全與人類底健全的悟性——即素樸實在論———致的。同一底對象，對於種種感官有種種地作用的能力，但是對象底統一並不因此而被除，這個對象，是於自己之中包藏着使對象底知覺可能的客觀的性質的。這等底質及聯繫底客觀的聯繫，實體的或"物理的"主體是和我們意識獨立地存在的。

現象論者——這個場合是巴克萊——是怎樣地觀察這個對象呢？第一在他看來，不消說，外的對象是全然不存在的。如果唯物論者說，使我生起種種感覺的單一底對象，——樹，是和主觀獨立而

118

存在的,那末,心理主義者會如次地回答吧,第一種種感覺被給與着,但是,作爲或一全一體底對象,全然不被給與,物,對象已經是抽象,是抽象槪念。種種底感覺供給種種底對象,故我不是看見或觸着同一底樹,反而是我看見或觸着相異的東西,爲什麼呢,因爲沒有一種東西强制你去思維這等感覺是與同一底對象有聯絡的。實在地統合種種感覺而摶爲一九的東西是沒有的。所以,我們自身是結合和聯繫着知覺的,但是,這樣的主觀的聯繫對於我們外部的實在的存在物明白地是不契合的。

我們以爲必須注目物及實體性底槪念已經於巴克萊——休謨更甚——失了客觀的意味。康德完成了巴克萊及休謨作爲經驗論者及感覺論者所不能完成的地方。卽康德稱"範疇"爲思維底先天的形式。但是,範疇在巴克萊及休謨成爲主觀的形式。

這樣的,我們如上述一樣,關於存在於我們外部的物是毫無所知,我們爲要更加便宜起見,而使種種底感覺歸於一個客觀,一個物。但是,這樣的物不外是我們底悟性底槪念,因而是主觀的。我們

119

特意明白地表示關於物底概念的巴克萊底意見，這是因為表示關於"範疇"底主觀的特質的巴克萊，休謨底見解和康德底見解怎樣地接近呢。上述的事，不消說，對於實體性及因果性底範疇也是同樣的。巴克萊以為沒有何等實體的要素是內屬於物的。

物不過是質或主觀的知覺底複合。如果物不是於自己之中包藏何等實體的要素，而是單純的複合而只於主觀知覺或思維着牠之間存在的，那末，外的世界當然就成為沒有永久的即連續的存在的。在我們沒有知覺世界的瞬間，世界就消滅，世界底連續性就完全地被抹殺，我們就沒有權利主張我昨日寫字於其上的桌子和現在在寫着的桌子是同一的，或者主張我不在室內時即我沒有知覺那桌子時，桌子也體續着自己底存在。

我們能夠再進一步堅決地斷言我們不在家底中間桌子是不存在的，為什麼呢，存在常盡於知覺，而在我們不在家底中間我是沒有由桌子得到何等底知覺的。這個矛盾是包含於這樣的一點，即在心理主義者＝現象論者看來，存在依着他底根本原理可以還元於感覺地所知覺的存在，卽如巴克萊自身所說一樣,Esse-percipi(所謂存在就是被知覺的事)。因而,到達了我們所知覺的一切底東西,存在着,反之，存在着的東西,只是作爲知覺,作爲意識狀態,而被給與的這個獨斷。物質,物體的＝實體的世界,只盡於爲我們底知覺或體驗,又在反面,我們底感覺或體驗構成世界。現象論者不可避地同一視着關於對象底思想與思想底對象,同一視着存在與思維,爲什麼呢,因爲他使存在自身轉化於我們底心理狀態或體驗，卽轉化爲思想的緣故。

經驗論的觀念論是逃不了這個矛盾的，理由是因爲由現象論底立場是不能有何等底規準可以區別思想與對象，區別對象底表象與表象底對象的。如果"被認識的東西"只是可以直接地體驗的,卽是說如果認識底對象盡於牠在我們底意識,我們底心理之中存在的事，而且反對地一切底直接的知覺是被認爲外的客觀,那末,科學就顯然不能不局限於主觀底證言。但試爲進一步的觀察,在認識着的主觀底感覺或體驗不是連續的東西。因而世界只在主觀體驗着的瞬間存在着。我們不知覺世界的時候,世界就不存在,爲什麼呢,因爲世界底存在,是單純的被意識了的存在,而後者盡於我們底知覺,因而盡於我們底表象的緣故。故感覺論的現象論是把感官的知覺看做一切認識底根源,而由這個現象論底見地看來,我們不過能夠感覺地知覺直接的所與而已,作爲直接的所與而呈現的,就是我們自身底體驗及感覺,就是我們底意識內容。這樣的,我們常停留於我們底心理底界限內。

巴克萊以爲要補救存在底連續性勢不得不導入能夠"維持"物底永久的存在的形而上學的原理。他如次地論證着:縱使我們不知覺某一對象,不是說那個對象就不存在。不消說,對象對於我是不存在的,但是對於其他底主觀卽對於精神一般是存在的。人類雖停止自己底存在,但是世界還是作爲或種實在物而殘留,因爲世界是爲了絕對精神卽爲了神而繼續其存在的。"爲什麼呢,——巴克萊說,——因爲,縱使事實上,我們認爲感性的客觀不外是表象,以爲牠若不被知覺便不能存在,但是不可從這裏引出這些客觀只是在於爲我們所

122

知覺之間保持着存在這個結論。因爲，在我們不知覺這些客觀的時候，也有知覺牠的別的精神能夠存在的緣故。我們說物體不存在於精神底外部時，好像把這個精神解爲或一單一的個別的精神似的，以這個意味來解釋這事是不行的，這個精神是指所有一切的精神。"（註七）

這樣的，我們看見巴克萊自身不能夠停止於主觀的，內在的見地。他在最初把"本體學"變成"心理學"，把物理的世界變爲心理的世界，如今，勢不得不再經過一個轉化，卽是把心理學變爲神學，把自己認識變爲神底認識。因此，他又復歸於"本體學"或形而上學，但是，那是穿上了唯心論的衣裳而復歸的，而且這件事在巴克萊實際上是必要的。

"本體學"爲心理學所否定，所併吞。神學則在"心理的"或唯心論的基礎之上使本體學復位了。

神是一切實在的眞正的第一義諦的根源。一切的存在不過是神底"現象"，卽不過是神底本質底示現形式，因而存在的東西，都必然地是非物質的，是精神的。巴克萊與那把唯一底實體底二個屬

122

性區別了的斯賓挪莎相反，而使外延底屬性歸着於思維底屬性。世界底絕對主觀是思維的實體——卽是神。物質不過是存在於在思維着的主觀或在觀念着的主觀之中的現象或表象，除掉了這個主觀，物質世界就是虛無。

但在這裏有一個問題，卽是巴克萊是立於怎樣的根據而一般地說"精神"及特殊地說絕對精神——卽神呢？

作爲絕對精神底神，是形而上學的實體，因而並不是經驗所給與的東西，是自明的，關於這個不須多贅。但是，所謂"精神"一般，是怎樣的東西呢？像巴克萊那樣的現象論者怎樣地能夠主張表象之外還有像精神的東西存在呢？從現象論底立場看來，他只能夠說關於意識狀態，及感官的經驗，最後，關於自己底表象而已。

如果是這樣，則不但精神一般，而他自己底精神也全然不作爲直接的體驗而被賦與，是很明白的。我們關於自己所知的一切是在我們底意識之中的或種表象，這些表象，不消說不是以統一，持久性，連續性爲其特徵的東西，反而是極其浮動的

124

可變的。故說着好像橫於表象底彼岸似的精神的實體，這是現象論者所能自安的最愚的不澈底。在事實上，巴克萊什麼時候"見過""觸過""聽過"或"嗅過"自己底心及自己底表象底主體呢？不消說，這是沒有的事。如果沒有做過，那末，以感官的知覺爲認識底決定的契機及根本的根源的現象論者＝感覺論者怎樣地能夠唱導除了"精神以外什麼實體"也不存在之類的荒唐無稽的主張呢？爲什麼現象論者一般地能夠依倚於實體呢？

實體無論是物質的抑是精神的，沒有像現象論者告訴我們似的到達於知覺。實體是可以分解爲質，而這等底質具有純粹主觀的特質。如果我們爲更加便利起見，結合這等底質而爲全一體，而使之歸於一個"支持者"卽以一個名稱表現的唯一底主觀，那末這個主觀，若用巴克萊自身底用語來說，不就是抽象概念，不就是不離開我們而獨立存在的抽象的表象麼？巴克萊是只爲了不能不補救"精神的實體"而安於這種矛盾的。一到了物質的實體的場合，我們的僧正先生就澈底地把現象論底立場推進於牠底究竟，而不讓想及這樣的物質

125

的實體底存在底可能。在這個場合不可不置諸念頭的，就是他立於‘物質是作爲質底集合而被賦與的，所以物質的實體不過是悟性的概念’這個根據，而拒絕了物質的實體的。在一般上，巴克萊底議論到那一點是正確的呢，這是另一問題。但是無論如何，下面這一點是明白的。即是這種議論如果對於物質的實體是眞實的，則對於精神的實體更多適用，然而我們底僧正先生很自甘於矛盾與不澈底，那也只因爲他底目的在用盡一切手段來駁擊唯物論與汎神論而建立神學與唯心論的緣故。爲了這樣的敬虔的事業，巴克萊不消說就是違反邏輯之道也能夠做的⋯⋯。

巴克萊說，“精神底客體———沒有思維的客體——都是完全受動的，而於其存在是成立於被知覺性這一點互相類似；反之，心或精神是能動的底事物，其存在不是成立於爲其他東西所知覺，而是成立於能動地思維或知覺表象的。因而，爲要不把兩個相異的而且沒有類似點的本質混同，或避免曖昧起見，就不能不於精神與表象之間設置區別。”(註八) 這樣的，精神的實體底本質的表徵就是

126

牠底活動性。但是，活動性為什麼是與物質相異的精神的實體之屬性呢？由他一方面看來，依着巴克萊自身底立場，也沒有何等權利可以由屬性推論實體自身底本性。邏輯的推論，一般地說就是悟性底活動。

其次，巴克萊把邏輯的主觀與形而上學的主觀同一視了，這是很容易指出的。巴克萊說，"存在的東西都只是存在於精神，即不過是單純的表象。"在這裏，巴克萊是只立脚於在認識着的主觀即"在知覺着的"東西存在着這件事，而假定了獨立的精神的實體的。他底形而上學的精神的實體，不過是本質化了的認識論的主觀。認識即知覺及思維底能力，即是活動，是全人類底一機能，但是機能是創造機關的東西，因而腦是思維底機關。把思維看做獨立底精神的實體，就意味着把活動本體化，把主觀底機能實體化。這完全等於說我看見，所以"看視之事"就是世界底實體。

休謨排斥精神的實體和物質的實體，而公言'心'是表象底捆束，用是驅除了巴克萊底不澈底。

如果立於現象論底見地的巴克萊，在涉及個

127

人的精神的場合，沒有把牠當做實體來議論的權利，那末，他在假定了絕對的，精神的，實體的時候，不消說就要澈底地違反自己底見地而成為最愚昧的獨斷論者，煩瑣哲學者了。於是成為問題的，就是巴克萊從什麼地方知道這樣的實體現實地存在着，這樣的一定底屬性內屬於牠呢這一事。"於一切中把一切（Alles in alles）創造出來的精神，又一切底東西賴其蔭賜而存在的精神，這種精神為唯一的，永久的，無窮的，善的及完全的"（註九）屬性所歸屬的事，果直接地賦與於巴克萊麼？經驗論者巴克萊顯然不是確立於經驗底基礎之上的。他在這個場合很明白的是立於最愚昧的獨斷論底立場的。巴克萊雖然在於僧正底高位，但他還是不能"感覺地知覺"絕對的實體——即神——的。

我們更來論及"個人底多數性"底問題吧。

巴克萊斷言只有精神及其表象是存在的。但是，這個獨斷的主張，是現象論沒有公然明白地轉化於唯我論的場合，說起來，是現象論有機地附帶而來的一個矛盾。

我們在阿芬納留斯發見關於人類底原則的平等（那是作為經驗批判論的前提底一一基礎的）的獨斷。我們在馬赫也見到同一的事。馬赫以為只從他人底存在使我們理論的研究及實際生活容易這個根據，可以獨斷地決定他人底存在。"容易"固然是"容易"的，尤其在由哲學上克服唯我論是"困難"的事的場合，是這樣的。但是，問題不在於這個獨斷或前提使事情容易，而是在於牠底理論的根據。阿芬納留斯和馬赫都十分理解唯我論是現象論底不可避的歸結。阿芬納留斯在 Der Menschliche Weltbegriff（人類底世界概念）中率直地述說唯我論能夠成為認識論的及方法論的原理，但是，他是關於"人類底原則的平等"的他底獨斷較牠更為確實的發見者。

這且不說，因為我們不打算駁斥這個根本的前提。但是，問題是在於被現象論底認識論的原理所絕對地驅逐了的獨斷，不能採用為認識論底根本前提。依着感覺論的現象論之認識論的原理，認識底對象是感官的知覺，又反對地，感官的知覺是構成認識底對象自身的。但是，在這個場合，現象論不能說明關於人類底"原則的"平等的根本前提，並且不能一般地決定他人底存在底問題。在我只能知道我，特種底"我"。以什麼為基礎纔能夠從現象論底立場來說明關於複數底"精神"呢？現象論是邏輯地到達於唯我論的。但是理論的唯我論者除了到"瘋人醫院"去之外是決沒有別的路走的，故誰都不願公然立於唯我論底立場，於是不願穿上"狂人衣服"的就提出關於人類底原則的平等的前提，而一點也不注意這個前提不能得着認識底指導原理底基礎，不能不宣告牠是無證明的獨斷──這是很明白的。這樣的現象論的認識原理，對於關於一切底主觀底原則的平等的根本前提，是難於救藥的矛盾。故一切底建築物是依存於Petitio Principii（丐詞；或竊取論點）之上的，為什麼呢，因為還需要說明與建立基礎的東西被當做已經證明的東西而用為前提的緣故。需要給與基礎的根本前提，不能成為有根據的前提，為什麼呢，因為這個根本前提已為感覺論的現象論所依據的認識論的原理所顛覆的緣故。關於"個人底多數性"的根本前提，是不能證明的，故只被獨斷地決定而成

130

爲學說底"…—部分"了。

馬赫，阿芬納留斯及他們底—切追隨者都返覆着巴克萊底錯誤，巴克萊澈底地把現象論改變爲主觀的觀念論，但是他並不停留於這個觀念論，却矜誇地公言了在唯一底神之前的—切底"心"底平等。

如上所述，巴克萊否定物底存在，但是，不管所謂"他人底心"對於我們是"曖昧"的，他却是承認諸精神底存在。我們關於人類所知的一切可以還元於感覺底系列。這種感覺，是我們從叫做物體的東西所受入的。由現象論底立場看來，我們關於意識是不能知道什麼的。爲什麼呢，因爲意識不被直接地賦與我們的緣故。

這樣的就到達如次的結論：即是現象論是以和我們相異的"精神"底存在爲前提，而同時排斥物的。這個矛盾，證明着在現象論成爲無用的場合，這個哲學的傾向底後繼者就違背了純粹現象論底立場而依賴於唯物論。我們的"經驗的"觀念論者諸君，只要不像在個人底多數性底問題底場合明白地呈現似的，公然轉化爲唯我論的範圍內，是不能逃掉這個大矛盾的。要澈底至於最後的境地，就不能不兼認世界底客觀的存在，但是承認這個，就等于說不能不和現象論斷絕關係，爲什麼呢，因爲現象論是一貫着不可救藥的大矛盾的。

我們看見巴克萊使世界底存在依屬於精神一般，最後且使之依屬於絕對精神了。世界，結局是只存在於絕對主觀底關係，卽是神只在思維着世界底範圍內存在着。我們須要注目於這種相對主義，爲什麼呢，因爲我們認爲我們首先在康德，後來在康德型底拉思（Ernst Lass）之類的實證論者，最後在內在哲學底代表者們，所遇到的“意識一般”不過是巴克萊底相對主義底修正物的緣故。“意識一般”是巴克萊底形而上學底殘滓。

在阿芬納留斯及馬赫看來，世界是“現象”。這就意味着客觀只作爲主觀底表象而存在。從這一點，就成爲（像從巴克萊底立場看來，世界只在絕對的，精神的，實體卽神所思維的範圍內存在着的完全同樣地，）在阿芬納留斯和馬赫看來，世界只在知覺着的主觀底關係上存在着。阿芬納留斯底“經驗批判論底原則上的同格，”在其本質上，就是

132

世界與神之間底同格。巴克萊教道,除外絕對精神就沒有世界。除外主觀就沒有客觀,——自康德,斐希特以至阿芬納留斯及其追隨者底一切觀念論者都異口同聲跟着巴克萊返覆着說。我們這樣的看見上述底巴克萊底形而上學底殘滓,在最近底哲學之中還堅固地保存着。我們以後尚有說及馬赫及阿芬納留斯的機會,現在姑且只指出這一點:即"人類底原則的平等底前提"不外是康德底"意識一般"。可是康德底"意識一般"又是被改變了的巴克萊底絕對意識或是神。在巴克萊,神"維持"着一切底存在,在康德,拉思,修帕(Wilhelm Sch-uppe)則"意識一般"對於存在互相依繫着。對於阿芬納留斯及馬赫底相對主義也可以說着同樣的事。

巴克萊說,排除了神,同時世界就會沒落。而最近底觀念論者則謂:除外了"意識一般"就什麼存在也沒有。讀者可以看到,離開一切意識——不問個人的,抑或集合的——而獨立存在的物質的外界,全然爲這些思想家們所否定了,(註十)他們都同樣地主張着,世界是爲主觀,存在是爲思維,所規定"所維持"的東西，我們底表象是與對象同一的這個意見。因而，在他們看來，只有內在的，卽觀念論的，真理概念而已。真理是歸着於表象底相互契合性的。

經驗論是作爲對於那無拘束的合理論——那是專依倚於被賦與了客觀的實在的意義之純粹意識的——的抗議而產生的。作爲柏拉圖派合理論底反動之經驗論，是表示了進步的現象的。存在着的東西，只是能被知覺的東西。存在着的東西，都是可以到達於感官的知覺的東西——經驗論揭櫫着這個新的認識原理而出現了。經驗論底歷史的意義，不在於中世所行過般地，依着純粹思維，抽象觀念而推動思維，而是在於依着實在的事物而推動思維。我們底概念，不能不與一定底具體的內容結合。概念是不能不由現實的對象或過程抽出的。認識不能不依據客觀的所與，而從客觀的雜物脫却的。必然地要與唯物論結合的經驗論底這個階段，是培根，霍布士及一部分是洛克所代表的。但是經驗論，在其發展底究竟，取了感覺論及現象論底形態（洛克，巴克萊，休謨）因此而轉化於其自身底對立物——即主觀的觀念論。經驗論底崩壞底"可能性"既經被包藏於一面地公式化了的認識原理之中。如果存在着的東西都是可以被感覺地知覺的東西，那末，由這個見地看來，"因果"就顯然不能作爲實在的東西而承認了。爲什麼呢，因爲我們沒有直接地知覺一個對象所及於他一個對象的"作用"之力的緣故。巴克萊是以這爲根據而成爲對於無限小底學說的決定的反對者的。（註十一）

離開了唯物論的感覺論，喪失着自己底基礎，而經驗論的認識原理就轉化於其自身底對立，"對象是感官的知覺"這件事變形而成爲其反對底"感覺的知覺是對象"。存在，實在，可以只歸於感覺，感官的知覺就成爲客觀，於是巴克萊立於"經驗論"底這一發展階段，既經能夠公言"我不是把物轉化爲表象，而是反對的把表象轉化爲物。"我們所知覺的東西，或單是體驗的東西，都有實在的存在，而有實在的存在的東西，都是我們底知覺，是我們底直接體驗。因此，主張思維和存在底同一

135

性，即思維是對象，對象是思維。現實底客觀的方面，爲主觀的方面所併吞，爲什麼呢，因爲物理的世界被轉化爲心理的世界的緣故。世界不過只是我底知覺，或表象，世界只在與主觀底關係上存在着。沒有主觀就沒有客觀，爲什麼呢，因爲客觀是在主觀之中即在或一意識之中有着存在的東西，因而，不能離開意識而獨立，不能在意識之外存在的緣故。物質世界是爲心理所包括的。……

如果世界盡於感覺，那末就不能不成爲世界爲主觀所知覺，或只在被知覺之間有着存在。但是，物之總體，是不能一時地爲主觀所感覺的。所以，只有我們在所與的瞬間所知覺的東西存在着。存在底恆常性及連續性是完全依屬於意識。這樣的，我們在所與的各瞬間創造世界，爲什麼呢，因爲世界是只在我們知覺牠的時候存在着的緣故。但是我們是在所與的各瞬間使世界消滅的。爲什麼呢，因爲在我們不知覺世界的時候，世界是不存在的。（註十二）世界是轉化於或種特殊的萬華鏡的。一切底東西消滅着又再生起。世界不過是幻想底對象，即不過是只存在於意識之中的表象底萬

136

華鏡。

但是，因爲這個見地底不合理，是過於明白的，所以，普通就想出神祕的"意識一般"或"精神一般"來。世界是爲着這等，又依着這等底蔭賜而存在的。依着這種"意識一般，"在一方面，獲得他們所預想要用來克服唯我論的東西，又在他方面，成爲可以保證存在底永久性卽連續性的東西。關於唯我論，我們已經在前面說過了。第二點，卽關於存在底連續性及其離開個人的意識之獨立，我們在這個場合也遇到和在"個人底多數性"底問題所遭遇的矛盾同樣的矛盾：這是很明白的。

如果存在是單純的感官的知覺，連續的存在不內屬於意識，則世界依屬於我底知覺，同時其連續性或永久性也依屬於我底知覺底中斷是不消說的。

世界底恆常性，持久性及連續性，爲我底體驗之非恆常性，非持久性，非永久性底結果所打破。這個見地，卽世界之對於個人的意識底依屬固不合理，而感覺論的現象論對於其以爲出發點的命題，至少有幾分調和。但是，現象論者拒絕下這個

187

結論。他們設定世界對於抽象的"意識一般"——不是對於個人的意識——底依屬，"意識一般"由現象論底立場看來時，是或種形而上學的本體，是在經驗上全然不給與我們的東西。但是，依着我們使創造世界的能力歸屬於"意識一般"，問題會發生變化麼？再，如果把"意識"或"精神一般"解釋為集合的主觀底意思，那末，可以着做實在的不是個人的知覺，而是集合的知覺；又反對地集合的表象或集合的思想，就具備着最高的確實性，而這件事遂使集合的主觀底一切"偏見"成為正當的。這樣的，個人的意識底內容就和集合的意識矛盾，因為集合的意識給與確實性底最高的保證，所以個人的意識底內容，只在牠契合於集合的意識底內容底範圍內，有着客觀的意義。但是，關於集合的主觀，或集合的意識內容，分與個人的意識的東西是什麼呢？這個疑問就發生了。集合的意識或意識一般，不是在我底個人的意識之範圍外麼？然而同時，集合的意識或意識一般不能不盡個人的"自我"底內容底眞理性及客觀性底規準之任務。神祕的"意識一般"不過只有增加問題底困難底程度，是很明白的。

　　但是，無論牠是怎樣地矛盾的東西，這個"意識一般"又再證明只要現象論者不願轉移到絕對的迷妄論，就不得不立於唯物論底立場。

　　由巴克萊底立場看來，世界底相關者就是神性。他感到了有給與基礎於世界底連續性與客觀性的必要。他不使世界依屬於個人的——人類的或種屬的，意識，而使之依屬於絕對意識，所以在人類看來，存在物具有連續性和客觀性底特質。可是，在這樣的場合，世界對於人類底意識就成為一種"超經驗的"東西。

　　這樣的，巴克萊勢不得不違背現象論底根本原理而是認世界是離開個人的或集合的意識而獨立存在的。故世界，在一方面，是內在的意識內容，在他方面，則作為或種絕對的存在物，即作為或種超越於人類底意識的東西而出現。巴克萊企圖着導入絕對意識來救濟存在底客觀性及連續性，即救濟由他底內在的見地看來是被絕對地否定的自然之獨立的，實在的，實在。

　　但是，我們已經到了應當停止關於巴克萊底

議論而作一個結論的時候了。

對於合理論及"實在論"的反動，在經驗論及唯名論底復活之中出現了。合理論主張存在底本質，是離開思維而獨立地，在獲得一切經驗以前，於思維被賦與的。從這件事就成功於思維卽概念所賦與的一切東西是存在着這個歸結。可是這件事就到達了被思維了的一切底存在是客觀的＝實在的，概念是"物理地"存在着——這個結論。因爲這個緣故，客觀的，實在的，現實不被認爲研究底對象，而認抽象的觀念爲研究底對象。在思維之中看到認識底根源的合理論，遂爲經驗論所替代，在經驗論，感官的知覺就作爲認識底根源而出現。但是，經驗論對於合理論及觀念論能夠健鬥的，只是在經驗論與唯物論有着不可分的聯繫之間。由唯物論分離了的感覺論是通過現象論而反對地達於觀念論的。在巴克萊及休謨底哲學，存在成爲感覺，感覺成了存在，實在的現實的時候，——"經驗論"在事實上就與自己底本源的前提衝突了。經驗論成爲主觀的觀念論了。合理論的觀念論，使概念或觀念轉化爲"物理地"存在着的物。感覺論的觀念論則稱基於感官的知覺而起的主觀底表象爲對象。合理論者謂，世界是概念或觀念，現象論者則謂，世界是自我底知覺或表象。前者賦與概念，觀念以絕對的，實在的，存在，卽把主觀底邏輯的內容，客觀化着；後者則謂"絕對的，實在的，存在"爲主觀底心理內容或意識內容，卽把世界底客觀的內容"主觀化"了。

合理論使邏輯的概念轉化爲"本體論的"範疇。現象論則公言"本體論的"（卽實在的）範疇爲心理學的範疇卽結局爲邏輯的範疇。這樣的，絕對的客觀主義，轉移於絕對的主觀主義。反對地，絕對的主觀主義又轉化於絕對的客觀主義。無論觀念論及主觀主義兩個種類之間底差異是怎樣的東西，次點是兩者所共通的，卽由兩方底立場，"思維或感官的知覺底規定，同樣地又是物底規定，又存在着的東西，在牠被思維着的範圍內，於其自體（An Sich）被認識着。"……知覺是形式，不能不藉助於這個形式而思維——這一點就是經驗論底缺點。作爲這樣的東西底知覺，常是個別的，一時的。認識是追求着一般的東西，而這事是由純粹知覺

141

到經驗底轉移，……要從事經驗，經驗論首先利用分析底形式 …… 分析在具體的東西之中定立差異……差異在這個場合又不外是抽象的規定即思想。因而，對象是其自身——在思想明示地(Gelten als dasjenige) 的範圍內，這件事仍然是舊式底形而上學底假設，即是物底眞理(Das Wahrhafte)在於思維之中這個假設。(註十三)

(註一)巴克萊, Abhandlung ueber die Principen der menschlichen Erkenntniss,德文版,1869年, XX, XIV,38頁。

(註二)"我一點也不懷疑可以用自己底眼看，用手觸的東西是存在, 是現實地存在的。我所否定的唯一底東西, 就是哲學者所名爲物質或物體的實質的東西。" 巴克萊,Abhundlung ueber die Principen etc.XX XIV.38頁。

(註三)巴克萊,同上書,9頁。

(註四)巴克萊,同上書,16頁。

(註五)"Impression"這個用語自身是屬於最澈底的認識論的印象主義者休謨的事,是應該註目的。

(註六)巴克萊, Abbandlung etc. S. 69. § XC.

— 142

(註七)<u>巴克萊</u>，同上書 S. 46. XLVIII.

(註八)<u>巴克萊</u>，同上書 S. 97. § CXXXIV.

(註九)<u>巴克萊</u>，同上書，S. 101.

(註十)康德承認"物之自體"底存在。所以這等底用語，不是都可以適用於他的。關於康德底不澈底，後面再說。

(註十一)"這樣的，例如無限小底概念，與無限的可分性底概念，同是一個沒有實在性的擬制。因為知覺常有有限的量，而且只是有限的量底一部分的緣故，能夠無限地被知覺的小這種東西是沒有的，又不能被知覺的東西是不存在的。因為這個緣故，<u>巴克萊</u>，是與對於逾越感官的直觀底界限的一切數學的思考同樣地，是對於微分的決定的反對者。" Hartmann, Geschichte der Metaphysik, 第　卷，522頁。

(註十二)<u>巴克萊</u>主張神——絕對意識 —— 為人類的意識，每一瞬間，創造世界又使牠消滅這個意見。

(註十三)Hegel, Encyclopaedie (VI B. der Sämmtlichen werke) § 37. S. 83 及 § 28

143

第 五 章

大關·休謨(心理主義)

一

巴克萊底體系有二個要素：即內在的或心理主義的要素與超越的或形而上學的要素。巴克萊是一個現象論者，但他却於自己底體系之中，導入形而上學的要素，導入爲現象論所絕對地驅逐的形而上學的要素。事實上，如果我們底認識是盡於感覺及主觀的體驗，又如果感覺爲對象，對象爲感覺或感覺底集合，那末，不直接地給與於我們底意識的一切東西，顯然是不存在的，並且存在着的東西也顯然要到達於知覺；爲什麼呢，因爲存在這

145

一事全然意味着成爲內在的意識內容的緣故。

巴克萊由上述的思想出發，以爲有否定物，物質的實體底存在——就是外界底存在——的必要。但是，無論怎樣否定，"外界"還存在着，這是很明白的。固然可以說那早已全不是物質的外界，而是"精神的"精靈的的世界。但是，事情會因此變化麼？要注意的就在於巴克萊導入不能用現象論來給與基礎的超經驗的要素這一點。神，精神只能夠具有"現象的"存在，然而巴克萊却賦與牠以實體的存在。在這一點就包含了一貫着巴克萊底學說全體的大矛盾。

邏輯的澈底性必然地要排除去這等矛盾，要促精神的實體，因果性及其他底瓦解。這樣的，巴克萊造成了他底"精神"及精神的實體所走的運命之素地，而這一運命是與他自身用着詭辯所打破了的物質的實體之運命同樣的。如果我們從主體除了表象和知覺以外什麼也不被賦與的這個根本命題出發。那麼，在認識主體看來 Transcensus（超越的東西）是絕對不能到達而且不能認識的東西這一"同語反覆"就不可避免地要到來的。這個

146

Transcensus 存在着這一主張自身，若由激底的現象論底觀點 看來是不合理的。

休謨比巴克萊更加激底了。他駁斥一切的 Transcensus 而勇敢地邁進於最後的境地。休謨這樣的，立於純粹心理主義底見地。在他，一切認識，可以還元於自己底認識，恰如在巴克萊可以還原於神底認識一樣。所以，休謨在其關於人性的論文底第一部之末，這樣說道"人性是人類的知識底唯一的對象。"（註一）

休謨是從這樣的前提出發的：即巴克萊髣髴實際已得撤廢了物之第一次的或客觀的性質與第二次的或主觀的性質之間底差異似的這個前提出發的。他認爲巴克萊所主張的我們所賦與於離開我們而獨立存在的事物之客觀的質不過是第二次的質底產物即不過由牠所抽象的東西，是已經確證的主張，沒有從新論證的必要。如果由客觀的原因不適應於主觀的質這種意思而假定這種質全然不是"主觀的"，那末，不消說也可以從第二次的質向第一次的質導出或種推論。但是，巴克萊以爲主觀的質不具有客觀的，物質的原因。如果這樣，客

147

觀的東西與主觀的東西之間底差異就明白地被廢棄了，卽一切同樣地是主觀的，也是客觀的，其反面也是如此。卽是，完全和對象不過是我們底表象一樣，我們底感覺成爲對象之自身。

休謨一點也不懷疑巴克萊在這個問題是立於正確的見地，同樣他也不懷疑我們底一切認識，可以還元於我們自身底表象底認識，我們不能逾越這個表象底界限。如果還附加上休謨之所謂巴克萊底大"發見"，卽巴克萊底關於抽象概念或一般的表象之不可能的學說，我們就可以得到休謨所依以出發的根本要素吧。

依着休謨底意見，我們底一切表象是我們底表象 然而他却感覺到在意識底領域內，還不得不導入於知覺過程之自身所給與我們的表象與那不過是這一表象底反映的表象之間底區別，

像德謨頡利圖及伽利喀及其他人們所做過一樣，把科學的經驗內容區別爲第一次的質及第二次的質，這是不能與休謨之把我們底意識內容區別爲第一表象與第二表象混同的。在前一場合主觀的質底客觀的原因被定立着。物質世界，是存在

148

於我們底意識外的，即與牠是否爲主觀所知覺沒有關係地存在着。內屬於物之自身的客觀的或第一次的質，是適應地爲我們所認識的。只有依着這些一切底客觀的質之作用所喚起的主觀的或第二次的質，爲了取着特種底形態必需主觀，而這特種底形態，其大部分則爲人底組織所制約的。

休謨把我們底意識內容區別爲第一表象與第二表象，這是全然具有別種意義的。第一表象與第二表象都在意識之中有其存在，即同樣地是"主觀的"。但是，因爲在主觀的表象底範圍內相互之間有着和異之故休謨就認爲有設立表象底二種部類或二種系列底必要，在這種表象之中，兩者底差別只是由於一方底表象底明確底程度及強度比另一方大些，所以第一表象與第二表象之間的差異，不過是"量的"差異，在質的方面兩者是沒有什麼不同的。

休謨是由巴克萊繼承了關於表象底等價性的這一根本思想的。休謨底著書是直接從我們底表象之分析展開的。知覺(Perception) 或表象，構成我們底意識之唯一的內容。休謨關於這等表象在

149

我們底意識之中怎樣地又為什麼所喚起的 問 題，全不深入。休謨是從作為意識底直接內容底表象出發的，他不感到有把表象還元於其他的東西的必要。但是，休謨在直接底所與自身之中發見或種表徵，依着這種表徵，而把我們底表象底總體區分為 Impressions（印象）與 Ideas（表象）。"人類底精神底體驗——休謨說——可以分為我所稱為印象（Impression）與表象（Ideas）之二種類。兩者之間底差異，在於牠們迫近精神而進入於我們底思維或意識之範圍內來的力與活潑性底程度。其以最強烈的強度和明確性而出現的體驗，我們叫牠做印象。我用印象這個名稱來總括始行進入心中來時所表現那樣的我們底一切底感官的感覺，情緒及感情興奮。反之，我稱牠們出現於我們底思維和判斷時那種微弱的反映為表象"（註二）因而印象云者就是直接地被給與了的知覺。表象是印象底反映，是原型底朦朧的摹寫。表象是依存於印象而為印象喚起和產生的。卽是說，印象為表象底原因。

或一表象必然地要適應於一定底印象。這就

意味着我們所思維的一切東西，都要豫先作爲印象而被給與的。爲避免誤解起見，不能不在這裏聲明的，是休謨之所謂"印象"並不是普通習慣上所謂印象這一概念的意思，卽全然不是指外的對象對於我們底感官之作用。我們已經說過，休謨是把意識內容當做意識內容接受而加以分析的。但是，這一分析底結果，就使他明白了一切底體驗並不具有一樣的特質，而且能夠依着我們所體驗的強度和明瞭底程度而把體驗分爲二種部類——印象與表象。

休謨在意識自身底範圍內，把所謂二種階段區別了。這一場合，第二階段（表象）是以第一階段（印象）爲基礎的。像沒有表象就沒有印象一樣，沒有印象也沒有表象。所以，我們所思維的一切東西，都要豫先被知覺或被感覺着。從他方面看來，一切底知覺必有表象與之適應，卽是構成知覺底對象的一切東西，又都成爲思維底對象。

我們所認爲感覺論的現象論底特徵的根本命題，卽對象是感覺底集合，感覺底集合是對象這個根本命題——這個命題，我們在休謨也可以發見牠。由休謨底觀點看來，思維可以以表象爲媒介而還元於直接地被給與了的印象底反映的。如果你問休謨印象是從那裏來的，他只有一個答覆：那是直接地給與我們的。引用下面所述的休謨底說話，也是有興味的事。這是給與這個和我們有關係的問題底答覆。"如果把'先天的東西'之概念解爲不是由先在的印象所抽出的或種本原的東西，那末，就可以說我們底印象於我們都是天賦的，反之，表象不是先天的。"(註三) 這是最能表示休謨及一般底現象論者之特色的斷定。因爲唯物論者用外的對象對於我們底感官之作用來說明印象底起源的時候，他是把存在於我們底意識外的物質世界看做我們底知覺底本原的根源的。由唯物論底觀點看來，在我們，印象和表象都不是先天的。爲什麼呢，因爲這些東西爲那被稱爲外界的"本原的東西"所產出的緣故。物質的實體就是那個"本原的東西"，我們底表象，終局是可以還元於這個的，但因爲這個本來不能還元於任何其他的 "本原的東西"，故唯物論者就有完全的權利可以說着下面的話：卽如果把"先天的東西"這個名稱解爲不依屬於任何原因的本原的東西，則這種本原的東西就是物質。物質對於世界一切底存在物是"先天的"或種東西，這是不能用任 其他的東西來說明的。我們底表象與印象，都是這個外界所喚起的。因而又為我們 "所獲得"的。

休謨與巴克萊都這樣想着——把世界看做存在於我們底外部的思想是矛盾的，這個底理由是簡單明白的，卽是世界不過是感覺底集合。感覺是不能在感覺着的主觀之外有存在的 Esse-Percipi。所謂存在就是被知覺着的意思。因而，在沒有在知覺着的主觀的合場，顯然就沒有知覺底客觀。沒有主觀就沒有客觀。

我們在巴克萊底學說，看到了存在底客觀性及恆久性底原理就是神。神性應該由人類底個人的及種族的意識"救出"世界的。個人的及集合的意識是能夠消滅的，而世界是被"救"了。為什麼呢，因為世界如在一切人類意識底發生以前為了神而存在一樣，在這一場合也為了神而繼續存在的。

神，一句話說，是世界底存在之"維持"者。神是世界底客觀性及合則性底原理。但是，我們在巴克萊底學說中看到了神，和一切意識一般（不消說人類意識也包含在內）一樣地構成了純形而上學的要素，雖然一切超主觀的因子是現象論所絕對排斥的。巴克萊底"澈底性"，只在其與唯物論底鬥爭中最為明顯。這位僧正——使唯物論"絕滅"——他在實際上是否真使唯物論絕滅是另一個問題——便藉助於"抽象概念"而着手於唯心論底復舊，然而這一抽象概念就是他在解決關於物質底存在的問題時所拒絕了的東西。巴克萊底體系，這樣的是合理論與感覺論底混合物。但是，無論腐蝕着"巴克萊主義"的矛盾是怎樣的東西，總而言之，主觀的觀念論，是在那不正當地所導入的要素——神——之中發見了自己底界限領域的。存在底恆常性，連續性，合則性，就成為神所保證的了。

休謨是比巴克萊更澈底的了。他早已不犯這位僧正"以神底名義"所甘犯的愚笨的邏輯的謬誤。內在的見地，由休謨推進到究極了。但是他越以值得稱讚的邏輯的澈底性展開了現象論，他自己就越使現象論走向"自己底否定"。休謨底澈底性，對於現象論是過於高價的……。

154

人類底悟性能力之研究，是應該以決定人類底知識底界限及範圍，以發見一切研究底唯一正確的科學的方法，及以指示成為獲得客觀的認識之幫助的手段，為其目的的。於是，使認識底主觀的要素與客觀的要素區別的問題就出現於前舞台了。

現象論有資格能夠奠定科學的經驗之基礎麼？我們以為是不能夠的。現象論者，誠然主張他們底見地是唯一底科學的見地。為什麼呢，因為他們以為科學是與"形而上學"無關係的，而且科學所以為問題的只是"現象"，"假象"的緣故。但是，如果更深一層去探究問題，便很容易地看到這一說都是基於誤會或基於單純的言語底同音的。

自然科學事實上是以"現象"為問題的。但是人們普通忘記了這一件事：自然科學底意味上所謂"現象"與哲學的現象論底意味上所謂"現象"或"表象"在邏輯上不是完全同一的。自然科學底意味上所謂"現象"是具有實在的，客觀的存在的，然而哲學的現象論，則把"現象"解為主觀底體驗——即表象底意味。由現象論底立場看來，世界是"主

155

觀的""質"底集合。而這樣的"質",是不在意識之外,離開主觀而獨立存在的。所以,在世界不過是主觀的質底集合的場合, 除去主觀同時客觀卽世界也爲之消滅,是很明白的。主觀是存在底支持者,意識是一切底現象,一切世界底現實的"主體。"作爲物底集合,卽作爲表象底集合底世界,是我底意識所支持的絕對的虛無。

現象論底見地, 由本質上看來不外是溫和的唯心論。科學從未曾立於, 也不能立於這一 "立場"的。所以以現象論爲"唯一底科學的見地"之說是沒有什麼根據的。反之,科學是常與反對論者之所謂"唯物論的形而上學"或"形而上學的唯物論"最密切地締結着同盟的。

如果把"形而上學" 解爲關於超主觀的東西, 卽在於意識底彼岸的東西的學說, 又如果把物質解爲那創造這一 "超主觀的東西" 的"主體"或"材料"的意思,在這個場合, 我們在實際上是立脚於"唯物論的形而上學"底立場的。但是, 實則在這一意味上,一切科學常是而且現在還是站在"形而上學的唯物論"底立場的,不但如此,那口角飛沫而與

156

唯物論論爭着的現象論者自身，他們事實上一着手於自然現象底研究，也自然要立於唯物論底見地。現象論者在哲學上或認識論上底"緒論"，可以瞎吹着一切底東西，物底總體，全世界是"現象"一類的話，但是，一到了研究自然"現象"的時候，他就不可避免地不得不"宛如"這些"現象"具有離開的一切意識而獨立的真正的存在似的說話了。……

再囘到休謨吧。

(註一) Hume, Traktat ueber die menschliche Natur. 1. Teil, deutsch von Lippe, 2. Aufl., S. 351.

(註二) Hume, Traktat etc, S. 9—10.

(註三) Hume, Untersuchung ueber den menschlichen Verstand. 德譯, 1902, 25—26頁, 註A。

二

跟着表象底根源之被給與，同時表象底確實性底標準也被給與着。休謨以爲：表象只在與一定的印象契合的場合，能夠具有實在的客觀的意義。"範疇的式"(因果，實體性及其他)不能成爲印象或知覺底對象，而不能成爲知覺底對象的東西

157

是不存在的：休謨這樣地斷定着。因而範疇底形式不能由印象中抽出，故範疇的形式沒有客觀的實在的存在。

合理論在思維之中見到認識底唯一根源。絕對的，範疇及形式（存在底一切內容是由其中抽出的）是於思維被給與的。感覺論則與合理論相反而從構成存在之內容的感官的知覺出發。感覺論沒有從賦與於感官的知覺的內容——世界底內容——"引出"範疇的形式（卽齎給聯繫和合則性於自然之中的東西）底力量。"思維形式"是非實在的這一事，這樣的已經由巴克萊，尤其是由休謨，明白地發表了，所以，從思想底繼續及知識發展底連續這一見地看來，康德所取的進路是當然的順序。範疇的形式是主觀的，是表示悟性底先天的機能的東西，世界底內容，是客觀的，是被給與於感官的——想把合理論與感覺論結合的康德底企圖，可以歸着於上述這一點。

依着康德底意見，我們底感官底內容，畢竟為外界卽物之自體所規定。在這一意味上，我們能夠說經驗底內容，卽質料是客觀的，然而由現象論底

158

見地看來，因爲否定外界，故認識底形式和內容都一樣地是主觀的。形式與內容之間的差異，在於內容是感官的知覺底對象，而形式不得成爲知覺，直接知覺底對象這一點。感覺論的現象論，越沒有力量從自己底認識論的根本原理底見地建立範疇的形式之基礎，便越剝奪客觀的認識底一切可能性，而且同時因此準備着使合理論復活底地步。

顧諾斐雪這樣地說，"依着休謨，人類底一切認識只被包含於於我們自身之中攝取或種印象這一事之中。那末，牠（認識）底客觀性，是存在於什麼地方呢？牠底必然性是怎麼樣的呢？如果人類底認識喪失了這二個表徵，那末，自己認識是存在於什麼地方呢？" 我們已經說過，現象論到達於一切科學和一切認識之否定。在我們不以物爲問題，而以自己底印象或體驗爲問題的場合，客觀的認識是沒有的了。

由現象論底見地看來，"客觀的"東西與主觀的東西是一致的。一經公言"主觀性"是客觀性底規準，人類爲萬物底尺度，這就等於否定認識底一切規準，爲什麼呢，因爲這一場合，我們底表象（卽

159

"主觀的東西")成爲客觀的對象,同樣地在他一方面,一切"主觀的東西"卽一切表象就不可避免地要成爲認識底對象的緣故。在這樣的條件之下,全然不能有客觀性底規準,這是很明白的。

我們底表象,是依其所由生的印象之所指示而證明自己底眞理性的:休謨說。但是這等印象,不是表象麼?如果是的,卽是說如果我們結局常只以直接的所與,只以我們底表象,爲問題,那末,爲什麼不能不以第一種表象——印象——爲眞的實在呢,爲什麼客觀性底特質正是內屬於這第一表象的呢?這個疑問就發生起來。印象在感性的強度及明確上遠爲優勝,這一事在事實上並不足以爲印象底眞理性底證明。並且由主觀的東西"區別客觀的東西"的表象之感性的強度之界限程度,在於什麼地方呢?"客觀的東西"從何處始,主觀的東西於何處終呢?——對於這些正當的問題,休謨是不能給與解答的,其理由至爲簡單明白,就是由現象論底立場看來,一切主觀的東西一樣地是客觀的,一切客觀的東西也一樣地是主觀的的緣故。

在實際上要能夠定立客觀性及眞理性底規

160

準，就不能不建立唯物論的實在論底基礎，爲什麼呢，因爲客觀的東西與主觀的東西之間不是"量"的相異而是原則的相異的緣故。無論我們底印象是怎樣地明確和強烈，對象底表象或"印象"顯然是不能創造表象或印象底對象的。要表象底對象現實地具有實在性和客觀性底特色，對象除了"被表象性"之外，還要具有特種的性質。依着休謨，"客觀的東西"與"主觀的東西"，存在與思維，都爲最高的心理的統一所包攝。而且這些東西就構成了主觀的＝心理的範疇，正惟因爲這個緣故，因而在同一"現象"的統一底界限內，"由量而之質底轉移就成爲可能了"……。

　　一定強度底心理的體驗底集合，即一定強度底表象底集合，轉移於"客觀的"對象，但是對象又是主觀的質底集合，即精神的體驗之總和。因而以一定底強度和活潑性爲特色的主觀的體驗，就被稱爲"客觀的"體驗。但是統一着客觀的東西及主觀的東西的最高的範疇，是"精神的"存在或"思維"。在這一意味上，"客觀的東西"與"主觀的東西"是同一種類的。

161

休謨努力證明"上位"即"優越性"不是屬於表象而是屬於印象的。他不管自己底現象論的見地，以爲不僅從"體起"底意味，就是從實在的條件底意味，也得在印象與表象之間設定因果關係。休謨是從經驗導出了表象之依屬於印象及印象對於表象的"優越"，依着經驗，"單純的印象常先行於適應着牠的表象"這是很明白的。

"要使小孩生起赤色或柑子底表象，甘味底表象或苦味底表象，我就要示給小孩以具有這樣的性質的對象，換句話說，就是我要使小孩生起適應的印象。反之我不會有依着喚起小孩適應的表象而使之生起印象那樣愚蠢的企圖。我們底表象在初發生的時候，不會生出適應牠的印象的東西。從他方面看來，不問其內容是精神的內容抑是物質的內容，我們常發見表象跟在印象之後。這種表象是印象之類似物，只以強度及活潑性底程度與印象區別着。互相類似的知覺常存在着這件事，像現在所述一樣，就是一方爲他方之原因的確證。但是，印象底優越性，就是印象爲我們底表象底原因，表象不是印象底原因的確證。"（註一）

162

第一應該除去一個誤解。**休謨**說：思想決不能成為感覺底原因。這是至言。他又說：要接受或種表象，不能不豫先知覺對象。這，使人覺到完全以和唯物論的實在論同樣的精神說着話的。事實上，我們如果依照文字來解釋**休謨**，就可得到如次的認識過程的階段。

觀念或表象是不能惹起任何感覺或知覺的。關於對象的思想，不能創造思想底對象。表象是專由印象惹起的。印象又由對象底知覺所產出。要使小孩生起赤色底表象，應該"表示"對象於小孩，卽是應該使對象作用於小孩底感性。

但是，讀者諸君如果對於**休謨**的認識過程懷着這樣的意見，那就是根本的錯誤。我們已經知道，從**休謨**底立場看來，對於主觀的本原的所與是印象，而這種印象是不能由或種更本原的東西導出的。對象，物，及其他，不過是單純的抽象，這些東西沒有實在，不存在於我底意識之外的。但是，如果是這樣的，那末，究竟要給與一定底表象於小孩，就應該表示對象於那個小孩，卽是應該以對象為媒介而使小孩生起適應於那對象底性質的印象

163

的休謨這句說話是什麼意思呢？並且結果怎樣地能夠同時成為牠自己底原因呢？依着休謨，對象不外是感覺底集合，即是說不過是我們底活動底結果，然而休謨是欲使我們生起感覺而強使我們去知覺對象的，即他是把對象轉化為感覺底原因的，並且，如果外界不是有實體的存在的東西而是單純的我底表象或我底感覺底集合，那末，我怎麼地能夠強要"小孩"（順便說一句，那也不過是"現象"的"小孩"）知覺我底感覺或表象呢？外界不是使我們生起印象的，反對地是我底印象，我底體驗底集合構成外界的。如果諸君質問休謨說離開主觀而獨立的世界之自身是怎樣的東西呢，他會這樣地回答吧：那樣的世界，即"物之自體"，是全然不存在的，為什麼呢，因為一切存在的東西，是作為主觀底體驗而只存在於主觀之中的緣故。除外了主觀便沒有客觀。故認識不是自己認識以外的任何東西。一切的存在，可以分解為意識狀態即心理的體驗。休謨是個澈底的心理主義者，他以這樣的資格又同時導入所謂純粹經驗底見地了。

休謨底"純粹經驗"和培根底純粹經驗是根本

他相異的。在休謨，世界為人類底心理所吞盡，心理的體驗是努力由一切客觀的＝物理的雜物，卽由構成世界之絕對的＝實在的要素的一切東西，所淨化的。除去外的物質界之後所殘存的東西，就是作為心理的現象底世界，卽作為意識狀態底世界，所以，經驗由於在心理學底術語之中發見自己底表現。這樣的，心理主義的方法，就成為唯物論的研究方法底正反對了。

唯物論把心理的體驗，與我們底表象，觀念及概念一起看做外界對於我們底"感性"的作用之產物。隨着環境底變化（在社會的政治的生活上，隨着制度及社會關係底變化），我們由這等環境所受取的印象也變化着，再進一步隨着印象底變化，我們底表象，觀念及概念也發生變化。眞理性之規準，是不能不於表象及知覺底根源之中看到的，因而在唯物論者看來，單只客觀的眞理概念是不能存在的。我們底表象及觀念與外界卽客觀的現實之契合，──一切眞正的認識，畢竟是歸着於這一點的。表象及觀念，只有在其與實在的現實卽與"超主觀世界"契合了的場合，能夠有其眞理性。立

165

於這樣的唯物論的認識論之上的時候，始能獲得合理的實踐之基礎，爲什麼呢，因爲理論是由普遍的法則及內在的法則性底觀點所觀察的客觀的現實，而實踐是以這些由普遍的法則底適用底視角所觀察的現實爲問題的緣故。(註二) 把在理論上所定立的普遍化，計畫地適用於實踐，在目下這是稀有的現象。我們現代底"實踐"，可以說是"實踐的無政府主義"，但是，合理的，實踐的，活動，是應該以客觀的法則之理論的認識爲其基礎的。這麼一來，我們底生活，就可以在計畫的組織性與意識性底目標之下經過着吧。就可以費去最少底勢力而獲得最大底結果吧。

"休謨主義"不外是表示實踐的無政府主義底哲學，即現在底實踐哲學的東西。他把世界看做時間地繼起，空間地併存着的個別的現象底集成體。"休謨主義"在個個底現象之間看不到何等內面的，客觀的，聯繫，"休謨主義"是不認有實在的因果的依屬性的。

世界是現象或表象底集合，即是心理的現象。主觀，即個人底自動的活動，齎給統一和法則於這

166

－混沌之中。於是在種種底主觀底表象之間有依照豫定之或種調和存在着……。(註三) 心理主義的方法之勝利，是要表示着科學上的根本的變革吧。但是，至今日爲止，不管巴克萊，休謨及最近底心理主義者有過一切的熱心的努力，而科學的研究，依然還在利用着唯物論的方法。我們在後段可以看到甚至馬赫自身也不得不認爲"質量"及"運動"（因而一般的物理現象也是同樣）底概念，是不能（作爲心理的體驗，感覺而）以心理學上底術語來表示的。

　　復次，從心理主義底立場看來，印象或感覺是本原的所與，不能再還元於其他比這個更爲本原的東西。對象，物，質言之，外界，比較着感覺或知覺，是第二義的，派生的，或種東西。因而，外界底變化，是因果地依屬於我們底感覺及表象底變化的。

　　不是意識爲存在所規定，而是存在爲意識所規定。在這樣的場合，一方底理論的研究與他方底實踐的活動，將歸着於什麼地方呢？但是，幸而是科學對於哲學的現象論及主觀主義這種想把物理

167

的世界變爲心理現象即主觀的體驗的努力，不給
與一顧而常照舊的做去的了。

洛克由經驗導出表象來。但是"經驗"這個概
念之自身就不是澈頭澈尾地不動的東西。最初被
解爲客觀的———唯物論的意味的經驗，徐徐地被
英吉利底經驗論者渲染着主觀的色彩。在洛克，經
驗成爲我們底體驗及表象底根源。但是他是怎樣
地解釋了經驗呢？洛克主張我們底感覺或表象底
界限是不能逾越的。同時洛克要求着我們底表象
要與物即經驗底基礎契合。故從一方面看來，是全
然不從事由感覺到對象，由內界到外界底轉移，但
從他方面看來，依着洛克底意見，這一轉移是不能
不從事的，爲什麼呢，因爲我們底表象底眞理性是
爲那不從表象之對於外的對象的契合所決定的。
這一矛盾，是二樣地解釋着"經驗"的結果。（客觀
的＝唯物論的解釋與主觀的＝心理主義的解釋）。
正是因爲這個緣故，我們就在洛克遭遇到二樣底
眞理概念———超越的及內在的眞理概念。一方底
超越的眞理概念，是歸着於表象與對象底契合的
東西，他方底內在的眞理概念，則被包含於表象底

168

正當的結合,表象底互相-致,之中。

在休謨,經驗已經帶了純心理主義的特徵。純粹經驗是主觀的體驗底集合,一切在意識底彼岸的東西,對於我們是不可知底世界 (Terra Incognita),為什麼呢,因為除了知覺以外在我們底精神沒有被給與的東西,又表象既然常由預先在精神底中心的東西之中生起,則構成與表象及印象特異的表象,在我們是不可能的緣故。縱使我們怎樣地強烈地集中注意於我們之外的世界,又無論怎樣地把我們底想像之力傾注於蒼空或宇宙底極限世界,我們也是不能逾越我們底領域一步的云云。(註四) 總而言之,我們常只以自己底表象,我們自己,自己底心理,為問題的。各個人各自構成獨立的世界,因而獨立的世界又和個人底數目一樣多的存在着。這些個人及世界,因為互相排斥,故兩者之間不能有真正的接觸點,雖然這樣,但兩者之間還有調和,互相契合,存在着。(註五)

以"內在的"意味所解釋的 "純粹經驗" 底見地,與心理主義及主觀主義有密切的關係。既然沒有實體的世界,而且世界是表象底集合,則"經驗"

逐爲主觀底心理的內容所汲盡。可是成爲我們底意識內容的東西，就只是失了一切底實在的聯繫，僅僅空間地並存着，時間地繼起着的個個底印象或感覺而已。"認識論的"印象主義底見地就是這個。

現代底認識論上底印象主義之復活，是與文學，藝術方面底印象主義運動之復活一致的東西。從"印象主義"底見地看來，世界就成爲獨特的萬華鏡。一切東西沒有間斷地流轉着，變化着，甚至沒有相對的平靜。成爲現代文化底特色的動靜無常的不安，不斷的動搖，是不會給與統制人類底可能性的，人類像是滑過生活底表面的東西，反對地世界底種種現象，也滑過人類底感性。人類只把捉着現象底表面，而不把捉其內面的因果關係。現代人底不斷的焦燥，特別是在時間及空間底"短縮"之中所呈現的生活底緊張，—— 一切這些都使神經更加緊張，而加過重的負担於人類底心理的＝肉體的組織。人在現代，於一單位時間之中可以獲得從未曾有的許多體驗。因爲生活底急轉化的結果，我們所接受的多量的印象，不斷地爲新的印象所驅逐，一切這樣的事情，遂使同化和吸收這等印象的過程困難起來。一切底東西都以異常的速度掠過我們之傍，而從一切這些所留下的唯一的東西——就是印象底或種斷片。使一定底印象生起的對象，從我們底注意逃去，殘留於記憶的，只是個個底質或感覺，而這些質及感覺也急速地被拭去了。這一"印象主義"是被提高爲理論的原理的。因而認識論的印象主義及文學，藝術方面底印象主義的潮流，一部分是爲社會生活底急轉化所制約的東西，而可以依着人類或社會團體對於變化了的新的生活條件底相對的非順應性來說明的。

從這一見地看來，主觀底感覺或體驗成爲確實性底根源，規準，即"主觀性"成爲"客觀性"底度量器，客觀的＝實在的存在被驅逐着。殘留的唯一的東西，就是主觀底印象及直接體驗，我們底表象及觀念就以牠們爲基礎而發生。休謨底純粹心理主義是除了內在的真理概念之外不知道有其他底真理概念的。真理是被歸着於表象之互相一致的。關於表象之對於外界，外的對象底契合，無論那是

171

怎樣的東西，是不能成為問題的，為什麼呢，因為我們底表象或知覺就是對象之自身的緣故。主觀主義及心理主義，不能給與我們以表象底客觀性及真理性底規準。在洛克，Idea 這一概念之中所包含的東西，在休謨則把牠區別為印象 (Impressions) 與表象 (Ideas)。休謨說，"一切我們底表象或較為微弱的感覺，都是我們底印象或更為強烈的感覺底摹寫，"（註六）

因而印象，是和表象同樣的"感覺"。在這一意味上，印象和表象可以為共通底用語，共通底概念 Perceptions（知覺——直接體驗）所包括。休謨極力主張表象是印象所產生的東西而且是完全為印象所規定的。

但是，一想起表象和印象都是同樣的感覺的時候，上面底命題就陷於感覺為感覺所制約這一空虛的"同語反覆"了。我們底感覺，同時我們底表象及概念，實際上是為什麼所規定呢，——這是休謨所不能說明的。為什麼呢，因為從他底立場看來，感覺是本原的所與的緣故。

休謨把表象和印象都分類為單純的與複合

的。他說 "單純知覺或單純印象及單純表象,是不能分解和分別的東西,反之,複合的那些則可以分解爲各部分。一定底色,一定底味,一定底香是表示爲或一蘋果所概括那樣的性質的東西,但是這些性質,不是同一的東西,而是彼此相異的東西:這是很易見到的。"(註七) 休謨這樣地於單純印象與複合印象之間設定界限之後,就到達了這樣的結論:卽表象適應於產出牠的印象這個他自己所設定的命題,受了幾分底制限這個結論,爲什麼呢,因爲對於許多底複合表象複合印象是全然不先在的,又反對地,對於許多底複合印象,在表象底領域中那印象底正確的摹寫不是適應的東西的緣故。我們認爲複合知覺與複合表象之間有大的類似,但是說牠們之間有完全的一致,是不確當的。那樣的一致,只能對於單純知覺或單純印象設定的。各個單純表象,必然地有單純印象適應着牠,而且也有相反的事。世界是二重地存在着,卽是說一度以印象之形存在着,一度則以表象之形存在着。但是,例如,我直接地知覺了太陽時所受的赤色底印象與沒有直接地知覺所與的對象——

173

這--場合是太陽————的場合的表象之間，其相異只在於我們底體驗底強度，而不是在於體驗底本性或質底關係之中。

認識以經驗的基礎而產生。"經驗"給與我們以個個底印象或表象。認識過程，不在於證明個個底對象底現存之中，而在於發見表象之間所存在的聯繫之中。從唯物論的實在論底見地看來，客觀的認識是可能的，客觀的認識是被包含於現實底正確的反映之中的。像斯賓挪莎所說過一樣，觀念或表象底秩序及聯繫，是為物底秩序及聯繫所規定的。

在休謨，事情就與這個相異。在他看來，物底世界是全然不存在的。經驗，如上所述，是盡於直接地所給與的個個底印象或表象的。因為否定外界，故在他沒有認識底客觀的規準。真正的認識可以還元於我們底表象底"正常的"結合。因為沒有客觀的＝實在的世界，又否定着物底--切實在的聯繫 故只有主觀能夠成為聯繫及合則性底原理：這是很明白的。我們底精神具有能力可以自由地，隨着己意所欲地，形成世界。

174

我們底想像，以時間關係，空間關係及因果關係底類似為基礎而結合表象。一個表象，依着或一聯合底法則而"帶來"其他底表象。我們不知道成為表象之互相"牽引"底基礎之原因。這些原因，是於人類底本原的性質，人類底心理，之中有着牠底基礎，而我們所知道的，只是這些原因底作用。

依着聯合底法則，而由這些表象底結合而生的一個結果，是由單純或基本的表象而生起的複合表象。休謨把這等複合表象分為樣式，關係及實體。

表象聯合 (註八) 是依着基於習慣之力的想像而完成的。表象底這種習慣的結合，不消說，不是以必然性與客觀性為特色的東西。想像是使表象依存於一種"主觀的＝心理的"條件而結合牠。在這種表象底結合是伴着或種"強制"，但是那不是實在的強制或絕對客觀的強制。

這樣的，複合表象依着由主觀的單純表象底結合而構成。在複合表象之中，特別值得注目的，就是實體。實體底概念，是物底概念底發展底延長。由唯物論底立場看來，"物"是具有客觀的實在

175

性的。或種客觀的性質內屬於物，這種性質以一定底方法反映於我們底意識。物質，是作爲這等底質底原因，卽作爲其客觀的基礎，而於我們底意識之外，離開主觀的質而獨立地存在着的。物底質之這一客觀的基體或主體，我們叫牠做物質的實體。

洛克把物解釋爲我們認爲包括於單一底主觀之中的單純觀念底集成體底意思。

一切底單純表象所關係的"或物"，又這種爲一切底單純表象底支持者之"或物"，洛克把這種"或物"認爲實體。這樣的，單純表象就不過是這一主體底偶性。研究種種哲學體系上的實體底概念之發展及意義，倒是有興味的事，但是我們目下不消說不能不避去這種研究。現在，對於我們只指出實體性底問題與感覺論的現象論底根本原理有着怎樣的關係就夠了。這個感覺論的現象論底根本原理如次：卽存在着的一切東西都於直接經驗之中被給與着因而被認識着，而於"經驗"，於感官的知覺，被給與的一切東西都是存在着。

像我們已經指出的一樣，合理論是由存在底形式或本原的觀念，概念及範疇，導出了存在底內

176

容的。思維底規定，被看做物底實在的規定。在思維，物底本質只有一度被給與着。思維上的概念底現存，保證着客觀的存在上的概念底現存。合理論的形而上學或形而上學的合理論，立脚於這一點，以為如果藉助於純粹思維便能夠同時認識實體及偶性。因為合理論者主張實體底存在及被認識性之故，所以不以感官的知覺為必要，為什麼呢，因為在他看來，在概念或觀念被給與的一切東西，都是實在的，可以認識的，的緣故。

由感覺論底立場看來，實在性底根源及規準是感官的知覺。依着感覺論底根本原理，實體，常在感官的知覺上被給與的時候，便有實在的存在。

實體是有實在性的，但只是不可知的。如果洛克以這一意味解決了實體底實在性及被認識性，那末，他就顯然陷於自家矛盾了。康德關於"物之自體"完全取着同樣的態度。康德同時主張着"物之自體"底存在與其非認識性，即是說"物之自體"是存在着，但沒有到達我們底認識。

實體是不能認識的，因而"不能認識的東西就是實體"(註九) 因為洛克這樣地處理問題的結果，

177

又成功了別的矛盾的命題,卽外界是存在着,我們底表象不但是為這個外界所產生,並且必然地不能不與之契合,但是,感覺或表象底界限是不能逾越的。

休謨努力驅逐這些矛盾,但是他以為要驅逐這一矛盾,只有犧牲着實在論的,唯物論的,契機,始有可能。休謨一轉於澈底的現象論了。由這一見地看來,一切底存在可以分解為感官的知覺,實體不過是單純的主觀的表象。休謨說,哲學者顯然以為我們關於實體具有明確的表象。但是,如果是這樣的,他就不能不指示怎樣的印象為實體底表象底基礎,如果這一實體底表象是我們底感官所供給於我們的,那麼,究竟是什麼感官依着怎樣的方法而供給的呢?休謨這樣地質問着。眼睛所供給的知覺是給與色彩底感覺。我們以耳朵知覺的就是音響,等等。但是,誰也不主張實體是色彩,音調,味道,——休謨說。故實體底表象,不是以獨立的印象為其基礎的東西。那不外是依着想像而被結合或包括於全一體的單純表象底總體。我們已經說過,物底概念底哲學的分析,到達於實體底概

178

念。依着休謨，物是可以歸着於感覺地被知覺着的質底總和。但是，因爲感官的知覺，只存在於主觀之中，故物不存在於主觀之外，物是感官的知覺底集合，又反對地，感官的知覺又構成着物。

(註一) Hume, Traktat etc., S. 14.

(註二) 不消說，不是經驗的無政府主義的實踐，而是"合理的"實踐。

(註三) 這一揚合自然地想起有名的利金調和說來。

(註四) Hume, Traktat etc., S. 91—92

(註五) 讀者試想起來布尼茲底單子說就好了。

(註六) Hume, Ein untersuchung ueber den mensch-lichen Verstand. S. 22.

(註七) Hume, Traktat etc., S. 11.

(註八) 我們應該聲明：我們底批判不是對於"聯想心理學"，而是對於"聯想認識論"，而發的。

(註九) 參閱斯賓塞底"不可知者"。

三

一切底表象都有一定底印象與之契合。只有在表象以印象爲其基礎的場合，才能說表象有實在的意義。"實體"在感官的知覺是不被給與的，因而實體沒有何等實在的意義。

我們有知覺物質的實體的力麼？休謨對於這一問題這樣地囘答：印象不過是感性的質，即不過是我們底意識狀態，然而，實體從其概念之自身看來，是具有絕對的實在性的。感性的質，心理的體驗被驅逐，同時，物之自身也被驅逐，並且被認為橫於物底根柢的東西，即實體，也被驅逐了。

唯物論以物質為感性的質底基礎，即是我們底印象及表象為物質所喚起，並且為其所制約。這一存在底實在的基礎——即物質的實體若被除去，那末，在世界因而在我們底感性的狀態中就什麼東西也沒有殘留了

休謨與巴克萊一起如次地主張着：物和實體都不過是感官的知覺或感覺之總和，而主觀的感性的質或表象若被除去，同時物及實體也被除去了。

實體不是具有和質底複合相異的或種獨自底存在的東西。實體也不是像柏拉圖底 idea（理念）一樣，在於物之自身底"背後"或其外部的什麼地方

180

的東西，質底複合是作爲統一體而給與我們的，這一統一體是不從物底客觀的質分離而存在的。但是，從他一方面看來，物底質也不於這一實在的統一體之外，並且離開牠而獨立存在的。物底性質，是抽象底產物，爲什麼呢，因爲現實上物底性質是完全不作爲獨立底實在而存在的緣故。對象，即物，在其本質上是"第一義諟的"東西，而我們把質或性質歸諸這個之所爲。對象，結局即物質，是這等底質及性質底主體。物底質或性質，是具有客觀的意義的，質是"實體的"，實體是"質的"，即質是有實在的存在，實體依着量的變化底方法而使客觀的性質，多種多樣的質，產生，因而實體是不能作爲獨立底或物而被知覺着，這個理由是簡單明白的，即是一切被知覺的東西，質的東西，一切是實體的，又反對地一切底實體的東西都顯現於質之中的緣故。"實體"不存在於"偶性"之外，偶性也不於實體之外或離開牠而獨立存在着。休謨以"物"被溶解於質底總和爲理由而否定實體的要素底存在。(休謨推論着) 物底性質或質是以知覺爲媒介而爲我們所認識的，因而知覺又是質。但是，知覺或感覺只存在於主觀之中。因而事物底質是主觀的，"現象的"。故在我們底外部沒有什麼實體的要素即物底實在的基體存在着。物底統一性與持久性，不是客觀的，實在的，而是主觀的——現象的。物體是知覺底集合。但是，作為知覺或表象之對象或物體，是只存在於主觀之中，而且在為主觀所知覺之間即只在被 percept 之間存在着。我們底知覺不是為外的物體所喚起所規定的東西，反對地，外界是我們底知覺所喚起的。物是我們底體驗或感覺底產物和結果……。

　　我們底觀念或表象以知覺為其原因，而這個知覺底界限是不能逾越的。客觀的實在的世界，縱使存在也是不能到達的。意識常是停留於由知覺所喚起的表象底界限內的。如果實體是不能由印象或知覺導出的東西，那末，實體也不能成為認識底對象。實體不過是個個底單純表象底梱束吧了。這等個個底單純表象，是依着聯想之力而由我們總括於全一體之中的。

　　但是，在我們底外部是什麼實在的基體也沒有的。實體是表示單純的質或表象底結合原理，在

182

這一意味上，實體是心理現象而沒有實在的意義的。我們是以一定底方法結合着種種底印象而成為習慣來的，由這一事就慢慢地發生了表象底必然的共存，及繼起底概念，表象底必然的聯繫底概念。這樣地，休謨是不以在我們底外部的表象底實在的聯繫為問題，而以於我們自身之中，意識之中，用一定底方法使表象結合的心理的強制力為問題的。

實體底概念——休謨又以為——是主觀所歸之於物底恆久結合的概念。休謨主張如次的意見，即"物體的表象不外是我們底精神把種種獨立底感性的質結合了的東西，這等底感性的質構成客體而表示恆久的相互聯繫的東西。"（註一）但是，這等底質，雖說對於我們底意識為獨立底客觀，可是我們還常把這等底質所構成的全體作為統一而觀察，同時又不管完全地有本質的之變化，還依然作為繼續着舊態的或物，即作為相對地持久的而又無變化的或物而觀察着。"（註二）

故由一方看來，"物"是許多底質底結合，而由他方看來，又是排斥質底多數性的統一體。我們在

183

現象底變化性及"同一性"之問題中也看見與這同樣的矛盾。物底變化性與物底同一性矛盾着，這是很明白的。這一矛盾，休謨是怎樣地把牠解決呢？

同一之物能夠於自己之中結合種種底質，在物之變化時，這些質便爲其他的質所驅逐所替代了。這些質相互地緊密地關聯着，所以，我們很容易地由一物而移於他物，而且完全不認知在那物中所起的變化過程。我們把或一物認爲一種不變的東西，就是因爲物有這樣的情形。我們在觀察直接地接續繼起的各瞬間的不斷的變化的場合，尤其是把物看做不變的東西。

但是，如果我們將客體，或說正確一點把內屬於那客體的性質，於經過或一時期的二個不同的瞬間比較一下，就可明白，以前我們在由一質而之他一質，或由一狀態而之他一狀態，慢慢地行了繼續的轉化時不著眼的變化，如今就於我們甚爲顯著了。因此，客觀底"同一性"便被破壞着。"這樣的——休謨以爲——只要我們由種種底觀點去觀察對象，卽只要有的時候比較着直接地繼起的瞬間，有的時候比較着經過或一時期的相異的瞬

184

間，我們底理解之中就會發生幾多底矛盾。在我們於其繼續的變化不斷地觀察對象時，悟性底活動底自由進展，就刺激我們而使之賦與同一性於其繼起性，為什麼呢，因為精神生起了和我們觀察不變的對象時同樣的作用的緣故。反之，於對象受了顯著的變化之後注目於這個對象底狀態時，就可以看到表象底活動是依着飛躍而行，我們是應於這個表象而受取了差異的。因為要調和此等互相矛盾的思想，所以一切，就在這等變化之際，我們底想像也喜歡想出一種依然保持着同一狀態的不知正體的而且眼睛看不見的什麼東西。想像把這一種抓不到的什麼東西叫做實體或本原的及第一次的物質。"（註三）

這樣的，物底實在的基體就成為不存在了。如果這樣，那末，對象底統一性和持久性，也不是實在的＝客觀的範疇，不過構成現象的＝主觀的範疇，即被思維着的範疇。我們因為要指出休謨解決問題的方法怎樣地接近於康德的解決，及休謨到什麼程度為止對於新的認識原理———即先驗的觀念論———之發生準備了必要的條件，故於這個"被

185

思維着"底下面附上傍點。

休謨底見地到達了什麼呢？休謨以徹底的心理主義者底資格，只承認心理的要素或現象底存在。他因為否定這一存在底心理的要素底實在的基礎，又不認客觀有實在的統一性，所以他不得不把物底這一"統一性"及"基體"移入於意識之中，移入於主觀底想像之中。但是被思維着的基體，即為想像所思維着的實體，還是沒有創造質底統一性及物底持久性底實在的條件呢。

質底一定底集合底併存，果能夠僅依想像而維持的麼？現象論者自身不是承認一定底聯繫底強制性麼？而且，這件事是表示質底或種相互關係是離開主觀及主觀底想像而獨立的，故，又成功了質底統一性及不動的併存底基礎根據，在於意識底領域之外。

一切底意識內容，像我們所知道一樣，可以區別為印象與表象。表象是印象底正確的模寫。表象底關係及聯繫，構成數學底對象。休謨更進一步以

為，數學底命題，能夠依着純粹思維底活動而定立，為什麼呢，因為這等命題不是依屬於"存在"的緣故。

"事實"構成認識底第二對象。但是，所謂事實者，究竟是什麼東西呢？依着休謨，世界不過是作為存在於意識之外的東西而被思維着的。世界全然是只存在於我們自身之中，為什麼呢，因為印象底知覺及表象不能存在於主觀之外，即不能離開或一意識而獨立的緣故。

休謨研究着存在底表象。他把存在只解釋為現存的意識內容底意思。在這一場合，"我們沒有不作為存在物而思維的任何印象 …… 和任何表象"，這是很明白的。(註四) 再進一步，因為我們不能想起我們所不賦與存在底質的任何一種表象或印象，所以存在底表象不能不以與各知覺或我們底表象底對象結合了的獨立的印象為其根源，或存在底表象不能不是與知覺及對象底表象同樣的東西。"(註五)

在這裏我們看到休謨在對象底表象與表象底對象之間全然不設何等底區別，而把意識內底表象底存在與意識外底對象底存在同一視了。如果像休謨所說一樣，客觀性及與理性底一切規準就被撤廢，一切底知覺就被宣言爲對象了。在休謨看來，客觀的＝實在的存在是完全不存在的，爲什麼呢，因爲"心理的存在"是存在一般底唯一底形式的緣故。

合理論者是由思維導出了存在的。他們獨斷地以本體論的存在賦與一切邏輯的概念。心理主義者休謨，宣言着一切底"心理的存在"（意識內底存在）爲唯一底現實的，實在的存在。

合理論者，實在論者與休謨底相異在於次點，卽：前者雖公言思維爲意識底根源，但還承認外界底存在；而休謨則把外界之自身轉化於主觀的心理的現象，卽單純的被思維的對象。合理論者把一切主觀的東西，卽被思維的一切東西，"客觀化"着，休謨則把一切客觀的東西卽一切底"存在物""主觀化"着。明顯地合理論者及心理論者所依據的共通的基礎，在於獨斷地同視着被思維的東西與存在物，並且在於或一場合把邏輯的概念，他一場合則把心理的內容卽表象當做現實的存在而承

188

認。對於合理論者和心理主義者，意識內容都是認識底出發點，唯一底根源，又是客觀性底規準。成為意識底客體的一切對象，是必然地不能不存在的，(註六 為什麼呢，因為"在"，存在的事就是成為體驗底對象的意思。這裏就到達於或種奇怪的，一種獨特底自欺，即內在的存在是我們所作為超越的或客觀的存在而思維的云云。

知覺或表象是對象，而且我們把這種對象作為存在於我們之外的東西而思維着。如果我們底意識除了表象以外什麼也不被給與，並且我們底表象是以豫先存在於意識內的東西為其基礎，那末當然不能構成與印象及表象特異的或一表象。"在大體上——休謨說——我們不消說完全不假定外的客觀和我們底知覺是特別不同的。" (註七)

但是，我們何以叫或種"意識內容"做主觀的錯覺，而賦與他種"意識內容"以"事實"，"客觀的真理"底意義呢？我們來看一看休謨怎樣地打開這個難關。

給與我們的東西，只是構成 "Globus intellectualis"（知底世界）底一種的表象，這個 Globus

189

intellectualis 就包括盡一切的存在一般。我們是不能逾越意識世界底界限的。如果這樣，那末，外界底表象，顯然不給與何等本質的東西於體驗底集合或意識內容，像存在底表象——這一最高的而且無所不包的範疇——不能附加何等本質的東西於物或構成物的種種底質底總和一樣。為什麼呢，因為依着休謨底意見，隨着或一意識內容底直接體驗，那意識內容底存在底客觀性之表象也被給與的緣故。我們當一切判斷之際，常不能不假定物體底存在。我們被強制着信仰外界底存在。關於我們現實地"信仰着"世界存在於我們之外這一事，是沒有爭論的餘地。蒲列哈諾夫完全正當地說：——"休謨底見地，在使思想完全變為不動的東西的場合，批難了這個，這是完全正當的。但是休謨自身，欲思維着，而一經開始"信仰"外界底存在，無論什麼時候，便拋棄了這個見地。"(註八)

"信仰"是心理的事實，因而在心理主義者休謨看來，(實在說)問題一切應該可以對付。他不過能夠把其心理主義的方法一切利用，而把對於外界底存在的這一"信仰"底漸進的發生及發展作為我們底體驗底"對象"即作為心理內容而研究吧了。但是,作為心理的體驗底"信仰"還不是這個信仰自身底具體的內容底確實性或眞理性之規準。這個"信仰",表示一個邏輯的根據,因此不能不帶有客觀的眞理底特徵。休謨說了什麼呢?

他提起了二個問題,並且試行解答:第一個問題是:在對象不直接地被給與我們底感官的場合,為什麼我們還要賦與牠以存在呢?第二個問題是:我們為什麼認為這些對象是離開我們底意識而獨立呢?第一問題可以還元於存在底連續性底問題,第二問題可以還元於世界之獨立的存在底問題。

洛克底"經驗論"還有幾分與唯物論結合着。洛克關於外界底存在雖屢發表過懷疑論的判斷,但從大體上看來,他是承認世界之實在,只要他承認這個,他底經驗論及感覺論就依存於唯物論。洛克雖力說着實體底非認識性,但同時還承認實體底存在……。如果只有我們所知覺的東西存在着,

191

又如果只有"被知覺着的東西"被認識着，那末，下面一點是很明白的，即是實體是被知覺的呢，或全然不能爲知覺底對象呢，二者必居其一，在前一場合，當然實體有實在的存在而且是可知的，在後一場合，由現象論看來，實體是不可知的，主張"不被認識的"東西之存在，就等于主張邏輯的不合理。但是這一邏輯的不合理，却在現象論者及感覺論者所云云的場合，獲得特種的意義。洛克底"實體"，用着感覺論底認識理論之根本原理，是旣不能把牠說明，也不能給牠基礎的。洛克學說底種種要素，是陷于自家矛盾的，純粹感覺論否定着唯物論，換句話說，唯物論是不與"純粹經驗"底哲學一致的。洛克，其實旣不是澈底的唯物論者，也不是澈底的感覺論者，可是，或全因爲這個緣故，在或一意義上，可以把他看做法蘭西底唯物論及英吉利底現象論或純粹感覺論底始創者。他底認識論底原理之中雖不包含實體，但他還承認世界底實體性。隨着世界底實體性，同時其存在底連續性也被給與着。(註九)依着休謨底意思，世界存在于我們自身之中，世界是沒有獨立底存在的。世界只

192

在牠爲或一在知覺着的意識之客體的範圍內，是存在着的。沒有主觀便沒有客觀。沒有意識便沒有世界。如果是這樣，卽如果世界是沒有獨立之超主觀的存在，那末，世界就是只在主觀知覺着牠之間存在着的東西，除掉意識，同時意識內容卽世界也被除掉，這是明白的。依着洛克底感覺論，世界不外是知覺底集合，內在的意識內容。但是洛克底學說之中，還保存着實在論的契機，因而他不得不與內在的意識內容同時承認超主觀的因子，依着這一因子，這個世界底存在之客觀性，實體性及連續性被保證着。這一超主觀界，同時成爲內在的意識世界底原因，基礎，及根柢。這樣的，依着感覺論底根本原理，世界是感官的感覺或知覺底集合，但是洛克是不停留于此的……他是從那在我們底意識底彼岸的超主觀的原因之中導出感覺底集合來的。因而對象不只是感覺底集合，或說正確一點，世界不爲我們底感覺所汲盡，世界是一種實在的，獨立的東西。借用康德底話來說，實在界是"觸發"我們而依之以喚起我們底感覺的。和康德同樣，不能調和自巴底學說之現象論的契機與唯物論的契

193

機的洛克,是不能不徘徊于矛盾之中的。

內在的認識原理說,對象不過是知覺底集合。唯物論的原理說,對象是表示超主觀的實在,知覺底原因,的東西。一方,一切底存在可以分解爲心理的要素,卽意識狀態,他方則這同一的心理內容是爲在這一意識底彼岸之對象所制約,所喚起的……。打開這一矛盾的出路,一方是澈底的唯物論,他方就是澈底的觀念論。

我們關於巴克萊巳經說過了。現在囘轉到休謨來看一看。洛克底不澈底的感覺論,在休謨就取着澈底的現象論底形態。如果洛克教道,對象是知覺底集合,則以巴克萊,休謨爲代表者底澈底的現象論就是教道,知覺底集合就是對象。經驗論底崩壞,是要導出如下的根本的認識原理之公式化的。對象是知覺底集合! 但是知覺只是在意識之中卽主觀之中存在着的, 因而如果對象是盡於感覺或知覺,則對象就沒有絕對的＝實在的存在。那末,我們底意識底彼岸有實體的現實存在着這一個主張怎樣地與上述的意見一致呢? 休謨是以澈底的現象論者底資格,拒絕了洛克底超主觀界的,爲什

194

奥呢，因為這個Transcensus 對於內在的認識原理是不可救藥的矛盾的緣故。超現象論的要素，不消說不能為現象論的要素所包括。

所謂對象者就是知覺底集合！！但是，依着洛克底意見，這種知覺底集合是為超主觀的因子所制約的。內在的認識要素，是依據着超越的要素的。故在內在的意識內容為超越的世界即離開我們而獨立存在的實在的客觀的現實所規定的範圍內，構成對象的"知覺底集合"，是依存於這一超越的實體的"或物"的。休謨把名為實體的"或物"即外界這個實在的基礎撤廢了。其結果，聯繫着主觀的體驗與客觀的存在的線索就決定地被切斷了。以世界為知覺底集合的經驗論的感覺論底公式——就轉化為其對立物——即知覺底集合就是世界。休謨說，"被給與我們底意識的一切對象，必然地存在着。"他——雖然從自己所站的立場之自身看來，這是不可能的——在意識內底存在與意識外底存在之間不設什麼界限。意識上的表象底現存，同時意味着那一表象之對象的存在，又反對地，對象底存在不外是表示意識上的對象底表象底現存。

對象云者是存在於意識內的東西，而存在於意識內的一切東西是對象，卽是可以稱爲實在性的東西。洛克導入了現象論的或內在的契機，但是他還沒有把牠從實在論的契機分離。他使對象歸着於質底集合，同時以爲在此等質底基礎有着實體的"或物"。但是，如果在我們底意識之外有實體的要素存在着，那末，對象就是一種主觀的體驗以上底或物。隨着這一實體的"或物"底撤廢，對象已是只爲主觀的體驗所汲盡的。在後者這個底場合，對象不過是知覺底集合。如果對象不過是知覺底集合，則一切底知覺底集合就是對象……

在洛克，"知覺底集合"是爲超越的原因，卽康德所謂"物之自體"，所制約的。世界是我們底意識界上的表象底集合，但是表象底集合，還沒有構成意識外底世界，卽決定着我們底表象的所謂對象的世界。世界只是超越的，卽絕對的——實在的世界所喚起的內在的意識內容，這個主張，是不合理的。

休謨站在澈底的現象論底立場，努力驅逐外

196

界以打開這一矛盾。跟着主觀的表象底客觀的原因之否定，世界就可以分解爲心理的要素之總和即知覺底集合。於是在知覺底對象與對象底知覺之間就被設定了同一性。

洛克主張：實體雖不能認識，但是存在的。這就是說存在着的一切東西，不被給與於知覺。此外，還有"或物"——完全本質的"或物"存在着——這是全然沒有到達於知覺的，所以是不被認識的。主張在被知覺，被認識的東西底基礎的"或物"不被知覺及不被認識着，及主張不被認識的東西雖不到達於我們底知覺，但還是存在着：這不消說都是不合理的。但是，現在，我們所感到興味的是別的事情，即是，依着洛克，外界還絕對地有實在的意義，那是不能分解爲知覺的這一事。世界有獨立底實體的客觀的存在，而且內在的連續性是內屬於這樣的世界的。世界是離開我們底意識而獨立存在的。這就是說世界就在全然不被我們知覺的時候也存在着。休謨拒絕了一切 Transcensus。在他，說起來，連物質底原子也是不存在的。一切底存在盡於主觀底心理內容。縱使休謨說及外界，那也是"所表象的"世界，"所思維的"世界。主觀把世界作爲存在於我們之外的東西思維着。這一事——如果以爲這個世界是存在於我們之外即主觀之外的東西——就是一般的錯覺，自欺。

　　如果依着休謨，世界可以還元於表象或知覺底集合，那末，由這一見地，就顯然不能夠論及"不可知的東西。"

　　事實，言及"不能知覺的知覺"或"不能表象的表象"底事是不合理的。內在的見地之所到達的結論，不可避免地是：存在的一切東西是被給與於知覺的，反之，被給與於知覺的一切東西是存在的。但是，因爲存在着，是被知覺着（esse percipi）底意思，又因爲意識之外是絕對的虛無，故一切底存在物，明白地是只在牠被給與於主觀底意識之間存在着的。意識底連續性不斷地被破壞着，故存在底連續性也因主觀而不斷地被"中斷"而又復活着。世界，在我們知覺着牠的範圍內，而且只在我們知覺着牠的時候，存在着。但是在我們底意識沒有知覺着的時候，意識內就發生中斷，因而世界也不能常住不斷地存在着。

198

257

就在對象不被給與我們底感官時我們依着怎樣的根據來賦與對象以存在呢這個一見頗爲奇怪的問題，爲什麼休謨提起了牠呢？這依着我們上面底說明可以明白。我們說過了：跟着物質世界之否定，只有內在的意識內容留下來。如果以爲世界只在我們底意識內，只在我們底知覺內，存在着，又如果以爲知覺是對象，對象是知覺，那麼，不是知覺底對象的東西，顯然是不存在的。故我們在對象不被給與於我們底感官的時候，是沒有權利可以賦與牠以存在的。

和現在公式化了的事情最有密切的關係的第二個問題，是爲什麼我們要賦與對象以連續的存在呢這個問題。最後，第三個問題就是：我們爲什麼認爲對象是獨立地存在於我們底意識外呢的問題。存在底連續性底問題與世界底絕對的實在的存在底問題有直接的關係。休謨完全正當地說道"如果在我們沒有知覺我們底感官底對象時這個對象也繼續着存在，不消說這個對象底存在是離開知覺而獨立的東西，是與知覺相異的東西。反之，如果這個對象底存在爲離開知覺而獨立的東

199

西,為與知覺相異的東西，那末,對象就在不被知覺着的時候也應該繼續着牠自己底存在。"（註十）休謨還質問道——世界底獨立的實在的存在及我們對於其存在底連續性的"信仰"是為什麼所規定呢?休謨判斷道 "就感官看來,在對象不被給與我們底感官的時候，我們的這一能力顯然是沒有使我們生起關於那對象底獨立的存在思想的，所以生起那樣的思想的是因為假定了就在我們底感官中止一切活動的時候，還繼續着作用的緣故。"但是,在休謨說了如次的說話的時候,就對於自己底論敵讓步了。即是如果以為能夠考慮所與的時候的我們底感官底表示,那末,感官底表示所能給與我們的唯一底東西，是使我們確信離開了意識而獨立的物底存在,並且是和意識相異的物底存在,而不是使我們確信物底存在底連續性。但是,我們在上面看見這位休謨承認過如次的事:"如果物底存在為從我們底知覺獨立而且是和牠相異的東西,那末,對象就在我們不知覺着牠的時候也是不能不存在的。"

他繼續說道,我們底感官底印象,不是獨立地

200

存在着的外的對象底反映，就是直接的對象。我們
底感官底印象不是存在於我們之外的世界底反
映，在他是很明白的事，不須再進一步的議論的；
這是他底出發點。我們底感官，常只供給我們以個
個底知覺，在這種知覺之中，一點也沒有唆示着
使人覺得有可存在於這些知覺底界限外的那種東
西。以知覺爲基礎而發生的個個底表象，依着我們
而統合於一個表象或物底概念之中。故物底統一
性是悟性底產物，卽是主觀底綜合的活動底結果。
休謨主義者以爲"我們一經賦與物底統一性以實
在的意義，我們就立於概念實在論底立場。"

　　休謨主義是與那在客觀的存在物之中看到我
們底知覺或感覺底原因的唯物論的實在論相反，
是以印象，知覺及表象爲本原的所與，而謂物是爲
牠們所惹起所規定的。物底統一性——休謨教道
——決不到達於我們底知覺。不到達於知覺的東
西就沒有實在的意義。我們一般地關於在質上與
表象相異的東西是不知道什麼的。所謂知覺的東
西，不消說不能存在於在知覺着的主觀之外的。對
象底知覺或表象是不能存在於我們底感官及意識

之外的，但知覺及表象底對象則能夠存在於其外。但是，如果以爲休謨是把知覺底對象與對象底知覺同一視了，那末，由他底見地看來，不消說不能言說那與知覺或表象相異的外界。休謨說，"個個底知覺決不能夠惹起關於物底二重存在的表象。"這一事，只有依着悟性或想像能夠到達。"我們底精神逾越直接地被給與自己的界限時，是不能以感官之名作成結論的，我們底精神，由個個底單純知覺導出二種底存在而於這些存在之間認定類似關係和因果關係的時候，就不可避免地逾越了直接的所與底界限。"(註十一) 我們底精神，是以感官的知覺現實地所示的東西爲感官的知覺的。感官不欺騙我們。被給與我們底意識的一切東西，是一如其給與我們的原狀，而且一如現實地存在着的樣子，存在着的。(註十二)

如果我們懷疑感官的知覺爲離開我們而獨立存在的對象呢，還是不外爲單純的主觀底體驗，不外爲其意識狀態呢，那末這個疑問，不是關於知覺底本性的東西，而是關於知覺在空間的地位及其與主觀的因果關係 (Relations and situation) 的

202

東西。

問題——休謨展開着自己底思想說——在於印象自身是不是離開我們而獨立存在。"但是，如果我們底印象是作爲離開我們而獨立存在於我們之外的或物而爲感官所表示的，那末在我們底感官，對象和我們自身，都應該被給與着，不然的場合，印象就不能依着我們底感官而與我們自身比較。因而問題就歸着於我們自身到什麼程度爲止是我們底感官底客體。"如果知覺提供在我們之外的對象於我們，——休謨以爲——則我們底"自我"也不能不成爲感官的知覺底對象，爲什麼呢，因爲只有在這一場合，我們纔能於這二個印象系列之內設定契合（卽類似）或設定差異的緣故。於是就發生一個質問，就是：究竟所謂我們底"自我"是怎樣的東西呢？爲我們底個性底同一性底原因之個性底統一性是什麼所構成的呢？外的及內的一切印象，情緒，嗜好，滿足及苦痛之感——這些一切，都同一程度地是我們底知覺，印象或體驗。牠們在質上並沒有何等差異，爲什麼呢，因爲"我們底精神狀態及感官的知覺，都是依着意識之賜

203

而為我們所認知的。因而,這些,在一切底關係上必然地不能不一如現實地呈現於我們, 並且不能不一如其呈現着的樣子存在着。進入意識底範圍來的一切東西,不外是知覺 (Perception),因而知覺不能作為和我們相異的或種東西而直接地為我們所體驗。在反對的場合, 即在無論什麼東西為直接的意識自身底對象的時候, 我們也可以犯着錯誤。”(註十四)

　　總之無論我們底“自我”歸着於什麼, 無論在那一場合,下面這一點是無可疑的, 即是: 我們自己底身體,是屬於“我們”的,但或一印象則是我們使之屬於在我們底自體之外, 在我們自身底外部的或種東西的。

　　“我現在在寫着字的紙 ── 休謨說──在於我底手底界限外,並且桌子在於紙底界限外,房子底牆壁在於桌子之外,我把眼睛移向窗戶那裏時,我又知覺到在我底室外的許多建築物及原野。從這一切事體, 可以到達於要使我們確信在我們之外的物體底存在, 是完全不能求諸感官以外底能力這一個結論。”(註十五) 休謨說,關於外界底存在的這一結論，一經批評便現出破綻來。爲什麼呢，第一，因爲我們完全不知覺着作爲這樣的東西底自己底身體。我們只被給與或種印象，因而賦與實存的存在於這個印象，那末，就和其他底對象底問題底場合一樣，難於把牠說明。身體底概念，一般地說是我們底精神活動底結果。作爲這樣的概念底身體是不能僭稱實在性的。第二——休謨還說明道——音，臭，味，縱使普通被視爲好像離開我們而獨立存在的質，但不是在空間占有位置的東西。第三，甚至視覺，如果不受或種經驗判斷底幫助，也是不能給與我們關於外界的直接的知識的。……

(註一)Hume, Traktat etc., S 288.

(註二)同上。

(註三)同上，289—290頁。

(註四)同上，89—90頁。

(註五)同上，90頁。

(註六)同上，91頁。

(註七)同上，92頁。

(註八)恩格斯，費爾巴哈論，112頁，蒲列哈諾夫註。

205

（註九）承認超越的世界底現存，同時使神永久不斷地創造和消滅世界而否定世界底內在的連續性，是可能的：例如亞剌伯底原子論者及戴着亞爾・阿們耶沼的十世紀底神學者（所謂模底卡列明派）是主張過這樣的意見的。現象論底見窩，實在說來，也和這一樣；只是意識替代了神而迸入來吧了⋯⋯

（註十）休謨，前揭書，251頁。

（註十一）同上，252頁。

（註十二）這種素樸的實在論的見地是最有特色的東西。心理主義的自然主義，或自然主義的心理主義，是不可避免地要走到把物底主觀的或第二次的質與客觀的質同一視的。"心理主義"底代表者們──而且作為心理主義者及主觀的觀念論者極其澈底地──說物底第二次的實底主觀性是認識的。在他們看來，色，臭，光是具有物底客觀的質底意義的。馬赫，阿芬納留斯，奧斯特瓦爾特，黑倫・列姆喀，修而志等都把現實底要素作為實的一定物（和機械的唯物論的方法反對地）而觀察着。而且以為這是能夠依認識而達成的。這漾地，唯物論與現象論之間的鬥爭，就歸着于二方面鬥爭，即是歸着于，一方面承認現實底

206

唯物論的＝機械論的構成和其量的限定性及說明方
法，與他一方面承認現實底心理現象的構成和其質
的限定性及記述方法，底二方面間的鬥爭。

(註十三)休謨，前揭書，253頁。

(註十四)同上，254頁。

(註十五)同上，255頁。

四

這樣的，休謨是從"無論在那一場合，從我們
底身體都屬於我們"這一主張出發了。但是，照現
今這個樣子看來，我們底身體已經也全不屬於我
們，或說正確一點，我們底身體是以和一切底"物
體"一般對等底權利屬於我們的。關於物體一般，
我們所知道的不過是為我們底精神所統合於全一
體的印象底系列。印象是存在於我們之中，而不存
在於我們之外的。我們底身體也是表示印象底集
合的東西，所以，身體不在"我們"底外部，而在"我
們"底內部。這樣的，人類底"自我"(註一)就併吞了
全世界。除了我底"自我"以外什麼東西也沒有。理
論的 Egoism 或唯我論底見地，就是這個。但是依

着今後底説明，我們可以了解人類底"自我"這個東西不外是--種錯覺。休謨，究竟是不能不到達於絕對的迷妄論或哲學的虛無主義，這種哲學的虛無主義是把--切底存在物分解為絕對的虛無的。……我們再來看看休謨自身底説話。

如果以為我們底印象存在於我們自身之中，那末，為什麼我們還要賦與牠以外的存在底特徵呢?外界之是認，是以外界底獨立的存在為前提,這獨立的存在是決不能成為我們底感官底對象的。我們説及物底實在的及獨立的存在的時候——休謨説——我們通常，與其説是念頭上浮現着在我們底外部底空間的這物底存在，毋寧説是浮現着物之離開我們的獨立性。對象是應該在其存在為連續的，離開我們底內的狀態底不斷的變化性而獨立時，具有實在性底特徵的。但是從我們底感官不能逾越自己底活動界限這一點説來，感官已經沒有提供世界底連續的存在底表象於我們的能力，我們底感官也不能喚起對於世界底獨立的存在的信仰，為什麼呢,因為我們底意識內容既不是現實底反映，也不是絕對的＝實在的,而又離開意識而獨立的這--現實之自身。在第一底場合即我們底意識內容爲現實底反映的場合，我們底感官，不能不同時地提供"原物"即絕對的現實與其反映於我們底意識。第二底場合，即是如果我們底感官直接地提供離開意識而獨立的存在即絕對的現實於我們，則感官就引導我們於"欺騙。"這種感官底欺騙，一方面是對象和主觀有因果關係，他一方面對象同時於我們底外部底空間占有一定底場所。從一方面看來，恰如作爲意識內容底對象存在於我們之中，（髣髴是內在的一樣）從他一方面看來，那是不能不存在於我們之外。（就是表示超越的現實性）。我們底感官，應該具有比較對象與我們自身的能力。但是，就是這樣的場合，我們底感官也不能欺瞞我們。因而我們能夠確實地做着如次的結論，即是感官決沒有能力喚起我們的關於離開我們底意識而獨立的並且和牠相異的存在及現實底連續的存在的思想。

我們底感官提供個個底感覺或知覺於我們，但不能提供在感覺或知覺底彼岸的東西，又和感覺，知覺本質地，在質上相異的東西。休謨把--切

209

底我們底印象分爲三類。第一類的東西,就是物體的形態,質量,運動及其他底印象。第二類就是色,味,臭,音,寒,暖底印象。第三類包含着滿足及不滿足底感覺。這些感覺是對象對於我們底身體的作用之結果,在我們之中生起(註二)的感覺。哲學者和素樸實在論者都支持着第一種底印象是客觀的這種意見。關於第二類底印象,只有素樸實在論者把牠看做離開我們而獨立存在的東西,然而第三類底印象,則無論誰都一樣地看做主觀的經驗。但是,關於這三種知覺底存在所設的這三種區別——休謨繼續地說道——都是全然不能由知覺底本性及本質導出的。色,音,寒,溫,運動及堅固性——這些一切都一樣地是我們底知覺,而且在這一意味上,牠們之間也沒有什麼相異。又色,音等底感覺,與苦痛及滿足底感覺,本原地看來,也顯然沒有什麼本質上底差異。牠們中間底差異,說起來,不是起於知覺底範圍內,而是受了我們底想像底活動之賜而起的。再進一步,如果承認第二及第三兩種印象不外是物質的粒子之一定底運動及或種結合底結果所生起的知覺(註三),就會發生"其相異在於那一點呢?"這個質問。在感官爲認識問題的終審判決的範圍內，不能不認爲一切底知覺關於存在及實在性是同一的。一切以體驗或知覺之形態所給與意識的東西，完全是依存於我們底精神，而不能離開精神而獨立存在的。然而——休謨認爲——我們還把我們底知覺歸於對象之所爲,或如他所說一樣,我們把恆久的而又離開我們底意識而獨立的存在賦與對象而把知覺與對象同一視。只要我們把知覺和對象同一視,就不能到達於由知覺底現存而推論對象底存在的思想。但是就使我們進而承認能夠於知覺與對象之間設立差異，我們也沒有由知覺底存在而推論對象底存在的資格。這樣的，感官和理性都不能使我們確信物體的世界底實在性。只有一個本源（休謨以爲）——只有想像殘留着。

"因爲一切底印像有着內面的一時的存在的緣故,又因爲印象完全這樣地表示於我們的緣故,所以印象獨立地連續地存在着這一思想是應該依存於印象底或種性質與想像力底性質之一致。這一思想不能擴大到一切底印象，因而那是應該爲

211

內屬於一定底適應的印象的性質所制約的。這些性質，是容易由我們所賦以獨立的連續的存在的印象，與我們所視爲內面的一時的印象，之比較而導出的。"（註四）

這樣的，我們不能不暴露那成爲被賦與着獨立的實在性的原因的印象底特質和性質。當比較我們視爲絕對的現實性的印象與視爲內面的一時的東西的印象時，我們知道這一區別完全不是由於這些印象的一方比他方更加強烈地更加強制地作用着這件事而生起的。例如，滿足及苦痛之感，以比色彩及聲音底感覺更加強烈的力作用於我們。但是，我們完全沒有對於第一種類底印象賦與絕對的現實性底特徵。我們底意識以相異的存在賦與一定底印象的理由，不應當求諸知覺底強度及強制力底程度之中，這是很明白的。

首先應該指出下面一點。那是："我們所賦與非一時的存在的一切對象，是以特別底恆常性爲其特色的。這一恆常性，就是區別對象與印象（這種印象的存在是和自己底被知覺性關聯着的）的東西。"（註五）

212

我們所賦與以連續的獨立的存在的印象與所賦與以內面的一時的存在的印象之間底差異底基礎，是有表象底或種恆常性及其內的聯絡的。我底桌子，我底書籍及紙張，家屋及樹木，通常是給與我以一定底秩序的。我閉着眼睛或別轉頭的時候，我就會看不見這些東西。但一經再把眼睛打開，我又可以再發見一切底東西在同一的秩序之中，一些也沒變動。這就是說，物表現着自己底存在底恆常性，類似性，一定底持久性及合則性。"物在視覺底活動，或知覺能力底連續性被破壞的時候，也是沒有變化的。"(註六) 此等表徵，可以適用於以被視為我們底外部底存在物底東西為對象的一切印象。但是，這一恆常性，不消說不是以絕對的不動性為特色的，那不過只是相對的吧了，為什麼呢，因為物體是變化着的緣故。但無論怎樣地變化，物體還是保持着或種脈絡與合則性……。我離室一小時之後——我們底哲學者說，——又囘到室裏來的時候，不待說我會發見燈火已經不是我離室時那種狀態，但是不僅是不在室裏的場合，就是現在室裏的場合，也是習見同樣的變化的。印象底一

213

切可變性之中的這一脈絡，與恆常性或持久性一起，是外界底對象底特徵的表徵。這樣的，對於外界底存在的"信仰"，是依存於一定底印象底合則的脈絡與恆常性的。但是，爲什麼印象之這一"脈絡"及"恆常性"會喚起對於外界底存在的"信仰"呢？我們以爲浮動的，一時的之"內的"印象，也是表示或種脈絡與合則性的，然而我們對於情緒都不賦與離開主觀而獨立的存在……

一到了"外界"底對象底場合，問題就全然相異了。世界底合則性，是假定其存在底連續性或永續性，即要是承認物底一定底脈絡及相互依屬性，是不能不假定物底獨立的連續的存在的。

這樣的，結果就得到奇妙的沒有豫期的結論。就是：休謨不能不把自己所論駁所打破的東西回復舊狀。像我們上面所說一樣，現象論否定物底統一性，客觀底合則性，恆常性及相互依屬性，不但這樣，甚至拒絕思維着外界之存在，但是，科學的經驗，却只有依着此等假定之是認，纔能夠得到基礎。我們底哲學者自己也很知道並且理解這件事的。休謨怎樣地把自己所破壞的建築物復舊呢？我

214

們把牠留待後面底說明。現在，只要指出下面這一點。卽是：好像科學的經驗是根據着現象論底哲學的根據似的意見，這種似是而非的"公認"的意見，完全不是和眞理一致的。休謨底哲學，因而現象論底哲學，一般地是不能夠給與"實踐"底基礎，也不能夠給與科學的經驗底基礎的。

我們應該再囘到休謨來，儘可能的根據着他自己底說話來說明和我們底論題有直接關係的最有特色的地方。

我坐在自己底室裏——休謨推論道——我底臉朝着燈火。在我周圍的一切對象，作用於我底感官。我曾經見過的外的對象底心象，也浮現到我底記憶中來，但是這種記憶是只和對象之以前底存在有着關係的東西。感官和記憶都沒有力使我相信這些對象現在也同樣地存在着。剛剛在我這樣坐着耽於記憶的時候，我不意地聽到使人想起門戶開闔似的騷音，而且不久，我底面前出現着一個送信的郵差。這一事從新給與我沈思並且推論的線索。第一，我從門戶以外的東西未曾聽過這樣的軋轢的聲音，並且我還這樣地推論着：依着我底記

215

憶，在室底反對側面該有的門戶，假定現在不存在着，那末，這就要把我底一切經驗打壞了。而且我還知道這樣的事情：卽人類底身體，是以不使人類自由地飛行於空中這種性質（重量）為其特色的。如果現在在我底記憶的階段，在我不在家的當中為什麼東西所破壞，卽如果這一階段在我不知覺牠的時候不繼續存在，那末送信的郵差就應該具有自由地馳走於空中的能力。郵差把信交給我，我開封一看，知道這信是我底友人所寫的，他通信來說住在離我二百哩的地方。書信是經過長的旅程而來的，如若沒有郵政局和交通路，是不會送到我這裏，這也是很明白的。"這樣的，我勢不得不把世界作為實在的而且連續的一種東西，作為在我底知覺已經消失的時候也保持着自己底存在的一種東西，觀察着。"（註七）

我們以為有使讀者底注意移向次點的必要。如上所述，依着休謨底意見，我們被給與着知覺，這個知覺同時又是構成對象自身的東西。大家知道，知覺是不能存在於知覺之外，卽不能存在於在知覺着的主觀之外的。

但是，我們如今知道以一系列底知覺爲根據而結論着離開意識而獨立的實在的世界底存在的事。但是，"門戶""階段""交通路""友人"，假如能夠和對於主觀的"被知覺性"無關係地存在着，那末這些東西底存在，便明白地不爲"被知覺性"所包盡的東西。休謨自身也指出，如果我們底感官底對象，和是否爲我們所知覺無關係地繼續其存在，則這些對象底存在，是離開我們底知覺或體驗而獨立的東西，或和牠相異的東西云云。這樣的，休謨遂被"強迫"承認世界爲實在的，"非一時的"一種東西，而賦與牠以離開我們底知覺的存在。故休謨是自己把自己所"破壞"的東西復舊的，爲什麼呢，因爲他在做着從知覺到實在的世界卽到在知覺底彼岸的實在的世界之推論的緣故。

　　我們所示的推論——休謨以爲——與我們立脚於物底因果關係而導出的推論，全然不是同一的東西。

　　這二種推論不消說是以習慣爲其根源的。但是一經精密地把牠們檢討一下，便可明白：兩者是本質地相異的東西，而我們現在所述的推論是單

217

以媒介的間接的方法，爲悟性底活動及習慣所制約的。

但是，所謂習慣者是什麼呢？習慣有給與什麼於我們的資格麼？休謨對於這個問題回答道，爲習慣底結果的脈絡，不能逾越我們底表象之界限，並且"習慣"自身還是我們所知覺的現象之不斷的繼續底結果，卽是在我們底意識內不斷地被反覆着的表象脈絡底結果。

由我們底感官底對象底脈絡來推論離開客觀的脈絡及意識而獨立的對象之存在，不是正當的，爲什麼呢，因爲意識內底表象之單純的返覆，是不能創造出像和我們底表象本質地相異的東西底表象的。我們是以賦或種持久性，恆常性，及內的＝合則的脈絡於對象爲習慣來的。但是不可忘却依着休謨，對象不過是單純的知覺底集合。因而我們底"習慣"又不能逾越我們在自己底表象之內所能夠證明的——物底脈絡底界限。但是"這一恆常性"，(註八 卽被給與我們底感官的對象底"脈絡之恆常性"，"要消滅"其"持久性""只要把頭別轉一下或把眼閉上就充分了"，爲什麼呢，因爲實在的對象之實在的脈絡，由休謨底見地看來，不得成爲問題的緣故。

不管要消滅世界，"只把頭別轉一下就巳充分"，不管存在底連續性不斷地破破壞着，但是我們還"相信着世界底永遠的存在，相信世界保持着一定底脈絡。"

物底連續的存在之假定，是逾越了經驗底界限的。這樣的，單純的"習慣"對於這個問題底解決是充分的麼？關於事實的一切推論，是以"習慣"爲其唯一的根源的。習慣自身是在知覺反覆及知覺脈絡底過程底結果呈現的東西。因而如果"習慣"逾越知覺底界限，則"習慣"就不得是不斷底表象反覆及表象脈絡之眞正的自然的結果。於是就必須把外的因子———即想像拿進來。

想像———休謨說———一經起着作用，就在導入自己於運動的對象旣經沒有了的場合，也有續行其活動這個特色。這一"原理"，也能夠說明我們對於物體的世界底存在的信仰，對象，在牠被給與我們底感官的範圍內，是示明幾分底脈絡（Coherence）的。但是，這一脈絡，在從連續的存在內屬於物這個前提出發的時候，看來勞斯是更加完全的"一樣的"脈絡。我們底精神，對於對象，有以或種"一樣性"為前提的傾向，因而精神要努力把這映入眼簾的"一樣性"轉化為最完全無缺的"一樣性"，這是很明白的。

這樣的，我們底想像補足着直接地給與於我們底知覺的脈絡 (註九) 這個目的——休謨說明道——可以依着率直地以存在底連續性為前提而達到的。這一前提是給與賦與物以一個合則性的可能性的東西，這個合則性是比物所作為意識底直接所與而明示的合則性更大的。現象底恆常性或持久性，是必然地要被附加於在經驗所給與的現象之脈絡的。以現象及其脈絡底恆常性或持久性底表象為根據——休謨說明道——而生起這樣的信仰，即在我們底感官底活動中止之後，物體的世界也繼續其存在這個"信仰。"但，這一"信仰"又喚起對於世界底獨立性和實在性的確信。(註十)

我們在各個相異的瞬間接受同一的知覺聯合，雖然意識活動底連續性被破壞着，但是我們還把那一知覺底集合看做同一的東西。只要對象只存在於意識內，牠底存在必然地不是連續的，爲什麼呢，因爲意識內容是浮動的，並且是可變的，因而在各個相異的瞬間所給與的同一底知覺集合，由休謨底見地看來，又不能認爲同一的緣故，但是，雖然如此，我們還以爲昨天所知覺的桌子與今日在知覺着的桌子是同一底桌子。連續性之破壞，是與對象底同一性矛盾着；反之，對象底同一性是以其存在底連續性爲前提。解決這種問題，在休謨是要伴着異常的困難的。否，不但如此，由現象論底見地看來，這種問題之解決是全然不可能的。如果存在着是被知覺着的，那末，知覺底"中斷"底結果，顯然就是對象底"消滅"。並且，我底知覺底中斷——誰也知道的知覺中斷——是破壞着我之自身存在底恆存性。但是，我想我底"自我"是與自己同一的。那末，怎樣地來解決這一"二律背反"（Antinomy）呢？用什麼來說明這一現象呢？

在唯物論者看來，世界是離開意識而獨立存在的，因而知覺底領域中的連續性底破壞，並不是表示客觀的實在的領域中的連續性底破壞。世界是離開我們底知覺而獨立存在的，世界是於時間

221

上存在的，所以無論怎樣的微細，經過一切的"瞬間"，生起於世界之中的變化，不消說也行於時間上，故時間是"存在底客觀的範疇。"中斷是只在主觀底領域即在知覺底領域，纔有可能。如我們所知道一樣，休謨底見地，是全然和這相異的。但在我們底哲學者，下面一點是有特色的，即是說他自己常不得不建立那使他復歸於唯物論的實在論底見地那樣的假定。休謨是理解澈底的現象論要到達於現象底合則性，外界及其他之否定的。但是，他在另一方面，則理解着科學沒有此等假定是不可能的。於是，現象論就否定外界，但雖如此，結論却成爲我們總歸"確信"牠底存在。在這裏，一方是我們底"信仰"他方是現象論所發見的"真理"，明白的矛盾就在這兩者中間埋下了根株。爲要除掉這個矛盾，休謨就求助於想像，習慣及其他底"原理。"

關於現在我們所論究的存在之同一性底問題，休謨以爲應該"容許"我們底本原的知覺是以物底現實的存在爲媒介而被結合的，這一存在是"於不知不覺之間逃脫"直接的意識的。(註十一) 這樣的，世界遂爲知覺和表象所包盡，表象則在於不斷底"流動"過程之中。因而那是浮動的，又是一時的。有時方以爲出現於意識底表面，但又立卽消逝去。在這樣的條件之下，不消說不能說有物底持久性，存在底恆存性。爲什麼呢？因爲表象只是在我們"表象"着牠之間存在着的緣故。但是，我們是信仰着世界底存在底連續性及其持久性的。爲要說明這一"信仰"，休謨又再訴諸在其根柢上和現象論底根本前提矛盾着的奇怪的"假定"。我們底間斷的知覺，其實是爲知覺底彼岸的 Transcensus 所聯繫的。休謨沒有這個"實在的存在"是不能說明現象底合則性，其相互關係及其他的。可是，休謨容認這個以意識底直接所與之中所沒有的一切性質爲其特徵的"實在的存在"，同時就背叛自己而站於認識論的實在論底立場。

事實上，"實在的存在"是橫在我們底知覺底根柢，意識底彼岸的。知覺是爲這一"實在的存在"所制約的。但是，這就等於說"實在的存在"和意識內容不是同一的。我們容認現實的存在爲我們底知覺底基礎之構成物的時候，同時就是等於是認

223

這一現實的存在在於我們底意識領域之外，全然和知覺是別個的或種東西。

　　類似的知覺被視為同一底東西，而欲賦與這類似的知覺以"同一性"的想像底傾向，就使我們假想這些知覺底連續的存在。悟性向我們說——在相異的瞬間作為二個體驗底客體而出現的對象不是自同的，為什麼呢，因為構成對象的我們底知覺，是多種多樣的，而不是以連續性為其特徵的緣故。想像以連續的存在賦與這兩個相異的但是類似的體驗。悟性與想像間之矛盾，可以以調和兩者的"假想"為媒介而解決。相反的表徵，被賦與着相異的客觀，即"連續性"被賦與於對象，"中斷性"被賦與於知覺。

　　這樣的，不能不"假定"獨立地存在着的對象。對象在我們不知覺牠的時候也繼續存在，但是這一事只有在對象離開我們底意識而獨立存在的場合是可能的。這樣的，就把牠分而為二，而其結果，對象就從知覺及表象分離。我們底精神——休謨說明道——創造這個獨立的客觀的存在底假想，為什麼呢，因為沒有這個"假想"精神就不能說明

224

物底實體的統一性，或實在的同一性及其存在底連續性的緣故。

　　由以上所述的一切事情說來，結論就是這樣：即，休謨由一方面認爲不由得不導入和自己底現象論不一致的概念於其體系之中，由他方面爲要否定現實界之故又不由得不於我們底精神底領域內，即主觀之中，去探求現象底脈絡，和合則性。這就等於說存在底形式，即所謂範疇，爲意識底產物，主觀底機能。這樣的，"心理主義的"或"經驗論的"觀念論就慢慢地爲先驗的觀念論準備了地步。

　　但是，我以爲我們在討論康德底先驗的觀念論之前，關於休謨底學說底二三點，主要的爲因果關係底問題，還有略爲討論的必要。

　　由休謨底見地看來，一切認識，都歸着於我們底意識內容之比較，及其相互關係之研究。休謨是和康德同樣，區別着經驗判斷與知覺判斷（Erfahrungsurteile und Wahrnehmungsurteile）的。知

225

覺判斷底內容，是以直接的或再生產的感官的知覺爲其根源的。"經驗判斷"則依存於逾越了直接經驗底界限的推論。休謨在物底因果關係之中，看到經驗判斷底確實性之基礎。這樣的，不能不預先研究着因果性底概念，然後始能着手奠定認識底基礎。

如我們已經知道一樣，表象底基礎有着一定底印象。如果因果性要取得實在的意義，那末，這種印象不能不存在於因果性底表象底基礎。但是，所謂原因，因果關係之類，究竟是什麼東西呢？"原因"因爲能夠和或一對象一起被知覺着之故，不是表示對象之質（如色及其他）的東西，這是明白的。我們能夠說二個客觀有因果關係的事之全部，都是一個現象繼起於他一現象，或一方底現象先行於他方底現象的事體。但是，"因果性"底問題，不是依着這一表徵所能解決，這是很明顯的。爲什麼呢，因爲因果關係只是行於這關係特別具備着必然性底特性的場合的緣故。必然的關係底表象，是由何處得來的呢？要發生必然的關係底表象，必須有產生這種表象的印象。但是無論怎樣地觀察一

226

個對象及於他一對象的作用，我們也決不能夠受得"因果的"影響或因果關係這樣的直接印象。爲認識底唯一底根源的我們底感官，沒有力量證明一個現象繼起於他一現象以外的事體。故必然的關係之概念，是不能夠以"有因果關係"的二個現象之僅僅一囘的觀察爲其根源的。這一概念，是數囘反覆着同一底經驗之結果，始行產生的。"我們心中所感知的這種關係，即'由一個對象到其不斷的伴侶'之思想底習慣的轉移，是產生那於我們之中喚起"力"或必然的關係之概念的感覺或印象的。"(註十二)

因果關係是全然不內屬於對象之自身的，牠是依着悟性而被添附於體驗或事物的東西。

休謨更進一步說，人類底思維底一切對象，可以區分爲二個階段，關係於第一個階段的就是數學，數學底客體是表象底關係或聯繫。數學上底眞理，能夠與其是否現實地存在無關係地，以純粹思維爲媒介而被發見的。關係於第二階段的就是以事實爲對象的一切科學。事實，是不以如數學上底眞理般的確實性爲其特徵的。

227

個個底事實還不是"認識。"科學是以研究事實底相互關係爲自己底課題的。關於事實的一切推論,是把基礎置諸因果關係之上的。休謨說——如果向一個人這樣地質問道,你有什麼根據而於某一瞬間相信沒有被直接給與的東西呢?例如說你爲什麼相信友人是住在法蘭西呢?他就會這樣回答吧:成爲那一事的根據的,就是他一個事實,即接着友人底來信的事實。一切我們底推論,都是有這種特質的東西,即一個事實與他一事實之間有一定底關係存在着。如果沒有這樣的關係,我們底推論就是隨隨便便的東西吧。但,因爲這種關係沒有客觀的及實在的意義之故,因爲必然的關係之概念沒有依據着和牠相對的印象之故,又因爲惹起一定底作用的"玄妙的"力不能到達我們底直接的知覺之故,我們是沒有主張由一個事實到他一事實底推論是依據必然性的之可能性的。我們不過知道一定底現象對於我們爲習慣地繼起於已知的他一現象之後吧了。我們把這一"習慣的"關係提高到必然的關係。但是,這一必然性不過是有着主觀的心理的意義而已,客觀的實在的意義是

228

不存在的。……

　　我想更加詳細地討論因果性底問題，及其他的我們還未涉及的問題，是大有興味的事體。但是，這麼一來，就要離開我們底直接問題。我們為了闡明經驗論及現象論底一般的見地，要利用種種底問題。因為到現在為止種種地敍述了來，故我們在這裏能夠試行總括，依着這，就可以明白先驗哲學是休謨底現象論及經驗論之一般底邏輯的延長。

　　康德理解了先驗的觀念論不外是要解決休謨所提起的問題的企圖……。休謨底認識論底根本原理，在於各個表象不能不契合於一定底印象。但是，印象和表象都一樣地是意識內容。因而全世界可以分解為心理的要素。物是什麼呢？外的實體的世界是什麼呢？物，世界——這些一切都被溶解於意識狀態，質之集合。在這一場合，什麼實體的要素都不能成為問題。但雖如此，我們看到休謨不由得不承認下面這一點：即，物是作為統一體，並且作為持久的連續的或種存在物，而為我們所“思維”的。單純表象受了聯合底法則之賜，我們把牠

229

結合而成爲複合表象。多種多樣的質之統一，是以其質之或種內面的聯繫爲前提的。

我們齋於表象底捆束之中的統一，不過只是想像底"假想。"這樣的，我們把新的要素——即主觀的要素附加於意識內容。統一性，持久性，合則性，"實體"——這些一切全不是內屬於物之自身的東西，而是主觀所添加於純粹意識內容，知覺底集合的。在我們底感官，應於主觀底本質而結合的個個底要素被給與着。……

經驗論把世界分解爲最單純的心理的要素，驅逐了客觀的"範疇"，而爲先驗主義作成了素地。在洛克看來，實體，外界及因果性底範疇，還具有客觀的實在的意義。但是這些"範疇"越進展越被由現實性分離了。如果休謨所謂我們把意識自身之中所沒有的要素添加於知覺底純粹內容是正當的，那末，這些要素便明白地有着主觀的意義。休謨證明純粹經驗能夠給與我們以個個底知覺了。但是，這樣的知覺，或在空間上併立着，在時間上

230

繼起着的個別的感覺，還不能構成科學的認識。科學的認識，是依據着在知覺之中所全然沒有的那樣的"前提"的，這種前提，究竟能夠從什麼地方得來呢？休謨囘答道，那是我們即主觀所附加於被給與我們底感官的材料的。

康德是從這裏出發的。他在"主觀的形式"齎給或種秩序於感覺或表象底"渾沌"之中這一點上，是和休謨完全一致的。

休謨和康德，都導入"a piori"（迹先的）底要素於認識過程的。休謨與康德之間底相異，只在下面一點：即休謨站在心理的 a priori 底立場，而康德底 a priori 則是具有邏輯的或先驗的意義的東西。休謨底"心理的" "a priori" 是由"習慣的"經驗底結果生出來的。但是在休謨不過只有相對的＝心理的意義的東西，到了康德便占有絕對的＝邏輯的特徵。

在休謨看來，數學為 a priori 底科學，這是我們所已知道的。數學上底眞理不是以經驗為其根源而是以純粹思維為根源的。數學上底眞理，就為了其 a priori 的性質之故，對於經驗是妥當的。休

231

誤是把廣義底"自然科學"認為經驗科學的。康德則把以數學為純粹思維底科學的休謨底見解，移入於人類底知識之一切方面，而稱一切底客觀的範疇為主觀的形式，並且稱主觀的形式為一切認識底邏輯的假定或條件。

休謨從現實之中"驅逐"了一切客觀的範疇，而把牠移入於意識之中。康德則使這些存在形式轉化為思維形式。休謨底經驗論的主觀主義，不能給與意識內容底真理性及客觀性之規準。休謨認為現象（"因果性"也同樣）底統一性及合則性是以主觀為其根源的。但是在主觀之中有着地位的東西，雖能夠喚起我們心理的或主觀的確信，但不能僭稱客觀的＝實在的意義。這樣的，我們底認識就獲得了主觀的心證底特質。

由康德底見地看來，到達於認識的只是"現象。"（康德底"現象"是與休謨底"Perceptions"〔知覺〕同一的）康德到達於這一結論：把一切底範疇由存在底形式轉化為思維底形式之後，經驗底可能底條件同時就是經驗底對象底可能底條件。先天的形式使經驗底對象之自身"可能"，即是"創澄"經驗底對象。康德遇到一個問題了，這個問題，結局是歸着於克服休謨底懷疑論之必要。由休謨底見地看來，什麼科學的認識，都是本質地不可能的。一切底"經驗的"認識，是只完全依據於主觀的確信的。康德欲努力依着改造經驗底概念之自身的方法，克服這一懷疑論。爲什麼主觀底判斷會獲得客觀的特質呢？爲什麼經驗是一般地可能的呢？康德答覆這個道，我們底認識之對象，不是"物之自體"，但不過只是我們底表象。現象底形式也爲思維底形式所規定。故"經驗只在悟性底先天的機能之認識形式占有確實性的範圍內，是占有確實性的。……

　　"心理主義"之到"先驗主義"底轉化過程，就在實體性底問題也能夠證明。休謨立於物是一點也沒有剩餘地爲質所包盡的這一根據而拒絕承認作爲我們底知覺底實體的原因或質之"支持者"底實體。我們所置諸此等質之基礎底未知底"或物"是主觀底產物，想像底擬制。在客觀上，這"或物"是全然不存在的。休謨以爲這"或物"是由於數回反覆着同一底知覺聯合底結果而出現的。因爲這樣地返覆着的結果，就在我們底想像內生出或種傾可。那是欲把那和使人認為橫於此等質之基礎的"或物"自身同一的一些什麼東西，置於一定底知覺集合之下的。但是，我們不由得不思維實體的"或物"——這是心理的必然。

康德繼承着這一思想行程。如果我們能夠沒有實體性底概念（因果性及其他也同樣）就不能夠幹下去，又如果，說起來，這是一個"不可驅逐的"概念，那末，這一概念，是有"認識論的"意義的。由休謨底見地看來，此等概念是沒有何等認識理論的價值內屬於牠的。此等概念不過是表示單純的"假想"；"信仰""假想"之存在，固被容許，但不能在邏輯上或在認識論上給與"假想"以"正當"底根據。依着康德，這等"範疇的概念"是必然的主觀的形式，這種形式使經驗之自身可能，因而又是先行於一切底經驗的。唯因這等概念，存在於經驗以前，而是經驗底必然的前提之故，故有超經驗的意義。

休謨證明了立腳於"純粹經驗"的科學是全然沒有的。依着休謨之所教，只要科學是事實，只要

234

牠現實地存在着，牠是依據於主觀的＝心理的前提，即習慣底結果之"信仰"的。

康德繼續說道，——不被給與於經驗之自身而有着主觀的起原的或種前提，但是若把牠置諸度外則科學的認識即不可能的或種前提，正唯因有這種前提之故——主觀的形式就成爲一切經驗，一切認識之基礎。此等前提，不消說在感官的知覺是不被給與的，但是主觀所添加於意識內容的。

如我所看見一樣，在休謨看來，主觀的前提，在心理上是不能廢除的，可是沒有認識論的價值。因此之故，得到如次的矛盾，即科學依着現象論底原理，不能不依存於"純粹經驗"，爲什麼呢，因爲只有在知覺被給與的東西有着認識的及實在的＝客觀的價值的緣故。但是純粹經驗不知道存在底統一性，合則性，恆常性或持久性，及永遠性，即是不知道主觀爲了改作純粹知覺爲科學的認識之對象所添加於純粹知覺的一切前提。如我們所已指出的一樣，這些前提在心理上是不能廢除的。在這種場合，科學是只能以主觀的心證爲自己底基礎

235

而已。這樣的。認識底客觀的根據之撤廢，就導出極端的懷疑論底倡導。經驗論是由感官的所與出發，而爲給與基礎於那被建設在現實底具體的材料之上的科學的經驗而被喚出的。經驗論和合理論反對，不能不證明我們底概念這種東西是外界底感官的知覺底結果。但是"經驗論"汲盡了自己底內的積極的內容之後，即於自己底發展過程中轉化於自己底對立，即取着主觀的觀念論及現象論底形態。說起來，"經驗論"就依着這一事而使我們復歸於合理論。在合理論者看來，思維裏面的概念之現存，同時就意味着意識外部的概念之存在，邏輯的存在是與本體論的存在一致的。在主觀的觀念論者（巴克萊，休謨）看來，知覺底對象是與對象底知覺同一的，"心理的"存在是與"物理的"存在一致的。

（註一）人類底"自我"也不過是"表象底捆束"。

（註二）休謨是全然沒有什麼權利可以由自己底見地來說對象"觸發"着我們底身體的。休謨是一方說着對象底觸發云云，同時肯定着一個對象之對於他一對象之"作用"，即肯定對象與我們底感官之間底實在的因果關係。作爲感覺底集合底對象，不消說不能對於我們有所"作用"。這樣的對象是構成內在的意識內容的……。

(註三)制約"知覺"的"物質的粒子"不是'"Transcensus'麼？

(註四)Hume, Traktat etc. s. 258—259.

(註五)同上，259頁。

(註六)同上，259頁。

(註七)同上，262頁。

(註八)同上，263頁。

(註九)參照馬赫之所謂"補充底衝動"(Vervollstaendig-ungstrieb)。

(註十)前揭書，265頁。

(註十一)同上，266頁。

(註十二)休謨，關於人類底悟性的研究，75頁。

237

第 六 章

先 驗 的 方 法

依着休謨底經驗論之所到達的結論，知覺底純粹內容之自身，是缺乏一切底聯繫的；齎給聯繫和合則性於知覺底"渾沌"之中的東西，不過只有主觀的意義。形式由內容被分離開來。康德宣言道，此等主觀的形式，此等心理的前提，是一切認識底邏輯的必然的條件。牠們有最高底認識的價值，而且是認識之客觀性及真理性之唯一的規準。

"印象主義"或"心理主義"與"先驗主義"間之相異，在於前者由"純粹經驗"出發，而後者則由主

239

観之先天的形式,"純粹思維"出發這一點。"純粹經驗"只以認識底內容爲問題。只有一個"內容"是"客觀的"地被給與的,但牠是由那不過是一種主觀的幻想的"範疇的形式"被分離開來的。反之,"先驗主義"是由那與一切內容分離的思維底純粹形式出發的。先天的形式作爲一切實在底根源而出現,而被包含於此等形式的經驗的內容之自身轉化爲"現象"。這樣的,思維形式,同時是作爲現象底物之形式。

先驗哲學是經驗論與合理論底綜合。康德底課題,在於從經驗論底立場改造合理論,及以合理論爲手段而改造經驗論。如果要說明康德以前底合理論之根本原理並且指示先驗哲學與合理論有怎樣的關係,這將會使我們跑得離題太遠。而我們底目的並不在於說明和批評"批判主義",爲什麼呢,因爲這末一來便會離開我們底主題的緣故。在康德底學說之中,現在我們所感到興味的只有一點,就是:內在的契機與超越的契機之相互關係。

這樣的,康德底學說之中有着二個要素:經驗的內容與人類精神底先天的機能。康德說,"沒有

240

内容的思維是空虛的，沒有概念的直觀是盲目的。"他努力結合着"純粹經驗"與"純粹思維"。離開先天的形式而獨立的知覺之純粹內容，是表示着欠缺一切聯繫和合則性的"渾沌"的東西。純粹形式在其自身，即在沒有經驗的內容時，是"空虛"的。認識只有以先天的機能（主觀的形式）和知覺內容之有機的結合爲手段，纔有可能。作爲"現象"底對象，是主觀底活動之或種產物。因而，這種對象有着與先天的機能之自身之確實性同一程度的確實性。一切底認識，和經驗一齊開始，但是，其結果，認識全不是只以經驗爲其根源。經驗的內容，在普遍妥當性及必然性底特質內屬於牠的時候，始有認識上底意義。但是，經驗的內容，是從主觀之先天的機能借用了普遍妥當性及必然性之表徵的。主觀之先天的形式，只依其被建築於所謂感性的材料，知覺內容之上，同時也成爲作爲現象底物之形式，而且因此而賦與普遍妥當性和必然性底特質於後者（即"現象"）。世界之認識，是完全爲我們底"精神"底本性所規定的。認識是豫先爲主觀之先天的機能所決定的。爲什麼呢，因爲

241

客觀必然地要取着豫先爲主觀所賦與的形式的緣故。

康德努力於合理論與經驗論底結合，適應於此而並認知了認識底二個根源卽悟性和感性。康德自身以下面底話來說明這二個根源，卽我們叫我們底精神底能力，在以一種什麼方法所"觸發"這一範圍內我們知覺着表象的這種精神能力，做感性。反之，叫獨立地產生表象的精神能力做悟性。(註一)直觀只能夠是感性的，而"思維"只能夠是"悟性的"；這是我們底本性。在這些能力之中，不可偏一方，這些，說起來，是等價的；爲什麼呢，因爲沒有感性，對象便完全不能爲我們所獲得，沒有悟性，對象便不能爲我們所思維。感性與悟性結合底結果，產生認識。我們底悟性，不能自封於純粹思辨底領域，這是因爲悟性常不能不以感性的直觀底對象爲問題的緣故。悟性不能直觀某物(註二)，完全與感性不能思維某物(註三)一樣。

形成認識底"質料"的，是外的對象對於我們底感性之作用所喚起的印象。"感性"加工於印象而成爲感覺及表象。悟性憑藉着內屬於自己的先

242

天的形式之力而變感性的直觀爲認識。故外的對象或"物之自體"是作用於我們底感官的，而我們在這一"作用"底結果，獲得感覺。這樣的，康德一點也沒有懷疑那"觸發"主觀底感性的對象或"物之自體"之存在的。只要我們以爲對象是離開主觀而獨立存在着的東西，對象就是"物之自體"，只要我們於其對於主觀的關係去觀察牠，這一對象就是"現象"——康德是從這一點出發的……

　　感覺是"現象"之經驗的內容，又是經驗的直觀之"質"，形式則構成現象上的先天的要素。形象底形式，卽純粹直觀，是我們所能夠 a priori 地（跡先地）表象的。現象底形式，是在一切底經驗的直觀以前，卽在現實的對象之知覺以前，被給與的東西，而先行於這些對象的，依着此等形式，對象雖能夠跡先地被認識着，但是不消說那是只能作爲現象 (註四) 而認識的。感覺是"物之自體"所惹起的，因而又是跡後地(a posteriori) (註五) 被給與我們的。我們不能跡先地有着或種色彩底感覺或表象。作爲我們底感覺而出現的東西，是離開於我們底意識而獨立存在的絕對的＝實在的世界。但

243

是，雖然這樣，康德還是力說感覺在其本性上是主觀的，即成功了感覺不過是作為我們底感性底變形體而出現的。

康德是一個焦點，在這一焦點，一切的哲學的思潮異常地被中斷和曲折着。我們在這部書裏，是把先驗的觀念論看做休謨底現象論及主觀主義之邏輯的歸結，把康德作為經驗論的哲學底後繼者及完成者而觀察的。

這位德意志底哲學者，是完全地與這英國懷疑論者底"批判"和"其破壞的傾向"一致着，但不與後者底哲學底積極的方面一致。康德集中其思維底全力於克服休謨底懷疑論了。康德以為，經驗論是不可避免地要到達於懷疑論的結論的，為什麼呢，因為牠實際上不能給與科學的經驗以基礎的緣故。但是，因為科學和科學的經驗等是不容疑的事實之故，這一事實底"可能性"底問題，就在這位思想家底面前發生起來。如果"經驗論"不能說明牠，那末，就應該於科學的經驗之下，設置其他底基礎了。康德是藉着主觀之先天的機能之助，企圖求克服懷疑論，並且數學地定立科學的經

244

驗之邏輯的確實性的。

休謨認爲只有數學的眞理是先天的。至於自然科學（不消說也包含歷史學），牠們是專依倚於事實的。我們不能詳細地論及休謨所定立的邏輯的＝數學的眞理與"物理的"或自然科學的眞理之間底相異。現在只把下面一點指出。卽：休謨是以數學的及邏輯的眞理之先天的認識區別於自然科學（因而歷史學）之純"事實的"特質的。在這一區別底根柢，橫着這樣的事情：卽數學底對象是我們自身所"創造"的，數學的眞理是脫却了矛盾的，然而在一方面，經驗的認識底對象是"被給與的"東西，其眞理性是可以爲新的事實，新的經驗的內容所推翻的。(註六)

這樣的，數學的及邏輯的眞理是普遍的，又是必然的，"物理的科學"之眞理不能具有這種特質。"物理的"（卽自然的及歷史的）科學要獲得和數學的科學同樣的確實性，前者底本質與後者底本質就必須同一。受了休謨自身所準備的地步的康德，認爲數學的判斷是先天的，並且對於經驗的內容是妥當的之康德，他是着手於這個課題的。賦與數

245

學的確實性於自然科學——康德底課題畢竟歸着於此。但是爲要能夠完成這個課題，就不能不豫先定立"事實的"科學或自然科學底客體在其本質上與數學底客體一點也沒有相異這一事。數學底客體底特徵，在於牠是主觀自身所創造，並且是我們所"構成。""數學的命題——休謨說——是能夠與牠是否存在於世界這一事無關係地，而以思維底純粹活動爲媒介而被發見的"。(註七)

關於對於外界底對象的認識過程，同一個人的休謨說道，我們只專關與於"現象"，內在的意識內容，而不關與於物之自體。因而認識底"客觀"是爲"主觀"底本性所規定的。認識底對象被給與我們，這是事實。但是，牠們是作爲我們底體驗，作爲我們底表象而被給與的。

康德繼其後而說道，——我們因爲不以"物之自體""超越的東西"爲問題，而以"現象"，"內在的東西"爲問題之故，——普遍妥當的，必然的，認識正因爲這個緣故而是可能的。因爲只認識"現象"之故，所以我們在本質上以依着意識底內在的機能或其形式"所構成的"內在的意識內容爲問題的。即：在客觀爲主觀所"創造"的範圍內，客觀之先天的認識是可能的。

如我們所見到一樣，"先驗主義"現着"現象論"底形態。在康德（休謨也同樣）不過只有現象底認識的可能性被看做問題。

"物之自體"，從牠是橫於意識底範圍外，因而又離開主觀而獨立這一點看來，既經不能到達於認識的。"物之自體"，只要牠是橫於意識之外，是不爲我們所構成，爲主觀底機能所"生產"，因而不能成爲我們底認識底客觀，而且在我們看來，是不能存在的。因爲這個緣故，到達於認識的，不過"現象"而已。現象論無論在休謨看來抑在康德看來，都是作爲共通的立場而呈現。他們中間底相異，只在於休謨底現象論是"經驗論的"，是"感覺論的"而康德底現象論却兼包藏着合理論的要素這一點。

"純粹經驗"利用心理主義的方法，"批判主義"利用先驗的方法。先驗的方法底本質，在那裏呢？從本來說，就是由康德底見地看來，只要世界是離開主觀底知的機能獨立地給與我們，世界也不過是顯示渾沌的東西。齎給連繫和合則性的就是知性。而先驗的方法之特性，在於牠加研究於一切底先天的，普遍的制約，並加研究於使感覺底"渾沌"變化為秩序的世界之主觀的，普遍妥當的，形式。"我把先驗的方法（Methodenlehre）—— 康德說——解釋為純粹理性底完成的體系底形式的制約之規定。"（註八）

這樣的，心理主義的方法，是以自己底知覺底總體，意識內容為問題，……先驗的方法則只以先行於一切經驗的內容的形式，"純粹理性"底形式的制約同時作為認識對象之豫先的形式的制約而出現的形式，為問題的。

這樣的，認識底特質是為先天的形式或"概念"所規定的。在客觀為知的機能所創造的範圍內，對象底認識是以"純粹理性"為手段而成為可能的……

於是生起了由"純粹思維"到"存在"底轉化怎樣地是可能的呢這個疑問。為什麼對於思維妥當的東西對於現實也是妥當的呢？這個問題是依着合理論底一切發展所提起的了。在一方面，經驗論

248

提起了怎樣地能夠從純粹存在轉化於思維呢這個問題。純粹經驗底內容依着怎樣的根據而取普遍妥當的判斷底形式，或能夠取這樣的形式呢？約言之，怎樣地能夠由直觀（Anschaung）變化於概念呢？這就是經驗論所提起的問題。反之，合理論底問題，就是：怎樣地能夠由概念轉化於直觀？

調和者＝綜合者的康德底解答是"沒有內容的思想是空虛的，沒有概念的直觀是盲目的："這是大家所知道的。但是，在康德，概念不是由客觀的＝實在的存在所抽象的，而是爲思維所構成的而又對於現實，現象界妥當的先天的形式。這樣的，"純粹理性"底真理就有客觀的意義，並且反對地有着客觀的意義的東西，則構成悟性之先天的真理。只要現實只在我們自身底悟性之中有着地位——總而言之，只要現實是"現象"，則悟性底法則對於現實是妥當的。（註九）

"自然底最高的立法（die oberste Gesetzgeb-ung）是存在於我們自身之中，存在於我們底悟性之中的。因而不應該於自然自身之中找求或以經驗爲媒介而找求自然底普遍的法則，反對的，自然却是從存在於我們底感性及悟性之中的（經驗底可能性的）制約，借到自己底合則性的。"可能的經驗底原理"與"自然底可能性底法則"間之"調和"是可以依自然由"經驗底可能性底法則""所導出的東西"而與這一經驗底普遍的合則性同一的這一事來說明的。依着康德之所到達的結論，悟性不是由自然借用自己底法則，反對地牠却是把自己底法則課諸自然。（註十）悟性底法則同時又作爲自然底法則而出現，因爲自然之自身就是悟性所創造的東西，是後者底產物的緣故……這就是心理主義的方法之邏輯的繼續而出現了的先驗的方法底本質。"經驗論的實在論"或"心理主義"是以意識內容，個個底對象，或說正確一點即印象，爲問題的。"經驗論的實在論"，對於"範疇的形式"，否定實在的意義，把世界分解爲空間地併立着時間地繼起着的心理的要素。主觀用這種"組木細工"依據自己底心理法則而創造"世界"，導入一種統一於感覺底渾沌之中，這種統一，是經驗地所給與的質料，知覺底集中之中所缺少的。"實質的觀念論"爲先驗的觀念論所驅逐，心理主義的方法爲

450

先驗的方法所取代，後者如我們所見一樣，是以一切認識底先驗的＝形式的制約底研究 爲 其 課 題 的，而在這一場合，作爲認識底內容而呈現的，像在休謨的一樣，是我們底表象。並且不能不是這樣，爲什麼呢，因爲內在的合則性內屬於超越的世界，卽"物之自體"之故，在這一絕對的＝實在的世界到達於我們底認識的場合，這一世界底法則對於我們底思維也是妥當的的緣故。內在的意識內容，卽到達於認識的唯一的現象界像經驗論之所證明一樣，不是表示嚴格的合則性，普遍妥當性及必然性的東西。其所呈現的結果，是懷疑論。康德認爲懷疑論有克服的必要，而且以爲能夠以主觀底先天的形式爲手段而達成的。如果現象界底界限是不能逾越的，並且現象界不示普遍妥當性與必然性之特質，又如果在一方面，以這樣的表徵（普遍妥當性與必然性——譯者）爲其特色的科學是不可疑的事實，那末，明白地只有主觀能夠成爲這個立法者。不消說這一主觀的法則，只於這一現象，內在的意識內容是妥當的，而不是於"物之自體"，超主觀的世界是妥當的。如果康德是澈底的，

251

則他就一定會只跼蹐於現象界而公然推移到主觀的觀念論的。但是康德不這樣做。他是獨斷地斷定表顯於"現象"之背後的東西，即"物之自體"，超越的世界存在着。這樣的，我們就要把話頭移到在康德學說中我們感到興味的第二底問題，即超越的東西與內在的東西——"物之自體"與現象界之相互關係底問題。

"物之自體"在其本質上是不到達於人類底認識的。但是，在一方面，一切底"現象"，是以或種"顯現的"東西即"物之自體"爲其根源。"物之自體"必須以"現象"底形式，纔能成爲認識底對象。在這裏就遇到了在洛克所遇到的同樣的矛盾．洛克主張謂我們不過只能認識作爲內在的意識內容而呈現的東西。即是：實體在其本質上該是橫於意識底彼岸的，又因爲這個緣故，所以是不可知的。雖然因爲"偶性"是豫想着實在的基礎之現存，故能夠說實體存在着。只要洛克承認不能到達我們底感官的實體底存在．他就導入了和"經驗論"無關係的"合理論的"要素。因爲實體是爲我們所思維的，故實體是存在的。

我們在康德底學說看見超越的契機與內在的契機之間有同樣的矛盾。完全和洛克底經驗論之究極的發展不能不走到崩壞與自巳底否定一樣，企圖調和唯物論與經驗論（及現象論）並合理論的康德主義，結局不能不被分解爲其構成部分了。關於這一事留待後面再說。

這樣的，在康德底學說中有三個要素存在着。"物之自體"作用於主觀而使感覺生起於其中。這一命題完全與唯物論一致。可是"物之自體"或超越的世界雖是存在着，但是不可知的。到達於認識的東西不過是現象或內在的意識內容——這是現象論底見地。經驗的質料是被包含於主觀底知的機能的。在這一場合，合理論的形式主義或形式的合理，旣經被視爲問題了。康德底學說中的這三個契機，是在於"互相敵對"之中的。若要評論這一問題，就會離題過遠。（註十一）所以我們只限於若干底指示。

人類底思維是由感性的直觀受納其內容的。範疇的形式或一般上悟性底法則，是只可以適用於現象的，而且如我們所見過一樣，可以適用於現

253

象的理由，是因牠存在悟性之自身——我們自身之中的緣故。但是，一方可以明白跟着排除物之自體，同時現象也歸於消滅，爲什麼呢，因爲現象是物之自體對於我們底感性底作用之結果的緣故，故其結論是現象雖爲物之自體所規定，但全然不爲主觀底本質所規定。但是，如果以爲現象爲超越的原因所規定，那末現象就是從超越的原因借用其合則性的。在這一場合，"自然底可能性底法則"，是以經驗爲媒介而由客觀的實在的自然自身之中所抽象的，因而自然是不能由"經驗底可能性底法則"導出的。不然的話，"現象"就成爲我們底精神之產物，而全然爲主觀底本性所規定，一點也不依屬於"物之自體"了。而在這一場合，現象底法則是現實地與思維底法則同一……主觀的觀念論就成爲邏輯地不可避免的東西了…

康德說，現象是知覺底對象，（註十二）知覺底對象是現象。（註十三）如我們所見過一樣，巴克萊及休謨底經驗論是到達了這種結果的。現象只是存在於我們自身之中的東西，而表示我們底感性底變形體，表示我們底意識狀態的。（註十四）康德和洛克同樣，把內在的意識內容，從其超現象論的基礎，卽從那作用於我們底感性而提供認識底資料的"物之自體"分離了。依着康德自己底意見，現象是於"物之自體"與主觀之相互作用底結果所獲得的。故"現象"應該從兩方面——卽從其對於"物之自體"的關係與對於主觀的關係——來觀察牠。沒有"物之自體"便沒有經驗的對象——卽直觀底對象。爲什麼呢，因爲後者不過是在主觀之中屈折着並且爲我們底組織所制約的"物之自體"的緣故。本來，客觀的＝實在的世界之存在，從這個世界是於經驗的現象，直接地被給與於我們的這一點看來，也是不能懷疑的。

在某一地方康德說了這樣的話：

"……我們僅把外的感官底對象作爲現象而觀察時，我們同時認爲物之自體橫於其基礎，縱使我們不知道牠作爲其自體的特性而只知道其現象——卽知道我們所依以感受一種未知的底刺激的方法。"(註十五) 這就是說：這樣的，我們知道有或種未知的東西，那是以或種形態，卽以完全一定的形態，顯現着！

關於這一事，我們只能夠引用蒲列哈諾夫底如次的不可反駁的思想。"知道所與的物，就是知道其性質。但是所謂物之性質是怎樣的東西呢？那就是物對於我們直接或間接地作用的那種方法。"（註十六）

"物之自體，於我們是不可知的，我們之所知的東西不過是物之自體在我們所惹起的印象，這等於說迴避物之自體對於我們底作用時，我們沒有能夠想像物之自體能夠以怎樣的方法作用於我們的。康德也承認物之自體對於我們作用着。向着對象作用的事——就是與對象有幾分關係的意思。因而我們至少知道我們與對象底關係的一部分。但是知道這等關係的時候我們也就——以我們底知覺爲媒介——知道存在於物之自身之間的關係。"（註十七）關於恩格斯的有名的"布丁"底問題，還有如次的值得注目的地方。康德這樣的說，"現象是什麼呢？這是物之自身對於我們底作用所喚起的我們底意識狀態。"由這一定義看來。豫見或種現象，結果就成爲豫見着影響於我們底意識的物之自身底作用。

256

於是，就發生一個疑問，卽我們能不能夠豫想或種現象？對於這個底囘答，不消說是能夠豫見的。其保證，就是我們底科學與技術學對於我們之所爲。但是，這就是，能夠豫見由該事物所惹起的我們底作用。——到豫見物之自身對爲我們底或種作用，這就是我們知道物底或種性質。又一到我們知道物之自身之或種性質，我們就沒有權利可以稱這等底物爲不可知的。康德之這種'發見'，就終於爲他自體底學說底邏輯所破壞。"（註十八）這樣的，在一方面，有着不可知的物之自體，牠底性質於我們是可知的，在他一方面，有物之自身對於我們的作用所惹起的現象，然而，那是只可以還元於"內的感官"底規定的！我們底感覺或現象，不過以物之自體爲其原因，同時成爲"我們底表象底遊戲。"（註十九）

復次，依着康德自身底學說，不能適用範疇的超越的因子（物之自體）作用於我們底感性，卽與主觀有因果關係，因而又是豫定範疇底適用的。超越的因子，超越於時間和空間而存在，同時也在時間上和空間上"作用"着。在他方面，內在的要素，

257

即物之自體——超越的因子所使之生起的現象，不過是我們底感性底變形物，不過是我們底內的感官之規定。但是，從康德主義底根本前提看來，作為“物之自體”底超越的因子，是不得成為內在的意識內容，即現象，底原因的。——那恰如結局歸着於“內的感官底規定”，“我們底表象底遊戲”（註二十）的現象，不得成為“物之自體”底結果全樣。“物之自體”與“現象”，超越的要素與內在的要素，是互相排斥着的。

這是一貫於康德底學說的內的矛盾。這一矛盾，一方面必定要導出主觀的觀念論，他方面必定要導出唯物論。不是表象作為絕對的現實性而出現，就是表象之實質的相關者——即具備時間和空間底規定的物質——作為這一現實性而顯現，二者之中必居一於是。在前一場合，是巴克萊與休謨占着勝利，在後一場合則唯物論占着勝利。

康德屢次返覆地說我們不過認識“物之自體底現象”，但是我們決沒有談及橫於這些現象底基礎的物之自體的資格。（註二十一）若由上面所引用的蒲列哈諾夫底思想看來，這是很明白的，即：由

258

康德底見地看來，說及"物之自體底不可認識性，是多麼愚蠢的事體。

在這裏還要指出下面的一點。即：主觀是"一"，物是多樣。在與之對立的主觀是"一樣"的場合，這一客觀底多樣，是爲什麼所制約的呢？薔薇之爲赤色的與紙之爲白色的，明白地不是只爲主觀底組織所制約的東西，也不是只形成"我們底內的感官底規定"。爲什麼呢，因爲在這樣的場合，即如果牠們不過是"我們底感性底變形體時，就說薔薇是白色，紙是赤色也是無"妨"的緣故。知覺之一定的集合的持久性與恆常性，是爲物之自身底持久性及離開主觀而獨立的客觀的合則性所制約的。我們底感覺或主觀的表象也跟着物之自身底客觀的構造之變化而變化着。這樣的，對象之所受的變化，就不是依着我們底感覺之變化而發生，反對的，表象底領域內的變化，是爲客觀的＝實在的領域內的變化，即行於物底世界的變化所決定的。故客觀底持久性與可變性，統一與多樣，是爲物之自身所制約的。（註二十二）

康德說："……但是我底表象，是我所能知的，因而像有着這等表象的我之自我存在一樣，我底表象也存在着。可是外的對象（物體）不過是現象，同時也不外是我底表象底種類，而且這種表象底對象，只依着表象之賜而成爲或種東西，若抽去表象便是空虛的。故外物完全和我之自身之存在一樣地存在着，而且兩者都是依着我之自己意識底直接證明而存在着的；唯一底相異，就在於作爲思維的主觀底我之自我底表象，歸着於內的感官之所爲，而成爲延長的本質（ausgedehte wesen）的表象則歸着於外的感官之所爲這一點。"

從剛纔所引用的康德底說話，可以得到怎樣的歸結呢？外的對象底存在，是與我之自我底存在同樣地確實的，爲什麼呢，因爲這二者——即外界與我之自我，是構成直接體驗的緣故。但是如果我們有着外界底表象，巴克萊也不否定牠。問題不在於外界底表象底確實性——無論那一個主觀的觀念論者也不會懷疑這個，——而是在於超主觀的實在性契合於這種表象呢，還是表象底對象契合於對象底表象呢。再進一步，康德聲明沒有表象的外的物體是空虛的時候，他是依之使表象轉化

260

於絕對的實在的，因而又是完全地站於他自已所反駁的巴克萊底主觀的觀念論底見地的。

同時，我們遭遇着如次的思想行程，"觀念論是依着斷定思維的實在以外沒有什麼實在而成立的。依着這，我們所知覺的其他的物，不過是思維的實在底表象，不過是在這些實在以外的對象所完全不契合的表象。反之，我這樣斷定着：卽物是作爲外的感官底對象——作爲（在於我們之外的）對象而被給與我們的。"（註二十三）

因爲這個緣故，就成功，由一方面看來，抽去表象的表象底對象是空虛的，由他一方看來，"我在一切場合承認物體存在於我們底外部。"（註二十四）

但是，我們知道了存在於我們之外的物體，這種物體在我們明白地是不可知的。這是一個明白的矛盾。康德與巴克萊和休謨底獨斷的命題完全地一致了。依着這個命題，感覺上的對象底所與性排斥對象底客觀的實在性，在"現象"上，物之客觀的性質是不給與我們的。但是，在現象或表象上，如果物之客觀的性質完全不能給與我們，則由意識到存在之移行就完全沒有了，這是不消說的。在

261

這一場合，我們關於外界底存在之自身，在一般上是什麼也不能知道的。並且，現象就是被給與感性的直觀的一切。關於外的對象之存在，我們只能經由感性的直觀而知道牠，在感性的直觀，雖只有現象能被給與着，但是物之自體是不能被給與的。如果物之自體不能作為感性的直觀而給與，那末範疇就不能適用於物之自體，範疇之（和直觀無關係的）純粹適用是沒有實在的客觀的意義的。這樣的，我們就得到如次的循環論法（circulus vitiosus）。即：物之自體是可知的。這一場合，其性質為我們所知道，而又對於我們"呈現的"。那又是被給與於感性的直觀的。但是被給與於感性的直觀的一切，是現象或表象。（註二十五）因而又只存在於我們自身之中。存在於我們自身之中的一切，不能存在於我們之外，但是物之自體是存在於我們之外的，可是存在於我們之外的一切東西，在其本質上是不到達於我們底認識的。因而"物之自體"是不可知的。於是就生出沒有期待的 parodox（似非而是之論）來。即：物之自身是和牠係實在的，可知的同一程度地是非實在的和不可知的。事實上，

262

如果以爲物之自體是可知的，那末，物只是以其所給與我們的印象爲媒介而被認識的。但是，印象是——巴克萊，休謨及康德很不澈底地思考着——我們底意識狀態，故物之自身是不可知的……這樣的思考行程，不消說現代底現象論者也有這種傾向。

依着我們底意見，只有唯物論的實在論底見地 (註二十六) 能夠排除我們所指出的一切矛盾，而結合客觀的東西與主觀的東西，"超越的東西"與"內在的東西"的。

————————

先驗的觀念論，移入客觀界底根本規定，存在底形式或其範疇於主觀的意識之中。其結果，牠們遂成爲一切認識之形式的必然的條件，一切底認識先天地爲其自身所認識。主觀底機能，是一樣地內屬於一切底意識，而構成所謂先驗的統覺，或"意識一般"的。這樣的，這"意識一般"是作爲客觀性，普遍妥當性，持久性及合則性底根源而呈現的。主觀在客觀的現實形成經驗界，現象界的範圍內，藉助於這些先天的形式而構成這一現實的。形式的關係上的自然，是悟性底立法的規範底總體。實質的關係上的自然，是表象底總體，我們底感性之產物。（註二十七）但是"物之自體"是橫於"形式的"及"實質的"自然底彼岸的。雖然物之自身被看做經驗的直觀底原因，但在邏輯上是為主觀底先天的機能所排除的，而這一機能是完全不能適用於物之自身的。這樣的，內在的意識內容，就從"超越的"即絕對的＝實在的，世界被分離開來。並且，如我們所見過一樣，因為到達於認識的一切不過是表象，故如果物底被認識性排除着自己底客觀的存在，那末，除掉了到達於認識的一切的性質之後，在事實上就什麼也不會從物之自身留下來。

這樣的，物之自身作用於我們。康德是從這個前提出發的。但是，物之自身，作用於我們底感性，使我們生起印象，而成為存在於我們之中的現象或表象。這樣的，把物之自身底一切性質移於主觀之中之後，從"物之自體"只殘留着單純的思想。我們巳經引用過巴克萊與休謨底詭辯，卽：對象為我們所思維的，因而對象就是思想這一詭辯。立脚於

264

這一點,在康德,物之自身遂被轉化爲關於物之自體的思想。理由是因爲物之自身底一切性質被移入於主觀之中而被稱爲表象的緣故。康德說,所謂先驗的客體不過是我們底純粹思維所結合於現象底總體的思想。康德是這樣的,爲費希特準備了素地,而完結其事業的。物之自體作用於我們。這一事,就是說我們把對象"作爲作用於我們的東西而思維着。"費希特是這樣地使主觀的觀念論復活了的。

(註一)"帶來表象自身的那種能力,或認識底自發性爲悟

性。"(康德,純粹理性批判78頁Reklams版。)

(註二)和合理論反對。

(註三)和一面的經驗論反對。

(註四)康德,Prolegomena,61頁,Reklams版。

(註五)康德,純粹理性批判,170頁,

(註六)參照來布尼茲之永遠底眞理(verites éternelles)與

事實底眞理(veretes de faits)。

(註七)休謨,關於人類的悟性的研究,28頁。

(註八)康德,純粹理性批判,544頁。

(註九)"經驗底可能一般,這樣的同時是自然底一般法則,

而前者底原理就是後者底法則之自體。因為我們除了現象以外，即在我們之中的表象之總體以外，什麼自然也不知道，因而自然底結合底法則，是不能從我們之中的自然底結合底原理，即作出經驗底可能性的意識內之自然的統一之制約，以外的東西獲得這個的緣故。"康德，Prolegomena, 100-101 頁。(Reklams版)

（註十）"悟性不是從自然汲取自已底法則(a priori) 而是以自已底法則去命令自然的，"Prolegomena" 102 頁。

（註十一）我要請讀者諸君讀一讀蒲列哈諾夫底我們底批評家之批評中的值得注目的論文，及亞克色利羅德之天才的著述哲學概論。

（註十二）康德，純粹理性批判，162頁。

（註十三）同上書，175頁。

（註十四）同上書，137頁。

（註十五）康德，Prolegomena，96頁。

（註十六）"關於物，我們只能夠知道立腳於諸現象——物所關係的諸現象——而推論的本體。" Pristley，關於唯物論的自由討論，倫敦，1778年，30頁。"物實

體,或本質(叫做什麼都隨著便)底定義,是在清算我
們所知道的那種性質,始能成立的,……如果除去我
們所知道的一切底性質之後,則能夠表象般的東西,
什麼也沒留下吧。"同書46頁。(蒲列哈諾夫)

(註十七)蒲列哈諾夫,我們底批評家之批評,171頁。點是
蒲列哈諾夫所加的。

(註十八)同上書,169頁。點是蒲列哈諾夫加的。

(註十九)"現象不是物之自體,牠不過是依着內的感官之
規定,結局所生的我們底表象之單純的遊戲。"(康
德,純粹理性批判117頁。同樣地參閱 Prolegomen^a
127頁及其他。)

(註二十)但是,這一事並不妨礙康德如次的說話,卽"我
們還能夠由在我們之外的物,甚至在我們底內的感
官,受納認識之一切的資料"。純粹理性批判,31
頁。傍點是我加的。

(註二十一)"……但是關於橫在這些現象之根柢的物之自
體,誰也毫不說及牠"。(純粹理性批判,71頁)。這
一場合,康德是已懷疑物之自體底存在的。

(註二十二)叔本華完全正當地如次的說道:" 這樣的先天
的形式,是毫無差別地屬於作為現象底一切之物,但

267

因為物表示着甚顯著的差別，故決定這一差別，因而決定物之特種的差異的，是物之自體。"（叔本華 Prerga und Paralipomena，第一卷，99頁，1862年發行。

(註二十三)純粹理性批判，314頁。

(註二十四)Prolegomena 67頁。

(註二十五)同上。

(註二十六)對象是為我們所思維的，故對象是思想，對象是為我們所表象的，故對象不過是表象。這種推論之不合理是很明白的。康德是繼承了巴克萊和休謨這種詭辯的。

(註二十七)我們是把唯物論的實在論作為辯證法的唯物論底構成部分(認識論的)而觀察的。

(註二十八)因為這個緣故，巴克萊底 "實質的" 觀念論是作為 "從屬的" 契機而進入了康德底學說之中的。

268

第 七 章

辯證法的方法與辯證法的唯物論 (註一)

　　我們在前面看到從心理主義的方法到先驗的方法,從經驗的觀念論到先驗的觀念論, 底轉化,怎樣地進行了。我們看見休謨爲要從客觀界除去一切聯繫與合則性, 除了移入存在底形式或一般的規定於主觀中之外,沒有別的方法。但是這些形式,在休謨不過有相對的, 主觀的＝心理的意義。建立普遍妥當的而且必然的＝普遍的法則, 由這一見地看來,完全是不可能的。

　　康德是理解眞正科學的認識須以 "數學的直觀" 爲媒介始有可能的。感性的直觀,並沒有包含着普遍妥當的認識所必要的制約。感性的手段不能把握被認識的現象底總體。康德完成了從心理主義到先驗主義底轉化。康德因為容受心理主義的根本的獨斷，就到達了物之自體是不可知的這個獨斷的斷定。康德底推理如次：被認識的一切東西，不能不於直觀被給與着。並且不能不成為知覺底對象。但是成為知覺底對象底一切東西，是現象。即是不離開主觀而獨立存在的。故物之自體，是可以認識的呢，還是不是單純的現象而存在於我們之外的呢，二者必居其一。在前一場合，物之自體單是構成現象，即停止物之自體的資格。在後一場合，物之自體就是不可知的。

更加完備齊整的世界圖形，是能夠依着那籍助於邏輯的數學的意識而用最高的認識機能的事而獲得的。康德表明，形式在認識論上是不能除外的，牠又為一切認識所絕對必要的制約。康德底先驗的意識，比較着經驗的意識——經驗論的觀念論是依着這一意識而行動的——是包含着被給與於邏輯的機能的客觀性之更加高級的形式的了。認識之形式的制約，是有着更科學的確實性和客观性的，现象是带着普遍妥当性和必然性底特質的，這正是這些現象被包括於主觀底"形式"之中的緣故。

康德底"先驗的意識"在認識問題底發展上立於更高級的階段，這是不能否定的事實。為什麼呢，因為這一先驗的意識給與設定更加完全的世界圖形的可能性，而使人類容易支配自然的緣故。康德底謬誤在於下面這一點。卽：他以為到達於認識的只是現象，而把認識機能認為主觀之先天的機能。依着康德，客觀底世界，運動於主觀底周圍。物之自體是不和意識結合的。因而物之自體是不可知的。

自然之形式的前提（規範，法則）和質料的前提（感覺及表象底總體）都被康德移入主觀底意識之中去。而這一主觀是以自己底法則命令自然的。

"非我"——物之自體與"自我"並存，這是事實。但是，那是不可知的。我們已經知道物之自體變為關於物之自體的思想，卽變為意識內容。如果這樣，則物之自體成為無用的長物，為什麼呢，因為"形式"和內容都能夠由主觀之中導出的緣故。

271

"自我"成為存在及思維底原理，又成為一切的存在物底創造者和立法者。康德底二元論（一方是"現象"他方是物之自體）為費希特底觀念論的一元論所驅逐。現象在形式上和在內容上都不外是人類精神底產物。物之自體或非我，在康德底場合也已經被變化為意識內容即變化為我們底表象了。在費希特，則非我存在於自我之中，除了"自我"就什麼東西也沒有。客觀與主觀，一樣地是絕對的自我底產物。費希特底自我，由其本質看來，不外是康德底"意識一般"或先驗的統覺。"自我"是構成主觀及客觀之本源的統一的。自我是主觀＝客觀。所謂物者，不過是單純的假象吧了。即是主觀或"自我"之客觀的活動底產物。在辯證法上演着這樣的脚色的活動之契機，已在費希特完全明白地呈現了。本來說，這一契機是和當為底契機一樣地見於康德的契機的。我們因為那是越出這一著述底範圍之故，在這裏很抱歉的不能來詳論德意志底理想主義底發達史。但是，下面一點是毫無容疑的，即：在康德，現象底世界，畢竟是從屬於主觀之道德的自由的，當為底契機是支配着全現

272

象世界及存在物的。這是沒有什麼不可思議的。爲什麼呢，因爲在沒有存在的地方單只留下當爲的緣故。康德和費希特都承認意志或實踐的理性優越於理論的理性的。因而和意志一起，一方面承認活動認識，他一方面認識當爲。由費希特底立場看來，現象世界是主觀所創造的產物，而且是主觀底道德的創造底產物。

康德說道："現象"雖受變化，但物之自體是不變化的。應於這，康德把世界區分爲 Mundus Sensibilis （感覺界）與 Mundus Intelligibilis （叡智界），現象界與本體界。

康德在其早期底著作，天體之一般的自然史及理論(1755年)，關於發展底問題完全是立脚於近代底自然科學的。他是由"世界"是發生，發展及"消滅"的這個命題出發的。但是，他到了後來，違背了其最初底見解而努力於定立絕對的不變的眞理。赫爾德兒，受了康德底宇宙開闢說底直接的影響，而使對於歷史的發生的＝進化的見解發展了。相對主義與歷史主義是這兩位思想家所提出的二個重要的契機。

我們看見休謨底"想像"變爲康德底先驗的統覺底統一，經驗的意識變爲先驗的或形式＝邏輯的意識。康德底先驗的統覺，在費希特取着絕對的"自我"底形態。經驗底形式和內容都是主觀所創造的。邏輯的，超個人的"自我"，就成爲"自我"之具體的，經驗的，內容底根源——即非我。"自我"依着自己底活動而產生具體的客觀的世界。這樣的，"自我"在費希特不是形而上學地不動的並且持久不變的或種存在，而是運動和活動。"自我"底活動，不能不以那依着內的必然性而行的辯證法的過程之形而出現。「自我在其和非我對立着的範圍內，是同時行着二種作用。即第一，"自我"在客觀（非我）對於主觀（自我）之這一對立過程，意識着自同（自我——自我）及非我之相異。第二，在"自我"爲"非我"底活動底產物，這一對立行於"自我"自體底領域的範圍內，"自我"是與"非我"對立着而陷於自己矛盾的。「矛盾在於次點：即"自我確立或措定（Setzen）着自己底"自我"而否定非我，又反對地與"非我"對立而否定自己底自我——即自己之自身。這一矛盾是可以以自我與

274

非我底互相制限即綜合爲媒介而除去的。)

自我爲了實踐而創造自然或非我。全自然是主觀之無意識的活動，無意識的創造之產物的。故主觀是活動又是自由創造。自然是作爲對於主觀底自由的"制限"又作爲障礙物而與主觀對立着，但是這種障礙物是要克服自然的主觀自身所創造的東西。理論的主觀，同時是實踐的主觀。不但如此，前者是從屬於後者的。自我只在自己作用着的那一程度認識着。主觀越是"實踐的"越是"理論的。"(註二) 這樣的，費希特底觀念論，在下面這一點與形而上學的觀念論是不同的，即：他底觀念論一貫地是辯證法的，而且眞正的存在物，世界底基體——絕對的自我——在他是遵循內在的合則性的辯證法的過程，是永遠的創造，而不是凝固了的不變的存在。

費希特底直接後繼者就是薛林(F. W. Schelling)。在薛林底眼裏，第一完整的東西是自然底權利之囘復這囘事。薛林怎樣地把費希特底主觀的觀念論慢慢地改變爲客觀的觀念論呢？又從那把自然或"自我"單看做現象，而以爲牠只是存在

275

於主觀之中的費希特底"自我"出發了的我們底哲學者，怎樣地終於認到客觀界之獨立的意義呢？我們不消說不能停留於這些問題。在薛林，最後是實在論支配着，他宣稱自然和精神是單一底本體——即絕對者——之第一次的屬性。絕對者構成主觀與客觀，自然與精神底統一。薛林底絕對者，如費希特底絕對的"自我"一樣，在於永遠的運動過程之中。絕對者自己發展底結果分化爲精神與物質，主觀與客觀。這兩個屬性最初是以"無差別的"或隱然的狀態存在於絕對者之中。後來，這些屬性雖分化爲二個對立的系列，但這畢竟是爲要於較高度底綜合再來克服這一矛盾的。讀者諸君，可以看到薛林底見地其實是向着斯賓挪莎底"復歸"吧。(註三) 如果以爲在康德及費希特，主觀與客觀之間能夠有一致的，是由於作爲現象底客觀是主觀底產物，因而又是遵循着意識底合則性，那末，在薛林這個一致之可能的理由，在於次點：即因爲那無論是客觀的東西抑是主觀的東西，都一樣地依着絕對者底法則，有同一底實在的根源，而呈現同一底本體之二方面，又構成單一底實體，單一底

276

過程之二個平行的系列的緣故。自然與意識,(註四)思維與存在,客觀的東西與主觀的東西,其根柢是有着同一底原因,同一的根源,而被支配於同一底法則,因爲這個緣故,兩者是互相一致的——即是同一的。

薛林底"絕對者"在黑格爾就成爲"絕對精神"。費希特底"自我"慢慢地被客觀化着。故絕對精神就成爲一切的存在之實在的同時是客觀的本體。但是,這一絕對精神,其實是我們所本質化所公言爲獨立的實體之我們底主觀的思維。"黑格爾底絕對理念是什麽呢?—— 蒲列哈諾夫說道——那不是和我們底思維底主觀的性質無關係地而被取入的而又是被宣稱爲世界過程的思維過程以上的東西"。(註五)這樣的,費希特,薛林及黑格爾,是再使康德底"形式的合理論"發展於"實質的"合理論的。依着康德,悟性底機能是於先驗的統覺底統一——即於純粹思維,被給與的。這一純粹思維,在這些德意志底偉大的觀念論者諸君,是再成爲認織底根源的。否,不僅如此,純粹思維是成爲一切的存在底創造者,成爲現實底造物主了。

由黑格爾底立場看來，自然是理念底蟺化。絕對精神底本質，是運動。世界不外是邏輯的過程。在這一過程底基礎，橫着世界的本質或邏輯的過程底主體——即邏輯的理念。世界發展是昭示邏輯地被制約的過程的。即這一過程底各個階段，是邏輯的理念之發展上的必然的契機。邏輯的理念，以內面的辯證法的必然而發展着。絕對精神構成一切存在底總體。黑格爾以爲客觀是思維底屬性。思維是存在之自身。思維與存在是同一的。依着黑格爾，物是被轉化於思想的。這樣的，主觀的東西與客觀的東西，就於構成世界底本質的"超越的思維"之中合體了。思維底顯示形態，是邏輯的概念。超越的思維，是作爲以內面的矛盾爲媒介而發展和運動着的邏輯的概念而思維着自己。這一點，就是黑格爾底辯證法的方法之本質。

我們在費希特看見了"自我"怎樣地與"非我"對立着，需要解決的矛盾，在意識底領域怎樣地發生了。黑格爾底絕對精神也通過同樣的階段。唯一的相異，就在於黑格爾底絕對精神爲世界過程底客觀的本質，是離開意識而獨立的實在這一點。我們以爲沒有說明絕對精神在其發展過程開展的種種階段的必要。現在只關於辯證法的方法稍爲說明。

黑格爾自己這樣地說明了形而上學的方法與辯證法的方法對於現象底理解或研究之相異。"由舊式底形而上學底立場看來，認識之所以陷於矛盾，不過是基於演繹及推理上的主觀的謬誤的一時的錯誤。但是，反之，依着康德，思維自身之本性在努力到達於無限者時，陷於矛盾（二律背反）的，那是思維自身底本性……

二律背反底眞的積極的意義，在於一切底現實的東西於自己之中包含了對立的規定……。舊的形而上學，在固定悟性底抽象的規定，拒絕和牠對立的東西，而觀察物的時候──康德反對地努力證明次點，卽或一個肯定，能夠以同樣的根據與同樣的必然性，與其他底對立的性質之或種肯定對立。(註六)

悟性是固定發展底個個的契機，而於其孤立性觀察牠。悟性底原理是同一性底法則。悟性底抽象的性質，在於次點，卽悟性當觀察發展底個個的

279

契機之際，是和這些契機與現象底總體底聯繫無關係地而觀察的。這些各個底契機，一切底個個的表徵，構成着抽象。抽象底思維——黑格爾說——是青年所固有的東西。壯年人是不停止於抽象的"這個呢……那個呢?"的。他固守着具體的東西。辯證法的契機，本來是表示這樣的完成的規定之"自己揚棄"(Sich Aufheben)或自己否定，並且表示這些規定之向着對立物底轉化的。"（註七）

一切底有限者，爲內屬於牠的矛盾"所揚棄"所變化，而轉化於自己底對立物。沒有什麽東西是絕對地堅固的，固定的，(Festes)，不變的。一切底有限者，是可變的，又是一時的。而且依着內面的原因，而移行於其直接的顯現物底界限外即變化爲自己底反對物。這就是黑格爾之所謂有限者底辯證法 (Die Dialektik des Endlichen)。抽象的＝悟性的或形而上學的研究方法與辯證法的研究方法之間底相異，是極其重要的。形而上學者固定着發展底個個的契機或階段，而於其"卽自底存在"(An Sich)，又於其自己"同一"(A ＝ A；卽同一底法則)觀察着所與底狀態。

280

辯證論者是於物底所與底狀態看到諸種契機的——這些契機是準備着新的狀態而依之以否定所與的旣成狀態的。形而上學者於其抽象的孤立把握物或狀態，辯證論者則於其內面的相互聯繫，又於包含着對立的規定的具體的統一把握軸。

形而上學者，像約修亞一樣，向着世界叫道：停止吧！這樣的，使有限者變化爲無限者，相對者變化爲絕對者，一時的東西變化爲永遠的東西。辯證論者，在以物底旣成狀態爲問題的範圍內，不消說是承認抽象的＝悟性的規定底“相對的合法性。”但是，只要世界上沒有什麼絕對地旣成的東西，不變的東西，因而只要過程和運動成爲問題，由辯證法論者底立場看來，“形而上學的”方法是有害的，又“矛盾底邏輯”在這個程度是正當的。抽象的＝悟性的思維方法是認識底低級的或初步的形式。所以，恩格斯說着在歷史上對象底研究必然地不能不先行於過程底研究時，他是正當的。可是對象不外是“凝固了的”過程。所以認識底最高的形態是“辯證法。”

所與的一切底對象，在一方面構成質之一定

281

的總體，即是與自己同等。這就是自同。在這一意義上，對象是存在於自體的（An Sich）。但是，只要對象是變化的，牠早已不是自同，即是與自己矛盾着。"存在與無底眞理———黑格爾說———是兩者底統一。這一統———就是生成。"（註八）

作爲運動底結果而出現的是矛盾。又反對地"矛盾是引導前進的東西"，而運動和發展又爲其所制約的。因而黑格爾哲學底原理，不是凝固了的不變的存在而是生成。絕對精神底運動構成一切自然現象底基礎。（註九）

眞的實在是邏輯的概念。而"這一概念底自己發展"同時又是世界底"自己發展。"哲學底課題，在於藉助於辯證法的方法而研究邏輯的理念發展底辯證法的過程之內在的必然性這一點。爲什麼呢，因爲概念之辯證法的發展（主觀的方面）與這同一邏輯的概念底顯示形態的世界之辯證法的發展（客觀的方面）是同一的緣故。

這樣的，德意志底觀念論，從一方面看來，是使一元論復活，從另一方面看來，則是使存在與思維底"平行說"復活的。這一點在或種意味上是表

282

示着復歸於斯賓挪莎的。只要剝去一層神學的＝思辯的外衣，便可以得到唯物論。

　　觀念論的見地在說明自然現象及社會的發展底問題上之破產——伯利特夫說——使有思維的人們（卽非折衷派，非二元論者）不由得不復歸於唯物論的世界觀了。而且實際上也是如此。但是新唯物論，早已不能單純地返覆着十八世紀末底法蘭西唯物論者底學說。而是依着觀念論底種種收穫而豐富了的唯物論復活了。在這些收穫之中最重要的就是辯證法的方法。卽是於其發生，發展及消滅觀察現象的方法。這一種新的傾向底天才的代表者就是卡爾·馬克思。（關於對歷史的一元論的見解之發展底問題〔史的一元論〕——101頁）

　　黑格爾底"絕對精神"不外是表示着被包裹於思辯的＝科學的外衣中的自然。依着恩格斯底話說，黑格爾底體系無論在方法方面抑在內容方面，都是倒置的唯物論。

　　恩格斯說："在黑格爾，辯證法是概念之自己發展。絕對的概念不只是從永遠的古昔就存在，牠也是存在着的全世界之本來的有生命的精神。這個絕對概念經過在"邏輯"中所詳細論究的一切豫備階段而發展到自己。這些豫備階段又都是包含於絕對概念自身之中的。絕對概念將自己"外化"而轉化爲自然，在自然之中沒有意識地取着自然的必然性而發展着。然後在人類中又再到達於自我意識。

"這個自我意識又在歷史中從低的素材發展到高的階段，直到最後，這個絕對概念在黑格爾哲學中完全復歸到自己。所以在黑格爾，在歷史及自然中所出現的辯證法的發展——即依一進一退的波狀運動而遂行的由低而之高的進展之因果的關聯——不外是人們不知是什麼地方可是從永遠的古昔就有了的常與人類頭腦無關係的概念底自己運動之單純的摹寫。這個觀念上的顚倒是應該除去的。我們在復歸於唯物論的見地時，不再以現實的事物爲絕對概念之某一發展階段底摹寫却以我們頭腦中的概念爲現實的事物底摹寫來把握。

"因此，辯證法還元到研究外部的世界及人類的思維這兩方面的運動之一般法則的科學。這兩個系列的法則，從本質上看來是同一的，但從形式

284

上看來，在人類的頭腦所能意識地把牠來適用的範圍內又是各異的。可是這些法則，在自然中，到現在大部分也在歷史中，無意識地取着外部的必然性之形態作用於表面的偶然性之無窮的聯鎖中。這樣的，概念底辯證法自身只不過是現實世界底辯證法的運動之意識的反映，而同時以頭頂地的黑格爾底辯證法又以脚立在地上了。"（註十）

這樣的，辯證的觀念論就轉化到辯證法的唯物論。前者將內在的運動賦與"邏輯的"或"觀念的"概念，後者則把在觀念的東西底領域內的矛盾，作爲行於"實在的東西"底領域內的矛盾之"反映"而觀察。像在黑格爾看來，自然不外是精神底他在一樣，在辯證法的唯物論看來，精神也是"其（自然底——譯者註）他在的自然。"

這樣的，唯物論的辯證法是客觀的過程。這一點，是過程底形式的方面。因而唯物論的辯證法又歸着於這種過程底一般法則的科學。故辯證法是排斥有限的存在底可能性的。

辯證法是把思維底一般形式或規定同時作爲物底一般形式或規定而觀察。物底法則又是思維

285

343

底法則。這樣的，實在界底客觀的認識始成爲可能。

如我們所看見一樣，認識底對象，在康德是感性的知覺，這是包含於能夠給與認識底普遍妥當性底可能性的主觀之普遍的形式的。先驗的意識，與經驗的意識相異，那是於自己之中統合着範疇的形式而爲邏輯的＝數學的意識之前提的絕對的＝普遍的機能之支持者。但是，在康德看來，先驗的意識所支配的地方只是限於現象底範圍。物之自體底認識是不可能的。在現象界，法則是由悟性底嚴正的普遍的機能所導出，這些機能是豫先把一切可能的感性的手段，一定秩序底現象底總體包藏於自己之內的。在"現象"底領域內設定普遍的，普遍妥當的法則的可能性，就爲這一包藏所制約。

我們可以知道，德意志底觀念論的哲學發達底結果，這種先驗的意識與其範疇的機能同是客觀地存在着的"超越的思維"了。範疇不是主觀的，但是普遍的。在康德，普遍妥當的認識之可能底理由，是因爲作爲現象底客觀是從屬於主觀底合則

286

性，主觀的範疇的。這樣的，宇宙就被包攝於主體自身之中。在黑格爾，則是主觀被包攝於宇宙之中。客觀的，普遍妥當的認識之可能底理由，是因爲客觀是從屬於"超越的思維"之絕對的＝普遍的形式的。

與先驗的和經驗的觀念論（包含着那特種底"機能"——卽先驗的及經驗的意識）不同的辯證法的唯物論，是從客觀的東西與主觀的東西底統一出發，而於普遍妥當的及普遍的法則形式承認物之自體之認識底可能性。範疇卽時間，空間及因果之類的純粹的普遍的概念，從辯證法的唯物論底立場來看牠的時候，牠一方面是邏輯的規定，另一面是物底實在的形式。一般的思維規定或邏輯的形式，因爲同時又是物自身之現實的實在的規定之故，所以範疇或形式是普遍的，一般的：這是很明白的。這樣的，普遍妥當的認識底可能性之問題，依着辯證法的唯物論，是可以於唯一的正當的科學的形式來解決。辯證法的唯物論，"調和"經驗論與先驗主義，同時"克服"兩者而提供客觀性與科學的確實性之更高級的形式。經驗論在認識底

287

起源底問題是正當的。先驗主義在認識底意義底問題也是正當的。前者底界限在於牠不承認普遍妥當性的必然的認識而停止於那不在邏輯上把握物底總體的感性的手段的範圍這一點。嚴密地說，經驗論是沒有邏輯的權利可以談及法則的。經驗論是不能從所與的物之總體導出一定的經驗的規矩的。先驗主義底界限，則在於牠不把自己底權利擴張於物底實在的領域，而把範疇看做只不過是意識之主觀的，而且是先天的形式這一點。

辯證法的唯物論撇棄思維與存在之間的"矛盾。"人類自身是存在底一部分。因而在存在——客觀是妥當的形式，無論在主觀抑在思維都也是妥當的。

"故人類依着對象而認識自己，認識對象就是人類底自己意識。你認識對象同時也認識人類……對象……即是他底實在的本質，他底真正的客觀的自我。"（註十一）

經驗論依着心理的機能而行動。經驗論是以個個底具體的感性的心像和具體的個別的所與性上之感性的直觀為問題的。先驗主義是作為認識

288

自然的科學的方法之基礎而提出"邏輯的"直觀的。

　　邏輯的或數學的直觀，是把一切底具體的事實，一切感性的直觀底總體，作為普遍妥當的必然的認識底前提之邏輯的或普遍的直觀底可能的契機而把握的。從對象與意識，客觀與主觀，外的東西與內的東西底統一出發的辯證法的唯物論，克服我們在康德所看見的思維與存在，現象與物之自體間底矛盾。辯證法的唯物論，承認存在底形式又是直觀底形式，而設定認識底嚴格性與普遍性。康德只是對於現象及物底世界要求了這種嚴格性與普遍性的。辯證法的唯物論，依着把形式稱為"普遍的"，而又是客觀的＝實在的"直觀"而到達於認識底"無制約性"和普遍性。可以稱為現實之數學的或"幾何學"的空間認識，卽現實底精確的認識，之可能性是依據於這一點的。"幾何學的"空間與"純粹時間"是普遍的＝實在的直觀。而且是成為感覺的世界底"數學的"認識之前提的。但是，辯證法的唯物論，與伴着主觀的＝心理的機能之感覺論的現象論或經驗論的觀念論，及伴着主

289

觀的＝邏輯的機能的先驗的觀念論相異，而把普遍的＝實在的機能置諸認識底基礎，這些機能同時是客觀的，是主觀的，是實在的，而且是理想的。心理主義，是由感性的直觀出發而不到達於普遍的，必然的而且普遍妥當的概念的。先驗主義則從內屬於一切主觀之先天的，普遍妥當的機能出發，又是從抽象的邏輯的範疇出發的，這些範疇，在其自身說起來是使之負荷着欠缺與一切合則性底聯繫的感性的資料的東西。在第一場合，我們當面着純粹心理主義，在第二場合，我們當面着純粹邏輯主義。在這兩個場合，實在界，物之自體被遺留於可知的東西之領域外了。辯證法的唯物論，是從感性的，個別的＝具體的直觀出發的。但是辯證法的唯物論，由於邏輯地加工着這些直觀而從其中導出一切底所與的感性的直觀所共通的 法 則。因為最為一般的邏輯的規定同時就是最為一般的實在的規定，故在各個感性的直觀底基礎，橫着創作普遍的認識底可能性的最為普遍的形式。因而由各個所與的單一的感性的直觀之中，例如由任意的三角形，可以在或種制約之下導出一切三角

290

形所共通的法則。卽感性的直觀被提高到邏輯的或數學的直觀的階段。幾何學因爲只以"空間的"直觀爲對象,故在這一場合,這事更加容易。一般地說,數學雖是以這樣的無制約性和精密性爲特徵的東西,但這是因爲數學是以"形式"自身卽普遍的"機能"爲問題;是以最爲一般的概念——卽空間爲問題的緣故。同樣的事也可以適用於邏輯。數學的規定越少,認識底對象就越加錯綜,普遍性與普遍妥當性就越加減少。因爲這個緣故,眞的科學的認識就常努力於將質分解爲量,將對象溶解爲普遍的邏輯的=數學的形式了。

在人類卽在主觀,自然底現實底"無意識的"形式,上昇到"有意識的東西"底階段。這些形式,是可以作爲一般概念或普遍的形式而意識的。

人類底意識在原則上是無制限的,而且是無窮的。人類構成自我與"你"底統一,內的東西與外的東西,主觀的東西與客觀的東西底統一。因而他底意識構成客觀的現實之"意識的"機能。

辯證法的意識,把萬有看做無限底普遍的過程而克服抽象的=悟性的意識底界限;在這個普

291

遍的過程中，一個有限者轉化爲另一個有限者，一切底東西是活動和創造的。但是同時辯證法的意識是表示有達到於作爲"全一體"底自然之"直觀"和到達於自然秩序底內面的被制約性底直觀之能力的。

人類之獲得科學的認識，是作爲社會的存在即作爲"社會的"人類，而不是作爲個人的。又是作爲創造着行動着鬥爭着的存在物，而不是作爲受動的屈從者而直觀的存在物，而獲得牠的。

在自然之中的一切東西，在於內面的相互聯繫之中，而且在於相互作用底過程之中。自然作用於人類，而人類也作用於自然。人類是應於他底行動的程度，應於他自己服從外界底影響的程度，而認識的。

辯證法的唯物論教道："人類是主要的被刺激於他自己在作用於外界的過程所經驗的感覺而反省沈思的。"然而人類對於外界的這種行動，是爲生存競爭所制約的。於是，在馬克思，認識論就和他之對於人類底文化史的唯物論的觀察有着密切的關係。這位思想家在其著作資本論底第一卷中，

292

寫着"人類作用於他底外部的自然,同時變化着他自身底本性"的話,並不是沒有意思的。這一命題——蒲列哈諾夫說——只有用着馬克思的認識論之光來照牠始能明白牠底深奧的完全的意義。(註十二)

(註一)本章最初曾收入於論文集在圍境。

(註二)關於費希特底"道德主義"姑止指出次點:——現象底世界,在康德,結局是從屬於主觀底自由意志的。在費希特,現象底世界現爲我們底"自我"底形式。我們底"自我"底形式雖不以完成的形態被給與,但是於時間中呈現着。故現象底世界,在一定底各瞬間是純粹底"自我"之未完結未完成之表現。歷史的過程之意義,在於感性界之轉化於道德的世界秩序,絕對的"自我"之發現其眞的本質及本性,之中。這樣的,"眞理"在其究竟是與"善"一致,存在物與不可不的東西一致着。爲什麼呢,因爲不可不的東西之規範及內容 ,同時就是存在物底法則的緣故。——這一規範和內容,於現象世界是安當的。

(註三)"斯賓挪莎是近代思辯哲學底眞正的元祖,薛林是其復活者,黑楷爾是其完成者。"(費爾巴哈,舊作

263

集，第二卷，斯脫額特1904年223頁，）和斯賓挪莎底

學說不同的，薛林底學說還是觀念論的一元論。而

斯賓挪莎哲學，依着費爾巴哈底話，那不外是"神

學的唯物論"（"像斯賓挪莎哲學是神學的唯物論一

樣，黑格爾哲學是其反對物——卽神學的觀念論。"

費爾巴哈，著作集，第二卷，279頁）

(註四)"自然科學"與"先驗哲學"（"先驗的觀念論底體

系"）

(註五.)伯利特夫底二十年間 281 頁及費爾巴哈，著作集，第

二卷，斯脫額特，1902年，26頁。(在這裏，費爾巴哈

指出了黑格爾底邏輯底本質是超越的思維，是被揑

定於人類之外的人類的思維。)

(註六)黑格爾，Fncyk'op die，第六卷，103——104頁1840

年。

(註七)黑格爾，Encyk'op die，151頁，第六卷1840年。

(註八)黑格爾邏輯，第三卷，102頁。

(註九)辯證法的唯物論者說：物質底運動在於全自然現象

之根柢。物質底存在形式和黑格爾底絕對精神底存

在形式都是運動。運動在其本質上是"矛盾的，"因

而有運動底地方，就可以適用辯證法。但是，辯證法

294

352

的唯物論底反對者對於把辯證法結合於唯物論的事提出抗議。我們想推薦蒲列哈諾夫底論文關於馬沙律克底著書，我們底批評家底批評（256頁及其他）及蒲列哈諾夫對於恩格斯底費爾巴哈論底序文——在那裏證明了這些抗議是不成問題的——於讀者諸君。

（註十）恩格斯，費爾巴哈論，34——35頁。

（註十一）費爾巴哈，基督教底本質，列克拉姆版，58頁。

（註十二）蒲列哈諾夫，馬克思主義底根本問題，彼得堡，1908年，15頁。

二

在這一頁以前，我們主要的是以辯證法的唯物論底形式的方法為問題，以作為研究方法而且作為認識論底辯證法為問題來的。現在來討論這一學說底實質的或實在的契機。

但在這一場合，我們要稍為退後一點。

這是周知的事實，像黑格爾在近代克服了形而上學一樣，赫拉頡利圖在古代克服了形而上學。擁戴了巴門尼底斯（Parmenides）的埃理亞學

派 (Eleatic School) 這樣地教道，所給與感性的知覺的東西，只是單純的物底假象，世界底實在是隱藏於這個假象之後，要經過思維而認識的。物底"殼"——即"假象"——是可變的。物底"核"或本質是不變的。運動與生成是只適用於"現象"，只適用於物底假象 (Schein)，而決不觸及永遠地依然不變的，不動的物底本質自身的。故世界可以分為被給與於感性的知覺的假象底世界與在概念或思維被給與的"本質底世界。"因此，巴門尼底斯教道，"一"只對於概念而存在，反之"多數性"或多樣，則對於知覺而存在的。(註一) 這樣的，巴門尼底斯是於可依思維或理性而認識的而又在浮動的可變的現象底背後的東西之中看到物底眞的本質——"一。"他依此把感官的知覺從其根柢切斷，把現象論的世界從超現象論的世界切開了，把"現象底世界"認為單純的假象的埃理亞學派勢不得不於悟性和思維之中去求眞正的存在，眞正的實在之認識底基礎及根源。埃理亞學派把世界分為現象界與本質界，因此認到認識底二個根源：即感官是以雜多的形態的物之永久地浮動的現象或質為問題，悟性(或理性)則超越現象底領域而以超越的世界，存在為問題的。被認為客觀的真理的認識的，是與"存在"，真正的實在一致的東西。但是，真正的本質——"唯一的存在"——是不變的。因而真理也不受什麼變化。——那是永遠的。

巴門尼底斯於"存在"與"無"之間設了對立。但是，這一對立，是純然的抽象的東西，而不是具體的東西。"存在"是表示絕對的不動性，永久的休止的東西，"無"是表示絕對的可變性的東西。這些契機，是純粹的抽象的'絕對的'對立。因而從一個契機到另一個契機底轉化，和兩個契機底具體的統一是沒有的。"存在"是被思維着的，"無"(即現象或假象底世界)是感官的地被知覺着的。"無"不是存在物。如果把這看做存在物，那就是自欺。在存在與無之間，有--"難於逾越的溝渠，"因為存在與"無"之間有着絕對的對立，故從感官的知覺向着存在物底轉化，或從存在物向着感官的知覺底轉化，是不可能的。

埃理亞學派不能說明要怎樣，不動的不變的實體(存在)纔能繼續運動，和現象底"多數性"要

297

怎樣纔會跟着這一·運動一塊兒生起。他們依然是形而上學者。爲什麼呢，因爲他們否定辯證法的契機，而揚言"現象底世界"是"感官底欺騙"和幻影的緣故。

巴門尼底斯及埃理亞學派全體，像拉思所正確地說過一樣，(註二) 可以把他們看做最初底合理論者，認識論的合理底創始者。存在與思維是同一的。依着他們底意見，我們所思維的一切，是存在着的東西，反之，只有作爲存在底必然的屬性而被思維的東西是實在的。

如果在埃理亞學派及合理論者一般看來，在思維和概念被給與的東西是實在的，那末，在感覺論者＝現象論者看來，則在感官的知覺被給與的東西是實在的。感官底世界是唯一底實在的世界。而且像埃理亞學派不能發見從"存在"到"無"底轉化一樣，感覺論者＝現象論者也是不能將感官底世界與物底客觀的世界結合的。

感覺論和現象論底元祖 —— 勃洛大哥拉 (註三) 只於感官之中看見認識底根源。我們除了以感官爲媒介而受入的認識之外什麼認識也是不可能

298

的。在我們底感官底界限外的東西，是全然不到達於我們的。為什麼呢，因為牠們是不能知覺的。

因此，成為認識底對象的就是"現象"，而這一現象不可避地被提高到絕對的現實。現象就作為意識內容，作為排除外界底對象之主觀底狀態而被觀察着。在感覺論者＝現象論者看來，從"無"到"存在"，從對象底表象到表象底對象，並且從可變的現象到持久的實在，是沒有移行的事的。感覺論者＝現象論者承認運動。但是，因為真正的實在，在他看來是表象的，所以這一運動只不過是表象底"運動."經驗的意識底內容是可變的 而且是浮動的。質底實在的基體被放棄了。表象底多樣，多數性，存在着，但是統一是不存在的。現象之間沒有內面的相互聯繫。現象不過是並立於空間繼起於時間之中吧了。

存在與無底統一——赫拉頡利圖教道——就是生成。赫拉頡利圖依此克服了埃理亞學派和勃洛大哥拉。(註四·他和埃理亞學派相反，教道真正的存在是過程和運動。我們已經知道埃理亞學派底存在是不能生起運動及變化的，。赫拉頡利圖則以為實體底元始的"屬性"就是運動。

依着勃洛大哥拉底心理主義與主觀主義，我們只賦有知覺，但關於物則毫無所知，而且所謂"物"者是對於某一個人是"顯現"的。對於這一心理主義的相對主義，赫拉頡利圖是以客觀的相對主義來與牠對立的。依着這，運動，變化，統一及多數性是內屬於客觀地存在着的世界的實體的。

神的初發性也是這一實體底體現。因而世界之實在的具體的基體在於永遠底運動與變化底過程中。我們底表象和概念是客觀的過程之"反映。"赫拉頡利圖是以辯證法為手段而成功了結合感覺論與埃理亞學派之超越的存在的。

認識在牠與客觀的存在一致，並且悟性底法則的確地"反映"着存在底法則(世界理性)時，是真理的。認識底根源是我們底感官。"世界理性"卽客觀界是以外界感官為媒介而"進入"我們底自體來的。感官自身是處於"內的理性"卽思維底統制之下的。

形而上學者＝埃理亞學派這樣地想：萬物是"存在"的，但是什麼都不是生成的。存在物是和其

360

自身同一的。那是自同的。所以又是不動的，不變的。變化的東西，不是"存在物。"那是自欺和幻想。感覺論教道：萬物是生成的。實在的存在的東西是沒有的。被認爲絕對的現實的現象或體驗，却是變化的。赫拉頡利圖底辯證法克服現象論與形而上學。卽是說，一切存在的東西都變化着，一切變化的東西都存在着，實在地存在着。

　　在近代哲學上感覺論與合理論之間，也有和古代同樣的關係。卽在一方面，有現象界。在他一方面有只爲悟性所認識而且在於感官的知覺底彼岸的不變的實體，康德底目的就在於調和哲學思想底這些對立的傾向。他底學說底結果，却把物底世界與現象界之間底溝渠擴大和深化了。如果在事實上感官的直觀底對象是認識底客觀，又物之自體在其本性上是不能成爲感官的直觀底對象的，那末，物之自身就明白地在原則上成爲不可知的東西，由知覺切離，因而又成爲不能到達主觀的東西。康德企圖結合謂物之自身是不可知的現象論底學說與關於絕對的實在的存在＝卽物之自體底存在的合理論者＝形而上學者底學說。但是康德在實存的存在即絕對地不變的物之自體與現象界間之架設橋梁的事並沒有成功。

康德底二元論，爲德意志哲學底後來底發展——起初爲辯證法的＝觀念論的一元論，後來爲辯證法的＝唯物論的一元論——所驅逐了。

我們以爲當敍述辯證法的唯物論的時候，必須首先把牠與十八世紀底法蘭西唯物論之不同指摘出來。"霍爾巴哈與愛爾伯秋斯——蒲列哈諾夫在其有名的著作中說——是唯物論者＝形而上學者。他們與形而上學的觀念論者鬥爭了。他們底唯物論讓席於辯證法的觀念論了。但是，後者又被辯證法的唯物論所征服。"（註五） 形而上學的觀念論和形而上學的唯物論都支持了實體是絕對地不變的這個意見的。恩格斯指摘着道，"這個（即法蘭西底）唯物論底界限性底獨特的特徵，在於沒有將世界看做在不斷的發展中的實體的洞察力。"

不但如此，擁戴着霍爾巴哈的法蘭西底唯物論者把其性質和作爲物底形而上學底本質底本性對立了。這一對立在或一意義上是示出存在於康德底物之自體與"現象"之間的二元論同樣的東

302

西。但同時又承認了物底"本性"或"本質"觸發我們底感性即作用於主觀而於牠喚起或種印象。這樣的"物之自體"底定義，我們在康德也可以看到。讀者諸君可以明白，說過法蘭西唯物論是把現象和物之自體同一視了的人是怎樣地能夠理解法蘭西人底唯物論吧。蒲列哈諾夫＝伯利特夫底功績，就在於他首先於其真正的光中顯示了法蘭西底唯物論。

霍爾巴哈底物質底定義與康德底物之自體底定義，差不多時照着文字地一致的。康德說，"我們底感官為物之自體所觸發。"霍爾巴哈說，"所謂物質者，就是用一種什麼方法而作用於我們底感官的東西。"(註六) 這樣的，康德和法蘭西底唯物論者都同樣地從作用於我們底感官而於我們之中生起或種印象的外界底承認出發的。但是，"物質"及"物之自體"雖作用於我們底感官，可是我們還沒有認識物底本質或本性的力量。但如果把法蘭西底唯物論和康德主義同一視，這在這一唯物論看來不能說是公平正當的。十八世紀底唯物論還承認物底本質之相對的被認識性。法蘭西底唯物論者以爲能夠基於由物質所受入的印象而使或種性質歸屬物質底"本質"自身或"本性。"然而在一方面，依着康德底學說，印象雖爲物之自體所喚起，但牠只不過有主觀的意義。法蘭西底唯物論比着康德更加澈底。在康德，物自身底被認識性底問題，說正確點，不可認識性底問題，爲了關於範疇的矛盾的學說所混亂了。還不僅此，康德底學說關於作用於我們的對象使我們生起沒有客觀的意義的印象（卽成爲知覺底對象），和制約着印象的客觀的＝實在的因子正爲這一印象所驅逐的這些事，都是很矛盾的。

法蘭西底唯物論，雖從物質作用於我們底外的感官 (註七) 這一考察出發而認到物自身底或種性質是可知的。但是，從其教道物底或種性質是可知的但其"本質"或"本性"是隱蔽於我們而完全不可知的這一點看來，法蘭西唯物論是不十分澈底的。

物底性質與其本質底對立把康德引入了主觀的觀念論底曖昧的迷途了。物底性質是被移入於主觀底意識而由物自身抽象的。但是，如果從物將

304

其一切的性質抽去，存下來的是什麼東西呢？這是虛無。如果在那裏還要口說和思索物之自體，那末，在那個場合，物之自體事實上就要變成一種玄祕的本質。不消說，這樣的本質是不會到達認識的。牠底理由是很簡單的：即是因為這樣的物是全然不存在的，並且跟着移入物底性質於意識之中，同時物之自身也被移入於那裏的緣故。物底性質與其本性底這樣的對立，是康德由現象論者＝感覺論者（直接是由休謨）借用了的。現象論者＝感覺論者稱物底性質為主觀的意識內容。因而外界完全地被驅逐着。這一意味底感覺論者實在是與合理論者同樣地懷疑作為認識底根源底感官的。從他們底立場看來，那是因客觀的外界不能以感官為媒介而認識的緣故。從某一意義說來，感覺論是把合理論顛倒過來的東西。在不可知論者看來，從"主觀性"到"客觀性"，從思維到存在，底轉化是沒有的。物之自體是絕對的客觀性，現象是絕對的主觀性的。

康德是要努力結合休謨底現象論與合理論底"本體主義"的。但是，反而把形而上學的事物與現

305

象之間底二元論更加深化了。

我們已經看見了<u>法蘭西</u>底唯物論之缺點，我們看見了<u>法蘭西</u>底唯物論和形而上學的觀念論一樣地承認不變的實體，和現象論一樣，承認物質底本質或本性之不可認識性。但是，十八世紀底唯物論者雖有種種的缺點，可是在物底被認識性底問題上，不能不說牠比合理論，現象論及康德主義走着更加正確的道路。

我們在上面已經指出，離開了唯物論的感覺論(洛克)怎樣地趨於主觀的觀念論了。要避免觀念論就必須把"內在的東西"結合於"超越的東西。"<u>法蘭西</u>底唯物論就完成了這個課題。

關於實體底不變性(形而上學的契機)及物之本體之不可認識性(不可知論的契機)的學說——即形而上學的唯物論底這些特點，被辯證法的唯物論驅逐了。

<u>蒲列哈諾夫</u>是首先暴露了<u>法蘭西</u>底唯物論底不徹底的。

<u>蒲列哈諾夫</u>說道："事實上如果我們移於主觀的觀念論底見地，我們底"自我"就明白地能夠認

306

識自己所創造的"非我。"但是，如果我們寧做一個唯物論者，我們若稍爲熟思就可以達於這樣的信念：卽如果因物之自身作用於我們之賜而知道這些物之若干性質，那末就不管霍爾巴哈底意見怎樣，物底本性到或種程度該爲我所知道的。物底本性只是表現於其性質之中。通常所常爲的本性與性質底對立是全然沒有意思的。

但是，把認識論拉進那煩瑣哲學的峽谷的正是這個對立。康德在這個峽谷之中，迷惘地走着了，而現在反對唯物論的諸君也在這裏頭沒有誰來救援地步着牠底後塵了。歌德依着天才的詩人的＝思想家底嗅覺，比着"先驗的觀念論者"康德，不，還要更進一步比着唯物論者霍爾巴哈，更能理解什麼地方有着眞理。他說道：——

Nights ist innen, Nights ist draussen,

Denn wass innen, das ist aussen.

So ergreifet ohne Säumniss

Heilig öffentlich Geheimniss......

"在這僅少的幾句話之中，可以說包含着唯物論底一切的'認識論。'然而說着外界底不可認識性

的煩瑣學派，直到現在還是不能理解這幾句話和唯物論的認識論的。"（註八）

休謨底心理主義的方法轉化為康德底先驗的方法，康德底先驗的方法又轉化為黑格爾底辯證法的方法。在他一方面，先驗的觀念論是包含着形而上學的觀念論，形而上學的唯物論及現象論底基礎的。但是，康德底先驗的觀念論產生黑格爾底辯證法的觀念論，又黑格爾底辯證法的觀念論"倒轉來"是取着辯證法的唯物論底形態的。這樣的，直接地和辯證法結合了唯物論——辯證法的唯物論——是近代哲學底一切的發展底結果。

辯證法的唯物論將物質的實體，實在的基體置於存在的基礎底上面。辯證法的唯物論把世界作為"過程，作為在不斷的發展之中的實體"（恩格斯）而觀察了。形而上學者之不變的無制約的存在，被變為在變化着的存在。實體的實在被認為可變的東西。變化與運動被認為存在底實在的形式。辯證法的唯物論克服了"存在"與"無"底二元論，"超越的東西"與"內在的東西"，物之自身與物底性質之形而上學的絕對的對立。立腳於辯證法

308

的唯物論時，就有這樣的可能性：即科學地結合物之自體與現象，結合內在的東西與超越的東西，而且一面克服物之自體底不可認識性，他面克服質底"主觀主義。"為什麼呢，因為"物底本性——像蒲列哈諾夫所完全正當地指摘過一樣——正是在其性質之中呈現出來"的緣故。即是說我們能夠以攝取自物之自身的印象為根據而判斷物之自身底性質，判斷客觀的＝實在的存在。

辯證法的唯物論是近於法蘭西唯物論而為牠底後來底發展的東西。辯證法的唯物論，對於物之自身底被認識性底問題，以為除了不停留於物之"本性"自身之前而很正當地在物底性質之中所發見的東西以外沒有物底本性，而且把法蘭西唯物論底見地推進到牠底究竟。辯證法的唯物論，是排斥現象與客觀界底絕對的二元論而定立物質物的世界底"不斷"的被認識性的。"內在的東西"獲得客觀的實在的性質。

在"不可知的東西"底領域，橫於現象底彼岸的"超越的東西"，由不到達我們底感官的玄祕的本質一轉而被變為我們底"內在的"意識內容，被

309

變爲感官的知覺底對象。"內在的東西"，只要牠獲得客觀的＝實在的意義，又只要牠能依着印象而給與判定物底性質的可能性，牠就成爲"超越的東西。""超越的東西"縱使在主觀底彼岸，只要牠可以被稱爲在可知的東西底領域內，就成爲"內在的東西。"伯利特夫也說過同樣的話。"總而言之，依着這個理論——伯利特夫說——自然，是現象底總體。但是，因爲物之自體是構成現象底必然的條件，或用別的話說，因爲現象是爲客觀對於主觀的作用所惹起，故我們不由得不認爲自然法則不僅具有主觀的意義，並且具有客觀的意義，即主觀上的觀念之相互關係 —— 在人類不犯錯誤的場合——是與在於人類底外部的物之相互關係一致的。"（註九）這樣的，現象與物之自體底相互關係底問題可以以唯一正當的科學的方法來解決。這是最重要的認識問題，而且是形而上學者與現象論者鬥爭得很劇烈的問題。這個問題，是可以存在對於主觀的作用底變化一致存在底各種變化這個意味而解決的。

眞實地存在着的存在——形而上學者推論道

310

——是與其自身同一的，即不變的。一切底存在物是不動的。爲什麼呢，因爲沒有什麼是生成的東西，變化的東西的緣故。因此，發展，運動及變化底可能性就被否定了。現象論者拒絕外界——實體的存在。在他看來，只有現象與其不斷底流動性，即表象底可變性，質底可變性，存在着。但是，沒有基體便沒有質，沒有變化的主體便沒有變化。因而，若從物抽出具體的性質，則留下來的就是抽象的"虛無"或作爲一切狀態及變化底主體而表現的"無"。故，如果從形而上學者底見地看來，萬物是存在的，但並沒有什麼生成的東西，那末，從現象論底見地看來，萬物是生成的，但是存在的東西是什麼也沒有的，即是實在地存在的東西是沒有的。

辯證法教道，"存在"與"無"底統一是生成。把這個翻譯爲具體的唯物論的話語，就成爲實體——即在不斷底發展之中的物質橫於一切存在物底基礎。這就是在變化的東西是實在的，具體的的反面，實在的具體的東西是可變的底意思。過程底主體是絕對的實在的存在，"實體的全"（與現象論的

311

"虛無"對立的東西。)"存在"與"無"即所與底狀態與現在剛開始發生的新狀態之間底矛盾，形成着過程。

以排除質及狀態的不變的實體或排除實在的基體的質及狀態底存在爲前提之不當的見解，支配了一切的哲學。問題是在於質及狀態邏輯地以實體底可變性爲前提的。物是經由其性質而被認識的，但是不變的實體，却是無性質的事物，依着康德底用語就是"物之自體"即排除質與狀態的"物之自體。"無性質的事物是不可知的，是不到達於我們底知覺的，至多，不過是我們所思維的。在另一方面，現象論者以爲：質，性質被給與的地方，就沒有容許在其本質上豫想着無性質無變化的東西的實體之餘地。在這一點，形而上學者與現象論者——他們是倒轉了的形而上學者——是互相一致的。

這樣的，物底質就被稱爲我們底意識底可變的狀態。質是可變的，實體是不變的。因而可變的狀態不能爲不變的實體底活動底產物。其次，質與狀態是依着感官的印象而認識的。印象——現象

312

論者推理道——存在於我們之中。故物底質也不過是主觀底活動底產物而構成我們底意識內容的東西。物底性質是以感官的知覺為媒介而認識的。因而物之自身也是"主觀的。"（註十）喪失了一切底性質的，不變的而又無性質的物之自體，是不能認識的，為什麼呢，因為如果不然的時候，物之自體就不能不示現一定底質，性質及作用的緣故。

一方形而上學者之無性質的，不變的實體與他方好像排除實體底實在似的主觀的質及可變的狀態間底矛盾，就在下面的意味上，為辯證法的唯物論所解決了，即是：實體和物質是在于永遠底運動和變化底過程之中的，質或狀態是有客觀的意義的，並且事物和物質是質的變化及狀態底原因，基礎及"主體"——在這個意味上解決了。

辯證法的唯物論是排斥將思維和感官的知覺同一視的一面的感覺論的經驗論而立腳於"合理論的經驗論"的。（註十一）由這一"合理論的經驗論"底立場看來，所謂科學的經驗，就是悟性對於外界所提供的印象的加工。

成為一切認識底出發點，本源的根原的，是感官的經驗。給與設定法則的可能性的實驗的經驗，"合理的方法"，是表示認識底最高階段的東西。

當一面的感覺論的經驗論停留於感官的經驗而把世界變爲感覺底總體，把一切的一般概念看做"形而上學的實在論"（從這一立場看來，作爲一般概念底法則，物質及外界都沒有客觀的意義）底表現時，又在他一方面當合理論只從一般的邏輯的"概念"或"觀念"出發而以爲能夠由這些東西導出經驗的事實時——辯證法的唯物論，是於更加高級的綜合使極端的經驗論與極端的合理論調和的。(註十二)

這樣的，辯證法的唯物論，就作爲"從屬的契機，把現象論（含着其心理主義的方法）及先驗的觀念論包藏着，（含着其先驗的方法，爲什麼呢，因爲只要悟性形式是存在底形式卽只要是從實在界所抽象的東西，辯證法的唯物論也承認其普遍妥當性和必然性的緣故）並且把承認絕對的＝實在的存在的形而上學的觀念論（包含其形而上學的方法。辯證法的唯物論也承認這一方法底相對的正當性）包藏着，等等。

314

一言以蔽之, 辯證法的唯物論, 是使哲學的思想底一切潮流於最高的哲學的綜合調和和統一的東西, 是近代哲學底一切的發展底產物。"新康德派想努力復活康德底見解, 英國底不可知論者(同樣地德, 法, 俄底不可知論者——德波林附記)要努力復活休謨底見解——這都是忽視理論及實踐在很久以前已把兩方打破了——這是表示學問上底退步, 這是給與他們實際上暗暗裏接受唯物論而在大庭廣衆之中否定牠的可能性的"。(恩格斯)

如果還有想藉助於先驗的方法來駁斥和打破馬克思主義(新康德派, Stammler, G. Simmer)或想藉助於心理主義來"鞏固"馬克思主義的人 (休謨, 馬赫及其他), 那是意味着一種邏輯的隔代遺傳的。

(註一)亞里士多德, 形而上學, 德譯, 1902年, 33頁, 前半。

(註二)拉恩, 理想主義與實證論, 第一卷83頁。

(註三)在德模頡利圖, 感覺論是與唯物論有密切的關係的。

勃洛大哥坊是"純粹"感覺論底代表者。

(註四)還不是 "年代學地" 及歷史地克服勃洛大哥拉, 而是邏輯地克服了他。因爲赫拉頡利圖是比較洛大哥拉生得更早的人。

(註五)蒲列哈諾夫，關於對歷史的一元論的見解之發展底問題(史的一元論)，201頁。

(註六)"La matiere en gènèral est tout ce qui affecte nos sens d'un facon quelconque"，(Système de la nature, 1 ch,3. p. 31.)

(註七)從康德底見地看來，物之自體與物質不是同一物。"物質"在牠是"現象"底範圍內，是作爲經驗事實而直接地給與我們的。但是，如果把"物質"解釋爲感性的感覺底原因，橫於現象底根柢的東西——那末，物質就是"物之自體"是不可知的。

(註八)參照在恩格斯底費爾巴哈論中蒲列哈諾夫底註，101頁，及蒲列哈諾夫底我們底批評家底批評，169——171頁。

(註九)蒲列哈諾夫，我們底批評家底批評，199頁。

(註十)現象論者底這種推論，第一就讓想着這樣的一件事：即縱令物之自體能被認識，那不是依着感官而是藉助於其他底或種認識機關的。

(註十一)馬克思說，"科學是以合理的方法適用於外的感官

316

所提供的所與而成立的"。

(註十二) 要理解正當地措定這個問題之重大的意義，只要回想經濟學上所謂歷史學派與所謂 "理論派" 即西摩勒耳 (Schmoller) 與卡爾・孟革 (Karl Menger) 雙方間關於方法論底論爭就夠了。如果在經濟學方面科學的理論對於"具體的事實"或"經驗"底對立，其目的在證明作爲經濟學說底馬克思主義之非科學性，則"自然科學"對於歷史的"文化科學"或單純的"精神科學"即好像以有和自然科學相異的邏輯的構成爲特色的 "精神科學" (Geisteswissenschaften, 指所謂溫打斑德＝律刻特的傾向) 底對立，其目的就在於證明作爲歷史哲學上底學說底馬克思主義之非科學性，唯物史觀之非科學性的。溫打斑德和律刻特底著述，在像斯諸爾衛及勃爾額可夫般的我國底馬克思主義底 "破壞者" 看來，是眞正的天啓，並非無故。可惜在本書裏，我們不能停留於歷史的方法論之問題。現在只指出下面一點：即辯證法的唯物論是從同一的邏輯的或方法論的視覺來觀察自然及歷史的。

817

三

在觀念論的體系作為出發點而出現的是無限者，絕對者，精神。唯物論，不把絕對精神而把有限的現實的存在置於自己底哲學底根柢，在絕對精神，一切底有限的東西，對象的東西，質料的東西陷於空虛的抽象，而且不過是這一抽象概念底單純的賓辭。費爾巴哈說，"思維與存在間底真的關係如次：即存在是主辭，思維是賓辭。思維為存在所規定，但是存在不為思維所規定。存在是依着自己，通過自己，所規定的。存在只通過存在而被給與的，存在在自己之中有着自己底基礎"。(註一)

無論是存在底概念或其他的東西底概念，哲學是不能從抽象概念出發的。因為我們把其本質的質都抽象了之後，所留下的只有表象，只有欠缺一切具體的規定的抽象的存在之概念。費爾巴哈當批評黑格爾哲學底時候，就從這種思想出發了。而且這一事給與他為辯證法的唯物論建築起強固的基礎的可能性。以現實，物底總體，存在全般為對象的哲學，不待說是由存在出發的，但這個存在是具體的實在的存在，而又和黑格爾所置諸自己底哲學底基礎的存在之概念相異的。具體的存在，沒有一切底質的規定，空間的時間的規定是不能想像的。"對自底存在"是成爲"對他底存在"底前提的。"或物"在我們或一般地在"他者"看來是存在的，是因爲那是一定底或物。費爾巴哈說，"沒有何等性質的東西是不能以明白的狀態成爲意識，知覺底客體的。而且在他者看來也是不能一般地存在的，爲什麼呢，因爲性質云者是或物向着他者顯示自己底存在時底媒介物的緣故。……只有一定底存在是存在的。因爲這個緣故，物是以性質爲媒介而被認識的"。(註二)"存在這件事——費爾巴哈在另一個地方指摘道——就是成爲主觀，對於自己存在着的意思。(註三) 故物體不是像現象論者＝感覺論者所想一樣，悉爲被知覺性所包盡、而是完全離開我們底知覺而獨立，'對於自己'，作爲'主觀'而存在的。但是，如果物體是離開我們底知覺獨立而存在的，則這些知覺就是完全依存於對我們作用的物體。沒有物體，便沒有什麼知覺，表象，概念和觀念。我們底思維，是爲存在所規定

319

的。即為我們由外界所受入的印象所規定的。這一結果，我們底觀念及概念也有客觀的＝實在的意義。悟性底一般的規定，因為牠是從具體的現實，存在所抽象的，故有普遍的實在的意義"。

"沒有對立的存在 —— 思維作用於這個存在 ——便沒有思維"。——特棱得楞堡(F. A. Trendelenburg)說。費爾巴哈所說的也是這種意思。思維是為存在所規定的這個最重要的根本的認識論上底命題，把牠適用於人類底歷史，道德和政治時，就獲得特別的最深遠的意義。

這樣的，知覺是客觀對於主觀的作用底結果。知覺是在物體的對象和我們底感官接觸的場合始行生起的。外的對象，或一般地說，外界與我們底感官之間底這種聯繫，是因果關係。作用於我們底感官的物體，是作為物體所惹起的作用即知覺底原因而觀察的。現象論者抗論著能夠這樣地提起問題的可能性。內在論者以為：外界（縱使這樣的世界存在著）不僅不到達於知覺，那是不能思維的。這種獨斷的主張是正當的麼？不消說，如果將內在的東西只解釋為意識內容，又把超越的東西解釋

320

為不能成為知覺底對象的東西，則這一場合，邏輯地不得不承認超越的東西是不能被認識的，理由是因為不能把"被知覺性"和"非知覺性"同時賦與於超越的東西的緣故。但是，在這裏不是完全不以'作為意識內容底知覺是作為這樣的東西而於主觀之外有着存在'為問題麼？唯物論者底主張完全和這個相異，即主張作為被知覺物底超越的東西是與作為知覺內容底內在的東西相異的。唯物論者決不把"被知覺物"解釋為意識內容，而解釋為以對於我們底外的感官的作用為媒介而成為意識底對象的東西。總之，唯物論者在知覺底對象與對象底知覺之間設着嚴格的界限。知覺底對象底總體形成離開一切意識而獨立存在的外的物質界。對象底知覺底總體是構成內的內在的世界──意識內容的，沒有意識便不能存在的。意識內容是超越的之類的怪話，是無論那一個唯物論者也未曾主張過的。唯物論不過主張着知覺底對象是超越的吧了。現象論者事實上陷於難解的矛盾，為什麼呢，因為從他們底立場看來，是沒有到實在界的出路的。事實上，把世界認為內在的意識內容，同時主張世界底超越性——就是承認意識內容是存在於意識之外的。但是，這個矛盾，無論在怎樣的場合，不是唯物論所能具有矛盾。

不僅如此，辯證法的唯物論是除去這個矛盾的。唯物論者峻別着存在底表象與存在自身。因為這個緣故，在他們，作為現實的內容底存在是離存在底表象獨立而存在的。存在底概念或表象，事實上是依存於主觀底意識的東西，跟着後者一起消滅的。存在自身即外界是離開我們底意識而獨立存在的。而我們底意識，我們底思維則為存在所制約。

又主觀因為在萬有之史的發展過程中為客觀所創造之故，所以意識對於外界是不可分的。意識不是有着天上的超自然的起源的東西，而是有着地上的物質的起源的。意識是完全為存在所規定的。我們底知覺是從外部到達於我們的東西而為作用於我們底感官的外的對象所制約的。把知覺底對象與對象底知覺同一視的現象論把外界及我們底關於外界底表象，數量地作為同一的世界而觀察着。從這一見地看來，對象是在我們之外和在

322

我們之內同樣地顯現着。知覺，不作爲或種外界底作用而觀察，而是被作爲第一次的所與性——那是其自身被提高到絕對的現實性的。立脚於現象論時，知覺，在其內容也和對象"外界"同一的。卽紙，在我看見牠的時候，知覺牠的時候，是白的，又說起來，在其自體也是白的。唯物論是把知覺作爲外界底作用而觀察的。故從這個立場看來，不能有外界與知覺底一致，兩者之間不能有數量的同一。但是同時作爲兩個因子——卽外界和我們底"感性"——底作用底結果之我們底知覺，在其內容上也不能不認爲和外界——直接地直覺地不到達於我們的外界——底對象不是同一的。對象底知覺，或用哲學的用語來說就是現象——有着這一名稱的東西，是兩個因子——卽物之自體與我們底自我底性質底合成物。物之自體或知覺底對象，爲了牠自己底存在是不需要什麼主觀和什麼"自我"的。爲什麼呢，因爲像費爾巴哈之所說一樣，在不把存在單解爲被思維的存在的場合，存在始有意義的緣故。(註四)　這樣的，辯證法的唯物論首先設外界與現象間底差異。物之自體與現象，在數量上

323

和在內容上都不是同一的東西。作爲知覺底白，是與不依紙之對於我們的作用而被給與的白（紙之白）不是同一的。作爲結果底原因與作爲原因底對象不能是同一的。物體作用於我底感官．我底神經，網膜和皮膚。這一場合，在我底神經中所起所過程，和惹起了這個過程的物底性質是不同的東西。若用心理學底用語來說，就是刺激和感覺不是同一的。在這樣的條件之下，物之自體與現象不能說是同一的。但是，並不因此，物之自體就成爲不可知的。爲要物之自體到達於認識，知覺與對象之間，感覺與刺激之間，內容底同一完全沒有不可不存在的必要。但是，這樣地從知覺和知覺底原因之間有差異看來，就成爲這等原因——即對象是不可知的麽？決沒有這囘事。"在所感覺底對象之間，人類所發見的類似和差異，是現實的類似和差異"。(註五) 在現在所引用了的話語之中，蒲列哈諾夫把如次的思想導入了：即縱使假定知覺與對象之間有着差異，但對象自身（在這裏，這一對象底本性還未被規定，爲什麽呢，因爲在這個階段，這位思想家還完全未涉及對象底本性底問題。但

324

不管其本性是怎樣，只是議論對象自身是否可以認識。)還是可以認識的。依着對象對於主觀底作用而使之生起於主觀中的感覺，在其內容上不類似對象，而在影量上也不是與牠同一。可是對象自身還是可知的。爲什麼呢，因爲我們所感覺的類似和差異——知覺或感覺底類似或差異——有現實的類似和差異與之適應的。馬赫主義者與其同系統底批評家——辯證法的唯物論底批評家——在剛纔所引用的話語中看見了矛盾。但是，這只是因爲我們底批評家諸君不能理解和熟思辯證法的唯物論底哲學的緣故。我們在本章不以討論他們底文獻爲目的。但是我們不能不把這些著述家諸君以他們自己對於物之自體和物質的解釋來誣辯證法的唯物論者的事，指摘出來。他們頗囿於學派的觀念，所以完全不理解這位思想家(指蒲列哈諾夫——譯者註)何以在其認識論上雖從"物之自體"出發，却同時和康德不同，而拒絕把"物之自體"認爲不可知的，在於物底彼岸的東西。

英•哇棱智諾夫說，"讀者諸君試讀讀蒲列哈諾夫底哲學底"二十二不幸"中之這一不幸，而從

其功績上去評價他底煩瑣哲學的內容好了。在他
'純粹抽象' 'Caput mortnum'（無價值的殘滓）是
成為現象底條件的"。（註六）

英·哇棱智諾夫及與他同一思想的人們之最
初而且最後的不幸，在於他們沒有脫却形而上學
的概念。辯證法的唯物論完全不是以這樣的空虛
的抽象行動的。欠缺一切性質的康德底物之自
體，是由具體的事物分離了的概念。——這是一
般概念，又是離開具體的性質，一切具體的規定
而獨立的實在性所歸屬的抽象。然而辯證法的唯
物論放棄了這個空虛的抽象——而且極其合理地
放棄了。但是放棄這個抽象——並不是否定和我
們底意識無關係地存在着的對象自身底存在。從
辯證法的唯物論底立場看來，物之自體，在其自
體是作為"為自已"而存在的東西形成對象的。在
這個意味上，蒲列哈諾夫也"在此等底物為我們
底感覺底根源的範圍內把物質定義為物之自體底
總體"。（註七）這個物之自體或物質不是在於物底
具體的性質之背後的抽象概念，而是"具體的" 概
念。物質底存在，是不能由物質底本質切離。或反

826

對地，物質底本質是不能由物質底存在切離的。物質底本質，是爲其具體的性質，實在的賓辭所規定的。在這裏我們要勸讀者諸君自己來判斷英·哇棱智諾夫底批評底深遠的意味。依着他底偉大的睿意，蒲列哈諾夫底哲學是把存在或實在區別爲三種形態的。卽"下面——是作爲'唯一底實在'底物質，在第二個階段是作爲"物之自體底總體"底物質，在第三個階段是和可知的物之自體相異的不可知的本質"。(註八)諸位批評家要理解這樣的概念之混亂是熱心的批評家所造作的東西而不是辯證法的唯物論所附帶的，只要更加根本地熟思着辯證法的唯物論底哲學便夠了。

這樣的，辯證法的唯物論與形而上學的唯物論相異，把對象自體作爲在質上被限定的東西而觀察着，欠缺了一切底質或性質的對象甚至不能爲我們所思維，而且不能存在，也不能有何等底存在。外界是以外界卽對象自身在我們之中使之生起的印象爲根據，而以我們底知覺爲素地而爲我們所構成的。由這一事看來，就可以歸結到我們關於外界的表象，是包藏着和外界無緣的性質。如果

327

我們把一定底性質賦與外界，則前者是從感性底領域借用來的。但是此等性質是由外界——性質是這個外界使之生起的——"進入"於感性界的東西，在外界與內界之間有或種差異存在的。可是同時一定底類似也存在着。所以，我們是立脚於印象即外界底對象所使之生起的印象而到達於外界底認識的。我們立脚於由對象對於我們底作用所受入的印象賦於對象以一定底性質。印象是二個因子底合成物。而作為這樣的東西底對象，不可避地是為這兩個因子底本性所制約的東西，而包藏着構成兩個因子中之執一因子底本性的或種東西，及兩因子所共通的或種東西的。外界與內界這樣地被結合了。我們是從屬於客觀底影響而認識客觀的。

只有立脚於承認着外界的辯證法的唯物論底地盤時，始能建設純科學的認識。否定外界的人是同樣地否定我們底感覺底原因而到達於觀念論的。但是外界又是成為合則性底原理的。如果我們在自己底感覺之中，看到有一定秩序的知覺底聯繫，那末，這只是由於我們底知覺底原因即外界成為這一合則的聯繫底基礎而生的。沒有外界便沒有事物底那種相對的持久性，又沒有事物底相對的持久性，則認識和人類生活都是不可能的。我們底知覺自體不是以何等持久性為特徵的。知覺雖消滅，但外界底對象却繼續存在。知覺是可變的，流動的。

　　舉例來說，我底視覺每在閉上眼睛時就中斷了。其他底知覺也是一樣。這些知覺完全在主觀底權限內。就在知覺底領域內有此等一切變化之際，外的對象還是不變地——不消說是相對地不變地——與在我底知覺所起的變化沒有關係地繼續着牠底存在。這樣的，科學的認識要有'我們使主觀底可變的知覺歸屬於外界底相對地不變的對象'這個條件始有可能。存立於各種人底"體驗"之間的相互一致及契合，是要以共通的又對於一切東西妥當的基礎或原因（體驗底）——叫做外界的原因——來說明的。一切底知覺是為主觀對於所知覺的對象的關係所制約的。我知道這些外的對象底性質，同時也知道為對象底作用所規定的關係。我是明白一定底知覺怎樣地生起來，卽在這

329

樣的條件之下，生起這樣的知覺而不生起其他底知覺的。這件事是給與我豫見有着客觀的意義的一切底知覺，由那個客觀的原因推定這些知覺的可能性的。沒有豫見的可能性，也沒有科學地認識自然現象及人類生活底現象的可能性。

然而在排除作爲一切知覺底合則的原因底外界，只承認着知覺的時候，使現象能夠說明的同類的唯一底原因便沒有了。

在這樣的場合，我們最後的任務，就是不把各種人們底知覺歸着於唯一底外的原因，却是研究那知覺之間底諸關係之無限底多樣。沒有外的原因的知覺自體，形成欠缺了一切底合則性和聯繫的渾沌，但是外界底對象不是只對於我們而有因果關係的。牠們相互之間也有因果關係。即是外界底對象自身之間存在着一定底相互作用。知道這種相互作用底制約，不僅給與豫見和豫言對象對於我們底作用的可能性，並且給與豫見和豫言對象底客觀的，離開我們而獨立的關係及作用即物底客觀的性質的可能性的。

作爲主觀底我們與外界之間底差異，只是我

330

們能夠認識外界底對象在我們所生起的作用及我們意識着一方面對象與我們之間，他方面對象自身之間所有的聯繫和因果關係。這樣的，從辯證法的唯物論底立場看來，一切底現實就成爲表現作用底總體的。以任何一種方法表顯着作用的一切東西都是現實的。或種東西，在牠作用着的範圍內，是現實的。活動是現實的，實在的東西底規準。"作用"，活動底概念和"可變性"底概念也有不可分離的關係。在沒有何等變化的地方便沒有生命，只有絕對的恆常，不變的物之自體存在着，在那裏沒有運動，只有絕對的平靜。因爲我們底知覺是外的原因底結果，故我們底知覺也跟物之自體底變化而變化着。故在外界有可變性和運動存在着。如果外界之中沒有變化，則我們底知覺也是恆常的吧。但是由知覺底可變性也可以歸結到我們底知覺底原因底可變性。爲要科學的認識可能，在一方面，物之自體，外界底對象就應該是持久的，在他方面因爲現象卽對象作用於我們的結果是可變的，故不能不認爲這些對象是可變的。恆常性和可變性——這是物之自身底二個特徵。故外界只

331

能夠是相對地持久的東西，而受着無間斷的變化的。

形而上學 —— 連形而上學的唯物論也在內——承認實體不受着什麼變化而是絕對地持久的和不變的。辯證法的唯物論，是反對着形而上學的見解而從現實底究竟要素是相對地持久的和不變的這一思想出發的。我們知道物理學者以為是不變的最單純的"物體"卽本原的不可分解的"物體"的原子，是由更本原的單位或粒子而成立的。人們假定在電子之中有存在底究竟要素。但是，辯證法的唯物論果主張原子是存在底絕對的界限麼？這一主張，是屬於形而上學的唯物的，不是屬於否定絕對的不變性的辯證法的唯物論的。

如果像我們底馬赫主義者一樣，以為作為實在底物質跟着電子論底承認而消滅，同時辯證法的唯物論——以物質為唯一底實在並且把牠不為經驗底體系化底唯一武器的辯證法的唯物論——也跟着物質底消滅而沒落，那是很錯誤的。電子論第一是關於電氣之原子論的構成底假說。電子論底創始者主要的是韋柏和赫倫霍諸。"電子"底

382

名稱起於斯托內 (Stoney)。他把這個名稱用爲欠缺力學上底惰性的質量的電粒子底意思。但是，電子論是排除原子的麼?電子論不過是證明：原子是相對地持久的，不可分的，不變的; 原子自身是由"諸原子"底複合或集團卽由更微小的粒子底集成而成的束西，電子底游離過程及 Energy 底發生過程是起於原子自身底界限內，卽這些過程底實在的或物質的基體是原子。

這樣的，原子是物質的基體，而於其中生起種種底過程和變化。依着使一定量底電子遊離，一原子轉化於他原子，一"質"轉化於他"質"（由拉智姆轉化爲赫留姆等）。但是，作爲實在的基體底原子，不是被電子論所驅逐的。

可惜我們不能再事議論，姑且停止於此。而從前述底事可以得到如次的歸結: 就是電子底轉化說卽關於依着飛躍的"從量到量底"轉移的學說是巧妙地確證着生物學上的突然變異說（卽種底飛躍的進化說）和辯證法的唯物論底正當性及眞理性的東西的。

現在來總括一下。如我們所見到一樣，由形式

383

方面，辯證法的唯物論是附與普遍妥當的客觀的認識底可能性的。爲什麼呢，因爲從這一見地看來，存在底形式同時就是思維底形式，又在客觀界的各種變化，有知覺底領域中的變化與之適應着。由實質的契機看來，辯證法的唯物論是由物之自體或外界或物質底承認出發的。"物之自體"是可知的。無制約的東西及絕對的東西是辯證法的唯物論所否認的。自然中的萬物在於變化和過程之中，而於此等運動和變化底根柢是有着物質底一定的結合的。存在底某一"種"是依着辯證法依着飛躍而轉化於他一"種"的。物理學上的最新的理論，不特沒有顚覆辯證法的唯物論底正當性，反對的，是完全確證了牠的。

(註一)費爾巴哈，著作集，第二卷，239頁，1904年，約得爾出版。

(註二)費爾巴哈，著作集，第二卷，77——78頁，1904年。

(註三)費爾巴哈，著作集，第二卷，284頁，1904年。

(註四)在另一地方，這位費爾巴哈指摘道 'Die Existenz hat für sich selbst auch ohne Sag barkeit Sinn und Vernunft" (Bd. 2 werke. 1904. S. 288)

334

(註五)蒲列哈諾夫，在另一地方，用着如次的話反覆着同樣
　　　的思想道："依着客觀對於主觀底作用而使之生起
　　　於主觀中的感覺，和牠不和主觀類似一樣，和客觀也
　　　是完全不類似的。可是在客觀的各個變化，有客觀對
　　　於主觀底作用底變化在適應着"。蒲列哈諾夫，我們
　　　底批評家底批評，199頁。

(註六)英·哇棱智諾夫，馬克思主義之哲學的構成，第一
　　　册，58頁。

(註七)"在思維之外的這個存在底形象是爲實在底基礎的
　　　物質(Materic)"。賀爾巴哈，著作集，第二卷，289頁。

(註八)英·哇棱智諾夫，馬克思主義底哲學的構成，46頁。

第 八 章

再 論 辯 證 法

俄羅斯現在正在經驗着困難的內的危機。這一危機，在理論的思想底領域也極其有力地被感覺到。國家破壞了諸種黨底政治機關，主要的是依着外的勢力。意德沃羅基底"破壞"，縱使不是全部，但很顯著地是可以歸諸我們底智識階級底教養的不安定性與有科學的性質的確固的"傳統"之缺如的。在半農奴制的封建和半布爾喬亞的國家，智識階級是徘徊於神祕的神學的獨斷說與俗學的＝布爾喬亞的實證主義或經驗主義底兩極端的。對於所有的"意德沃羅基"和所有的哲學的＝科學

337

的潮流的皮相的淺薄的態度，是我們底智識階級之特異的最顯著的特色。智識階級昨日那麼樣地熱烈地狂信地禮讚着的東西，今日便誇張地（必定誇張地像鬧賽會似的！）把牠葬送了。但是明天又要把今天底"信仰"拋掉得一點也不存留的。而且這都是沒有苦惱地，也沒有特殊的內的悲劇地，恰像是應該這樣似的，勞驅事物底順序是如此似的做着了。並且值得注目的，是死底舞踏是否以十分的根據遂行，却未曾一加檢討的。我們底"飛躍者"諸君是在大庭廣眾之中簡單地宣言着直到現在是相信着但今後却不信了的。而在我們底智識階級正因為沒有智識，只有信仰底對象存在着，所以能夠那麼頻繁地葬送着"世界觀"。我們底智識階級曾經——而且那不是很遠的事——有過傾倒於馬克思主義的時代。如今"以前底"種種著述家們；都對於馬克思主義唱着挽歌了。他們說，馬克思主義也跟着革命一起被破壞了。諸君就是光聽聽伊慈哥埃夫氏底話也好。在伊氏，這一點是確實明瞭的事。我們不想否定以俄羅斯革命底名稱見知的手術是全然終於不成功了，及某手術者

338

巴經暴露了對於"外科醫學"的完全無智和忘却的。但是，"外科醫學"是那兒不好呢？這是要請教的。其結果，作爲科學的理論底馬克思主義爲什麼要受破壞呢？

馬克思主義早巳不使人滿足了！這一口號在那探求着使或一種積極的"行動"能夠進展的新"理論"的"馬克思主義者"之中惹起混亂了。極壞的"手術者"創造極壞的理論，捏造宗教等，這樣的事體是更爲勇敢的人們所幹的。沒有那麼勇敢的人們還在從事馬克思主義底種種方面底批判，他們以爲這樣的批評現在獲得成功就好了。耶·伯爾曼氏就是這樣的嚴正的批評家底一個。我們以下想把幾頁割愛來討論伯爾曼氏底著書。

伯爾曼氏著了一冊關於辯證法的書籍。那是可貴的而且是極有益的勞作。爲什麼呢？因爲辯證法是最複雜的同時最深奧的哲學問題，而且是只經過一點研究的問題的緣故。我們不但沒有在種種時代取了種種形態的辯證法底歷史，就是辯證法底本質自身，在許多人看來，還是模糊曖昧極其錯綜的東西。在耶·伯爾曼氏之前覺得有廣汎

839

的活動領域在展開着。但是諸君巳知道也未可知，實在是伯倫修泰因使他感亂了。我們在這一著書底最初數頁，看不到辯證法底本質底研究，而遇到如次的冗談："在馬克思底世界觀之中，有着干點因受攻擊者所用的武器巳經完全生銹之賜而不再受這種攻擊了。依着資本論底天才的著者之努力所築成的堅固的建築物之老朽部分無疑地須要修繕，根本的修繕底部分，依着我們所深信，第一而且主要的是馬克思主義底哲學的根據，尤其是有名的'辯證法'"。伯爾曼以為伯倫修泰因是馬克思主義者陣營中"指摘了作爲觀念論哲學底殘滓底辯證法與馬克思底社會學說底科學的性質之齟齬"的最初之人。依着伯倫修泰因而被開始了的馬克思底哲學的見地之判批的再檢討，是不能不繼續到馬克思的哲學底出發點與"最近底科學的收穫"即說正確點就是馬赫，阿芬納留斯底概念之完全的一致的。在馬克思主義之中，有"最近底科學的收穫"所不能承認的要素——第一就是辯證法。辯證法是觀念論哲學底煩瑣哲學的殘滓，馬克思主義不僅在邏輯上，差不多在歷史上，也和黑格

340

爾哲學是什麼聯繫也沒有的。"我們由個人看來，顧諾底見解是最近真理的。依着他底見解，馬克思主義之對於辯證法底依存，是純粹地具有外的性質的。但是，這一外的性質是和馬克思自己底意見矛盾的，這由前面所引的他底說話看來也可以知道"。(註一) 恰恰和顧諾及伯爾曼相反，在我們，這一依存是頗緊密的，是一般地沒有黑格爾哲學尤其是沒有辯證法，我們便不能理解馬克思主義那麼樣地緊密的。現在就來說明這一依存吧。

黑格爾——是個絕對的觀念論者。在他，思維和存在是同一的。思維又是存在之自身。但是，像赫夫鎮格所說一樣，黑格爾又極是實在論的自然。這樣的，在黑格爾底體系中可以看取內的矛盾，那是依着費爾巴哈及馬克思底"實在論"或唯物論底勝利所完成了的。黑格爾底全哲學無論在邏輯上抑在歷史上都是對於抽象的思維底抗議，同時從事於具體的東西，實在的東西底肯定的。這二個元素之鬥爭，形成全黑格爾體系底內的軋轢，內在的辯證法的矛盾。在古代底辯證法，具體的東西，實在的東西，一句話說，現實，是為純邏輯的

341

東西抽象地所思維的東西，所拒絕的。個別的東西是爲普遍的東西所呑併的。古代辯證法不能夠克服存在底抽象的同一底觀念。古代辯證法不能發見去接近作爲客觀的具體的感性的東西底存在的途徑，而依然停留於純邏輯的東西底領域的。生成底觀念，過程底觀念自身只不過是運用於事物之上，實在的現實之上的純邏輯的抽象底表現。觀念和實在，主觀的東西和客觀的東西底對立，又是康德哲學底顯著的特色。但是，康德和其先驅者獨斷論者相異，是理解古舊的抽象的形而上學受了批判的。抽象的，形而上學的見地是以由活生生的全體者分離了的人工的抽象爲問題的。這一見地，更由這個活生生的全體者底立場看來，是把理想的無內容的抽象作爲既成的凝固的不變的實在而把握的。這一不變的實在，作爲抽象地被固定化了的存在而轉化爲無生命的邏輯的圖式和形式。感性的東西就這樣地成爲抽象的東西。黑格爾底課題在於抽象的東西之對於感性的東西，具體的東西之轉化，即觀念之對於實在底溶解。觀念不是和實在對立的，和實在是觀念一樣地，是實在之自身。所謂現實者就是"積極的"觀念＝實在底總體。辯證法是不以"物底體系"為其目的而以觀念＝實在底作用，活動底系列底記載為目的的。觀念＝實在不是互相孤立的，而是相互地聯繫，相互地移行，合流而成的綜合的統一，形成活生生的全體的。分析和綜合，是於現實底辯證法的解釋上互相補足的。抽象的思維是直觀的＝受動的，辯證法的思維——是活動的＝積極的。前者以固定化了的固定的抽象＝概念為問題。後者則以流動的現實為問題，這個流動的現實——是不遵循形式邏輯的同一法則，並且同時包藏着類似和差別，依其本質自身而且有共通性和對立性底特性，抽象的思維是形式的，辯證法的思維則努力去把握現實底內容底完璧及其一切底多樣。抽象的形式主義設定物底絕對的類似與絕對的差別。具體的思維撤去這些絕對的限界而於表面好像不可打破的界限之間隨處發見中間的形式，漸次的推移。在經驗，在現實，這樣的不可打破的界限是不存在的。所以，物越是對立的就越是同一的，越是差別的就越是類似的。這種內的二重性——物之自己肯定

348

與自己否定——形成一切鬥爭，一切運動底內的原因。活的生活是比着死的邏輯的圖式及公式更爲複雜，更爲豐富和更爲多樣的。活的生活是不包含於這種死的邏輯的圖式及公式之中，也不爲其所併吞的。試於動植物之間設定不可打破的界限看看。形式邏輯，在研究底便宜上，把現象底一定部類底表徵底總體及個個底契機本體化而設定絕對的界限，不變的範疇，理想的同一。但是被視爲旣成的，固定的，不變的本質的這些理想的同一，抽象的實在，不是邏輯的圖式，所思維的實在以上的東西。抽象的思維把這些理想的本質，這些理想的實在移入於客觀界。在這裏就有着使邏輯的範疇轉化爲形而上的實在的，抽象的＝形式的邏輯底不法的詐術。客觀性是應該只應於經驗界，經驗的實在的。後者在過程——但是人類史及自然不形成"完成的"事物底體系，完成的直觀底體系，而形成過程的——成爲問題的範圍內，是形成類似的抽象的實在之間底過渡的形式，中間的階段的。抽象的思維，是把現實圖式化和"觀念化"的。辯證法的思維是在努力把握現實底卽生活及

844

歷史底具體的全内容的。

黑格爾哲學是抽象的形式的哲學底否定。黑格爾底辯證法不可避地要趨於純粹思維底否定，抽象的東西要溶解於具體的東西，實質的東西。於是我們再當面着在黑格爾體系自身中的辯證法的方法與那依然使這個極度實在論的自然停留於抽象的東西底領域的，他底哲學底根本的傾向之間底矛盾。蒲列哈諾夫說，"費爾巴哈發見了黑格爾哲學把在康德特爲顯著地呈現了的存在和思維底矛盾除去了。但是，依着費爾巴哈底意見，黑格爾哲學是依然留頓於矛盾之中即停留於矛盾要素之中底一個——思維——之内而除去這個矛盾的。在黑格爾，思維又是存在。"思想——是主辭，存在是賓辭"。因而黑格爾及觀念論一般，結局只有依着除去矛盾底構成要素中底一個即存在，物質，自然而除去矛盾。但是，除去矛盾底構成要素中底一個，全然不是意味着這個矛盾底解決(註二) 一方面，黑格爾底全辯證法用於抽象的思維。他底全辯證法努力要從實在構成觀念，從具體的東西構成抽象的東西。但是結局，黑格爾不能達

345

到觀念與實在底統一。他比他底先驅者更加有力地肯定着實在與思維，觀念與實在底同一。卽：宣言存在底眞理是思維，而復歸於絕對的觀念論。黑格爾底體系之中包含有具體的東西，但那是作爲思維底抽象的契機的。實在在思維自身底領域內和思維對立着。抽象的東西把感性的東西於抽象的東西底形式包括着。這樣的，感性的實在的存在就被除去了。但是黑格爾對於形式主義，抽象的思維鬥爭了。他以具體的思維，具體的或客觀的概念來與抽象的思維對立。在黑格爾看來，作爲抽象的東西底內在的內容的，是具體的物質的世界。在黑格爾抽象的東西是具體的實在的東西底形式。形式與內容之間有矛盾存在着。黑格爾依着辯證法的方法之精神努力於抽象的觀念及形式之對於具體的＝生命的內容底溶解。同一底法則，和抽象的思維底活動所根據的其他底邏輯的形式法則一樣，是"觀念的"。同一底法則不是形成本原的實在的東西。那——是思想底產物。若由辯證法的見地看來，作爲抽象的思想底產物之形式的抽象的法則是要分解或轉化於不能適用不變的範疇的第

346

一次的實在的東西。經驗的實在,物質界,不知道絕對地＝同一的存在。這一存在只不過能夠爲抽象及抽象的思維底對象而巳。站在"純粹思維"底立場的黑格爾,把辯證法的形式包裹抽象的時候,那只有依着抽象的思維包藏着實在界底一切底富,"神祕的外衣"包着成爲概念運動底內的原動力之活的具體的內容是可能的。在這裏馬克思下面的話底意思就明白了:"在黑格爾,他在理念底名之下使之轉化爲獨立的主體的思維過程成爲現實底創造主了。這一現實自身不過成爲思維底外的現象。反對地,在我,觀念的東西,所思維的東西不外是在人類底頭腦所改作和翻譯了的物質的東西"。馬克思是以物質的,具體的根據代替黑格爾的辯證法底抽象的根據的。這樣的,黑格爾哲學底眞理就是馬克思主義。如果黑格爾哲學的物質的契機是抽象的形式上的抽象的東西底否定,同時又是概念或觀念底活的內在的內容。又如果在黑格爾物質的＝感性的東西爲理想的東西底抽象的對立,同時的概念底辯證法的運動之實在的事實的根柢,則從馬克思主義底(不消說又是費爾巴

347

哈底）見地看來，物質的東西就是感性的東西之肯定的確認底意思，或用黑格爾底用語來說就是抽象的東西之否定底否定底意思。這樣的，馬克思主義就成為德意志古典哲學底發展過程上底必然的契機。不僅如此，馬克思主義是後者底邏輯的完成。而不解馬克思主義與黑格爾主義底這一聯繫的人，就是關於兩者的概念任何一個也沒有的。

現在，觀念＝實在底概念在馬克思底哲學始獲得其深遠的意思是明顯的。現實所生出的且與那現實合體的觀念是自行指導現實的"現在"及一種"idées-forces"（菲埃底術語）理想力。觀念＝實在——是主觀的＝客觀的。正當地所理解的馬克思主義形成着唯一的科學的認識論。說馬克思主義底破滅就等於說科學一般底破產。因為"馬克思主義者是為要從這樣的認識吸取變革世界之力而以認識世界為其目的的科學的傾向"（考茨基）的緣故。

在上述底推論中，讀者可以發見對於在辯證法之中看見和馬克思主義的哲學沒有怎樣的內的聯繫的觀念論哲學底煩瑣哲學的殘滓的伯爾曼及

348

其他批評家底反駁之答覆。批評家們雖從"最近底科學的收穫"出發，而終復歸於觀念論底見地，抽象的形式邏輯。我們不論及伯爾曼氏關於"辯證法的圖式"底批評。這些辯證法的圖式，像我們所努力指示一樣，事實上在黑格爾也以經驗的實在為其內容，所以，其實不是演着黑格爾自身所反對而與之鬥爭的論據底脚色，a priori 底原理和形式底脚色。第一，實在界是應該研究及客觀的探討的。縱使像伯爾曼氏所想一樣，不僅思維——而且現實也是辯證法的，並且可以納入一定底圖式之中，那早巳不是我們底罪過。伯爾曼氏說，"現代的思想是依着概念體系之助而檢討現實底無限底多樣的。這一概念，把一定羣底現象所共通的某幾種性質總括為全一體，而依以給與我們於壓倒我們的種種的多量底現象之中決定方向的可能性。但是我們不能把這些概念認為作為事物底部分而存在於事物之中的這種意味上的實在"。註三）這樣的，為形式邏輯，抽象思維底產物之抽象的實在，依着伯爾曼自己底話，在客觀上是不存在的。形式邏輯是可以作為在建立某種目的的場合指導我們的阿

349

伯羅埃斯派的原理而觀察的。在他方面，現實自身不被置於不變化的有限的思維形式之中。一般地由馬赫主義及特別是伯爾曼底見地看來，那就是"普遍的非恆久性及可變性"。馬赫主義否定"實體底觀念底實在性"。馬赫主義"設定相對的恆久性及相對的可變性底概念""來代替絕對的恆久性及絕對的可變性"。但是相對的恆久性底概念是同時包含持久性即不變性底概念及可變性即非持久性底概念的。故現實是辯證法的矛盾。如果科學底課題在於"現實底記載，以豫見事實的目的而使我們底思維適應於事實"，（註四）那末，具體的現實應該和其矛盾一起"反映"於思維，依着不變的範疇而行動的抽象的＝形式邏輯對於這一課題明白地不是充分的。抽象的思維明白地是只以沒有客觀的存在的抽象的實在給與我們的。抽象的形式邏輯完全地不能操縱客觀的存在。伯爾曼氏一方立於形式邏輯的立場承認抽象沒有實在的存在，（這一事也可適用於馬赫主義全體）而同時否定"實在的元素"，在我們底外部的實在。他方面，為要實在界底"普遍的非恆久性及可變性"能夠

"反映"於思維之中，即為要到達於客觀的認識，是不能不使用辯證法的方法，却不是應該使用形式邏輯的方法。沒有從抽象的思維到具體的存在底推移。也沒有從具體的存在到抽象的思維底推移。抽象的思維把抽象的實在，邏輯的抽象本體化而趨於形而上學。"實在的元素"底否定，是不可抗地而且不可避地要趨於抽象的虛無主義及絕對的觀念論的。伯爾曼氏說，"我們能夠把一切底現象（物——即知覺）作為要素（感覺）底複合體而觀察。這些要素，不消說在事實上，決不是互相分離的，而只有於其和他種要素底聯繫上發見牠。所以如果我們還要說及要素，那末，我們只有依着抽象的方法即從他種要素所抽出的方法，纔能夠思維地這樣做的"。(註五) 外界（不消說內界也是）只不過成為感覺或表象底複合體。感覺不管牠是抽象底產物，是被提高到實在。感覺和實在底同視，導出觀念和實在底同視，這樣的，我們就復歸於觀念＝實在底黑格爾的解釋了。把客觀的實在性歸諸物體的客觀是不可能的。我們所能夠的是把物體的客觀無剩餘地分解為主觀地所限定的感

351

覺。全外界形成表象或直觀乃至感覺底總體。這樣的，馬赫底現象論，只要認爲感覺或要素是離開一切主觀而獨立存在的東西，就是等於對於觀念論，客觀的觀念論底復歸了。在馬克思主義底建築物之下埋下這樣的基礎，實是破壞着馬克思主義。因而沒有把辯證法的唯物論和其具體的思維一起接受的伯爾曼氏底同一思想者，要於"新宗教的意識"之中去尋求安心立命，這是毫不足怪的。這個具體的思維是給與避免化石的形而上學的概念底斯智爾拉（希臘神話中底六頭十二足的怪物），避免含有使現實轉化爲感覺底空想的遊戲與沒有合則性及內的聯繫的感覺底舞蹈之萬華鏡式的絕對的相對論的流散無常的心理主義之卡利勃第斯（希臘神話的怪物）的可能性的。

（註一）耶·伯爾曼，現代認識論光中的辯證法，3頁及15頁。

（註二）蒲列哈諾夫，馬克思主義底根本問題，1903年，9頁。

（註三）耶·伯爾曼，現代認識論光中的辯證法，201頁。

（註四）同上書，207頁。

（註五）同上書，212頁。

　　　本篇是對於上引耶·伯爾曼底著書而寫的，最初登在近代世界雜誌的。

第 九 章

新 休 謨 主 義

一

　　德國的唯物論之繁榮是和該國底社會的興起一致的。但是，革命的波瀾歸於鎮靜而社會的反動一經襲來，哲學的地平線上，遂再見觀念論的教義之出現。康德哲學取了"新康德主義"底形式而復活了（1855年）。新康德主義是作爲對於唯物論及無神論底反動而生起，一開始就反對着唯物論的哲學，這是誰都知道的。我們現在不能停留於新康德派底文獻之分析及批評，因爲這並不在我們底課題底範圍內。只有下面一點是應該預行聲明的，即：康德學說一經復活，一切的矛盾也跟着復活了，這些矛盾，一方面與物之自體底承認有不可避的關係，他方面與只適用於現象而排除着物之自體之主觀底 a priori 底機能底承認也有關係。哲學者站在矛盾底面前了：卽是說站在承認着喚起而且規定意識內容的客觀的實在界（物之自體）的唯物論底見地呢，不然的話，就要把物之自體作爲與現象底"內在性"及悟性作用底"先天性"兩立的要素而放棄，而立於主觀的觀念論底見地。新康德學派（不消說不是全部）在聯結康德主義底一切矛盾於一個矛盾的總體之中發見了……脫離這個矛盾底原型的出路。更爲激底的人們，便拋棄康德說的唯物論契機而公然走到觀念論去了。

新康德派底運動，再給與現象論底復活與復歸於康德以其克服爲已任的思想家底機緣。以康德學說爲其出發點的主觀的觀念論底一變種就是所謂內在哲學。

經驗批評論底一個代表者——這裏是指馬赫——自白了康德底學說使他到達了"物之自體"是

完全無用的贅物——這一思想。若從康德學說除去物之自體及 a priori 底合理主義的要素，我們就會得到"休謨主義"或新休謨主義了。

現在讀者可以理解在馬赫及阿芬納留斯底哲學是什麼"現代性"底一微分子也沒有的吧。但是，不消說不幸不是在於這個似是而非的"現代婦人（哲學）"是我們所熟識的，並且是實在值得敬重的老婦人這件事。如果以為馬赫及阿芬納留斯底哲學是休謨哲學底第二版，則"修帕主義"就是站在康德主義底立場的休謨主義底變種。我們是把現象論看做"修帕主義"及"馬赫主義"底共通要素的。馬赫及阿芬納留斯與修帕(Wilhelm Schuppe)都一樣地否定絕對的實在的存在，而從純粹經驗底分析即從我們底意識內容出發的。但是當"修帕主義"從康德底學說除去"物之自體"而承認關於悟性底 A priori 底機能的學說，馬赫主義是拒否先驗論而完全立於休謨底經驗論及感覺論底見地的。

內在哲學 (註一) 是在否定物之自體這個條件之下，標榜再行試使先驗論即形式的合理主義聯

855

結於純粹知覺內容的。內在哲學是再達到費希特底合理論的現象論的。

馬赫及阿芬納留斯底見地，被認爲有排除着物之自體和先驗論的感覺論的現象論底特徵。感覺論的現象論底出發點是感覺底集合體卽感性的知覺。

英國派經驗論底發展所到達的結論，曰：存在的東西是知覺上所給與的東西，翻轉來說在知覺上所給與的一切東西都存在着。我們知道康德也立於這一見地及這一見地引導他於關於物之自體底不可知的獨斷論的斷定。康德底推論是歸着於次點的，卽一切可知的東西都於直觀被給與，都不能不成爲知覺底對象的。但是，成爲一切知覺底對象的東西都是“現象”，離開主觀而獨立就不存在，只是在我們自身之中有着地位。因而，物之自體或者是可知的，那一場合，物之自體不過只形成現象。卽是只存在於我們之中。或者，物之自體也存在於我們之外。那時候，物之自體是不可知的。費希特是否定着物之自體的……

這位思想家質問道──物之自體存在於我

356

們之外——我們這一斷定是以什麼為根據呢？答道：這是以物之自體作用於我們底感性這種"智識"為根據的。

但是知道對象作用於我們就是思維着作用於我們底感性的對象的意思。物之自體是我們為要限定我們底感性而創造的概念等等。

事實上內在哲學底後繼者們也立於費希特底這一見地之上。

這樣的，新康德主義是使康德底學說分解為其構成部分的。我們只來闡明新康德主義發展底結果。我們以為不能論及這一發展過程之自身。新康德主義再使康德學說底個個底"契機"分化為獨立的哲學的傾向了。我們姑不具論內在學派而只論及經驗批判論。尤其是馬赫底學說之或種方面。

為了這一目的，我們第一要先從馬赫底機械論引用一句。

在那裏他說："自然是由被給與於感覺的諸要素所形成的。"

"原始人所首先把握的東西，是以相對的持久

357

性爲其特徵,而且對於他是最重要的複合體(這些要素的複合體)。"

"最初而且最古的語言是'物'底名稱。在那裏面,由物底"環境"(Umgebung)底抽象,由這些複合體所受的·而且以爲不甚重要而不與以注意的連續的小變化底抽象,已經植下根株了。在自然之中沒有不變的物。所謂物者——是對於諸要素底複合體的抽象,名稱,象徵,而我們對於這諸要素底變化是不注意的。我們以一個象徵來表現這個全複合體底意味這種事情,是可以依着我們有一股腦兒稱呼那關聯的印象的必要來說明的。當我們(在更加高度的發展階段)集中注意於變化的時候,如果不欲訴諸"物之自體"及其類似的矛盾的表象,當然我們同時也不能認識不變性的。感覺也不是"物之象徵"。'物'者——寧可說是對於具有相對的持久性的感覺的複合體的可思維的象徵。世界底真實的要素不是物(物體)而是色彩,音響,'壓力',空間等等卽我們普通所名爲感覺的。"

(註二)

依着我們底意見,馬赫底全哲學包含於上面

358

所引的話語中。在那裏，現出了魅惑着許多馬克思主義者的所謂"赫拉頡利圖主義"。把全世界分解爲心的要素的"心理主義"，雖入於抽象底領域但還是從具體的現實抽象的獨特的，"象徵主義"。機械論在這同一章中又論及思維經濟及因果性底問題。

這是大家所知道的，馬赫自己所建立的課題主要的是方法論的課題。馬赫全然沒有着手於認識底材料底問題。作爲現象研究底方式底方法，是以認識底形式的制約爲問題的。"馬赫主義"底信徒是這樣想了。果是這樣的麼？研究方法果和認識底"資料"沒有什麼關係的麼？方法或認識底制約，果不爲內容或質料的"制約"所規定麼？由先驗的方法底見地看來，認識底材料是無差別的。爲什麼呢，因爲認識底形式的制約其實就是創成認識底對象之自身的緣故。但是能夠這樣想的只是合理論者。因爲他是從概念或悟性形式導出世界內容的。從經驗論者——那不能不由經驗上所給與的材料或內容導出認識底"形式"即其一般的前提的——底見地看來，事情是另樣的。即在或種程度，

359

研究方法也爲所研究的客觀底本性所規定的。辯證法的唯物論承認物質爲世界底普汎的內容，承認運動爲其存在形式，而到達於承認例如現象底認識及研究底"普汎的"方法。方法論的一元論只有站在實際的東西底一元底立場纔有可能。形式的統一是爲實在的或物質的統一所規定的，那可以說是後者底抽象。(註三)

我們底思維是完全爲實在的存在所規定的，其結果，我們底觀念，表象及概念也有客觀的實在的意義。反之，悟性底一般的規定，只不過在牠由具體的現在，存在所抽象的範圍內，乃有普遍的實在的意義。

"沒有(和思維)對立的存在(思維作用於這個實在)便沒有思維"，特棱得楞堡說。(註四)

馬赫縱使怎樣地避開事物底實在的原理，但由上述的事情看來，他將不得不以所思維的東西底一定內容，以他底思維活動底對象之經驗的材料爲問題。在馬赫，感覺底複合體就是這樣的實在的內容。必然地取着"心理主義"之形態的他底研究方法是爲這一感覺底複合體所規定的。馬赫底

360

立場是"經驗"底立場，是把感性的知覺和知覺對象同一視的一面的感覺論的經驗論底立場。作爲這樣的"純粹經驗"底內容的東西，這樣的，是形成"質料"的感覺或直接體驗。他由這種資料抽出其一元論的方法。

被公言爲絕對的現實的感覺，成爲存在底實在的要素。物質轉化爲心理的內在的質底總體（註五）。與馬赫同一見地的有名的生理學者微爾窩倫（Verworn）如次地指出心理主義的方法底特徵：——

他說："問題不在於以物質現象說明心理現象，寧是完全和其他一切心理現象一樣，使那不外是心理（Psyche）底表象的物質現象歸着於其心理的諸要素"。（註六）

恰和這個一樣，馬赫也於"由感覺卽心理的要素構成一切物理的體驗"（註七）之中看到科學底課題。從心理主義者底見地看來，感覺，內的經驗成爲直接的所與，故外界，物理的東西不能不歸着於心理的要素。那末，馬赫和微爾窩倫都一樣地站在"汎心理主義"或心意一元論底立場的。所以這

361

位維也納底物理學者沒有對於"心意一元論"底術語提出抗議的資格。(註八)

這樣的，我們知道，心理主義的方法是使"物理的東西"歸着於直接體驗而把世界內容作爲意識狀態而觀察的。認識底材料，同樣地世界底材料，也爲心理主義的方法所決定的。

翻過來說，心理主義的方法，是心理主義一般或"經驗"底見地之不可避的結果。

"純粹經驗"使一切底存在物歸着於一個實在的要素——感覺。但是因爲在經驗的直觀，物理的東西和心理的東西底"二元"被給與我們，故在本質上不能引導物理的及心理的現象於那以純粹經驗爲基礎的統一。感覺形成主觀的體驗底總體，不能不由這個主觀的要素構成實在界。而現象論者，因爲把逾越直接所與底界限視爲不可能的，故不能不以感官的知覺爲實在界。

內在哲學底信徒以爲，外界不但難到達於知覺而且是不能思維的。這一斷定是正當的麼？如果在說內在的東西時以爲是意識內容，說及超越的東西時以爲是不能成爲知覺對象的東西，那末，就

362

不消說應當承認超越的東西不能同時被知覺着又不被知覺着的。

但是作爲意識內容底知覺，作爲這樣的東西而於主觀之外有着存在，是全然不成問題的。唯物論者全然與這個不同，他主張着作爲被知覺的東西底超越的東西，是與作爲知覺內容底內在的東西不同的。唯物論者說"被知覺的東西"時，完全不是指意識內容，而是指依着對於感官底作用而成爲意識底對象的東西。意識內容不是超越的東西——這種荒唐無稽的事任何唯物論者也未曾主張過——知覺對象總是超越的。現象論者，由於自己底見地，實際上是不能發見到客觀的實在界底出路的。因爲他們承認外界的時候就要陷於不可解決的矛盾。事實上，一將世界認爲內在的意識內容，同時主張世界底超越性就等於宣言意識內容是存在於意識之外部。但是這一矛盾是不能夠附隨於唯物論的東西。不但如此，而且只有唯物論者能夠除去這一矛盾。

再拿現象論者底其他底議論來看吧。他們說，客觀是只有主觀能夠思維牠的。而且除開主觀就沒有客觀，因爲超越的東西底概念自身也依存於主觀的緣故，從這裏就生出超越的東西自身存在於主觀之中這個結論。

修帕在其邏輯中如次地說道："依着某一實在論的理論，當我從所思維的事物抽出思維時，不被思維的事物底存在依然是確實的。但是那只在我把牠作爲不被思維的東西而思維的場合是明瞭的"。(註九) 在另一個地方，修帕說着，能夠成爲思維底對象的全存在，在其本質上常已是意識內容，因而又作爲這樣的東西而存在於"我"之中；不是意識內容的存在，是自己矛盾(Contradictis in se)。(註十) 這一思想雖妄冀成爲頗深奧的思想，其實在其本質上是矛盾了的思想。那是巴克萊式的詭辯，就是因爲我思維着存在，故存在不過是思想，即存在不是客觀的實在的東西，不過是所思維的存在。

由沒有思維的主觀或意識就沒有存在底概念和意識這個無容疑的而且沒有議論的餘地的事實，可以導出如次的結論，即：這 概念所意味着的東西即其（概念）實在的內容，對象，是沒有"意識"——主觀就不存在的。一經把物底概念和物之自身同一視的時候，明白地"不爲意識內容的存在就是自己矛盾 (Contradicti in se)"。但是唯物論者在這個場合也是對於這個謬誤及這一"同一視"沒有責任的。修帕所謂"實在論的理論"底信徒，如果支持着修帕，馬赫等底見地，那就眞是犯了重大的邏輯的的謬誤。

唯物論者把存在底表象峻別於存在自身，故在他們，作爲實在的內容底存在是離開存在底表象而獨立存在的。存在底概念或表象是依存於事實，主觀底意識的東西而跟着牠消滅的。存在之自體卽外界是離開任何意識而獨立存在的。我們要再問一句，"某一實在論的理論"是犯了怎樣的"不可解決的矛盾"之罪呢？

現象論者論斷定，外界是現實地存在着。但是那是作爲意識內容而存在的。客觀是主觀所創造的。而且在這個意味上再斷定意識和世界底不可分性。

在一切這些斷定，意識和外界底眞的關係是"顚倒着的"。因爲在事實上主觀是客觀在進化過

365

程所創造的東西，因而意識又是和外界，客觀不可分的東西。

當現象論者說着存在或外界和意識底不可分性的時候，他們是再把我們之關於外界的表象置於實在的外界底基礎的。因爲在"表象者"之外沒有表象，在"認識者"之外沒有認識，故這個外界底表象不消說是和意識不可分地聯繫着的。

在現象論者看來，人類的"我"是存在底最高、標準。這個"我"底現存的內容是直接的所與，牠又是作爲這樣的東西而不需要什麼比這以上的"本原的"其他的東西的。"我"是構成一切認識底出發點及最高標準的。只有在我們之"我"底法廷能被認爲"正當"的東西，只有"我"底直接經驗，能夠獲得實在性和客觀性。我們底"我"代表着一般概念，在這一概念之下事物底總體被持進來。對象是成爲我們底"我"底賓辭的。

和觀念論者相反地，唯物論者是從認識底真理性底唯一的標準之現實底概念出發的。因爲在唯物論者，認識底對象是現實，故由他底見地看來，我們底觀念及概念不能不與這一客觀的現實

366

調和和契合，是很明白的。當現象論者以自己底
"我"底體驗為最確實的東西，因為這個緣故，不能
不把客觀的東西還元於主觀的東西時，唯物論者
是把意識之自身也作為現實底一部而觀察，而且
一切主觀的東西即我們底表象及觀念是不能不被
"還元"於這個現實的。認識底對象同時就演着認
識底眞理性及客觀性底標準底脚色。

　　從休謨主義，因而從馬赫主義，底見地看來，
我們底"我"底內容在其本性上是分為主觀與客觀
的。意識底現存的內容是客觀底存在底制約。一定
的內容只在不是個人的而是構成集合的意識底體
驗之範圍內是客觀的。但是因為集合的意識之自
身第一是個人的意識底直接的體驗，故這種見地
內面地是矛盾的。在把認識底眞理性和客觀性之
基礎置諸集合的"我"底內容或體驗之上以前，應
該豫先定立主觀底存在底"眞理性"。由個人的意
識底領域是沒有出路的。故當修伯爾特・佐爾德
倫否定絕對的＝邏輯的"我"（個人的"我"是其一
部分）時，他是完全正當的。他是公然站在唯我論
底見地的。承認着"人類底原則的平等"，阿芬納留

367

斯(和馬赫)是不能不由個人的"我"之最一般的內容導出"客觀的東西"的。說實在一點，卽是不能不把"客觀的東西"和全主觀所共通的體驗同一視了。

　　康德區別着先驗的意識與經驗的或個人的＝心理的意識。前者在牠被發見於一切意識之中的範圍內有着客觀的普遍的意義。後者只不過有主觀的意味吧了。形式的及抽象的"我"或所謂"意識一般"是創造客觀界而構成真理性底標準的。

　　但是普遍的邏輯的意識底概念和阿芥納留斯＝馬赫底心理主義是無關係的。在他們只有經驗的意識及其等價的體驗存在着。由心理主義底見地看來，不能給與個人的"我"之乙內容優先於甲內容底權利。心理主義在使作爲"一般表徵的東西"，"普遍的東西"底客觀的東西底概念和作爲偶然的及個人的東西底主觀的東西對立時，就陷於自己矛盾了。"心理主義"混同了邏輯的意識與經驗的意識。心理主義是從承認一切個人的＝經驗的意識底體驗底等價出發的。而且不能不這樣。但是心理主義一經企圖定立認識底客觀性之任何標

368

準，就立即陷於自己矛盾。從"心理主義"底見地看來，我們是完全沒有分別客觀的東西而使之和主觀的東西對立之可能性的。我們沒有任何標準可以設定這樣的差別。但是，總之，他們因為在心理上依然有設定客觀的東西與主觀的東西之間底差別的必要，故把否定"心理主義"的純"邏輯的"契機導進來。客觀的東西與主觀的東西底差別導出體驗底等價性底否定。

馬赫以為，構成世界的要素是感覺即心理現象，而在這些心理現象底根柢並沒有什麼物質的基礎。這等世界，也和感覺一樣不能是某種持久的東西。牠們永遠地流轉着。這樣的，就獲得了並沒有什麼物質的基礎的過程。在永遠底運動及變化底過程之中的絕對的虛無，存在着。凡這樣的認識，都是依存於客觀的東西和我們底心理底內的過程即主觀的東西之同一視的。

馬赫之--後繼者這樣地寫着："質量及力等等（依着馬赫）只不過是概念，是我們底想像的心象，而不是存在於思維之外的實在。這樣的實在全然不到達於我們底認識。我們是沒有什麼可以認識存在於我們之外的某種東西的可能性的。但是，縱使可能，縱使存在於我們之外的實在是到達於我們的東西，那時候我們也不能把我們底法則而且只能適用於作為我們底思維底產物之我們底概念的邏輯法則適用於這個實在。"（註十一）第一不能不提出如次的質問 —— 在實在是不明白的場合，克拉囚拍達從何處知道不能把邏輯的法則適用於這個實在呢？馬赫主義者克拉囚拍達最初從我們底概念與實在，"邏輯法則"與現實底客觀法則是相異的這個獨斷的前提出發了：這是明白的。但是，克拉囚拍達何以有這樣斷定的權利呢？我們是不知道的。克拉囚拍達獨斷地使主觀和客觀對立，使概念底世界和物之自體底世界對立着。他這樣地自行取消邏輯法則或我們底概念法則之適用於客觀界底可能性了。克拉囚拍達及一切與他同思想者，都忽略了邏輯法則為主觀對於客觀的現實底適用過程底結果，主觀不是"形而上學地"及絕對地和客觀對立的東西，反對的，主體自身同時也是客體，因而客觀的現實性底法則同時又是"邏輯底法則"。蒲列哈諾夫很正當地說道，"事實上我

870

們底思維底根本形式，不但完全地與存在於物之自體之間的諸關係合致，而且是不能不與之合致的。因為如果不是這樣，則我們底生存一般就不可能，因而我們底"思維形式"底存在也成為不可能的了。固然，我們在這等根本形式底探求吟味上頗易錯誤，我們也有把全然不是範疇的東西作為範疇而接受的事。但是，這是別的問題，和這裏沒有直接底關係。關於這事我們姑且指出次點：卽當我們說及外界底被認識性時，全然不欲說無論那一個哲學者都對於外界具有正確的概念。"（註十二）正是如此。只要我們底觀念沒有實在的意味，不是現實的東西，牠們就是我們底幻想底產物。幻想所加工的要素不消說是由具體的現實取來的。但是這些要素底統合及結合底形式是主觀的。我們底想像依着聯想底法則而使這些要素結合。但是會具有科學的意義的概念，是必然地不能不與物底客觀的聯繫合致的。像新休謨主義者（在他們看來，世界是盡於心理的體驗的）一樣，從問題底純＝心理主義的理解出發的人，是除開"聯想的"聯繫之外，現象底什麼聯繫也不知道的。現象聯繫

871

底法則是和直接體驗底聯繫底法則一致的。"馬赫主義者" 或新休謨主義者是不知道心理的範疇以外底範疇的。新休謨主義者把心理的範疇及聯想的聯繫，與物底客觀的＝實在的聯繫，"本體論的" 範疇同一視的。

心理主義者把思維內容與所思維的東西同一視着。沒有思維作用便全沒有任何內容。沒有思維的主觀便沒有判斷內容。因為這個緣故，人類辯是真理底 "尺度"。真理是只對於人類而存在，並且只在成為我們底對象的範圍內存在着。所與的判斷必須為誰所思維，為誰所 "發表"，纔是真理的。一句話說，判斷內容是不能和思維的主觀分離的，和知覺內容不能由知覺底主觀抽出的一樣，牠是不能由邏輯作用抽出的。但是知覺底對象和知覺底主觀密切不可離地結合着，沒有後者，前者是一般地不能思維的。邏輯與心理學底這個相互關係，為心理主義底見地所規定的。第一這一相互關係是不能不從承認體驗為經驗底質料出發的在我們底邏輯的概念及判斷底根柢橫着意識底諸事實。心理學構成哲學一般底中樞及基礎。如果是

872

這樣的，邏輯是以斷定一定底意識事實，以依着思維經濟而記述之的目的而斷定其聯想的聯絡，為其課題的。即邏輯是心理學底一部，說正確點，邏輯是和心理學一致的。由心理主義底見地看來，邏輯形式不是或種獨立的東西。馬赫說，"思維不以空虛的形式為問題，而以活的直接的內容或思維地所表象的內容為問題的"。(註十三)

由心理主義底見地看來，在思維的範圍內，主觀是不會犯着謬誤的。為什麼呢，因為一切底意識內容，即從牠是被給與我們的這一點看來，已經是真理的。被給與主觀的一切體驗，一樣地是現實的，因而又一樣地是真理的。因為為了客觀的標準底否定，意識底一切的體驗是等價的，所以和一切思維對象是意識底事實一樣地，一切的體驗構成思維對象。某一意識內容底真理性，是為此等意識內容底現在及被思維性這個單純的事實所規定的。在以經驗的個人的意識為問題的場合，這一意識底全體驗明白地是客觀的。但是就在指"一般表徵的東西"即被給與正常組織了的一切主觀的內容為"客觀的東西"的場合，事情還是依然同樣

373

的。承認個人的＝經驗的意識內容為客觀的＝眞理的，這就不可避地要導出主觀主義來。……能夠由普遍的或集合的意識即"社會地組織了的經驗"底概念而克服主觀主義麼？

形式的即先驗的觀念論認為意識形式是全般的及必然的東西。因為適用那兼保證着意識內容底普遍妥當性的思維形式於意識形式之結果，意識內容就被轉化為經驗。只有在由感性的內容所抽象的概念之根柢，橫着於一切經驗以前所給與我們的純粹悟性概念的範圍內，客觀的判斷是可能的。感官的知覺底內容，在純粹悟性概念之下被包攝着。而使普遍妥當的及客觀的判斷底構成能夠成功的就是這件事情。

心理主義從那裏取得客觀性及普遍妥當性底標準呢？先驗的觀念論在先驗的意識，認識形式之中看到這個標準。唯物論以外界，實在的對象為眞理性及客觀性底標準。在心理主義事情就完全相異了。心理主義否定外界，否定離開意識而獨立的對象的存在，而把這個對象分解為心理的要素，體驗。另一方面，心理主義也排斥着形式的先驗主

374

義。經驗底客觀性及普遍妥當性是爲心理底"質料"內容所規定的。經驗底材料就是認識底客觀性及普遍妥當性底根源。(註十四) 如果心理主義者以爲意識底形式的要素是不能夠保證認識底內容，材料底普遍妥當性及客觀性的，那麼，他們是正當的。心理主義者承認普遍的或規範的意識，勢不得不於給與正常地組成了的一切主觀底經驗的意識內容之中去求客觀底標準。

第一，應該指摘出來的，是由現象論底見地看來，我們沒有權利可以斷定在我們之外部還有其他主觀存在而且具有不達到我們的意識。爲要能夠規定某一意識內容底"客觀性"，認識底對象底存在，至少二個主觀底存在是必要的。沒有對象便沒有下一定底判斷的材料或內容。其次不能不定立二個主觀底體驗底相互的一致。於是就生起了這樣的質問，這個一致怎樣地被定立呢？牠是爲什麼所規定的呢？因爲欠缺着絕對的實在，故不能不比較着二個主觀底二個體驗。但是與我對立着的主觀即意識B，在我看來，是作爲所認識的對象底體驗或意識內容。

375

實質的客觀主義包括着集合的主觀之心理的
體驗，故和形式的客觀主義相異而兼力說着意識
內容底普遍妥當性。註十五）在集合的主觀所共通
的思維之形式的及實質的要素底地盤之上，發生
了認識底客觀主義。爲要能夠克服主觀主義起見，
必須豫先導入包藏着作爲絕對的實在底個人的主
觀之集合的主觀。而基於形式主義是不能給與內
容底客觀主義底基礎的，但爲要能夠克服這個形
式主義起見，就不能不訴諸一切主觀所共通的體
驗（轉化於實在的體驗）底客觀化。從個人總體底
體驗底總和之中，存在於一切的意識之中的東西
就被導出了。一切主觀所共通的這個體驗構成"客
觀界"。個人的意識，因之把"集合的"或"種屬的"
體驗看做自己底一定底意識內容底客觀性及眞理
性之計量器。

但是集合的主觀是什麼呢？這一集合的主觀，
明白地是不能離開個人的主觀而獨立存在的。論
及作爲獨立的認識主觀底集合的意識，卽不啻論
及全然不存在的無形的抽象。如果說集合的主觀
的時候是指多數個人底經驗的意識底總體，那末

376

為什麼不能不視一人底經驗的意識內容優越於二人三人至任意的若干個人一般底意識內容呢，就成為不可解了。因為沒有什麼獨立的普遍的主觀（個人的"我"是牠底一部分）故我們不可避地要停留於個人的意識底領域內。在現象論者，是除這以外不能有別的出路的。

容許他人底主觀底存在和其"原則的平等"的不澈底的現象論者，不能不說明種種底主觀底意識內容間底一致之事實。波洛達諾夫說，"'集合人'底經驗內容對於'物理的'複合體，是一致的。在這裏包含着此等底複合體及其相互關係底'客觀性'卽一般表象性。反之，對於'心理的'複合體，經驗只對於各個人是一致的，但對於各種人之間是不一致的。在這裏包含着心理的複合體及其諸聯繫底"主觀性'卽個人的表徵性"。（註十六）經驗底這個一致是從那裏來的呢？

人人底體驗之相互契合，修帕之所謂"意識內容底大部分是一切的我所共通的"這個事實是可以用什麼來說明呢？成為這個一致，這個契合底展開底根據的實在的基礎是應該存在的。人人底相

377

互交通,其自身還沒有創造內容"物理的"複合體。如我們所知道一樣,現象論否定世界底實在。但是跟着實在界底否定, 便把成爲說明體驗底相互的一致底事實底可能性底基礎之根柢除去了。應該把那唯一的一般的力看做這一根柢,而這種力是以同一程度作用於一切個體,而直接地於其各個之中惹起物底現象的。(註十七) 而這個"唯一的一般的力, 是對於一切的東西同樣地卽對於一切的存在物"同一程度"地作用着的物質和對象。這樣的一般的"力",無論任何現象論者,只要他承認多數主觀底體驗底"同質","同一性",又在他面,只要承認一定底體驗底"強制性", 在實際上是不能把牠否定的。如果我們被強制着去思維一定底內容,這就意味着 有使我們 知覺和思維 對象的 一定底"力"存在着。這種"力"是什麽呢?我們將這樣地質問現象論者。

這樣的, 邏輯的思維是不能停留於現象論底見地的。個人的體驗,由澈底的心理主義底見地看來, 不消說不能不作爲唯一的眞理的東西而承認的。世界是我底表象底游戲, 是我底意志所創造

378

的。這一事最少到某一程度爲止是澈底的。但是現象論者不是承認給與我們以體驗或知覺的或種"強制"底存在嗎?在這樣的場合,就立即對於個人的意識導入了超越的東西(Transcensus)。當可以指在"集合人"一致着的東西爲"客觀的東西"的場合,我們就因此認到個人的意識內容不必是"客觀的",和集合的意識這一最高的審判所存在着的事。這一場合,是應該把共通於一切底"集合人"的內容看做"客觀界"的。作爲客觀的東西底這一內容,是和個人的"我"對立的而且在這樣地對立的時候,個人的我就被強制着把這一內容作爲外力或超越的東西而思維着。但是因爲"集合人"是此等個人底總體之故,所以 "集合者所由被強制而思維的或種東西也明白地對於這種個人底總體對立着。因爲就是從現象論底見地看來,意識內容也是被給與我們的東西而不是任意地而且自由地創造的。但是,既經有"強使"我們從事某一體驗之一定的強制存在着,那麼就存在着一種以這樣的強制作用於我們的東西。即是外界存在着。而集合的意識也不能自外於這個外界。

379

我們看到了僧正巴克萊導入支持着世界的"精神一般"之概念。我們指示着巴克萊以救濟世界底客觀性，連續性，迴避個人底自由意志的目的而導入了這個要素。在現代訴諸這個"精神一致"或"意識一般"底擬制的，不單是以"意識一般"爲神性底形式的（列姆喀，列克拉等）(註十八) 修帕一派，而以自然作爲 "關於抽象的意識一般的表象 (註十九) 而觀察的拉思等底休謨派也是這樣的。這個抽象的意識一般，同時包含着個個底意識底總體，同時那已不能不豫構成個人的意識底一部分。"意識一般" 是我們底"我"底形式的及抽象的要素。這個形式的"我"，其特色爲沒有何等具體的性質。這是邏輯的主觀。對於這個主觀，全世界是作爲客觀而與之對立的。世界只在成爲這個形式的及抽象的"我"底客觀的範圍內存在着。如果世界是離開個人的＝經驗的意識而獨立，世界在一切場合對於"意識一般"就不是或種獨立的東西。世界底客觀的＝邏輯的規定無論從"修帕主義"底見地看來抑從拉思底見地看來——是存在於 "意識一般"之中的。這樣的，邏輯的東西被從心理的東

380

西，普遍妥當的東西被從主觀地妥當的東西，分離開來。"意識一般"——是無形的幻影——那只是個人的＝經驗的意識底可思維的契機。在康德，"意識一般"具有超經驗的意義，於是生起一個疑問：怎樣地可以把牠聯結於拉思底感覺論的經驗論呢？如果不把"意識一般"實體化而把牠看做單純地經驗的意識底抽象的契機，看做單純的被思維的契機，那末這個抽象就明白地不能創造具體的存在底一切的多樣。其次，普遍的意識是不能不由個人的意識脫卻的。因為除了後者，其他底任何意識也不存在。因而從一方面看來，個人的意識是比普遍的意識更加廣汎和豐富的。為什麼呢，因為前者兼包括着後者的緣故。但是從他一方面看來，普遍的意識不能不兼包着個人的意識。作為或種獨立的而且和個人的意識無關係的東西底"意識一般"是不存在的。反對地，個人的意識是"意識一般"底支持者。如果意識一般是作為包藏個人的"我"底總體的獨立的形而上學的統一而存在，則個人的"我"底體驗底契合將得依"絕對我"底這一統一而說明。但是，這個意識一般如果是作爲個人的"我"底多樣態而存在,那末,這一擬制就不能給與眞理性底標準,並且不能說明種種底個人底體驗之間底契合。他一方面,不能不注目着,個人的意識在時間上先行於普遍的意識,及從現象論底見地看來,從前者到後者底推移一般地是不得想像的。

這樣的,普遍的意識不是表現包含着個人的意識的統一,而自分解於獨立地存在的個人底總和,說起來,現象論是這樣地從內部自行破壞自己底構成的。爲什麼呢,因爲在這一場合不能不許容"集合人"底客觀的＝實在的存在的緣故。

俄羅斯底馬赫主義者說,在"關於'絕對地'離開所思維的規定而獨立的實在的問題之中,藏着內的矛盾。因爲實在在這個場合,作爲問題底對象是對於思考有相互的關係,同時作爲絕對地獨立了的東西時便由思考分離的緣故。"(註二十)這一議論底破產我們已在前面說過了。我們已經指出了縱使這裏有了矛盾,那決不是唯物論所附帶的矛盾。在這裏我們想來指出在現象論自身底體系中的如次的不澈底。人類是實在的,這一場合他不能和其他一切底實在同樣地同時存在於意識內及意識外。卽他不能"作爲問題底對象而被置於和思考有相互關係底立場，而又作爲絕對地獨立的東西而從思考分離"。不然，人類不是"實在"的，在這一場合，就必然地趨於唯我論。以上二者必居其一。

但是，不澈底的現象論也不否定"實在＝人類"。因而在這樣的場合，現象論者自身也容許被稱爲人類的實在，"作爲問題底對象是被置於和思考有相互關係底立場，同時作爲絕對地獨立的東西便由思考分離"。(註二十一) 如果對象是我們底體驗，明白地對象是不存在於主觀之外，也不離開主觀而獨立存在的。因爲思維着在思考之外，意識之外的我的思考，實在是矛盾的。而因爲在內在哲學底信徒看來，存在是與思維同一，故以爲存在是一種從思維絕對地獨立的東西是矛盾的。

邏輯底法則對於"民主黨員"和"社會＝民主黨員"都是妥當的。因爲這個緣故，我對於"個人底多數性"是從那裏來呢的問題，不能不答道，這是'民主主義"或"社會＝民主主義"底蔭賜。

在這個問題,有原則的重要性。如果照現象論底根本見地, 不能同時把實在作爲問題底對象及絕對的存在而思維,那末, 明白地,不是人類＝實在遵從這一普遍的法則, 就是人類不遵從這個法則。在這一場合, 法則或原理自身也成爲不確實的,卽現象論破滅而唯物論占着勝利。爲什麼呢, 如果實在＝人類能夠 "作爲問題底對象而被置於和思考有相互關係底立場, 同時作爲絕對地獨立的東西而由思考分離" 的時候, 這一事就也可以同一的程度適用於實在物的緣故。"民主主義" 在這裏是什麼關係也沒有的。

這樣的, 現象論就到達於對於自己底哲學底根本的獨斷的矛盾。因爲人類底原則的平等之承認, 就是否定着作爲現象底實在的意思, 但是另一方面, 這一事就是承認絕對的實在,離意識而獨立的存在。但是物之自體(人類), 超越的實在能夠成爲認識底現象, 意識底內的內容的事, 更可以依這一事而證明。換句話說, 現象論者自身是放棄了不可知論的———關於超越的東西卽物之自體底不可知性的——根本命題。

884

若把不澈底的現象論底思想行程寫成三段論法底形式就可以得到下面這個形式：——

世界是現象；

人類是世界底一部分；

故，人類不是現象。

這樣的，在結論（Conclusio）中，在大前提（Propositio Major）所肯定的東西被否定了。

形式的觀念論，承認真理底形式的標準。"先驗的意識"，是和其範疇存在於一切經驗以前的。邏輯的形式或範疇是從具體的經驗內容抽象而轉化爲獨立的絕對的。(註二十二) 這個邏輯的抽象是應該有真理底尺度之用。但是，單純的形式的標準，在給與認識材料底客觀性底基礎上明白地是不充分的。

心理主義者又努力於發見認識底實質的標準。認識形式底普遍妥當性更全然不是保證認識內容底普遍妥當性的東西。故其趨於實質的客觀主義的志向之自身不消說不僅是合則的而且是必然的。但是，這個問題也只有從唯物論的實在論底見地可以得到滿足的解決是應該注目的。如果以

385

為事實上"邏輯主義"是由意識內容底，又是從現實底客觀的範疇底，抽象，又如果以存在底一般的規定成為邏輯的概念底契機，而被本體化和轉化於存在於一切經驗一切現實以前底或種超經驗的意識之中的或種絕對者，那末，心理主義認一切底體驗底，因而一切判斷要素底，等價性，勢不得不承認一切內容一切判斷為真理的，客觀的。由這一點看來，心理主義雖志向於實質的客觀主義，但其實則到達於實質的主觀主義，是很明白的。"邏輯主義者"底邏輯的抽象和現象論者＝感覺論者底心理的聯想一樣地是被從具體的現實分離的。心理主義者求真理底標準於經驗材料之中。但是他們使"經驗"轉化為經驗底總體，使客觀的實在界轉化為心理底要素底總計，而且因此廢棄着成為實質的客觀主義（但是形式的客觀主義也是同樣的）底可能的基礎之根柢。由心理主義底見地看來，朝着"普遍的意識"，集合的主觀之轉向，是不合法則的。為什麼呢，因為"普遍的意識"等等是意識底純＝抽象的，形式的＝邏輯的契機的緣故。從心理主義及現象論自身底見地看來，這樣的契機是導至

886

同樣的"邏輯主義"的被本體化了的概念的。(註二十三)

在心理主義者，判斷底內容及對象是和思維的主觀不可分的。依着這個見解，真理只是為我們而存在。客觀的科學是沒有的，只有"人類的"科學而已。由這一見地看來，"人是萬物底尺度"這一有名的勃洛大哥拉底命題，無論把牠解成個人主義的＝無政府主義的意味抑解成"集合主義的"意味，都是同樣的。無論在那一個場合，即無論從個人的心理出發抑從集合的（或社會的）心理出發，我們依然還只是停留於體驗底領域之內，而不到達於離人類的欲求和利益而獨立了的客觀的真理的。(註二十四)

旣然只有對於外界妥當的"人類的"真理存在着，則真理也明白地跟着利益，欲求及心理的體驗底變化而變化。從這裏就生出和邏輯主義者底絕對論對立的心理主義者底相對論來。但是，那是心理主義的"相對論"，其與辯證法的唯物論所承認的"相對性"底概念沒有什麼共通之點，是很明瞭的。

387

（註一）本來"內在哲學"這個術語是可以適用于二種傾向，即"修輯主義"和"感覺主義"的。

（註二）Mach, Die Mechanik, 4 aufl. S. 512。

（註三）在這一意味上，特棱得楞堡說着如次的話時完全是正當的："邏輯，決不如其所主張一樣的純粹思維底所產，在許多的場合却是被純化了的直觀，自然底像想的抽象"。(Logische Untersuchungen, 1870, 1. B., S. 73, Leipzig.)

辯證法的邏輯唯其不是純粹思維底所產，而是經驗底所產，是由絕對的實在的存在底抽象，所以以自然及歷史底唯物論的理解為辯證法底基礎。（參照費爾巴哈底俄譯底蒲列哈諾夫底序文）

（註四）并請參考Geschichte der Kategorien S. 3 '4. 及 Logische Untersuchungen S. 136. 等。讀者可以看到蒲列哈諾夫說及特棱思楞堡本來是一個和觀念論的辯證法鬥爭了的人時完全是正當的吧。

（註五）關於僧正巴克萊及教父拿智安忠底格列哥爾說過物質是非物質的質底總體的事，已經說過了。在來布尼茲看來，物質不過只是精神的實體底"現象"。Leibniz —— Nene Abhandlungen uber den menschlichen Verstand, 第四編, 第三章。

（註六）Verworn, Allgemeine Physio'ogie, 1. s. 40.

（註七）Mach, Erkenntniss und Irrtum, 1905, S. 12. 俄譯二十一頁參照，並參照波格達諾夫關於“普遍的置換”底學說。在外的物質的世界或物理的世界之下，心理的複合體被置換了。

（註八）波格達諾夫也站在“心意一元論”或“汎心理主義”底立場。他像周知的一樣是用了“經驗一元論”之語的。但是問題底本質，是不因為有了這一“名辭”而變更的。“心意一元論”是一樣地和馬赫，阿芬納留斯，微爾窩倫及波格達諾夫結合着。

（註九）“……denke ich andererseits das die Dinge denkende Denken wey, so ist zwar nach einer realistische Theorie die Existenz der ungedachten Dinge gesichert, aber doch offenbar nur wenn ich sie mir als uugedacht denke.” (Schuppe, Erkenntristheoretische Logik, Bonn, 1878 S. 26.)

（註十）同書, 69頁。

（註十一）Kleimpeter, Ueber mach's und Heinrich

389

Hertz's prinzipielle Auffassuug der Physik.

Archiv fur systematische Philosophie V. B.

(註十二)恩格斯,俄譯,費爾巴哈論蒲列哈諾夫註,110頁。

(註十三)Mach, Erkenntniss und Irrtum S. 178.

(註十四)某感覺論者,例如拉思,是從康德底"意識一般"底概念出發的。我們在這裏頭看到大的矛盾。"意識一般"底現存底承認陷於和感覺論的經驗論底出發點難於兩立的矛盾,是無疑的。

(註十五)形式的及實質的客觀主義只有在承認外的物質界底存在這一條件之下是可能的。

(註十六)波格達諾夫,經驗一元論,第三卷,32頁。

(註十七)Lotze, Grundzuge der Metsphysik 1883 S. 80.

(註十八)完全和巴克萊是同樣的。有的人並承認"創造作用"。

(註十九)Laass, Idealismus und Positivismus 1II. B. S. 53.

(註二十)實在論的世界觀底概觀 1904, 29頁,聖彼得堡。

(註二十一)為要避免這樣的一切矛盾,修帕宜嘗說,個人底多數性可以還元於"人類"底概念。但是這樣的規定是邏輯地不能允許的。

390

（註二十二）想起"真理之自體"（波格達諾夫底用語）底概念吧。

（註二十三）有著"普遍的意味的意識內容，打破個人底界限，而且繼續著更加一般的無個性的，超個性的存在。這一個性，雖然和諸個人聯絡著，但是意識內容是離那媒介著其發展的個性而獨立的"。(Mach, A-nalyse der Empfindungen, S. 19, 4 Aufl.)

（註二十四）就中，馬克思主義底"全"建築物是被建立於承認客觀的真理底存在之上的。怎樣地能夠把心理主義和馬克思主義混合呢？

二

心理主義的相對論是不可避地要導至絕對的懷疑論，並且要走到客觀的科學之與"意見"及心理的動機決定（無論是個人的抑是集合的——都是同樣的）之更替的。"意見"是依存於起源於心理的必然性和依屬於種種偶然性的。"意見"之與科學是沒有什麼共通點的。在科學上，"主觀的一般表徵性"被客觀的實在的根柢，對象底實質的"普遍性"，所規定，在知覺成爲認識底唯一根源，及被

391

以之與對象同一視的地方，就沒有認識存在的東西，客觀的實在，之餘地。

知覺之自身，在各種個人是隨其生活條件而相異的。在同一人也是各瞬間不同的。故心理主義不能給與我們客觀的知識。懷疑論者是為了證明科學之不可能而利用辯證法的。（註一）詭辯論者及披倫派是從對於一切"意見"能夠以同樣的根據使其正反對的"意見"與之對立這一思想出發的。這種辯證法的"矛盾"，無論什麼客觀的真理底定立之可能性都排除了。由這一見地看來，一切都是真理，一切都是謬誤。因為人們底"意見"是"教養"和"習慣"底產物，故真理不外是"有條件的虛偽"。牠並沒有什麼實在的意義。人類的意見和利益，我的體驗和意圖底"相對性"，不消說是沒有議論的餘地的。"心理主義"在某一範圍內完全是正當的，又是對於"絕對主義"，合理主義一般的反動。但是我們以為，要於真理底"要素"之中，找尋完全的真理是錯誤的。

阿·波格達諾夫說，"事實上，在古代人看來，能夠有什麼東西比太陽每日自東徂西地經過着天這一思想更加確實麼？這就是最"明白易懂的事體"。再進一步的事是不能希望的。以這一"眞理"作爲自己底實踐（及爾後底認識）底出發點，在當時誰也不會陷於什麼矛盾和背理的。明白地這是當時底"客觀的眞理"，比着今日底貨幣理論是更加明白，更加沒有議論的餘地的。但是這一明白不動的客觀的眞理，怎樣了呢？科學完全把太陽運動底觀念顚覆了，蒼空被分解爲光學的幻影了。誰能保證同志伯利特夫底更加不確實的更加不明瞭的客觀的眞理不會發生同樣的事體呢？"（註二）

在另一個地方波格達諾夫如次地寫道：

"在這裏我們終於得到二種經驗底組織型式底生理學的評價。在人們競爭或衝突的一切處所，社會地組織了的型式或客觀的型式成爲生存上最上的東西。主觀的經驗或個人地組織了的經驗是不能不與之一致的。不然，就要生起生存上的不適應。這是很易懂的。因爲客觀的經驗是有着不能比較的廣闊的基底（這一基底——是社會的發展，是幾千年間幾百萬人底生活），然而主觀的經驗則於各一定時期以一定個性底發展底個別的過程爲其

393

有機的基礎的緣故。這樣的評價，其實已經在我們以其"一般的意義"為經驗之一系列底特徵，以單純的個人的意義為他一系列底特徵時，為我們所給與了。(註三)

波格達諾夫在註中如次地附說着:"'客觀的'經驗全然不是'社會的'經驗，主觀的經驗不是'個人的'經驗，這是要'再三'請讀者注意的。社會的經驗決不是完全地社會地組織了的東西，而常包含着種種的矛盾。因而其一部分是不與他部分一致的。在一定國民或國民底一定部類，例如農民，底社會的經驗的範圍內，也能夠存在着森林之神及家屋之神。但是還不能以這個緣故使這些森林之神及家屋之神包含於社會地組織了的經驗或客觀的經驗之中。為什麼呢，因為這些是不與其他底集合的經驗調和，而被置於其（集合的經驗——譯註）組織化的形式（例如因果性底聯鎖）之中的。反之，在他一場合，例如發見新事實並且檢討舊事實而推翻其一部分的某一研究家的經驗，雖還是主觀的經驗，但事實上是與集合的經驗底總體最調和，而完全與其（集合的經驗底）一般的組織化的

894

形式合致的, 等等"。（註四）

　　我們姑不論及波格達諾夫在上面引用文中所給與的眞理標準。而止於指出, 他作爲一個心理主義者而澈底地站在‘眞理者是我們所作爲眞理而接受的東西’這一見地。主觀的確信, 主觀的信念, 及最後, 主觀的“信仰", 解決眞理是什麼底問題。森林之神及家屋之神存在於“社會地組織了的經驗"底範圍內, 因而牠們構成客觀的眞理。如果諸君和波格達諾夫一起, 從“社會地組織了的經驗"驅逐了家屋之神及森林之神, 波格達諾夫就會這樣地向諸君警告吧：“這是現代底‘客觀的眞理’。‘永遠底眞理’是沒有的。故余不能保證森林之神及家屋之神他日不是客觀的眞理。因爲在我們底‘歷史的世界’是沒有‘超歷史的, 客觀的眞理’的緣故。"

　　從心理主義及主觀主義底見地看來, 如我們所知道一樣, 普特列湄之說和哥白尼之說, 在“歷史的"一定時期人們旣把牠作爲眞理而採用以上, 一樣地是眞理的。不但如此, 在同一的“歷史的"時期, 兩種體系都一樣地是眞理的。（註五）這果不是科學的＝哲學的虛無主義麼？我們後面可以知道，馬赫學徒進步到否定一切的認識底普遍妥當性。暫時姑來問一問波格達諾夫吧，究竟"家屋之神和森林之神"底問題是怎樣的呢，哥白尼底體系底實狀是怎樣的東西呢？不消說，只要不拋棄自己底"見地"，他們就不能給與我們以滿足的答案。要獲得問題的科學的解答，就不能不承認太陽之"自身"和地球之"自身"等底存在。

只有在這一場合，認識底客觀主義能夠成爲問題。如果我們底認識，在這裏是哥白尼底體系，契合於現實，則這一場合這一認識是真理的，在反對底場合，——就不是這樣。只有站在唯物論的實在論底立場時，始真能獲得客觀的認識。像"多數者底意見"，適應性這個生物學的要素，"效用性"等等底真理標準，不可避地是主觀的的東西，要導至一切科學底否定，懷疑論者＝披倫主義者底虛無主義的。

那末，我們的新休謨主義者之認識底實質的標準怎樣的呢？和形式的標準相異，實質的標準是不能不保證經驗內容底客觀主義的。但是，把經驗

396

底實質的內容與意識底內在的內容同一視，就等於否定內容底客觀性。由心理主義底見地看來，因為"一切"客觀的東西是主觀的東西,故"一切"客觀的東西一樣地是主觀的。心理主義的赫拉頡利圖主義是把意識狀態底變化作為物之自身底變化而觀察的。意識狀態,體驗,是流轉着,變化着的。因為這個緣故,這種心理主義的相對論,不消說就喪失客觀的基礎。因為諸主觀底知覺及體驗是相對的,同一主觀底體驗在各瞬間也是相異的, 所以體驗底主觀的心理的"相對論"就被同一化於客觀的實在的存在底相對論。其結果,就獲得了主觀的心理的辯證法, 那是與以唯一的客觀的現實為其根柢的唯物論的辯證法,沒有什麼共通之點的,而這一客觀的事實對於一切底主觀是妥當的而且不依存於個人底"意見"及"體驗"的。

我們不能混同着具備主觀的辯證法的現代底"詭辯論者"與唯物的辯證法底支持者。依着心理主義者底意見,同一底對象,是可以有二種正反對的"意見"的。

勃洛大哥拉主張, 知覺未曾提供關於物之自

897

身的知識於我們。一切知覺，在那知覺被給與我們的瞬間，是眞理的。物之自體底認識，卽以知覺爲媒介也是不可能的，物是一如我們所把牠表象的東西。所以，人類是一如物在一定底瞬間示現於他一樣地認識該物的。因爲這個緣故，由<u>勃洛大哥拉</u>，因而由現代底"詭辯者"看來，以知覺爲根據而生起的一切意見都是眞理的。因爲第一，人類在別的瞬間能夠有着別的知覺及表象，第二，就在一定瞬間這一眞理對於其他個人不是妥當的緣故，一定底眞理不能夠要求普遍性。故眞理同時又成爲虛僞。

這種"辯證法的矛盾"在體驗底領域內明顯地是可能的，而認識在其本質上是主觀的，因爲物之自體，客觀的現實完全不成爲問題，所以可能。

在唯物論者底客觀的辯證法底根柢，橫着實在的現實，那是不容許種種底解釋，主觀的意見及個人的相異的 。知覺對象不與對象底知覺一樣，同樣地，現實底辯證法也不與知覺底辯證法一樣。因爲這個緣故，唯物論的辯證法承認"形而上學的"契機(不消說並承認心理學契機)底相對正當

898

性。蒲列哈諾夫說，"運動的物質底分子，構成那使一東西與其他東西統合的或種聯結——物，對象。這種聯結，以有多少的持久性爲其特徵，在多少底繼續的時間之內存在着。後來和其他的東西交替而消滅了。永遠的是只有物質底運動。是的，物質自身是不壞底實體。但是，只要物質底某種暫時的聯結作爲永遠的運動底結果而生起，且不因這種同樣的運動底結果，而消滅，則這聯結存在底問題就不能不以肯定的意味來解決了。故如果指示金星於我們而問道這一遊星存在麼，我們將毫不躊躇地囘答道：是的。他是如果問我們道，妖魔存在麼？我將同樣決定地囘答道，否。這是什麼意思呢？這是這樣的意思，卽以各個對象爲問題而下判斷的場合，我們不能不遵從上記的優巴衞希底法則，又一般地不能不受"思維底根本法則"底指導"。

(註六)

在我們的詭辯論者底判斷，蒲列哈諾夫之所謂"現實的存在底要素"被"生成"底要素所替代了。這實在是"辯證法底惡用，而不是辯證法的方法底正當的適用。"

"現實的存在"底否定，客觀的現實底否定，導出唯物論的辯證法之對於觀念論的辯證法底轉化。特棱得楞堡以爲黑格爾的辯證法底缺點，在於確認純粹思想底自發的運動————那同時也成爲自己發生的————，這一缺點也爲我們的"詭辯論者"底知覺底辯證法所附帶的。

　　知覺及基於牠的表象底"自發的運動"，結局意味着"純粹思維底自發的運動"。而且知覺，表象因而純粹思維底這樣的"自發的活動"是橫於知覺底辯證法，心理主義的赫拉頡利圖主義底基礎的。

　　近代詭辯論者底觀念論的辯證法，導至絕對的相對論及虛無主義，導至一切的現實的存在底否定，一切的客觀的現實底否定。

　　在這一辯證法底根柢，橫着絕對的"虛無"底運動。實體的要素，絕對的現實，底否定，要導至把表象，因而結局又把概念，認爲唯一底實在，……由心理主義者底見地看來，關於對象的"意見"，"言說"，是矛盾的。依着唯物論的辯證法，包含於概念之中的矛盾，只不過是表現內屬於物之自體的矛盾底反映。對象之自身統合了在自己之中對立着的性質，所以，這一客觀的＝實在的矛盾妥當於一切底認識主觀，而形成着離主觀底或種"意見"而獨立的客觀的基礎。以"物"，對象爲其根據的客觀的過程，和心理主義者所認識的心理的過程不是同一的。物質底聯結，沒有像意識"狀態"，心理"內容"一樣，"迅速地流轉着"。物質的及客觀的過程與"靈魂"底主觀的過程是兩樣東西，……我們底認識之篤實，無論在任何場合，都是比例於客觀的過程底反映之程度。不可知論者，否認物之自體底認識底可能性，而不可避地要把二個主觀底正反對底判斷一樣地認爲眞理。(註七) 眞理既然是表象底相互的契合，是表象及概念底相互一致，那末，像克拉因拍達 (Kleinpeter) 所說一樣，"妥當於甲個人的，對於乙個人還不是完全妥當，又科學底唯一底目的不是客觀的確實性而是主觀的確信，是很明白的。但是對於同一底個人也全然不是只有一個眞理是妥當的。我們已經在上面引用過哥白尼及蒲特列湄底體系兩者都是"有用的"而且沒有包含着邏輯的矛盾，故一樣地是眞的，馬赫這一見解了。(註八)

401

所與的理論是否和現實契合這一問題，在馬赫及他底後繼者看來，是全然不存在的。為什麼呢，因為他們否定這一現實之自身的緣故。

故依馬赫及其後繼者之說，真理不是一義的而是多義的。

(註一)披倫主義或懷疑論係從勃洛大哥拉底感覺論出發，以打破客觀的真理底目的而在古代利用了辯證法的，同樣地，現代底心理主義的赫拉頎利圖主義不過只能到達於懷疑論及主觀主義。

(註二)阿·波格達諾夫，經驗一元論，第三卷，7—8頁。

(註三)同上書，第一卷，1905年，45頁。

(註四)同上書，45頁註。

(註五)波格達諾夫底先生馬赫，如次地寫道，"不如何等強制於自己時，我們知道地球是靜止著，太陽及恆星界是運動著。這一理解，不但對於日常底實踐的目的是充分的，而且還是最簡單最便利的，但是牠底反對底見解證明了對於某種智的目的是更加便利的。兩者都是一樣地正當的，而且在兩者底領域是合目的的，但後者則在惡戰苦鬥之後，始能夠成為安當的東西。"(Analyse der Empfindungen 4 Aufl, S.

102

278.）

（註六）恩格斯，費爾巴哈論，俄譯，蒲列哈諾夫序文，20
——21頁。

（註七）一位最熱烈的馬赫信徒如次地寫道："從全認識底
相對性這一事，就生起已經 An und für sich 地存
在着的，而且離開主觀而獨立的，眞理底體系之不可
能了。這樣的東西（眞理）常只關於人類底個性而發
構成，而且能夠有一種意味的。因而牠不能脫却思維
的主觀。一切認識首先呈現爲某一個人底行爲。但
是，思維的一切主觀底同等性，不過是壓會被忽視的
一種假說。安當於一個人的東西，沒有也應該安當於
他人的道理。可以達到一切科學的唯一的目標，不是
客觀的確實性，而是主觀的確信。"（Kleinpeter Die
Erkenntnistheorie der Naturforschung der Ge
genwart 1905, S.8--9。）

（註八）蒲特列湄底體系並沒有含着什麼矛盾。其一切的各
部分都很互相融和。在那裏有着靜止的一個地球，作
爲全一體而運行着的恆星圈，及太陽，月和遊星底個
別的運動。在哥白尼底體系，和他底古代底先驅者
同樣地，一切運動是歸着於圓運動和軸運轉的。馬赫

403

繼續說道:"在喀蒲拉底三法則中是什麼矛盾也沒有的。"又說道:"但是連地上底落下及放擲,滿潮底現象等也包括於一個見地之下的奈端之一引力法則之還元,是多麼可喜的吧。"又說:"光底屈折及反射,干涉及偏光雖各別地構成了一章,但這等學說是不互相矛盾的。但是一切這些學說扶列內爾(Flense!)把牠歸於橫震動,這是大大的平易化,又是值得驚喜的進步。而麥克斯衛爾 (Maxwell) 把全光學包括為電氣學之一章,更是大大的單純化了。"還有一例,地質學上之大激變說,Cur-ier 底創成時代底觀念,是沒有含著什麼矛盾的。但是一切人們關於拉馬爾克(Lamarck,來埃爾 (Lyell) 及達爾文之探求了地球,動植物界底歷史之更加簡單的理解,會感謝他們吧。"(Mach, Erkenntniss und Irrtum, 1905 174-175) 我們故意地在"什麼矛盾也沒有","可喜的","平易化","單純化"及" 更加簡單的理解" 這些字句附了傍點。為的是要使讀者注意著馬赫底認識標準,這些標準底純主觀的契機。我們覺得更詳細地深入這個問題是無益的。

104

三

现在把論點移到另一個問題——因果性底問題上面。

因果性底概念與實體性底概念是有不可分離的關係的。

如果否定外的實在界——實體，那末，因果性底概念只有內在的意味。因果性可以還元於時間上的知覺底繼起。原因與結果之間底實在的內的聯繫被排除了。因而世界過程是作為一定現象之間底豫定的調和而呈現的。

依存於"習慣"的現象之"聯想的"聯繫代替着物之實在的聯繫。

我們"有着這樣的習慣"以為一發砲而彈丸命中於人體，就發生後者底死亡。現象論者認為在甲瞬間有甲現象現存着，在乙瞬間有乙現象現存着，但是存在於這二現象之間的內的因果關係是不得而說明的。原因為條件底總體所包盡，而這條件底總體是先於所謂結果之現象而到來的。原因和結果常在相異的瞬間被給與，不是同時給與的。

(註一) 作用或結果，只有在"原因"（卽條件底總體）以旣成之形而出現的時候到來的。物之狀態是被作為旣成的及凝固的東西而觀察的。

變化過程之自身，"作用"之自身好像是全不存在的。形成條件底總體中並未含有結果。悟性卽使用着最正確的研究，也不能於所視為前提的諸原因中發見結果的，休謨說。為什麼呢，因為結果是和原因相異，因而決不能在原因之中呈現的緣故 (註二)。結果，形而上學地是和原因對立的。在牠們底中間什麼實在的及必然的聯繫也沒有，所以從對象底甲狀態到乙狀態底推移，不是依着所與的狀態之走向其他的新狀態底實在的變化過程，而是依着一種不可解的奇蹟纔可能的。在一定底瞬間，甲旣成狀態被給與着，在乙瞬間乙凝固狀態被給與着。從"結果是與原因全然相異相的"看來，甲狀態與乙狀態之間，是什麼接觸點也沒有的。在這樣的場合，就不願意也得訴於二個"全然相異的"狀態間之"豫定的調和"。休謨關於"自然底行程"與"我們底表象底模倣"之間底關係 (註三) 這樣地說道："自然底行程與我們底表象之間，有某種

406

豫想了的調和存在着。支配自然之力及"彈機"在我們雖全然不能知道，但我們還看見我們底思想及表象與自然底運行取着同一的方向。習慣就是定立這種一致的原理"等等。(註四)

第一應該注目的是，休謨在說及和我們底表象相異的或種自然時，變更了他自己底見地。這是不澈底的。在那裏，休謨把實在界與其實在的過程一起排斥了，其結果，不能說明外界與我們底表象之間底關係，所以勢不得不假設兩者之間底"某種豫定的調和"。但是，在否定諸"狀態"間底實在的聯繫以後，就不能不把這種調和擴張於現象底總體——全自然——了。爲什麼呢，因爲我們不明瞭能夠惹起某種新狀態的事物底內的勢力及其過程的緣故。爲什麼牛乳及麵包爲人類底良好的營養資料而對於熊和虎就不是這樣的呢，有誰斷言他能夠指出其最後的根據麼?"(註五) 休謨繼續地說道，"自然不使我們知道牠自己底祕密，只不過把認識事物底若干性質的可能性給與我們，然而還把事物底活動所依據的力及原理對於我們隱蔽起來。這件事是不能不承認的。我們底感官雖被給與

407

着關於麵包之色澤，重量及質料的知識，但關於那使麵包適合於肉體底營養及保健的性質，感官和理性都不能告訴我們什麼東西"。（註六） 我們不知道，休謨在說着不到達於我們底認識的怎樣的祕密的"力"。總之，有特色的是，不管他不以適應的印象爲其根據，否定"作用""力"等底概念，可是還像想着這些作用等等底現存。因爲所謂"實證論者"是倒轉了的形而上學者，所以這全然不是偶然的事。爲要正確地了解上述的說話，就必須熟考休謨底思想行程。他底一切研究，是在其煩瑣哲學的用語法中，預想着一切形而上學的概念的。在他看來，必須有某種"最後的根據"，然後麵包及牛乳始成爲營養資料等等。但是，自然把"作用"所依倚的"最後的根據"，"力"及原理對於我們隱蔽起來，而感官又不過只提供事物之外面的質（色彩，重量等）於我們，所以休謨關於事物一般底可知性底問題是懷疑的。休謨，和形而上學者＝煩瑣哲學者一起，探求着橫於事物之一切性質底"背後"的被隱蔽了的那種祕密力（Qualitater occultae?）。但是，他因爲在形而上學者＝煩瑣哲學者中沒有先例，没有發見這種祕密力，所以他是實證論者，"經驗論者"。反覆說一句，休謨所必要的祕密"力"及"最後的根據"，我們是不明白的。但是我們以為自然是沒有那麼樣地把牠隱蔽得我們不能知道的。不消說，我們用着知覺及感覺等是不能多所獲得。如果我們轉過頭來睜開眼睛去看看"實在"我們就會了解，例如麵包及牛乳含有營養物即有利於維持我們底組織的東西（蛋白質，脂肪，炭水化合物等），及我們底組織底變化是依着所與的營養物底"實體"——那是能夠受我們底肉體底同化作用而以一定底狀態對於肉體發生"作用"的——而行的。

　　休謨否定現象底實在的聯繫，而把"因果性"移入於主觀之中。原因是主觀的概念，我們以這種概念為媒介而使現象聯繫起來。什麼客觀的必然也是不存在的。我們以為客觀的必然的東西，不外是以一定表象之習慣的聯想為基礎而生起的主觀的強制。所以，必然的因果關係只在主觀中存在着，並沒有什麼客觀的＝實在的意味的。(註七)

　　從時間內的知覺底繼起性可以導出因果關係

409

底概念。但是在感性的知覺沒有，也不能有，必然的聯繫。晝與夜底繼起並沒有證明兩者間底因果關係。對於電光和雷鳴的繼起的知覺，不消說，還沒有後者之對於前者的實在的因果的依屬性。一句話說，知覺底"繼起性"是不能成因果性底"原理"的。知覺底繼起性是依存於客觀界底繼起性的。因為這個緣故，我們不能不在一定的，離開我們而獨立的秩序而知覺現象。

因果律是擴張於以任何狀態變化着的東西即生成而完成的一切物之上的。而且反對地，凡生成變化的東西都為一定的原因所制約。一定的"狀態"，只能由其"形成"底見地，即由其生成過程底見地而說明的。存在物底變化，呈現着實在的過程。我們底表象及觀念底秩序，實在地依存於在意識底彼岸生起的實在的過程。

以上，我們述說了我們不能不於一定的秩序而知覺現象，及知覺底秩序依存於客觀界底諸現象底秩序及繼起。為避免誤解起見不能不提起注意的，是在主觀上（如上所述），"結果"，作用是能夠先於原因而被知覺的。但是，牠不和現象底客觀的＝

410

實在的聯繫契合。結局可以有這樣的場合：卽時間中的現象底主觀的繼起（始B，次A）和其客觀的繼起（始A，次B）對立的場合。現象底客觀的繼起，豫想着時間底客觀的繼起。故因果在本質上是客觀的＝時間的繼起的現象之客觀的聯繫。

馬赫說："自然之中，沒有原因也沒有結果。自然只有一囘存在着"。(註八) 他還在另一個地方說，自然中的聯繫單純得（So einfach）能夠在一定的場合指出一個原因和一個結果是稀有的事體。

"故 我 從很久以前就企圖以函數的依存卽現象之相互的依存，更說正確一點，就是現象之表徵底依存這個數學的概念來代替原因底概念……"
(註九)

在"內在的東西"底領域內，和對於"作用"底契機沒有餘地一樣，也沒有現象底必然的聯繫底餘地。因此，因果可以還元於比被叫做結果的現象之到來先行的旣存條件之總體。關於這一事我們已經在另一地方如次的說過了："由一切因果關係表現一定的諸現象底相互的依存之某種關係這一事實，決不會得到一切的依存關係已經同時豫想這

411

些現象之間有因果關係的事。'函數的依存'底原理只不過證明一切現象在於某種相互關係之中。對於這個，誰也沒有異議。我們不需這個一般的命題，但是需要能夠成為說明現象底變化及其相互關係底原理之一定的南針。在這場合，'現象底相互的依存' 能夠幫助我們麼？一點也是不能夠的。因為 '現象底相互的依存' 只不過是證明一切底結果是無數條件底成果，因而我們把結果結合於這些條件中底一個而稱之為原因時底行動是武斷的吧了。可是這種見地，關於物及現象之一定的，一義的聯繫並沒有給與我們什麼指示。"真理是多義的，同樣地現象底因果關係也是多義的。就是在某種意義上，如馬赫所說一樣，自然在事實上只有"一回"存在着，又，在自然中，一切現象事實上在於某種相互關係之中，再，在自然中，"萬物是流轉和變化"着，雖然如此，多少恆久的條件（這一條件底現存還未惹起一定底變化）及"決定的條件"（某種事件或現象底生起是依存於這個的）還是存在着。

現象論底信徒為要從因果性底概念除去"作用"底契機，是必然地不能不以現象間底"某種像定的調和"爲前提的。在沒有"作用"底契機的處所,本質上就不能以因果關係爲問題。故治格窪特(Sigwart)說着如次的話時,他是正當的。他說:"物體恰在我底手觸着牠的時候非自動地落下了,器物當石塊碰着牠的時候非自動地破壞了。只有這個時間的聯繫是直接知覺底對象,但在甲運動與乙運動之間則不是只有這個時間的聯繫存在着。已發生的變化底根源在於作用的原因之中。作用底客體不是由自己(Von sich aus)生起這個變化的。"(註十)

這樣的,因果性底概念,在一方面認證"作用底契機",在他方面認證"決定的條件"底契機。因果關係中的作用底契機,導至實體性底概念。決定的條件是保證着現象的聯繫底一義性的。我們以爲沒有再深入因果性和實體性及其相互關係底問題的必要。

現在再把論點移到馬赫來。

馬赫說,科學底任務及目的,在於適用思考於感性的所與,主觀底直接體驗及事實。適用我們底思考於感性的所與是依着力之節約底原理或"思

• 413

維經濟"而逐行的。思維經濟底原理是內在於我們底精神的。科學底任務，在於依着內屬於人類底思維的內在的原理記載自然過程及自然現象，但不在於由因果關係底見地說明現象。現象是作爲"經驗的"所與，作爲內在的意識內容而被給與的。在"內在的東西"底領域內，沒有可容現象底必然的聯繫底餘地。馬赫以爲只在適用我們底思考於表象之多少持久的系列的過程，發生思考底一定系列底聯繫之持久性和恆久性，發生邏輯地必然的聯繫。"除了邏輯的必然之外，其他任何必然都不存在，例如物理的必然之類也是不存在的"——馬赫宜言道。這樣的，因果關係在我們底概念之間被定立了，因而對於客觀的實在界——自然現象及歷史過程是不具有什麼強制力的。

馬赫教道，物質（物體，物）不過是對於感性的要素底相對持久的複合體的，所思維的象徵。他更繼續說：——"我不能不指出，在我看來，世界也不是單純的感覺底總和。反之，我是聲明諸要素底函數的關係的。但是，因此，穆勒底"可能性"不僅成爲無用的東西，而且要爲更確實的東西——數學

414

的函數概念———所替代的。"（註十一）

為要使讀者明瞭這裏的所述起見，關於休謨主義者穆勒（及拉思）底"可能性"應該加以若干底說明。如果物體不是存在於我們底意識外的，那末，誰也明白世界是主觀的幻影。把這一幻影轉化為現實，就是"集合的主觀"也是不能做的。一方面，現象論者需要支持世界底恆久的存在的原理，訴於"精神一般"（巴克萊）"意識一般"（康德，拉思等）種種的"假說"，而使和經驗的＝個人的意識底一時的，時間的性質相異之超經驗的，非一時的存在，歸屬於牠（意識一般等等———譯者注）。這就是現象論底內的矛盾之一。

和"主觀的東西"底原理底 "意識一般"相異，成為"客觀的東西"底領域內的存在底恆存性之這樣的原理的，就是"感覺底可能性"或"知覺底可能性"（拉思底"Empfindungsmoglichkeiten"，穆勒底"Possiblities of Sensations"），（註十二）這是應該注意的。這種"感覺或知覺底可能性"巳經是以萌芽的形態存在於巴克萊及休謨的了。於是生起一個疑問：如果在休謨主義者看來，物質只不過是現

415

實的即所與感覺底總體，因而我們不知覺物質，那末，物質是怎樣的呢？從現象論底見地看來，對於這一問題，只有一個答案是可能的，即只有答道，在這個場合，物質是不存在的。但是，這種見地之為荒唐無稽是很明白的。這一見地，使主觀轉化為物質底，因而又是全世界底存在底，唯一的制約（及原因）。現象論者，為了救濟物質底恆存性，物質離開意識的獨立性，就很不澈底地訴諸"感覺底可能性"了。

我將書放在桌子上走出室外去。於是生起了一個疑問：那本書，及其他室內底一切陳設——桌子椅子等等——在我沒有知覺牠們的時候也是繼續存在着麼？如果世界不過是現實的感覺底總體，那末，對象就顯然不能夠離我底知覺而獨立存在的。但是，縱使我在這一場合沒有看見那本書，即縱使沒有知覺牠，總之，我相信書籍沒有消滅，相信在某種依存於我的制約之下，能夠得到同樣的知覺的。這就是這樣的意思：世界不只同單純的現實的知覺所包盡，並且象包含無數可能的印象。此等"知覺底可能"（Posibilities of sensations）之

"破產"是明白的了。"可能的知覺之羣"底總體，形成"存在一般"或"自然一般"。這樣的，"存在一般"成爲"意識一般"底相關者。但是物質是什麼呢？如果物質是現實的存在，實在，則牠是離開我們底知覺而獨立存在的。但是，物質不能夠同時存在於我們之外而又不存在於我們之外的。然而絳勒及拉思底"可能性"，不能不以這種性質爲其特徵。因爲如果物質存在於我們之外，則那是實在，是現實，如果物質不存在於我們之外，即不是現實，則牠也不能有"可能性"的緣故。物質是表現現實的可能性的東西，那一場合，物質雖被稱爲"可能性"（註十三），但是存在於我底意識外的現實。或者物質只不過是"可能的"即可以思維的"現實"，這一場合，物質是不離開我底意識而獨立存在的。二者之中必居其一。這一場合是不能有其他出路的。如果"感覺底可能性"不離開主觀而獨立存在，那末，牠就是產生現實的感覺的主觀的概念或表象。作爲可以思維的（但是，不是現實地存在的東西）實在底"存在一般"，作爲"感覺之單純的可以思維的可能性"底"存在一般"——是無稽的。

417

被作爲現實而理解的"物質"是不可避地要走到唯物論的,可是我們底現象論者諸君,因爲害怕唯物論比火還要厲害的緣故,終於想出這種荒唐無稽的概念了。

馬赫在討論穆勒底此等"感覺底可能性"的場合,指出了在他看來世界也是不爲現實的感覺底總和所包盡,對於他,在本質上,要素底函數的關係是存在的了。這是不消說的！！用着"現實的"感覺,你是不能前進得多遠吧。因爲如果世界是現實的感覺,即只盡於我們意識上的所與,那末,世界就顯然只賴我底意識之賜而又只在意識存在之間,存在着的緣故。這種見地,是不合理的,是要導至唯我論的。爲要避免這種不合理及唯我論起見,現象論者(巴克萊等)就不由得不感到有假定可以保證世界離開個人的,或進而離開集合的,經驗的意識之獨立,可以保證世界之連續的非一時的存在等的"精神一般"或抽象的"意識一般"的必要。我們關於這種意識一般已經充分地說過了。現在我們知道,我們底新休謨主義者,將"存在一般"或"自然一般"底概念當做"意識一般"底相關者而導

418

入了。如果"意識一般",說起來,是由主觀的方面支持世界底存在的,那末"存在一般"當然是由客觀的方面"支持"世界的。這一"支柱","存在一般"是什麼呢?——我們在上面已經指出穆勒之例了。現在就來看看馬赫底"支柱"是什麼。(註十四) 在馬赫,成為這種"支柱"就是諸要素底函數的關係底概念。但是函數的關係是什麼呢? 函數的依存,第一不是感性的知覺底對象。那只是可以用悟性為媒介而認識的。這樣的,馬赫就違背了自己底"感覺論"而導入合理主義的契機,同時公言這是世界之構成的原理。馬赫在這個場合,承認了於感覺之相互關係之中依着悟性所看取的·客觀的制約(離意識而獨立的)之現存: 是不難指摘出來的。物體或物,如我們所知道一樣,是對於感覺羣的集合的象徵。這個"象徵",不消說是不存在於我們底思維之外的。牠不是實在而是概念。物體,是由"未多"分解的要素——我們通常稱牠做感覺——而成立的。此等要素,沒有持久性及恆久性底特質。這樣的,只有聯繫之一般的恆久性殘留下來。如果我們連時間及空間也看做要素,那末,聯繫之一切恆久性就會爲要素底相互依存所包盡。"（註十五）感覺要素（結果概念底表徵也歸着於這個），是物理的及心理的事實（Thatsachen）。成爲物理學底命題之反作用聯繫之恆久性，是表現比直到今日爲止底研究所能夠發見的最高底實體性——曾被叫做實體的一切東西，更加恆久的東西。馬赫繼續說道，（註十六）"物體不過是合則地被結合了的反作用之捆束"，只有反作用底合則的聯繫形成某種恆久的東西，持久的東西。那——是批判地純粹化了的實體概念（Kritischgelaeuterter Substanzdegriff）。（註十七）

這樣的，物體或物是不存在的，物體是感覺底象徵，不是離開主觀而獨立存在的絕對的實在。物體或物是抽象的。是一個對於諸要素底全複合體的共通象徵（一個名稱，人類說話中的一辭）。世界底現實的要素是感覺。但是，世界，在馬赫看來也是不被現實的感覺底單純的總和所包盡的。諸要素是在於相互的函數的依存之中的。各個要素是流轉變化的東西，而不具有持久性及恆久性的……

420

這樣的，馬赫先排除了物體而公言牠不過是對於感覺要素底複合體的象徵。他使物體轉化爲感覺要素底複合體，更將感覺要素自身溶解於"諸關係底體系，""合則地結合了的反作用底捆束"之中。經過一切這些手術的結果，獲得了什麼呢？在一切這些"轉化"之後，殘留下什麼呢？關於此等問題，讓一位在大體上極傾倒於馬赫的著作家來答覆讀者吧。赫爾 (Hell) 說，"在物質與法則代替的場合，如馬赫所想一樣，形而上學的概念不僅爲經驗的概念所取而代之。他設置超越的函數以代替超越的事物。而當馬赫說着'物體不過是合則地被結合了的反作用底捆束'的時候，這一事是和在任何場合都澈底的經驗論是不兩立的。如果馬赫在這一場合對於反應的問題囘答道，這是諸要素，但是要素之自身是非持久的可變的，那末，全世界在終局就只轉化爲法則了。存在的東西，只是反作用，而反應的東西是沒有什麼存在的。

被當做研究的存在而思維的諸要素，是要導至於形而上學的。而全要素之溶解於函數之中，這是不能不終於成爲 '更加破產的形而上學' 的"。

421

（註十八）

物體是不存在於我們底意識之外的 。反之，"諸要素底強固的聯繫法則"存在着·馬赫將此等要素底函數的關係本體化，把牠宣言爲實體而到達於原則地和感性的要素的相異的本體底概念。"函數關係"是表現在於感性的知感底彼岸的，被思維的實在。這樣的，"函數關係"就成了作爲現象論者底馬赫所不能承認的"物之自體"了。他一方面把物質的實體當做一種不被給與於"經驗"的東西而拒絕，同時却使之作爲絕對持久的"函數關係"底實體而復活。這一函數關係是作爲本體而存在於感性的知覺底彼岸的諸要素之雜多的複合體底基礎之上的。不消說，這一點是和馬赫現象論的見地絕對不兩立的。

依着馬赫底思想，我們底"圖式的手段"創造現象底同質性或多樣性。這同質性及多樣性只於我們自我之中占有地位，而不在於流轉變化因而又是"多樣"的現實自身之中的。某種表徵之互相依存只存在於我們底主觀的"圖式"之中。在諸要素之間是不能有客觀的及必然的聯繫的。必然的

422

聯繫，如我們所見的一樣，是只存在於概念底領域的。馬赫說，除了邏輯的必然之外，其他任何必然，例如物理的必然，都是不存在的。主觀的概念是不能僭稱絕對的實在的意義的。但是，這一事，一點也沒有妨害，同一馬赫把他自己底主觀的概念及主觀的圖式的手段（那是法則及概念等所被還元的）客觀化和本體化，而且稱之爲有必然性和普遍妥當性底特色的客觀的關係體系的。這樣的，馬赫就明白地陷於自己矛盾了。爲什麼呢，因爲由他底見地看來，必然性，合則性及持久性等是不被給與於感性的知覺的緣故。心理主義者＝休謨主義者不過只能夠說內在的所與即表象或體驗之"聯想的"或習慣的聯繫吧了……。

（註一）試看二個社會形態 —— 資本主義和社會主義 —— 吧。由現象論底見地看來，社會主義不是由資本主義之中生出來，而是繼起於其後的。但是說資本主義之後生起社會主義，這也只是以"習慣的"經驗爲根據，然後可能的。能夠以兩形態之怎樣的"習慣的"聯繫爲問題呢？又現象或物之一義的聯繫是完全不存在的。故社會主義不在資本主義之後繼起的事也是

423

可能的。

(註二)Hume, Untersuchung ueber den Menschlichen
　　　Verstand, S. 32,

(註三)但是,在"自然底行程"和"我們底表象底模倣"之間
　　　也有因果關係。

(註四)Hume, Untersuchung etc S. 56。

(註五)Hume, Untersuchung etc S. 31。

(註六)Hume, Ibid. S. 35--36。

(註七)為了解說起見來利用上引的例子。因為欠缺原因和
　　　結果底接觸點之故，社會主義和資本主義就作為二
　　　個既成的,凝固的社會形態而對立着。兩者之間是沒
　　　有必然的，客觀的聯繫存在的。只有社會主義底到
　　　來的主觀的"信仰"是可能的。……

(註八)"自然是只有一囘存在着。原因和結果,這樣的是依
　　　着經濟的機能所思維的東西" (Mach Mechanik,
　　　S. 513--515。)

(註九)Mach, Analyse der Empfindungen 5 Aufl. S.
　　　74。

(註十)Sigwart, Logik,II. B. 1893. S. 13.

(註十一)Mach, Analgse der Empfindungen, 5 Aufl.

424

S. 296。

(註十二)並參照修帕底 "可知覺性" (Wahrnehmbark-
eit)底概念。

(註十三)同樣地參照 Volkelt, Erfahrung und Denken.
S. 112—113。

(註十四)在關於休謨這一章中，我們看見這一思想家也不
能不承認沒有絕對的實在,恆久性,離開意識的獨立
性,及存在之合則性,底表象,科學的認識便不可能。
關於這一點，我們又指摘了他自行把他由客觀的存
在排除了的一切"範疇"復活了(不消說在於主觀底
意識之中)。

(註十五)Mach, Erkenntniss und Irrtum, S. 271。

(註十六)Mach, Ibid, S. 134。

(註十七)Mach, Ibid, S. 146。

(註十八)Hell, Ernst Machs Philosophie, S. 49。

四

在上述的場合，馬赫自己雖站在 "概念實在
論"底立場，但對於"物性及力底神話"鬥爭着。因
為德謨頡利圖及達爾頓底原子,奈端底光底理論,

425

近代化學者底理論及近代"電子"學說等——也不外是我們底幻想底產物的緣故，我們把牠們（原子，光粒子，電子等——譯者註）作為客觀地存在的實在而接受，而把我們底認識"武器"本體化着，物理的研究，應該涉及感性的感覺底分析。這樣一來，我們就可以了解下面的事："我們底饑餓是像現代所想一樣，不是和硫酸底浸蝕的傾向本質地相異的，又我們底意志和對於支盤的石底壓力也不是那麼本質地相異的。我們沒有使自己溶解於由分子而成的更不可解的雲霧之中，或使自然溶解於幻影底體系之中,的必要,而感覺到接近着自然的自己"。(註一) 其次，"我們無論在那裏也不能知覺原子。原子和一切實體同樣地是所思維的物（Gedankendinge）"。(註二) 馬赫進一步承認作為一時的假說底原子論事實上能夠有效果的。原子論是能夠說明--系列底事實的。這一點是對的。可是，原子論是可以和"自然的自然觀"置換的。這裏來考察一下，什麼能夠給與這一"自然的自然觀"吧。如果原子論及"機械的"自然觀，像馬赫自己所說一樣，能夠說明自然現象，關於馬赫及其追隨者

426

底"心理主義的"自然主義還是不能說些什麼。

馬赫底努力,和一切心理主義底努力一樣,是用於在心理學的術語之中表現物理的世界,和把全存在物解體為心理的體驗或要素。馬赫對於外界否定實體的存在,把物理的世界作為我們底意識狀態,作為"心的東西"底規定或屬性而觀察,同時喪失了人類底主觀的活動底產物——概念,喪失適用於在我們底心理底彼岸的世界的可能性。從馬赫及他底追隨者底見地看來,物體,物,原子等底概念能夠有或種實踐的價值,但是,那是沒有任何理論的意味的。科學沒有概念便不能進行,不消說馬赫也是知道的。"在最高的發展階段,概念是對於反作用的意識(和言語,用語結合了的)底意思。(註三 而這一反作用是我們所期待於該客觀(事實)底部類的東西。"馬赫繼續說道 客觀在給與所期的反作用時是契合於概念的。概念依着下面二個理由,欠缺着直接的直觀性 (Anschaulich-keit)。即: 第一,概念雖包括着客觀(事實)底一部類全體,但其中之各個物是不能一時地被表象的。其次通常我們是徐徐地到達於諸個物(在概念上

427

只有這個被視爲問題）之共通的表徵底認識的。

（註四）概念之科學的價值，在於牠有把廣汎的事實，表象和象徵化於思想之中的能力。馬赫對於以爲概念是單純的空中樓閣，好像什麼"事實的"東西也是不和牠對應似的人們，更如次地指摘着：抽象的概念，不消說作爲獨立的物理的事物是不存在的，但是"我們在事實上心理地＝生理地對於同一部類底概念底客觀是一樣地反應着，對於種種部類底客觀則種種地反應着。感覺要素（結局概念底表徵也歸着於此）是物理的及心理的事實（Thatschen）。物理學的法則（Sätze）的反作用聯繫底恆久性表現着最高底實體性"。（註五）……在另一地方，馬赫論着康德而和康德一樣地，到達於"沒有直觀的概念是盲目，沒有概念的直觀是空虛"的同樣的結論。馬赫更把這種思想展開，指出了連數學包含在內的一切科學，只有在以概念爲問題的範圍內，纔是科學。"因爲我們底邏輯的支配，是只周及於具有我們自己所規定的內容的概念的。"

（註六）又馬赫在其機械論中，使赫爾志（Hertz）底體系展開起來，而於次點與赫爾志一致着：卽是我

428

們底概念，在事實上是我們自己所創造的這一點。縱使其結果，沒有什麼是任意地創造的，但是，那是由適應於感覺的環境的努力所創造的。概念之相互一致，是邏輯地必然的要求。這一邏輯的必然就是見知於我們的唯一的東西"。(註七) 如我們已經知道一樣，物理的必然是不存在的。

　　這樣的，馬赫以為：一方面，我們底概念是由感覺及其相互結合卽感性的要素而生起，他方面，概念是"主觀底任意的產物"。為什麼呢，因為概念的內容為我們自己所規定，並且，因此我們對於概念的支配也被保證着的緣故。概念是於事實自身之中有着牠底根據的，因而概念底內容不是為我們自己所規定而是為事實所規定。概念與事實是不把牠們混同的，因為兩者並不是同一，——馬赫繼續說道。馬赫又說明道，表象是個人，各個人類底要求之產物，然而概念是人類底要求所喚起而帶着時間標幟的，"最後，不可以為我們底研究只在能夠發見反作用聯繫底恆久性的場所，絕對的持久性(Bestandigkeit)是適用於我們底概念。(註八)

429

假定我們底概念和表象不是同一的。——那末,從這件事果能得到我們自己規定概念底內容,及像馬赫和赫爾志,斯他爾羅等所想一樣,在科學上只以我們自己底思想為問題麼?為要理解不可把作為類概念底"馬"和具體的,單一的馬底表象同一視, 又為要理解不可把概念作為獨立的物理的"事物"而本體化牠, 是不一定要成為一個馬赫主義者的。但是同時,在我們底概念正常地被構成着的場合, 內屬於客觀的事物和表象的表徵——以必然性出現於概念之中,是明白的。在"人類"這個概念之中沒有"齒"底表徵, 同樣地在"齒"底概念之中,也沒有"乳腺"的表徵在內。於是,如果我們任意地導入此等表徵,用馬赫底用語來說,我們將不會從所與的概念受取所期待的反作用。任意地所構成的我們底概念,和具體的事物矛盾着,因而喪失了一切科學的價值。概念底科學的價值,是為其對於客觀界——物——的契合所規定的。我們底思維底產物因為不能要求客觀的及實在的意義,故也不能有什麼科學的價值。這樣的概念是主觀的,容許多義的解釋。而這一事又制約着真理底

430

多義性。無論依着馬赫底意見或依着律刻特底意見，我們底概念都不是現實底反映。他們以為，我們底思維對象是我們自己所構成的概念，因而，科學的思維是完全不以現實為問題的。我們底思維是只專用於普遍妥當的判斷底創造的。邏輯底法則之所以可適用於我們底概念，是因為我們底概念不外是我們底思維底產物。如馬赫所說一樣，是我們自己規定概念底內容的。依此給與了對於概念的邏輯的支配之可能性。其結果，明確的判斷和必然的聯繫只存於邏輯的必然所支配的我們底思維底範圍內。(註九) 在"事實的"現實底領域，唯有現象底時間的繼起，必然的因果關係是沒有的。雖然，我們看到，馬赫，阿芬納留斯及其追隨者很不激底地論着現象底函數的關係之妥當性和必然性了。——這是矛盾的。

這樣的，由馬赫底見地看來，概念是具有嚴密的主觀的性質的。馬赫在下面一點完全與赫爾志一致着，即是我們能夠創造同一對象之種種的即多樣的寫象（"Bilder"）。又說，概念是應該只契合於我們自己底關於物的表象，不是應該完全契合於物的。"物",原子,質量及力————一切這些不過是我們自己所創造的而且對於現實是什麼共通點也沒有的概念。概念是主觀以物底表象為根據而創成的象徵。我們自行創造着關於沒有到達於我們的物的表象。又我們自己以表象為根據而創造概念。這樣的,這種概念底內容便再為我們自己所規定。最後,因為概念是主觀的創造之產物,所以我們底判斷就明白地不能具有客觀的＝實在的意義,又不能適用於物之自身。這樣的,科學就是我們底精神底產物。依着一切上述的學說時,真理就必然地成為被純粹主觀的契機————我們底表象及概念之互相一致————所規定的了。

我們為了一定底主觀的要求而創造概念,故概念全然沒有契合於現實的必要。依着一切上述之說,如克拉因拍達所說一樣(註十)"事實底同一領域,容認着幾多物理學的記載,幾多理論(就是其中之一也不可是虛偽的)……因而物理學底課題,不是一義的而是容許幾多解釋的。

同樣的事不僅適用於物理學。在關於幾何學底原理一章中,克拉因拍達說,幾何學是容許幾多

432

體系底可能性的。因為這個緣故優克律得作為幾何學所定立的命題是沒有邏輯的必然性底特徵的。此等命題可以其他命題來代替牠。立脚於其他命題也能夠構成沒有矛盾的幾何學。因而只要此等命題底性質與定義（Definitionen）底性質一致，兩個命題便附帶了定義底多義性和任意性。（註十二）克拉因拍達繼續說道，我們底感官底觀察是具有不許一義的證明這種特別可驚的特殊性的。因為我們只能以經驗為根據確定所與的理論之不正當，在我們是沒有證明一定理論之正當的什麼可能性的，云云。

馬赫在一個地方說，"單純的觀念只導於徒費的思辨，單純的觀察是不能給與組織的智識的。"我們完全贊成這個一般的命題，但是遺憾的，是我們不能不認下面一點，卽揭出關於概念形成等的學說的馬赫自己，在實際上是立於"徒費的思辨"底立場，而使科學轉化為"沒有矛盾的概念底體系"了。依着這麼一來，他就與那以為能夠使主觀自己所創造的觀念及概念高翔於獨立的世界的合理論者一致了。

433

但是，馬赫在邏輯的調和之外即在概念之相互一致底原理之外，還導入了此等概念底"正當性"(註十三) (Richtigkeit) 即概念對於"經驗"的契合底原理：這是明顯的，概念是我們自己所創造的。(註十四) 可是概念只有在爲經驗的事實所印證，而且契合於經驗，的範圍內，纔是眞的。但是這裏就有明白的誤解。概念是由現實所抽象的呢（在這一場合概念就不是我們自己所創造的），不然就是我們自己創造的（在這一場合，爲什麼"經驗"，現實不能不和具有我們底邏輯的構成，和"我們自己規定了的內容"的主觀的概念一致，就不可解了），二者必居其一。再，如果多數底記載是可能的，又如果和科學一般底課題一樣，物理學底課題不是一義的而是容許多數底解決或理論（其眞理性不依其與超越的現實的契合所規定，而是依表象及概念底相互一致所規定的），那末，依着這些一切就可以宣言認識上底極端的主觀主義，是明白的了。

　　存在底排除就必至於當爲底承認。外界底否定，同時就意味着認識所依存的客觀的=強制的基礎底排除。現象聯繫底客觀性及一義性底標準，在否定外界的場合就不能不求諸追求一定底目的的主觀之中。註十五）主觀是爲制限客觀的東西底界限而被喚起的。馬赫說，"只有這樣的理論，即比觀察者所認識的更加簡單地更加正確地表示着受了種種雜多底間接的事情底影響的最複雜的觀察事實的理論，是適合於一義的確定底理想的"。(E-rkenntniss und Irrtum, S. 449.）在另一個地方，馬赫指出了 "赫爾志底合目的性底要求與我們底經濟底要求一致着"。(註十六)

但是，作爲馬赫說底構成的部分而進入來的第三契機——力底節約或思維經濟底原理——究竟是什麼呢？和赫爾志底"合目的性底要求"一致的這個原理，不是存在底構成原理，而是，如康德所說一樣，是使科學的經驗"可能"(的主觀的範疇，誰也會明白。思維經濟底原理是真理底最高標準，爲什麼呢，因爲牠是齎給統一和持久性，秩序和合則性於經驗底混沌之中，而依之以規定認識底對象自身的。馬赫及阿芬納留斯是把這一思維經濟底原理看做人類對於環境的適應過程底最高表現

435

的。這一原理底起源是生物學的。故人類依着自己底生理學的要求而形成認識底對象。這樣的思維經濟底原理，就獲得了 A priori 底範疇底意義。認識底客觀，是主觀底"任意的"活動底產物，而爲我們自己所創造的。在這一意味上，馬赫及阿芬納留斯是立於康德底"哥白尼的見地"的。我們底思維是以自己底法則命令於客觀的⋯⋯

思維經濟底原理，依着下面二個理由是經不起批判的：第一，作爲主觀的原理的這一原理，不消說是不妥當於客觀界的。第二。把生物學的事實提高到邏輯的規範是不當的。"思維經濟底原理"是先驗的假定。這個假定事實上否定了科學是應該記載感性的感覺底所與這一要求（和這個假定有直接關係的要求）的。事實上，現象底總和底記載，是只有一義地，卽適應於同時存在及繼起（現象是實際地現出這一同時存在及繼起的）底諸關係而使之恰如現象所被安排的秩序，客觀地始有可能的。"思維經濟底原理，是命令我們從可能的結合方法之中把最簡單的東西作爲正當的東西而選擇出來的，不僅形式的而且實質地豫想着種種

436

底記載形式。在這一選擇之中包含着現實聯繫底解釋。因而事實上，這種選擇就不單是記載，而是"說明"。而且是為先驗主義的要求所完全規定的東西。可是這種先驗主義的要求，若把牠推論到究竟，就成為我們底思維所不能不簡單地定立的聯繫，在客觀上也被稱為真理了。在這樣的或類似這個的主觀的要求底支配之下，如科學底歷史所告訴一樣，人們是陷於最深的謬誤了，因而不問這一要求是不是先驗的假定，就是最小限度底蓋然性也是不能歸屬於這個的。"(註十七)

這樣的，內在於我們底思維的原理具有客觀的意義，思維把自己底法則命令於客觀的存在這一學說，是經不得批判的。

成為認識底真理性底標準的東西，由馬赫及阿芬納留斯底見地看來，不是客觀的現實底契機，而是合目的性底契機。思維經濟底原理，是認識底確實性底最高標準。為什麼呢，因為依着這一原理，現象底"記載"，是適合於我們自己意識地隙定地所設定的科學的研究目的的緣故。我們已經知道，馬赫完全沒有要求概念契合於物，客觀的現

487

實。因爲概念（及法則）是合目的的，故有科學的價值。概念底眞理性爲其合目的性所規定。但是目的是爲主觀所規定的。因而概念是主觀自身，依存於主觀所追求的目的，而創造的……

我們以爲還有使讀者注意於下面一事的必要。如我們所見一樣，唯物論的及"形而上學的"原子論是不能使馬赫滿足的。其結果，他便注目於質的要素及直接經驗等等。但是應該橫於全哲學底基礎的近代心理學，關於感覺果能夠告訴什麼給我們麼？又馬赫自己不是說過"單純感覺是抽象"麼？然則，感覺是"和自然研究者底原子同樣的補助概念"。（繆斯達堡）心理學是從作爲一切複雜的心理的構成底根本的要素之感覺底概念出發的，牠是恰和"物理學"把原子底結合置諸物理的現象底根柢同樣的。就是由心理主義者自己底見地看來，原子和感覺都是一樣地不到達於直接經驗的。經驗的所與之科學的完成——反覆說一句，在這一場合我們是立於心理主義者底見地的——是會引導我們到原子及感覺這二個根本概念的。

這兩者是在抽象上存在着的東西，直接地是

不能知覺的。如果這樣，那末，心理主義者是依着怎樣的根據而給與感覺以這種優越性呢？(註十八)

　　感覺和原子一樣，是"形而上學的本質"。在他面，如果馬赫及其追隨者是把感覺當做假說，當做科學的補助概念而觀察，那末，我們就不能了解爲什麼原子底假說要被我們底"認識論者"那麼樣地輕蔑呢。再，如果感覺不是直接地到達於我們的東西，我們只推論着作爲實在底感覺底概念，同樣的邏輯的過程不是也可以適用於原子或一般物質的基體麼？總之，就站在我們底反對者底立場，我們也沒有看見"感覺"對於"原子，有怎樣的邏輯的乃至認識論的優越。

————————————

　　現在已到了結論的時候了。近代哲學是作爲對於中世紀底實在論及放恣的合理論的反動而興起的。培根，霍布士等的近代哲學，和那由概念及觀念導出現實，由思維導出存在的合理論相反對，是於感官之中看到認識底根源，於現實之中看到一切我們底觀念及概念底究竟的根源，而對於現實之自身,客觀界閉着眼睛的。在這些思想家,感覺論的認識論是安於唯物論的基礎之上的。但是在洛克外界已經由意識分離,知覺對象是已經由對象底知覺分離的。巴克萊及休謨則已把物底第一次的性質,第二次的性質底任何一個都作爲意識狀態而觀察了。他們完全否定外界底存在,將意識內容由其原因切離而移行於純粹感覺主義。但是,他們雖然否定外界,但在事實上則把世界內容移入於意識之內。而且謂這一內容是與意識不可分的東西。

這樣的,主觀與客觀底相互依存就被定立了。沒有主觀便沒有客觀,沒有意識一般便沒有自然或"存在一般"——這是相關論底公式。存在,在其本質上是不能成爲意識或思維底原因的。因爲存在是和意識一起地而又同時地被給與的。兩者相互地關聯着。作爲現象底客觀依存於意識這種學說給與了機緣使康德置表象底世界於知覺底世界之上了。德意志觀念論底後來底發展,導至於辯證法和合理論底復活。這一鎖鍊底最後底一環的黑格爾哲學就取了如次的形式:即謂精神是世界底

440

原因。如我們所見一樣，只要主觀一度被置於客觀之上，客觀被稱爲和主觀不可分離的東西（依着巴克萊，休謨，其次依着康德費希特）結局，精神就不能不成爲現實底造物主了。黑格爾教道，理念在其本質上是過程。理念底第一階段是純粹邏輯的存在，其次，這一邏輯的存在就轉化於其"他在"（"Anderssein"）——自然。在第二階段，理念便取着精神之形而由這個"他在"復歸於自己。這樣的，純粹邏輯的存在，抽象的理念，便創造現實。費爾巴哈及馬克思底唯物論，再爲對於觀念論的鬥爭而被喚起了。不消說，那是以先行的全時代底一切積極的收獲爲基礎的。這樣的，辯證法的唯物論興起來了。辯證法的唯物論教道，現實是辯證法的過程，在這個過程底根抵橫着物質的基本。不是觀念創造自然，反正是自然規定觀念。

在現代，新休謨主義對於唯物論鬥爭了。新休謨主義者再把我們帶到休謨及巴克萊去。我們看見了這一學說底缺憾了。和巴克萊及休謨同樣地，我們現代底現象論者也主張着客觀之對於主觀，存在之對於思維，的不依存性和不可分性。（註十九, (阿芬納留斯底"經驗批判論的原則的同格"及相關論底見地等)。但是,這一學說,如我所看見一樣,是只有走進主觀主義和唯我論底迷途底力量的東西,比較着辯證法的唯物論是退步的。

(註一)Mach, Mechanik, S. 493—494. 在感覺分析論及認識與謬誤等中及上引底說話中所明白地表現的"意志底形而上學"底問題, 不是現在應該論及的。

(註二)Mach, Mechanik, S. 521。

(註三)Mach, Erkenntniss und Irrtum, S. 13。

(註四)Mach, Ibid, S. 132--133。

(註五)Mach, Ibid, S. 134。

(註六)Mach, Ibid, S. 379。

(註七)Mach, Mechauik, S. 270。

(註八)Mach, Erkenntniss uud Irrtum S, 140。

(註九)上述的克拉因柏達如次的寫道:"人類對於自然現象只能夠充一個觀測者底脚色。他觀察着,而且記載着所觀察的東西。長期的觀察常齎給反覆着的合則性。所以,他對於未來也期待着同樣的事。這就是兩部。他決不能說,某事不能不發生。自然現象,實則依着牠底規定,沒有我們底共同動作,甚至對抗着牠,

442

所演的心的經驗。對於這一心的經驗，我們底意志
只不過能夠給變更其到來底諸條件的影響吧了。"
(Die Erkenntnisstheorie der Naturforschung
der Gegenwart, S. 123-124.)

(註十)關於上面所引的克拉因拍達教授底著書現代底自然
研究底題義論，馬赫自己如次地說道："本書給與他
底見地之體系的說明，我在一切本質的點上是同意
於他的。" Erkenntniss und Irrtum S. V.參照)。

(註十一)K'einpeter, Ueber Mach und Hertza princ-
ipielle Auffassung der Physik, Ardhiv für Sy-
stematische Philosophie V. B. S. 168.及 Die
Erkenntnisstheorie der Naturf. S. 83. 等……
Die Principien der Erkenntniss in den einze-
lnen Wissenchaften. S. 74-137全部。

(註十二)Kle'npeter, Die Erkenntnisstheorie etc, S.
107-108。

(註十三)馬赫（和赫爾志等一起）在這二個原理之外，還認
有"合目的性"底原理。

(註十四)關於"概念構成"底問題，馬赫在這一點尚與律劀
特有接觸點，這是應該注目的。（請看律劀特底著書

443

關於自然科學的概念構成底界限)。

(註十五)在沒有存在物的處所,就有不可不的東西。試引費希特爲例。律刻特雖否定超越的存在,但承認當爲底超越性。他以爲,認識底對象是不以存在爲其根源,而以當爲爲其根源的。絕對的實在界底否定,不可避地要導至對於這種"道德主義"底從屬,又導至於現實或存在物的,不可不的東西底從屬。

(註十六)Mach, Mechanik, S, 276。

(註十七)Wundt, Einleitung in die Philosophie, 2 aufl S. 299-300. 又參照同書 300頁 Wundt 關於伽利略底"單純底原理"(Principium Simsplicitatis)的摘要。

(註十八)甚至律刻特還不能不如次地指摘了:"似是而非的實證主義者及純粹經驗哲學底信徒,只要把全存在歸諸心的東西,便立於唯心論的形而上學底見地了"。(Rickert, Ueber dir Grenzen der naturwissenschaftlichen Begriffsbildung, S. 178。

(註十九)客觀之對於主觀,"存在一般" 之對於 "意識一般",的原理的依存性和不可分性之說,無論在任何場合都是不能與唯物史觀底教義混合的。

444

第 十 章

馬赫主義與馬克思主義

一

我們底思想之對於圍繞着我們的外界的問題，是一切哲學和一切科學的理論底一個最重要的問題。e馬克思及恩格斯，當着手研究社會現象之際，對於自己提起了這個哲學的根本問題了。這是因爲他們意識到一切科學研究底價値，顯著地懸於這個問題底正當的解決的緣故。馬克思及恩格斯從關於思維和存在的問題底觀念論的理解移行於唯物論的理解，這給與了兩思想家以成就社會科

445

上底革命的可能性。横於他們底世界觀底根柢的邏輯的前提，可以簡單地公式化爲如次的命題：(1)只有自然是實在的。(2)自然是離主觀獨立而存在的。(3)主觀形成這同樣的自然之一部分。(4)一切認識是由經驗，即由主觀所取自外界的知覺，而生起的。(5)因之，我們底意識是被外界——存在所規定的。(6)現實既然是唯一的認識的對象，那末，我們底知識便只在和現實，存在一致的範圍內，眞是客觀的。這就是科學的社會主義之所據的哲學或認識論上的根本命題，特別因爲以唯物論的認識論爲根據，故對於批評家諸君成爲頗難接近的要塞了。

然而我們底馬赫式的馬克思主義者，不滿足於馬克思哲學，而要努力於馬克思主義之下，築起新的哲學的基礎。現在我們來看看他們將什麼東西換給我們，他們底"等價物"是什麼東西。我們底目的，不是要在這一章，充分地完璧地論盡這個問題。我們底課題只在指出馬赫主義導至於絕對的觀念論及懷疑論。一方面也想把多少說明俄羅斯的智識階級對於馬赫哲學底心醉的，客觀的社會的條件,指示出來,縱使僅少也好。

在"沒有污染"於哲學的人, 世界是像他所體驗或知覺的一樣,離他而獨立存在的。"健全的"人類悟性,素朴實在論者,把色,音,臭看做獨立地存在於他底意識之外的東西。一切人們在生活上的實踐是支持着這種見地的。然而科學的研究,使我們曉得這種絕對的實在論是經不得批判的。德模頡利圖巳經在古代,而伽利略,笛卡兒,霍布士,洛克也在近代,教給色,音,味,臭等底感性的質,不能像素朴實在論者所想一樣,看做物底反映。此等質不是實在地存在於我們之外的物體界底摹寫,不是主客合一的摹寫,而是物體對於我們底感官的作用之結果。

這樣的, 科學的=哲學的思想就到達如次的結論了:只反映對象之間底諸關係的表象和對象自身底反映的表象,存在着。絕對的實在論,被唯物論的實在論驅逐了。但是唯物論的實在論者不能使努力於素朴實在論者底"自然的世界概念底復活"的觀念論者滿足。可是,對於這一絕對的素朴的實在論之復歸, 事實上就等於推移到絕對的

417

觀念論。因為，如果前者以為一切都是存在於主觀之外且離牠而獨立，則後者是告訴說一切只是存在於主觀之中的緣故。世界是一如我們所體驗的東西——在這一點上，絕對的觀念論是和絕對的素朴實在論一致着的。但是，和絕對的素朴實在論相異，絕對的觀念論以為這個世界不是作為絕對的現實而存在於我們底意識外的東西。馬赫主義者推論道，色是一如我們所體驗的東西。色是刺激眼睛的結果所生起的。但是因為色是生起於我們底眼睛之中，故不是一種存在於我們之外的東西。那末，色是只在眼睛存在的範圍內存在着的。同樣的事不但可以適用於色，音，臭等之質，也可以適用於運動，形象，延長，及不可入性等。萬物只在我們底頭腦之中存在着，除外了頭腦便什麼實在的東西也沒有了。物是一如牠對於我們呈現，為我們所體驗一樣地存在於我們底頭腦之中的。說是在我們之外有什麼實體，物質存在着，這是全然不確實，不可能的：馬赫主義者這樣說。無論在任何場合，我們底表象也是對於物質的實體，外界沒有何等關係。世界不是直接的意識底"事實"以上

448

底東西。成爲這個世界底內容的，是成爲表象之生起底地盤的，視官的，觸官的，味官的及其他底感覺底總體。所以，在馬赫主義者，成爲第一次的東西的，如在馬克思及恩格斯一樣，不是自然及外的物體界，而是本原地給與於我們底意識的，而且不能還元於其他任何東西的知覺底總和。當馬克思及恩格斯支持着只有自然，客觀的現實是實在的（請看第一個命題）這個意見時，從馬赫主義底見地來說，是不能不把心的世界看做真地實在的。依着馬赫之說，物理的東西與心的東西，客觀與主觀，世界與我，是被一個更高級的範疇——感覺底概念卽心的世界所包括。因爲感覺是直接地給與我們的東西，心的世界在我們是最確實的東西的緣故。我不能懷疑我底體驗之存在。然而外界底存在是越懷疑越可疑的。還不僅此，關於離我們而獨立存在的這樣的實在，我們不僅毫無所知，而且也是不能知道的。主觀常只以自已底意識內容爲問題，而不能逾越其界限。我們以我們底思想爲媒介而思維世界，——因而不過是知道自已底主觀的表象。——這種主觀的表象，又構成了我們創造世界的材料。

　　在我底面前有一枝洋燈。我知覺牠，這就是說我看見洋燈，卽得到視覺，我觸着洋燈　卽得到觸覺等等。但是，這種感覺是只在我之中存在着的。所以，洋燈不是作爲實在物而離開我獨立存在着，而是只在我底頭腦，我底意識之中有着存在，馬赫主義者這樣地結論着。洋燈不過是作爲心的事實而存在的。這樣的，物是悉數地被溶解於心的要素之中的。物質被解體爲感覺底色彩。全客觀界被移於意識而喪失其獨立的存在。什麼東西也不存在於我們之外，但是萬物恰像離我們底意識而獨立存在似的爲我所思維。

　　世界底認識是只有以提供生起表象及概念的地盤的感覺於我們之感官爲媒介始有可能的——馬赫就由這一個感覺論的命題出發，而到達於感性的感覺及同時地表象是直接地存在的外的對象，現實之自身這個荒唐無稽的結論的。因而，知覺對象，被和對象底知覺一同視了。唯物論者也於感官之中看到認識底根源。但他承認作用於我們底感官而於我們之中惹起表象的外界底存在。感覺論者馬赫否定物質界之現存，這就不可避地一面要導至表象底客觀性及眞理性底標準之除去，他面使之公言表象爲唯一底眞的實在。休謨——這位近代現象論之父——已經教道，"成爲意識底客體的一切對象是必然地不能不存在的"。但是伴着物質界底排除，只有以意識，精神，主觀爲其支持者的表象殘留下來。這使馬赫有權利可以說，世界是我底表象底總體，世界存在於我底頭腦之中。不是存在規定意識，而是意識規定存在。因爲，依馬赫底意見，我們是由成爲一切存在和一切思維底第一要素的感覺，構成現實的緣故。

物理的東西與心的東西，存在與思維，不是"或種特別互相差異的東西"，馬赫說。世界與我們底"自我"，物與感覺，之間沒有對立，爲什麼呢，因爲這兩種系列是構成同質的感覺底複合體的。否定物質，與將全客觀界移入意識或心的東西底領域，是把存在和思維作爲等價的心的要素而考察，並且給與設定完全的同一性於兩者之間之可能性。馬赫以爲，存在與思維，客觀與主觀之間，是沒有何等二元論存在的。由我們底外的物質界

451

到我們底內的心的世界之推移怎樣地纔可能呢？

我們只有依我們底意識中所有的知覺或感覺而知道外的對象。然而在這種知覺之中，對於應該橫於知覺底界限外，意識外的東西，及在質上應該和知覺及表象相異的東西，並沒有什麼啓示。馬赫說，全世界是由那對於外界和內界都是等價的要素而成立的。而且物理的東西與心的東西對於此等要素是同一的。

物是不能使之和我們底意識分離，獨立而觀察的。因為我們所使之歸屬於客觀的性質，是我們底"自我"底感覺的緣故。主觀與客觀是相互不可分地聯繫着的。孤立地觀察物及意識就是陷於二元論底意思。然而物是只一囘地存在着，卽是作為感覺或我底意識底表象而存在的。能夠成為問題的，不是二個原理地相異的世界，而只是二種研究方式。因為我們常以同質的要素——感覺——為問題，故研究底"資料"是同一的。色彩，——在我們於色彩，音響等其他要素底聯繫及依存去觀察牠的範圍內，是物理的客觀。色彩，——在我們於其和眼球網膜底聯繫去觀察牠的範圍內，是心的

452

客觀。但是無論在那一場合，我們結局都是以同質的而且一樣的要素——不離開意識而獨立存在於我們底精神之外的感覺——爲問題的。

世界之中，沒有物，也沒有主觀。眞實地存存的東西，不是物體而是要素卽一定底感覺羣，馬赫教道。存在，客觀，是和思維，我們底"自我"一樣，由心的要素而成立的。存在是心的體驗底對象，在心的體驗之中，沒有什麼東西能夠保證存在底實在性，卽我們底心理之外的獨立的存在。存在與思維——是主觀底等價的體驗。這樣的，成爲意識底客觀的一切表象，是必然地不能不存在的，卽是說不能不有客觀的意味。然而這一事就導至於承認存在之對於思維的依存性。我們底"自我"由感覺底總和或感覺羣創造着物，因此，物不過是感覺複合體之被思維的象徵。物是不存在於我們之外的。物是主觀的活動底產物。這一主觀，統合感覺底總和而成爲一個抽象的概念（物），那只不過是我們所思維的·但是不存在於意識之外的統一。爲了實踐的目的·力底經濟底目的，我們以某種象徵表示着相對持久的一定知覺羣，而稱這一定底羣爲物。

453

我們以"物""物體"，洋燈，紙等這一個簡約的象徵表示這種多樣的感覺，而代替記載那構成所與的物的感覺底總體。同樣的事也可以適用於構成人類的"自我"的體驗，感情，情緒之羣。這就是馬赫底見地。

二

第一不能不指出來的，是由辯證法的唯物論底見地看來，色彩，音響等也是由主觀與客觀底相互作用而生起的。此等質之存在只有一次沒有兩次。故關於這一點，唯物論者是對於任何二元論也不負責的。唯物論者充分知道，例如白或赤底色不是離開他底眼睛而存在的。但是同時他也確知於我們之內惹起某種感覺的對象存在於他 之 外。馬赫在一方面告訴諸要素或感覺是由客觀與主觀之互相關係 (Aus der Relation) 而生起，在他一方面，說着除了此等要素或感覺底結合之外便沒有客觀存在時，就陷於很大的邏輯的矛盾。馬赫說，綠色底感覺是因"葉"與我們底"自我"衝突底結果而發生。於是生起一個疑問："葉"這個客觀

——這不過是我底意識內容，由感覺底集合而成立的——怎能夠同時作為構成的契機而進入於要素或感覺底構成過程之中呢？

馬赫主義者及經驗一元論者波格達諾夫所非難唯物論者底"二元論"，其實不是和此等觀念論者很疎遠的東西。因為就是像馬赫及其追隨者所為一樣，使用"環境"一語去代替外界這一用語，外界也是不會被排除的緣故。好像馬赫及阿芬納留斯已克服了客觀與主觀底矛盾，世界與意識底二元論似的這種主張，不過是基於誤解。事實上，這一"環境"是什麼呢？如果環境是離我們底"自我"獨立而存在，如果牠是成為規定主觀及感覺底性質的客觀的條件，那末，"環境"明白地就是表示於我們之中有着存在的外界底概念之別一言辭。然而，依着馬赫底學說，存在，外界，自然是悉數地被解體於心的要素底總體之中，離開人類的意識而獨立便不存在的。為什麼呢，因為"除了感覺或要素底結合，物體便是虛無"——因而，說此等要素或感覺是由"環境"與主觀底相互關係而成的，也是無意義的。客觀是主觀底第一所與，直接

455

的意識內容，後者雖不能還元於其他任何東西，但同時明白地是依存於與主觀沒有關係的客觀的條件。對象，物體，物，是除了感覺或要素底結合之外便是虛無，——這是馬赫底意見，——在這個場合，不能不說只有心的世界是實在的，這個世界不外是我底表象。在這一場合，世界與"我"底二元論，事實上被排除了。但是，這一排除，是要極高的代價的。為什麼呢，因為這一場合，我們到達了主觀的觀念論，絕對的迷妄論的緣故。全世界，全人類不過是幻影。只有我底"自我"是真正確實的實在。不然的話，我們承認：他人存在着；世界是離我底"自我"而獨立存在的；能夠除開與我底意識之聯繫及依存而思維的某種"環境"存在着；這種環境是與主觀保有某種關係的。在這一場合，就容許世界與"我"底二元論之復活，卽容許和主觀對立的實在界存在於意識底彼岸。無論我們稱這一客觀界為"環境"或其他名稱——事情是一點也不會因此變化的。世界是不停止其存在的。

馬赫之所謂"要素"是什麼呢？馬赫說，物體，物質是不存在於此等要素——感覺——底聯繫之外的。我們底意識，我們底"自我"也是感覺底複合體。這就是說要素在意識底彼岸沒有存在，並且不能有其存在。為什麼呢，因為感覺是只在主觀之中有其地位的。但是，一方面，因為"自我"之自身也是感覺底複合體，要素底聯繫，所以要素也不能存在於意識之內。加之，要素是主觀與客觀之間底關係。在這樣的場合，這種要素是在什麼地方呢？在主觀與客觀之間麼？這一未知的"王國"是什麼？不能存在於我之外也不能存在於我之內的·這一個第三世界，究竟是什麼呢？這個第三世界是不能存在於我之外的。因為在這樣的場合，就不能不承認和要素底集合同一的世界存在於此等要素之外。但是那也不是只能夠存在於我之內的東西。因為構成這個世界的要素是"環境"與主觀底相互關係底所產的緣故。

"環境"底概念獲得某種神祕的性質。環境有時作用於主觀——因為"環境對於主觀立於某種關係馬赫主義者這一種主張，除此之外能有什麼意味呢？——有時和一切物體同樣地，這種"環境"是除開主觀就是虛無的。"環境"是成為"環境"對

457

"我"，"客觀對主觀"底關係之一組成部分，同時構成關係底第二組成部分——即主觀——底產物。如果"環境"是虛無，那末，環境怎樣地能夠和主觀立於某種關係呢？如果環境對於主觀立於一定關係，那末，環境就構成或種東西——實在了……

馬赫主義者固執着：除外對於"自我"底關係而思維"環境"或客觀界，是不可能的。因而，世界是主觀底體驗，而且只是主觀底體驗。依着這一事，又斷定了環境，世界底"主觀性"。(註一) 這——是明白的荒唐無稽。我們底思想，是我們底心的體驗。這是自明之理。但是，果能從關於世界的我們底思想，不存在於我們之外，而存在於我們之中這一事得着我們底思想所表明的世界，對象也只存在於我們之中這一歸結麼？思維他人底財產，決不是領有該財產底意義，這是諸君所同認的吧。關於他人底財產的思想，是屬於我的。但是，思想底對象——即財產——則不屬於我而是離開我底思想而獨立存在的。在我底意識底界限內的一切東西，是不能作爲和意識相異的或種東西而體驗的。所以在我底意識底領域內，只有知覺，表象存在着。

458

可是，在他方面。知覺及表象底對象，在質上也是和這個意識內容相異的東西，牠構成我們底體驗底原因，而存在於意識內容之外。

馬赫主義，否定外界，而不能說明意識內容本來是從那裏來的。如果不欲像巴克萊所為一樣，訴諸作為一切實在底最後底根源底神，那末，我們底知覺及感覺明白地是由虛無所創造。外界底否定——如前所述——是要導至認識底客觀性及真實性底一切標準底排除的。客觀的，並且對於一切人都妥當的認識，只有在主觀底種種體驗底根柢橫有一個客觀的現實，纔有可能。在唯物論者看來，"人類的概念，是現實的事物底摹寫"（恩格斯）。故他又以為只有契合於這個現實的事物的東西是真的。然而以心理的世界——表象及知覺底世界——為唯一的實在的東西的馬赫，從那裏取到真理的，客觀的東西底標準呢？在人類的"自我"底不平等被斷定的場合，又在沒有作為種種意識間底媒介物底唯一對象的場合，妥當於萬人的認識，是怎樣地可能的？最後，在缺乏客觀界的場合，怎樣地能夠比較種種人類底體驗呢？然而我們不能洞

459

察他人底意識。他人底體驗，是絕對不到達於我們的。知覺是和知覺完全一致的，即與自己同一的，所以，我只被給與我底體驗，那是不得有眞或僞的。現實底認識是完全爲現實底體驗所包括，對於物是沒有任何關係的。在現實上，客觀是一如其"呈現"於我的即爲我所體驗的東西。故我底"自我"就成爲客觀的東西及實在的東西之規範——萬物底尺度。一切客觀的確實性，就這樣被排除和否定了。留下來的，只是這樣的主觀的確信，就是說對於一個主觀妥當的東西未必對於他一主觀也是妥當的。

一切體驗，是一樣地直接地被給與於我們，因而又是等價的，故體驗底世界，不知道眞理與謬誤之間底對立。馬赫說，眞理與謬誤是具有同一的根源——心意——的。一定底體驗底效用解決了其眞理性底問題。這是眞理的東西底生物學的標準。但是謬誤與虛僞，不是對於某一個人是有效的東西麼？現代底布爾喬亞學者，不是有着爲了利害關係和自己接近的階級僞造着科學的傾向麼？內在哲學（馬赫底學說也是牠底一個變種）不是在與

460

唯物史觀底鬥爭中的極"有效的"武器麼？

(註一)馬赫底同一思想者阿芬納留斯，是很不澈底肯定了
除外對於"自我"底關係而思維環境，客觀（das
Gegenglied）的可能性的。即間接地承認了外界，
"物之自體"底存在。

三

唯物史觀底根本命題，大家都知道是：不是人類底意識規定他們底存在，反對的，是他們底社會的存在規定他們底意識。唯物史觀，是依存於哲學的或辯證法的唯物論的，辯證法的唯物論，如上所述，以為"只有自然是現實的"（恩格斯），"人類的概念是現實的事物之摹寫"。在本章底開頭我們已經把牠公式化於六個一般的命題之中的唯物論的認識論，是和既述的觀念論底見地對立的；依着觀念論底見地，心的世界即表象界是真正實在的，離主觀而獨立，世界便不存在，所以自然，存在，客觀，是意識底產物。如果站在這個觀念論的見地，則唯物史觀將喪失一切底意味。然而在馬赫哲學之中發見為"更新"馬克思主義和批評地給與牠基礎而

461

喚起的新的天啓之馬克思主義者，是不理解這個道理的。但是，此等馬赫流的馬克思主義者所不理解的東西，布爾喬亞的學者及哲學者却很理解牠。他們在辯證法的唯物論之承認外界，現實及自然之中看取馬克思主義及唯物史觀之"惡底根元"。例如內在哲學底後繼者馬爾司涅爾底議論就是這個。他在其著書唯物史觀底認識論的基礎，充分地理解着唯物史觀和辯證法的唯物論底關係，然而爲了克服唯物史觀而"證明"外界的概念底破產。依着他底意見，要破壞唯物史觀，必須豫先論駁哲學的唯物論。馬爾司涅爾說，"外的存在，這種自滅的，超越的無意味的物，本來是表示馬克思對於歷史的東西的理解之惡底根元的"。(註一)

　　內在哲學現今在歐羅巴是布爾喬亞思想家希望用爲"打破"唯物史觀的武器；在客觀的現實成爲普羅列搭利亞特對於舊社會組織底破壞和新社會組織底到來之堅牢的信仰底根源時，只要這種觀念論的主觀的哲學損傷對於科學的信仰，否定客觀的現實底認識之可能性，牠就演着反動的脚色：我們還能引用許多的例子來證明這種思

462

想。

　　我們底馬赫流的馬克思主義者，剛剛說着和馬爾司渥爾同樣的議論。他們不由自己底哲學底根本命題作成邏輯地生出來的結論。麥克司·阿得拉 (註二) 在寫着關於唯物史觀的文章的場合，他不由得不以康德主義者底資格，站在馬爾司渥爾底見地來說述，物質的東西與觀念的東西在於同一的領域——心意——之內，物質的東西不是某種物的東西而是某種人的東西，又怎樣的東西必然地是一種精神的東西。精神的東西——意識，從內在哲學，因而又從馬赫主義，底見地看來，是成爲現實底構成，存在底創造底地基之第一次的東西。把這適用於歷史的過程，就成功了精神創造社會的存在，而社會的存在爲意識所規定。而且以爲這一觀念史觀（直譯爲史的觀念論——譯註）或心意主義，就是馬克思，恩格斯底唯物史觀了！客觀之對於主觀，世界之對於"自我"，存在之對於意識，的依存——這，依存馬赫流的馬克思主義者底思想，就是內在哲學——那是該成爲科學的社會主義底基礎的——底創造底基礎。

馬赫否定外界，因此排除一切客觀的認識標
準。終於不得不認一切思維內容是真的。如果欠缺
外界，我們底認識，就不能歸於物而歸於我們自己
底表象，因而世界是一如我在所與的各瞬間"主
觀"地"表象"牠的東西。一切意識內容既是真的，
我底"自我"既是真理的東西底規範，那末，一切謬
誤，一切偏見，明顯地在牠對於誰個有效的場合，
例如在有益於社會組織之保護時，就被認爲客觀
的真理了。客觀的真理，在有害於支配階級底利益
的場合，就能夠被稱爲偏見。布爾喬亞氾，爲了對
於構成科學的社會主義底根柢及基礎的認識的客
觀主義的鬥爭，及對於普羅列搭利亞特底實踐的
要求的鬥爭，不能不注目於主觀主義，理論的虛
無主義及個人主義了。以爲只有對於自己有利有
效的東西纔是真的之主觀哲學，爲要使眞爲合理
的東西即爲新社會組織底普羅列搭利亞特之決死
的鬥爭更加困難起見，是能夠把既存物底一切醜
惡正當化和揚言現實底合理性的。

　　將上述的事慨括起來，便到達下面的結論：
(1)由馬赫主義底見地看來，只有心的世界——表

象底世界，是實在的。(2)和表象底世界同一的自然，存在，是離主觀而獨立便不存在的。(3)因為世界是我底表象，故自然，存在，客觀，形成主觀底一部分。只在人類的精神中存在着。(4)一切認識是歸着於當前底意識內容——即知覺或表象——底認證的。(5)因為主觀或意識成為世界存在底邏輯的前提的東西，故成功了存在是為意識所規定的。(6)現實既是和心的世界同一，又不歸屬於物——客觀界——底我們底表象既是認識對象，那末，真實的東西底規範就是我底"自我"。馬赫主義——就是沒有世界的世界觀。

馬赫及阿芬納留斯使休謨哲學復活了。休謨哲學，在當時又是詭辯學者勃洛大哥拉底學說底復活。在這裏沒有餘裕可以講說決定了古代希臘底詭辯論者底世界觀和十八世紀的休謨學說之社會＝政治的條件。無疑的，詭辯論者底學說和休謨學說，都是個性對於個人的自由底熱烈的願望之表現，在當時又是進步的現象。叛逆的個性（主觀）

提出對於歷史地所形成的社會秩序（客觀），一切客觀的規範,的抗議而出現了。在資本主義底發生時代——封建制度底否定時代，笛卡兒底懷疑論底文化史的意義也是如此。在他底學說中,已經可以強有力地感到布爾喬亞社會底個人主義了。但是,笛卡兒對於自己底個人主義的急進主義,急急地使布爾喬亞的個性從屬於神，即和舊社會的勢力妥協了。

但是，在資本主義時代底黎明期是進步的現象的東西,跟着資本主義組織沒落底昻進,就成為反動的現象。布爾喬亞社會底崩壞過程,是以這樣的現象為特徵的:即為使自己底"存在"正當化,並且使普羅列搭利亞特底注意離開那他們所要革命地變革的醜惡的現實起見，就要由"生活主宰者"所感不到興味的現實逃避到主觀主義,觀念論,浪漫主義等等底懷裏去。這樣的,西歐布爾喬亞思想就使主觀主義,迷妄論及虛無主義底哲學,來和成為科學的社會主義的正當的實在論，科學的客觀主義及辯證法的唯物論對立了。

（註一）馬爾司澄爾自己底話如左:"Das ausserhalb des

466

Bewusstseins angesetzte Sein, dieser transcendente sich selbst vernichtende Ungedanke ist die eigentliche Wurzel des Uebels, an dem die Marxsche Ansicht des geschichtlichen krankt". (線是德波林加的)。

（註二）參攷他底著作 Marxistische Probleme, Stuttgart, 1913.

第 十 一 章

辯 證 法 的 唯 物 論 與
經 驗 象 徵 論 (註一)

　　在"馬克思主義"中，有着某種哲學的傾向的
現代反唯物論的哲學文獻，都帶有哲學的陰謀底
烙印，至少在我們俄羅斯是如此。恰像特別約好了
似的，唯物論底一切批評家，近來都唱着含有一個
單調的伴唱的同樣的歌。卽都說：馬克思及恩格斯
底唯物論與蒲列哈諾夫（伯利特夫）底唯物論是
兩樣的東西。說是：馬克思及恩格斯底唯物論是經
驗論的，實在論的，蒲列哈諾夫（伯利特夫）底唯物
論則是形而上學的……觀念論的，因而和馬克思

主義底創始的底唯物論，是根本不同的。

拍·優司喀維亦，以"先驅者"底資格不消說不落人後地取了同樣的"研究"態度。馬赫主義者嫁罪於他人了。大家都知道，他們爲了觀念論，爲了"背叛"馬克思主義，而被非難了。以是，他們除了像嚷着"捉賊呀！"而飛跑起來，使羣衆底注意轉換到別的地方的巧妙的盜賊一樣，將那種非難加諸自己底敵人以外沒有方法。用這種太過初步的，素朴的戰術，早巳不能使任何人點頭，只有對於蠢人或者還有用處。所以，我們姑不具論這個問題。現在只說下面一點，卽爲要證明馬克思及恩格斯和自己底"一致"，我們底馬赫主義者就不能不豫先對於馬克思主義底創始者施行由"唯物論的形而上學"根本地治療他們（創始者——譯註）的手術了。

但是，公平說一句，優司喀維亦不是那麼樣地慎重細心的。他也把恩格斯和蒲列哈諾夫一起"批判"了。我們底著述家，和其他馬赫主義者一樣地，在其著書之中，將辯證法和唯物論都痛罵一頓，然後誇勝似的在其所破壞的衝擊後所留下的廢墟之

470

上揭起自己底經驗象徵論底旗幟。但是，在完全把其經驗象徵論的雜會聶好之前，我們底著作家就將包含於狄慈根以及馬赫和阿芬納留斯底哲學中的，並且成為經驗象徵論底構成部分的，下級的或部分的真理，當作"最高"的真理來在讀者面前炫耀了。這完全是黑格爾流的！

　　這樣的，在優司喀維赤底著書之中，披着經驗象徵論底外衣的批判的實在論就和不止一鱗一爪的辯證法的的唯物論對立着。我們底著述家是從該被"克服"的，說正確一點，該被破壞的辯證法的唯物論開始議論，而於第一章提出了：辯證法是什麼？這個威嚇的問題了。他，不違背對於這樣的真摯的批評家的"近頃"底期待，一舉而將唯物論底根本概念底"不明瞭和曖昧"暴露了。為什麼是"不明瞭，曖昧"呢？因為在恩格斯底反丟林論及費爾巴哈論，雖然從和形而上學的方法對立的場合的辯證法的方法底最明晰之點看來，有着成了典型的古典的特色的東西，但是牠和"達爾文底大發見之後，在十九世紀後半得了澈底的勝利的"進化底見地並沒有何等相異的地方的緣故。（8頁）

471

這是第一點。第二，我們底辛辣的批評家發見了如次之事："辯證法的唯物論一一派所說的辯證法底概念，被結合於實際上把辯證法和進化區別着的·而且在這個場合不利於辯證法般地區別着的·頗複雜的不十分明瞭的觀念複合體了"。"第一，我所指的是辯證法由研究方法到特殊的普汎自然法則底轉化"。(4頁) 後來底"研究"引導優司喀維赤到了"辯證法"這一術語又被使用於思維底特殊方法之意思。這樣的，辯證法是或種"見地"，研究方法，又是普汎的自然法則，最後是思維底特殊方法。即在這一事中，優司喀維赤看到了辯證法底概念之"不明瞭和曖昧"。因爲"見地"，研究方法和自然及最後完全底特殊條目的思維，是另樣的東西的緣故。現在來看看，是什麼擾亂了我們底批評家？爲什麼在他，辯證法底概念是那麼樣地"不明瞭和曖昧"的呢？

就是把方法解釋爲使關於研究對象的客觀的判斷能夠達成的研究方式，也許不會錯誤吧。從這一點看來，研究方式——方法——明白地是必然爲加了研究的對象底本性和性質所決定的。方法

472

定立着一定底規範，那是由事物自身所抽象而且形式地契合於這些事物的。依着正當方法之對象底客觀的認識，只有在這樣的場合是可能的。在這個意味上，斯賓挪莎就把方法定義爲"反省的認識"，"觀念底觀念"了。黑格爾也用着差不多同樣的話語表現自己底方法底特徵，曰：方法者是把握自己的概念。(註二) 我們作爲唯物論者說，辯證法的方法是"把握自己的"現實。作爲方法底辯證法，是在存在及思維底本性之中的合則性之意識的及科學的適用。黑格爾之所謂 "悟性的規定，物及有限者一般底" 現實的"本性"是依從辯證法底法則的。在這樣的場合，爲什麼作爲方法底辯證法底意識的適用不能不和物底現實的本性矛盾呢？ 如果恩格斯定義辯證法的方法，而謂"辯證法是特別於牠們底聯繫，牠們底交叉，運動，牠們底發生及消滅，觀察物及反映牠的觀念" 時，爲什麼優司略維赤則作爲研究方法底辯證法或"見地"不能不離開現實，不應該於其眞實之形反映事實，不應該契合於眞正底現實呢？辯證法的方法，不是我們課諸現實之上的主觀的"見地"，而是客觀的現實所

473

通過的"形式"自身之意識的適用。

　　不單是我們辯證法地去觀察事物，而是事物作爲辯證法的過程而客觀地存在着，客觀地被給與的。辯證法——唯其是客觀的事實，所以是方法，是"見地"（"我們觀察着"）。辯證論者，特別是於其聯繫以及交叉等等意識地觀察着物及反映該物的諸概念。爲什麼呢，因爲牠們底聯繫，交叉，運動，發生及消滅——是客觀的事實，牠們底現實的存在底形式的緣故。如果辯證法僅僅是"見地"，則形而上學者或許是正當的。爲什麼呢，因爲我們底"見地"對於現實全然不是妥當的。

　　優司喀維赤並不理解作爲"見地"底辯證法的方法與作爲普汎的自然法則及思維方式底辯證法之間的關係。但是，他是應該站在辯證法的唯物論底見地——那是從主觀與客觀，思維與存在，底統一之承認出發的——來觀察的。這麼一來，他就可以明白，思想之辯證法的運動是存在之辯證法的運動底正確的反映；優司喀維赤所喜歡說的思維方式與廣汎的自然法則之間，沒有，也不能有，什麼矛盾。辯證法既是廣汎的自然法則，則爲存在所

474

規定的思維也明白地是依從一般的廣汎的法則的。像蒲列哈諾夫所正當地指出了一樣，"辯證法的思維底理法……是爲存在之辯證法的性質所確定的。——存在，就在這裏也自制約着思維"。但是，這些一切，在優司喀維赤是隨便怎樣都好的。在他，一經起了"批判"的意慾，在那裏早已沒有公正！但是，第一應該努力理解論敵底見地。作爲觀念論者而將思維從存在分離的優司喀維赤，事實上是"不明白""思維方式"與存在底辯證法的性質之間沒有矛盾的——是的，是不能明瞭的。但是，在這樣的場合，就是優司喀維赤不理解恩格斯及伯利特夫底見地，不理解他們底"思維方式"，這於他們兩位有什麼罪呢？

優司喀維赤說，"和達爾文底大發見後，十九世紀後半，決定地得了勝利的進化底見地全然一致着"。只要進化論者有這樣的傾向，即抱着無論在自然或歷史都沒有飛躍這種信念，辯證法的方法與進化論的方法之間就有某種相異存在着，對於這一伯利特夫底反駁，優司喀維赤如次地答道："自然科學的進化論和辯證法事實上都是不能除

475

外飛躍的"。"基本的過程(一切進化的事實可以分解為這個)是飛躍的,但因為微細的緣故(過程呢?還是飛躍呢?什麼是微細的?——德波林)。在觀測者看來,就成連續的過程。那恰如事實上是由肉眼看不見的幾多飛躍而成的鐘錶之針底運動被看成連續的運動一樣,一切進化的過程是小"革命"底系列。"革命"與"進化"間底差異,不是原則的差異,而是純量的差異。進化論底本身就不是進化的,沒有什麼東西是反乎這種由量到質的轉化的"。(2頁)

這是多麼奇妙的議論! 在這裏,第一,說及離開進化論者獨立而存在的進化論之"自身"。由優司喀維赤底相關論底見地,無論如何這是不可容許的疏忽。

客觀的進化過程是離開進化論者而獨立存在的。客觀的過程不能除外飛躍,這在辯證論者是明白的。這是辯證論者底見地。然而自然=科學的進化論,在為進化論者所擁護的範圍內,就除外飛躍的。第二,優司喀維赤在後面這樣說:自然研究存在以前——是有作為舊時底大激變說底反動而力

476

說進化底構成的基本過程之緩慢性和微小性的傾向的。"在適用於社會現象的場合——優司喀維赤很正當地說——這種誇張進化底進化性之傾向，自然更加明晰地顯露出來。"(4頁)

如果這樣，辯證法底信徒——其他的事情姑且一切不說，單由這方面看來——也有根據使辯證法與進化對立,是明白的了。那末,"現代底進化論者將保守主義底多量底混合物加進其學說了",他們無論在自然抑在歷史都想證明沒有飛躍存在了",伯利特夫說着這些話時, 不是正當的麼？在這樣的場合, 優司喀維赤究竟是向什麼提起抗辯呢？

我們底著述家說：那曾經是這樣的, 然而現在,可以看到"革命"及"飛躍"之"使理法復活的傾向",換句話說, 卽是作爲變化漸進說底進化論已爲飛躍型進化論卽辯證法說所驅逐。只要諸學者對於飛躍型底進化形式,"開始賦與從前以上的意義"(優司喀維赤自己認爲只是剛開始的——德波林),同一程度地, 他們事實上——意識地或無意識地——就立於辯證法底見地。但是, 在這個場

477

合，依着科學 —— 物理學，地質學，生物學及其他 —— 底發達行程觀察的時候，支配着科學的進化—— evolution —— 底理論非必正當地反映了自然及歷史的客觀的進化過程，這反而更確定了。這一點也為唯物論的辯證法底信徒所主張，而且現在還在主張着。反覆說一句，這一點更可以證明辯證法底信徒有使辯證法與進化論對立的根據。(註三) 固然，優司喀維亦是知道，諸學者不過是開始理解對於科學的進化論的飛躍底意義的。雖然如此，他發見了馬克思及恩格斯底辯證法的方法"像二滴水之相似般地，與十九世紀底最大的科學的收穫之一即進化論底原理相似着"。(10頁) 已經是 "二滴水"了！為什麼在優司喀維亦氏有稱讚進化論汚辱辯證法，而歪曲"最大的科學的收穫"之一底真正的性質"的必要呢？怎樣地能夠把那麼不同一的"二滴"同一化呢？有不明白：例如，進化論(就拿達爾文關於種底起原底學說看看也好)特別是從變化底漸進性底概念出發了的人麼？但是，辯證法是主張有承認進化過程中的飛躍的必要的。

478

不消說，我們底批評家是不滿於依否定及否定底否定之圖式的進化法則的。我們底著者對於這一法則拿出什麼證據來呢？是什麼證據也沒有的了。他在這裏沒有理由地抹殺了。曰：恩格斯及伯利特夫關於這一點的考察不是無可非難的，而是"充滿牽強附會和亂七八糟"的。對於這樣的議論卽"完全亂七八糟"，不消說沒有多說的必要。因爲我們全然不知道恩格斯及伯利特夫底考察之中，有什麼特別不合我們底著者底脾胃的緣故。我們再論下去，就會知道縱使恩格斯及伯利特夫底推論沒有可受非難的地方，辯證法的進化法則也斷然是無用的東西吧。

優司喀維赤從反丟林論中引用了一處。在那裏，恩格斯說明，辯證法中的否定底特性，第一爲過程之一般的性質所決定，第二爲特殊的性質所決定。恩格斯敍述着自己底思想道，"各種事物，是附帶有特殊的否定的，在這種否定之下得到進化。這一事也可適用於各種表象及概念。在微分，和由負根作成正底自乘的場合相異般地行着否定。這一事，和一切其他底事一樣，是要研究的"。優司喀維亦引用了這一處而論及牠，並且強硬地然而同時又謙遜地指摘道:"如果這是需要研究的,那末,那樣地一般地而且廣汎地作用着的否定底否定之法則爲什麼在我們是"重要"的呢?(6頁)關於"一般地而且廣汎地作用着的一切法則"也能夠提出同樣的質問。在事實上,說起來,引力底法則及其他那麼一般的法則,爲什麼在我們是重要的呢?

辯證法是"關於自然,人類社會及思維底運動及進化底一般法則之學",辯證法,只要一切過程爲否定底否定之"圖式"所包括,就是表現進化過程底一般的公式的東西,就是"一般地而且廣汎地作用着的法則"。但是,如果不注目於具體的事實底研究,那末,我們將不能以這一法則而多所作爲。

優司喀維亦不贊成和形式邏輯相異的某種辯證法的邏輯底存在,不贊成辯證法地解釋運動。"運動着的物體同時在同一地方又不在同一地方,這是正確的麼?── 我們底著者質問道。──否,是不正確的。驟看來這個斷定好像是眞理的,但那只是因爲在這一場合底斷定把時間及空間種種地

480

處理了的緣故。如果說"所與的場所"時，把牠解爲數學上底一點，那麼對應着這，就應該取着年代學上底一點——瞬時——了。在時間底一定瞬間，運動着的物體，是只在於空間底一定點的。色諾底舊詭辯論的謬誤，是起因於把時間作爲瞬間——年代學上之一點——而觀察，而把空間看做頗爲微小的，但是還有若干延長性的，小線的"。(8頁)在這裏，明顯地暴露了我們底著者不理解問題底一切難點，不僅對於黑格爾，而且對於古代辯證論者底問題底樹立方法之最大的無識。和其他埃列亞學者一樣，大家都知道色諾是立着運動附帶有矛盾的規定這個根據，而證明其(運動)不可能性的。依着色諾底意見，"運動着的"矢，因爲在時間底一定瞬間只在於空間底一定點，故靜止着。如果站在優司喀維赤底見地，就不能不承認運動之不可能。因爲物體在時間底各一定瞬間，只在於空間底一定點，卽靜止着的緣故。

色諾底證明是基於不能把無限者作爲有限的量而表象的。黑格爾說，"他(指阿里士多德。——德波林)把連續性和此等證明中最有名的東西底

481

基礎之無限的可分性對立的。那（連續性——譯註）是對於時間和空間都有關係的東西，那末，無限的東西即抽象的多數性是作爲可能性而以"即自"（An Sich）底狀態而被包含於連續中的"。（註四）這樣的，抽象的東西只不過是成爲實在的東西底契機。無限者不是作爲實在而存在，而是只作爲可能性而存在的。"與抽象的多數性及抽象的連續性對立的現實的東西是表現牠們底具體的統一的"。運動底本性，只有在我們把連續性及中斷性作爲辯證法的統一而觀察時，纔能夠正確地理解牠。

現在且不談辯證法，而來看一看唯物論底問題吧。

由辯證法的唯物論看來，我們底表象及印象，是由於物之自體對於我們底感官底作用底結果而生的。由這一點說來，物，唯其是對於我們作用着，故爲我們所知道。離開對於我們底感官的作用，不消說，物便不爲我們所知道了。其次，我們承認只有依着印象——那是依着物對於我們的作用所喚起的——之賜，物纔爲我們所知道。因而在唯物論者，物之自體和現象不是同一的：這是明白的事體。作為由二因子而生的派生物，關係底二個組成部分底產物，底現象，不能是和關係底此等組成部分中之一個同一的。"批評家"諸君說及物之自體時，常把康德的不可知的物之自體置諸念頭。然而拒否不可知的物之自體，還能夠承認可知的物之自體。但是，後者又不是和現象同一的。縱使物底"本質"不直接地到達於我們底感官，但還能夠承認依着邏輯的推理而間接地到達於認識（例如原子）。

由辯證法的唯物論底見地看來，外界底性質，不僅具有主觀的意味，並且有着客觀的意味。這一事也可以同一程度地適用於空間，時間及因果性等底性質。現象既是物之自體對於我們底組織的作用底結果，對於物之自體的各種變化，就有物之自體對於主觀的作用之一定變化與之適應，這是很明白的。思維底主觀的形式與存在底客觀的形式之間，這樣地有某種契合存在着，這一契合是主觀同時是客觀，又同樣地，又為客觀"對於自己"是主觀這一事所制約。

優司喀維亦引用了蒲列哈諾夫‘作爲主觀的形式底空間及時間，有若干客觀的東西自身與之契合’這句話，誇勝似地結論道：空間，空間底形式不能適用於物之自體。“物之自體只有實體界的某種東西與之契合”。(24頁) 我們底批評家諸君眞是完全地喪失了幽默底感情。不然的話，諸君該不會由蒲列哈諾夫底客觀的東西自身作出這樣的結論。讀者諸君可以自己判斷我們底批評家底邏輯是怎樣的東西吧。批評家說：依着蒲列哈諾夫，時間及空間底主觀的形式，有客觀的時間及空間與之契合。故時間及空間底主觀的形式不能適用於物之自體。

唯物論，如果承認物之自體與現象底同一，跟着這，就不能不承認世界不離開我們底意識而獨立存在了。在唯物論底立場，是不能把現象提高到“物之自體底地位”的，又“物之自體”也不能拉下“到現象底質朴的地位”的。所以，在物之自體與現象之間，只有類似及差別底一定關係是可能的。而且我們要客觀地認識外界，有這個就十分夠了。

物之自體底否定，又導我們底“批評家”諸君

484

陷於觀念論的泥坑，而使之取了相關論底見地。遺憾的是在本論文底範圍內不容許討論那成為優司喀維赤底著書底獨斷的部分底基礎之狄慈根，馬赫及阿芬納留斯底學說。所以我們現在就移到我們底著者"獨自的"見地來。優司喀維赤相信相關論底原理，卽存在與思維底相關關係底原理，之助，而克服觀念論底一切詭辯的理論。他說"更加注意地分析一下，就明白和某種存在沒有關係的存在，和某種思維沒有關係的存在，是不能有的。像內在學派的信徒所說一樣，一切存在不過是被思維的存在，但是一切思維也不過是關於某種存在的思維。存在之自體，離意識而獨立的存在，——是無意味的東西。那——是木製之鐵。因為一經欲思維關於這樣的存在，我們已經涉及希望離開牠的·這種存在自身的緣故"。復次，存在之自體，物之自體，由這一見地看來——就是內面地矛盾的概念。這種概念是作為這樣的東西而常要導至無限底矛盾的"。(94——95頁) 這是相關論者及內在哲學底支持者之"傳統的"論證。只有優司喀維赤氏徒然地以為馬赫，阿芬納留斯底相關論是某種特殊的東

485

西和巴克萊底見地是有什麼地方不相同的。優司喀維亦把巴克萊底見地和叔本華底學說一塊兒——但是和馬赫，阿芬納留斯，拉思及內在哲學底友方底學說是相異的——歸入相關論底觀念論的變種。一切這些思想家——一切相關論底友方——只要站在除外主觀便沒有客觀這一見地，他們就是觀念論者，他們之間是沒有任何差異的。相關論之一切學說，是依存於觀念論的詭辯論（這有時是以巴克萊爲淵原的）。即：我們既已思維着存在，便沒有離思維而獨立的存在"。又關於存在的思維底作用自身，是使存在成爲思維自身之內在的內容。又說關於，物之自體，離意識而獨立的存在，超越的東西，的思想自身——就是矛盾。這就是其詭辯論。這種詭辯論是沒有什麼邏輯的正確的。從關於存在的思想將思維這種東西分離而思維着是不可能的事；從現象抽象和抽出的事是不可能的；像這樣的說法是全然不正確的。我們是不能夠不思維而思維的。但是，以我們底思想爲媒介而思維對象，物之自體，把這種物之自體作爲特別地離開我們底思維而獨立存在着的東西而思維的

486

事，爲什麼是不可能的呢？我們關於對象的判斷，不是沒有把對象轉化爲我們底思想，把思想轉化爲對象麼？因而在思維的場合，我們是以我們底思想爲媒介而思維的，只要想依相關論底原理而這樣地說，說起來，這就是使克治瑪·蒲爾得可夫出名的眞理。又如果欲說，依着這個原理，我們所思維的對象也是不能離我們底思想而獨立存在的，那就明白地是妄誕的。

　　相關論告訴道，主觀和客觀是一聯繫之相互不可分的契機。外界只是和主觀一塊兒而且對於主觀被給與着。假象與實在，虛構與現實底差異，是依着以思維底合則的聯繫作爲實在而承認和辨明的。觀念的東西，只要是普遍妥當的，就是實在的東西。觀念的東西，構成我們所知道的，並且到達於我們的唯一的實在。一切底"物之自體"被相關論所否定，且被認爲無意味的東西。相關論或批判的實在論底見地，就這樣地移行於觀念論了。

　　但是，優司喀維亦自己也感到相關論底缺點。他說，"例如，以爲在我們把眼睛離開紙時，紙便中止着存在，在我們看到牠時又再生起，事實上這是

487

無稽的說話"。(10)頁) 以世界爲被緊縛於主觀的思想不消說是最大的荒唐無稽。因爲這個緣故，所以，承認離開一切主觀而獨立的物底存在，又把此等物作爲"物之自體"而觀察，卽作爲'其存在並不需要何等主觀的東西，而觀察，的唯物論是正當的。客觀，只要營着獨立的存在，只要"對於自己"而存在，就是主觀。那恰和主觀又同時是客觀，是對於其他是客觀同樣。

爲了發見脫離相關論所作出的矛盾底出路，爲了發見思維與存在底關係底問題之正當的解決，優司喀維赤注目於馬赫之所導入的諸要素之函數的結合底概念了。這一概念是"担任客觀的存在底脚色"且是可以代替"物之自體"這個無意味的概念的。物之自體，實體，不外是我們所使之轉化爲特殊的物神，絕對者，和現象對立的的幽玄的本質，的現象聯系之擬人化。立脚於（和實體論對立的）恆數論，物的恆久性（物質的實體）是被否定着，是爲理想的不變的關係（恆數）所替換了。（恆數論原語是 Constantialism，卽以恆存的實體歸諸恆存的函數關係的學說——譯註）到達了"馬赫

486

分析其物質底概念底結果，到達了在物質除了表現個個底性質間底恆久的關係以外沒有其他的機能這一結論 (148頁)。即由馬赫主義底見地看來，物質不過是個個底性質間底恆久的聯繫，理想的不變的關係，是我們底感覺底被思維的象徵，或像休謨所說一樣，是我們底想像所創造的虛構。這樣的，馬赫是——在他之後，他底後繼者優司喀維赤也是——一方面把感覺，他方面把這些感覺之間底函數的關係，看做客觀的存在的。而要素或感覺自身也被溶解於諸關係底體制之中。所以，殘留下的只是神祕的函數的聯繫，恆久的關係。這種恆久的關係，就成了爲"担任客觀的存在底脚色"，爲"代替物之自體這個荒唐無稽的概念"而被喚起的關係或聯繫"自體"底法則。優司喀維赤以爲，爲要函數的聯繫底概念能夠解決自己底課題，即爲要"担任客觀的存在底脚色""代替物之自體這個荒唐無稽的概念"，就不能不取上函數的聯繫底概念及由這概念而生出來的一切歸結。而且，那時候，我們就到達於經驗象徵論底見地。依着這一見地，客觀界是被溶解於經驗的象徵底系列之中，又被

480

作為"客觀的實在"而觀察的不是感性的要素而是邏輯的（象徵的）關係"。(117頁)

這樣的，經驗象徵論就把世界溶解於抽象底總體，邏輯的或象徵的關係底總體。我們依着把經驗象徵論的要素（如以太底震動，放電等）——那是與由感性的要素而來的抽象及這些要素結合着的，又是統一着人類的經驗的——與感性的要素替換，而到達於真理的東西，客觀的東西及實在的東西，底概念。依着相關論底原理，此等經驗的象徵，已不是應該與一定底個人的主觀底思維接合，而是應該與抽象的思維接合的。沒有客觀的真理，真理只在於和人類底關係存在着。真理的東西，實在的東西及客觀的東西底概念之一切的種種相，從認識底見地看來，不過是表現合目的的構成，客觀的構成的。優司喀維亦說，"在人類看來，對於他底認識底統一便利的東西就是真理的，實在的"。(124頁) 我們為要除去種種個性底經驗上的矛盾，而訴諸邏輯的構成，訴諸統一着集合的人類的經驗之象徵的構成。我們以牠們為媒介而說明經驗上之所與物底內容，即體系化着，座標化着。被稱

490

為象徵的這個邏輯的構成，也形成客觀的東西，實在的東西及眞理的東西。但是，此等邏輯的構成，在人類和抽象的思維看來，是客觀的東西，眞理的東西及實在的東西。牠們是在對於人類，抽象的思維，的關係存在着，而且是對於牠存在的。這樣的，在說"現實的存在"的時候，就應該解爲統一着經驗的象徵底體系底意思。但是，此等象徵不是絕對的實在。那只不過是有着相對的，一時的意義吧了。眞理底動學的方面又在這裏，一定底象徵底眞理性是爲其有用性 —— 其合目的性所制約的。其結果，經驗象徵論，對着關於"存在"底本性底問題，是不能與以卽席底答覆的。存在之自體——是精神或物質，抑是要素（感覺），經驗象徵論是不這樣說的。在科學的用語上的存在底概念，在經驗象徵論看來，結局是關於經驗底所與底沒有矛盾的聯繫之必然性的要求。（131頁）這一沒有矛盾的聯繫，也是依着不構成實在"自體"的，又是我們自身，說起來，從技術的思慮所創造的，經驗的象徵所作出的。存在之自體，不到達於我們底認識。"存在"——是等於"極限的思維"，極限概念的。經驗

491

象徵論是相對論的。為什麼呢，因為牠不以實在之自體——在經驗象徵論看來，"最終審判"底實在是不存在的，認識的象徵是不與實在之自體合致的，——為問題，而是以我們自己底"創造物"，所思維的事物，邏輯的抽象為問題的緣故。由技術底見地看來，"任意底象徵體系是和一切其他體系等價"的，任意底科學的理論，是隨着方便之如何，可成為真理也可成為虛偽。

存在底概念，是"歸着於經驗底所與底沒有矛盾的聯繫"，優司喀維赤說。但是，這是極端的主觀主義。在甲看來的聯繫底"非矛盾性"，在乙看來就成為矛盾的聯繫。若用這形式的真理標準，我們將不能多所作為吧。

一切底觀念論者都是訴諸這一形式的真理標準的。但是，一定底聯繫底形式的真理性，是沒有解決其實質的真理性底問題的。這樣的真理性只定立着我們底思想底形式的一致性。但是關係我們底思想之對於存在的實質的適合，內容底適合是沒有說些什麼的。任何象徵牠也不契合於實在。我們是接近於實在的。但決不能接觸牠。我們向着

492

實在努力。但是，決不能把握牠。總之，實在是難於到達的東西。因爲"實在底合理的概念是把實在還元於象徵底極限體系，所與的全科學的體系，對於這個極限體系，只不過是接近底一個的緣故。"這就是優司喀維亦底思想行程。

但是，由優司喀維亦底見地看來，實在是什麼呢？在這裏我們當面着"眞的實在"底三個定義。從一方面，不能不把直接地所與的諸要素看做最後底眞的實在。純粹記載底支持者是停留於這個立場的。但是，如果從統一着座標化着的認識活動底見地去看此等直接的要素，我們就到達於統合着一切各個人的經驗之認識的公倍數。這個場合，不能不把統一着經驗的象徵底體系，這個公倍數，看做實在。再，"作爲眞的實在而出現的，是不僅經得起一定底世代底知識底試練且是經得起後來無限地繼續着的一切世代底知識底試練的· 經驗底統一判斷"，這是明白的。"這樣的，眞的實在是極限概念，說起來，這就是二重底象徵的事物"。(124頁) 在這個場合，是以只有唯一的公式——那是排斥其他一切公式並且和其他任何說明(統一·不兩立

493

的——總是可能為前提的。"換句話說，我們是肯定真理（卽這個極限真理）是一義的"。(124頁)

我們雖這樣地把"真"底實在底定義介紹了，但還是不能不問，"真"底實在，結局是怎樣的東西？有時，這個真正底"實在"，為體系化着經驗底所與，不能不解釋為我們自己所創造的象徵底任意底合目的體系之意思。但是，結局，真底實在就成了關於經驗底所與之沒有矛盾的聯繫底必然性的假定。可是真理是一義的，只肯定着一個決定，因而又成了肯定着和其他任何體系不兩立的，一定的象徵體系。這是明顯的，所與的一切科學的理論只有在和肯定着只有一個限定的決定的，這個"極限"真理一致的範圍內成為真理，其他一切科學的理論是成為虛偽的。

現在來總括一下吧。優司喀維亦底經驗象徵論是渦形底觀念論。因為他在一方面是把感覺看做"存在"，在他方面把感覺底函數關係，最後又把經驗的象徵，卽我們底關於實在的思想（但是絕對的實在是不契合於這個的）看做"存在"的緣故。其為實在的，在他看來就是某種經驗的象徵，卽關於

491

實在的思想底意思。經驗的象徵，只是對於抽象的思維，卽對於康德及內在哲學一派之所謂"意識一般"而存在的。離開抽象的思維，經驗的象徵便沒有任何意義。因爲絕對的實在是不和牠契合的。我們底全智識，只是歸着於恆數。知識是完全不以存在底自體底本性爲問題的。實體，被排除，而溶解於諸關係底體系。但是，實體底否定，就使之把現象底聯繫法則，關係之自身認爲物之自體，特殊底形而上學的本質了。

只有辯證法的唯物論——那是承認實體與恆數，對象底相互聯繫與物質，物的恆久性與這一物性底關係底恆久性，底辯證法的統一的，——是能夠給與問題以唯一的科學的解決的。和這完全同樣地，對於所與的一切科學的理論的關係底問題，卽動學的眞理之對於靜學的或終局的眞理的關係底問題，也只能依着不把此等眞理中之--從其他割離而努力辯證法地使牠一致的辯證法的唯物論，而解決的。辯證法的唯物論，不把物質當做只對於抽象的思維而成立的單純的被思維的象徵而觀察，但把物質當做　　"一切抽象的思維而存在的眞的實在而觀察的。

（註一）本章最初登在雜誌近代世界上，是對於區司喀羅夫底唯物論及批判的實在論（關於馬克思主義的哲學的傾向）（慧爾諾社，1908年出版）而寫的。

（註二）"方法是一個只關係於自己的純粹概念。故牠是存在著的對於自己的單純的關係。但是牠又是被充實的存在，把握自己的概念，具體的而且同樣地是單作爲有強度的全體底存在"。(Logik II. T. S. 352及330.參照)

（註三）蒲列哈諾夫，馬克思主義底根本問題，33 頁。彼得堡，1908年。

（註四）就請想起德·夫利思吧。

（註五）恩格斯說，"自然＝哲學者，對於意識的＝辯證法的自然科學所取的態度，和空想主義者對於近代底共產主義的態度一樣"。反丟林論，6頁，五版。

（註六）Logik, I. T. S. 277—228. Berhin. 1833—1834.及 Vorlesungen ueber die Geschichte der Philosophie. I. B. S. 316—318參照。

496

第 十 二 章

實 用 主 義 與 唯 物 論 （註一）

在實用主義（Pragmatism）這個名稱之下為人所知的新哲學，近時在我俄羅斯見到熱烈的崇拜者了。而且這一學說在外國及我國特別受人歡迎。恰恰在這時候，其創始者又是最熱心的擁護者威廉·詹姆士長逝了。所以，只要詹姆士底學說主要的表現於實用主義——這個"對於若干舊思維方法的新名稱"——之中，那末，我以為稍為詳細地介紹給讀者是適合時宜的事體吧。

實用主義——其實，就是經驗論，只是澈底到邏輯的終局的經驗論。牠——像詹姆士自己在其

497

前期底著作中名自己底見地般地，是極端的，"急進的"經驗論。註二)

但是，實用主義不僅僅是理論的學說。——牠也提起了直覺主義或心理主義與合理主義，宗教與科學，底融和這個特殊的課題。實用主義爲了給與關於眞理的新學說，爲了和陳腐的學說及褪色的價值鬥爭，努力在鍛鍊着新的武器。現代底文化的人類是在體驗着疑惑和動搖底時代的。在隨處的生活領域，都感覺到我們底"生活之不安定。布爾喬亞思想家們，不僅對於圍繞着我們的世界喪失了信仰，卽對於自己也喪失了信仰。尤其是知識階級是莫名其妙的總感到可怖的空虛和孤獨。他們竭力想用一些什麼來塡補這空虛，旣經有年了。他們運命逃不了的悲劇的孤獨，使他們益發沉潛凝思於自己，探索自己底體驗，傾向於可以成爲個人生活底支點及社會的創造底基礎的新價值之探求了。但是，現今在我國，社會的創造事業是最不振的。在西歐及阿美利加，成爲文化的建設底精神的基礎或社會的自衛底武器的東西，在我國則取了個人的自衛底武器底形態了，"我們"欲生，欲

498

倚靠一些什麼生存下去。於是"我們"就要進而從先進諸國民借用某種理論或哲學可以設法把我們自己底存在及我們底醜惡的生活正當化起來。我們現在所體驗着的時代底我們底生活狀態，是不容許熱心於廣汎的課題及展望的。所以，我們是也沒有廣汎地並且深刻地把握着的理想，而得過且過地生活着。在許多荒廢的精神及幻滅的心情中，生底意義底問題，就成爲樞要的問題了。

以什麼爲目的而生活呢？爲了什麼而生活呢？又最後，應該怎樣地生活呢？——這是現代底一切探索尋求底中心問題。只要世界觀對於人生觀底問題能夠提出多少滿足的回答，又只要由其全方面，主要的從其對於我們自己，我們底各人，的生活價值底方面闡明生活，這種世界觀底諸問題；如今就引起了依着曾經經驗了的失敗和幻滅，肉體地被破壞，精神地被擾亂了的我們底社會層底興味了。西歐及新世界(阿美利加)是已經體驗了以其布爾喬亞思想家爲代言人而於實證科學底根據之上築了基礎的文化＝哲學的世界觀了。西歐及阿美利加底布爾喬亞汎，爲了自衞不能不把那能

499

夠擁護自己使對於其他一切會社階級底支配的新的精神的基礎，置於現代底文化形式之下。實證科學是早已不能滿足生活底"必要"的了。實證科學威脅着布爾喬亞汜底支配之自身。爲了世界及社會上的人類底方向指定，爲了一切價值底再估價，別種見地是必要的。但是，第一，不能不將實證科學連同其客觀主義，科學的眞理底概念以及一切理論--股腦兒使之告終。一切這些，過於帶着抽象的性質，不是能夠給與"實踐的"滿足的東西。我們第一--是行動底人類，實踐底人類，我們是沒有餘裕專心於理論的問題，廣沈的理想的課題的。我們需要闡明我們日常底事務的，把握和說明其生活底一切務事，的見地。我們不需要再進一步的東西；爲要一切人們獲得這種見地，而且不費什麼心力，以精力底最小消費而容易體會的，其代價太高是不行的。……

說是普通底"世界觀"帶着過於抽象的性質，是可以同意的。在這種世界觀之中是不能感到人類心臟底鼓動，人類底血液底溫暖，和眞生命底脈搏的。那麼是欠缺着活的肉體。故要求更加接近

500

圍繞着我們的實在,要求進入對於那實在的,更加生動的關係,並且要求更加具體地思索牠:這是當然的。但是,從這裏到科學底否定,科學的眞理底否定,到此日常生活的實踐論更高的一切抽象的智識底否定,是前途遼遠的。

由新的生活形式,新的精神的價值而生起的某種浮躁的激動,某種難於名狀的憂鬱,益發銳敏地益發活潑地為現代意識所感知了。曾經作為生活之形式化底最直接的根源的宗教,成為陳腐了。在看不見的王國中看到我們底地上生活底基礎的宗教的意識之一斷片——形而上學,已經喪失牠底魅惑力了。代替了牠們而否定着一切來世底王國的科學的認識興起來了。這種科學的認識作成和眞生活益發密切的關係,和其進取的運動及發展益發密切地聯繫着。只有實證科學能夠成為我們底生活及文化的創造底精神的基礎。

實用主義,第一是以否定理論的眞理底特殊的價值的傾向為其特徵的。作為理論的學說和(以給與指導着我們底行動的規則或公理為其目的的)實踐哲學底實用主義,在歐羅巴及特別是在

501

太平洋底彼岸底先進國，所形成的生活關係底獨特底產物。‘阿美利加主義’底特殊產物之實用主義——是現代社會中的支配階級底生活哲學。牠——是支配階級底實踐的活動底理論的潤飾和辯明。實用主義，努力把握現代底庸俗者底體驗底總和以及其道德和宗教。總而言之，實用主義者——就是現代底庸俗者底哲學；實用主義是適應於庸俗者底心理的。因為牠是庸俗者之所產。在庸俗者是一切東西都需要一點。對於他應該給與一點宗教，又在他，道德也需要一點，而且在現今沒有實證科學是行不通的。結局，在這裏，那麼樣地為庸俗者所必要的，折衷主義的威內格（大榮名——譯名）該是可以得到的。庸俗者在我國也占了高位。到極近為止，在我們底智的生活上的霸權還是屬於科學的客觀的真理底觀念。如今在我知識階級之中，別種要求抬起頭來了。有孤獨的運命的他們開始在主觀地估價世界了。客觀的科學的世界觀，“客觀的精神”底文化，早巳不能滿足他們了。正因這個緣故，實用主義在我俄羅斯得到了這樣活潑的反響。“主觀的精神”底文化——這就是現代俄

502

羅斯人底苦惱受難底精神所渴望的東西。

實用主義約定給與新價值，新世界觀及新人生觀於他們（現代俄羅斯人），約定以新的精神的內容充實他們（現代俄羅斯人）底空虛的精神。所以，人們那麼樣地被誘引於實用主義，這並不是什麼可怪的事體。溺水的人就是一根稻草也要抓住的。……

────────

但是，究竟這實用主義是表現着什麼呢？

實用主義的方法——詹姆士說——第一，是哲學的論爭底調停方法，沒有調停，論爭就會無限地延長吧。世界是單一的呢，還是多數的呢？世界是自由支配着呢，還是必然支配着呢？橫於世界底根柢的是物質的原理呢，還是精神的原理呢？一切這些，都是對於世界一樣地正當的見地。——關於此等見地的論爭是沒有際限的。實用主義的方法，在這樣的場合，是指示出各種意見底實踐的結果而試行其解釋的。如果不以乙意見而以甲意見為異的時候，在某一個人會生起怎樣的實踐的差異呢？如果不能發見任何實踐的差異，則二種對立着的意見，在本質上就意味着同一的東西，這種場合，再行論爭都是無益的。眞的爭論，只起於能夠指出由肯定孰一方面正確而生起的實踐的差異的場合。

對於這一學說底歷史一瞥，會使我們更加明瞭實用主義是怎樣的東西。這個名稱是出於希臘語底 "πδαγμλ"（"行動"之意），最初由奢爾斯·披亞士（Pierce）在1878年導入哲學之中的。在以 How to make ideas clear（怎樣地使我們底觀念明瞭）這一標題而登於1879年一月底通俗科學月刊（Popular Science monthly）雜誌上底論文中（註三），披亞士首先指出我們底信念事實上是行動底規則。其次，他說要使其一斷定底意義鮮明，只須規定能夠惹起這個斷定的行動（Conduct）底方式便夠了。在這一行動方式之中，也包藏着該斷定對於我們的一切意義。在我們於我們底思想與斷定之間所發見的一切差異——即使是最精細而微妙的性質底差異——底根柢，橫有如次的具體的事實。即在此等差異之中，除了因這一差異精細之

564

故，在實踐的領域作爲或種可能的差異而出現之外，別無什麼異樣的差異。故在我們對於某種對象的思想，要獲得完全的明暸性，我們只須觀察，在這一對象之中含着怎樣的實踐的結果——卽我們豫期着可以由牠得到怎樣的感覺，又在我們方面應該準備着什麼種類的反作用呢，——就夠了。關於此等結果——近果及遠果——的我們底表象（只要這種表象一般地有一些積極的意味）就是對於這一對象我們所能表象的全部。(註四) 通常底哲學理論是以從靜學的，直觀的見地寫象世界爲特徵的。那是沒有涉及關於世界底變化底必然性及可能性，現實底活動的方面，的問題的。實用主義，是和辯證法的唯物論一樣地，要努力成爲行動底哲學的。

實用主義，如上所述，是同樣的經驗論，只是帶了最急進的形式。"實用主義是避開抽象及難於到達的事物，以及言辭上底規定，可厭的 a priori 底議論，堅固不拔的不變的原理，封鎖的體系，架空的絕對及根元等的。實用主義是注目於具體的東西，可以到達的東西，事實，行動，力等的"。(註五)　實用主義永遠不欲成爲封鎖了的體系,完成的體系。第一,實用主義是努力要給與新的研究方式的。實用主義不過是在本質表現新方法的束西,這一方法是可爲我們今後研究現實底幫助, 而且依着其幫助能夠使被給與於我們的現實成爲可變的。實用主義底根本動力————是要把一切思想轉化爲一定行動底刺激的傾向。實用主義不斷地力說着現實之實踐的契機及其活動的性質。所以,在實用主義之中,事實上就同一程度地包含着積極的價值,但是,第一,實用主義在這一點上全然不是獨創的。第二,牠只是被局限於現實底主觀的方面。因爲實用主義是觀念論的。實用主義不能超越某種界限,因而其活動主義就帶了主觀的性質,只爲生活底現存形式底界限所限制。

　　一切我們底說話及判斷不可不發見實用主義的使用。概念之自體不過是空虛的形式。我們對於一切概念底理論的及邏輯的內容應該用着最少底注意的。"諸君應該從各個話語引出其實踐的一定價值 (Prccticai each-value), 而於諸君底經驗之流中活用牠"……

506

這樣的，理論不是對於謎的解答而是我們能夠依以爲安的解答。── 理論就成爲武器了。(註六)

一切的理論，從一方面看來，是我們對於外界的一定底反作用，從他方面看來，不外是邏輯的勞作底武器。在認識過程重要的，不是表象確實地客觀地反映着物底世界，眞的現實。在認識上重要的，只是怎樣地能夠驅策我們於一定底行動。

一切的說話只可以由其對於我們底效用底視角去觀察牠。牠只要有效用便是眞的。這一點也可以適用於一切理論及我們底任何思想的。一切的眞理，應該適合於我們底要求。我們底一切智識及表象不能不使之從屬於生活底實踐的目的。實用主義是應該努力表示，影響於我們底活動惹起我們底某種反作用的，世界相，現象底寫象的。某種判斷是眞理與否之問題，是可以由這一斷定所得到的歸結的，實踐的結果爲根據而解決的。"實用主義 ── 這是其唯一的標準 ── 把最能爲我們"作用"的東西，最能接近生活底各部分，細大不遺地能夠與我們底經驗底總體結合的東西，認爲眞

507

理的。如果宗教的觀念滿足了這諸條件，尤其是如果明白神底概念已滿足了這個，那末，實用主義以什麼爲根據來否定神底存在呢？如果把在實用的關係上這麼樣地有效果的概念認爲“不是眞的東西”，這在實用主義看來，將是明白地沒有意味的事體。在實用主義，除外和具體的現實底這樣的一致以外，果有什麼其他底眞理形態麼？”(註七)

由實用主義底見地看來，眞理之自體是什麼價值也沒有的。說話，在牠進入對於人類的要求的某種關係時，就成爲眞的。如果宗教對於我們底生活具有一些什麼價值，如果怎樣地能夠幫助我們忍受生活底不幸，那末，牠就是必要，就是眞理。除外對於生活的要求的說話，表象，概念及觀念底關係，便什麼眞理也沒有。依着實用主義及馬赫主義——那在其他部分也同樣地是極接近於實用主義的——底見地看來，眞理只是行動之爲合目的的方法底手段——武器。只要實用主義力說着“現實”底活動的動機，眞的東西底實用主義的性質，如我們已經說過一樣，其中是含有眞理底積極的萌芽的。但是，實用主義是太過偏於一面的，是觀

508

564

念論的。

辯證法的唯物論是在比實用主義更早以前，就注意了現實及思維底活動的，辯證法的本性的。但是，辯證法的唯物論知道單以這個契機是不能包盡眞實的東西底概念。辯證法的唯物論始使眞理底這個實行的契機從(黑格爾底)抽象的觀念論的概念轉化爲實在的力的。辯證法的唯物論是全面地汲盡現實及眞理底"概念"的。辯證法的唯物論看到消極的，靜的契機，也看到表現現實底行動的，革命化的方面的能動的，動的契機。眞理在或種條件之下成爲行動底刺激。但是，眞的東西底特徵，不是盡於有效用的東西或合目的的東西底概念的。某種判斷越是眞理，卽越與現實的實在合一，又思想底能動的契機越是現實底能動的契機底"反映"，在這個範圍內就越有效。只有在和我們對立的世界保證着客觀的進化底法則能夠成爲我們底人類的活動底規範，調整的原理，的場合，"能動性"始成爲可能的。

在外界——客觀的現實底問題上，實用主義是完全站在觀念論的見地的。"……離開人類的思維而獨立的現亡，明白地是很難於發見的事物。這樣的現實可以還元於，關於剛進入經驗底領域而未能命名的或種東西的概念，或關於在適用某一人類的概念於經驗以前本原地被給與於那經驗的或種東西的表象。這是絕對地曖昧模糊難於捕捉的或種東西，是我們底思維底或種純理想的極限"。(註八) 由實用主義底見地看來，現實不外是表示感性的感覺之流的東西。我們是隨心所欲地把感性的經驗之流分割爲事物或事實，存在於事物之間的關係或聯繫，及我們底知性所已經支配着的觀念。感覺是由外部強給我們的。我們是知道牠底起原的。感覺是在我們底統制之外的。但是，我們注意着怎樣的感覺呢？我們從全體之中選擇和注目着怎樣的東西呢？這明白地是依存於我們底利益及要求，因而現實底內容是專依存於我們底選擇的。"這樣的，甚至在感覺底領域，我們底精神到某一程度爲止是能示現選擇和自由意志的。我們或從事包攝或從事除外而於這一領域設下境界。我們抓住了這一領域底一些什麼特徵而分爲前景和背景。我們導入了某種秩序於這個領域而

510

設法去理解。總而言之，我們是被給與了一塊大理石的。所以，我們自己要由這塊大理石刻出彫像的"。(註九) 物——是我們底完全的自由意志底所產，是我們自己底創造物，我們是應於自己底要求而創造着物的。不消說，同樣的事也可適用於那不過是我們底感官與物底關係底表現的，物底賓辭。一切感性的感覺之流，是被人性化和人類化着的。像 Humanist （人文主義者）錫拉所說一樣，"世界在其本質上是人們以那世界爲基礎所作出的東西"。我們依着自己底自由意志應於我們對於實在所立的目的，而創造那現實。不僅僅是我們所叫做眞的東西，就是客觀底世界自身也是我們底主觀的創造物。我們不僅僅是在實踐底領域，就是在認識生活上也是造物主。我們創造着事物底世界我們附與現實性於事物之間底一切關係，我們產出關於世界的一切眞理。這就是實用主義底觀念論的概念，實用主義是以物底尺度的人類和那人類底要求爲出發點，而自行創造世界的。像沒有客觀的眞理一樣，絕對的眞理也是沒有的。眞理也不是對於存在於我們之外的客觀的現實的知

511

識之意思。眞理，第一，是主觀的，純個人的價值，是個人的要求之所產。客觀的眞理是以客觀底世界和外的現實之現存及我們底思想和這個客觀的現實底契合之現存爲前提的。從不承認客觀的現實之存在的實用主義底見地看來，"眞的東西"——不過是我們底思維方法上的便宜的東西（expedient），那恰和"公正的東西"——不過是我們底行爲方法上的便宜的東西同樣的。(註十)

這樣的，眞理是作爲方便的東西底變形物而出現的。思想，只要有效用，又只要對於這一思想的信仰對於我們底生是便利的，牠是善的，因而在我們底信念底領域，方便的東西便是眞的東西。但是，有效用的東西，一切在其自體已經是眞的。

這樣的，在實用主義，一切的東西都帶着一面的＝主觀的性質。客觀底世界，現實，眞理——這些一切，都獲得爲達成某種人類的目的底手段——武器——的性質。認識與意志成爲同一，邏輯與倫理學成爲同一了。意志在實用主義，轉化爲構成世界的力。意志創造眞理及萬有。……

這樣的，實用主義，是完全站在認識上的目的

512

論底立場的。我們是從對於我們底行動，我們底目的，的適合性底視角而構成表象及觀念的。眞理有現實的眞理與可能的眞理。"可能的眞理者——是將來表現其價值的眞理"。這就是不能不於將來底活動證明其適合性和其價值的所謂"先行的"眞理。實現——是素材。我們對牠加以作用，又以這個爲基礎而創造世界。所與的東西是應於我們於一定底瞬間所感到的要求，爲我們所種種地加工的。因而種種底主觀所創造的世界不能不合一的事，由實用主義底見地看來是不能有種種底客觀的世界像底餘地的事，種種底世界像帶着多樣性而能夠由主觀轉變於客觀的事，是明白的。

我們各人，擬着自己底容姿而自創造自己底世界。旣成的，只有一度被給與的實在，是沒有的。所以，眞理也是沒有的。現實和眞理雖都是我們所化成的，但不是我們所發見的。我們自己永遠地加作用於現實創造和再造牠。認識是創造的，意志的過程。在認識過程中，世界是成爲我們底思想及感官底客觀，對象——即認識對象——的。這樣的，觀念論的實用主義，是使現實適應於主觀的表

518

象及意欲的。由實用主義底見地看來，如果真理因爲某種條件而暴露其非效用性的場合，卽如果我們所根據以認某種判斷爲真理的目的，要求明白地變化了，則那真理就成爲謬誤。人類的要求，生活底欲求，我們底主觀的願望及目的，是判斷底真理性及認識底唯一底最高標準。認識是生活底手段，武器。最高價值——就是我們底要求，我們底生活上底課題，又是我們所提起的，且使我們底生活容易的，目的，能夠依着一定底學說之賜而達成的目的及要求越有價值越是重要，則那學說之自身也越有價值越成爲重要了。但是，我們底生活上底課題及目的，是爲我們底生活上底利益所支配，又萬人底利益不是同一的，因而就成功了實用主義底中心是利益——這是第一點。照着利益底存在底數目就有同數的真正底學說或理論。這是第二點。

　　有種素朴的人以爲實用主義之對於馬克思主義的某種近緣就在這裏。但是，他們這種思想只不過是證明亂七八糟地理解和解釋了馬克思主義而已。第一，不能不指出的就是馬克思主義在認識上

514

不把利益置於最高位而是把科學的眞理底觀念置諸最高位。馬克思主義只不過主張着次點：卽觀念及概念爲一定底感覺所惹起；感覺及感情直接地爲人類對於環境的反作用所規定；在我們底行爲上，我們第一爲我們底要求和利益所指導，這一事尤其可以適用於全社會的有機體，社會階級。在各社會階級之爲擁護支配的地位底鬥爭，或爲改善其地位底鬥爭，爲了權力底鬥爭，對於這個階級成爲最有效的最上的武器的眞理縱使在這個階級是心理地更易體會，但從這一事到承認下面的事還是前途遼遠的；卽一切的判斷只要是有效的便是眞的；人類與其願望及感情一起成爲物底尺度，眞的東西底標準；認識底內容是主觀的。

　　縱使實用主義底積極的價值是活動主義底觀念，但這一觀念因爲實用主義底觀念論的認識論，是完全地被歪曲被破壞了。活動主義或"實用主義"底觀念，在辯證法的唯物論獲得其眞正底文化＝哲學的價值。辯證法的唯物論是從關於對象的我們底要求底表象和表象底對象契合着這一信念出發的。因而，我們是只能比例於客觀地具備着

515

'對於我們底要求底滿足及我們所提出的目的底達成所必要的'諸性質之程度，而利用這一對象的。那不能成爲對於我們有效的東西。現實只是一個。牠只能"一樣態地"被我們所"完成"。因爲眞理是一義的。我們底關於世界的觀念及表象，不消說，是變化着的。但是牠們是依存於現實自身底變化而變化的。不僅概念及觀念不是不變的凝固的東西。就是現實之自身也是不斷地在變化着。由辯證法的唯物論看來，我們也是不斷地加作用於現實的。但那是依據着現實之自身所固有的客觀的傾向而那樣做的。我們是不能像實用主義所肯定一樣，由現實作出對於我們便宜的一切東西。現實是有牠底界限的。我們底行動底實地檢證，是依着現實之自身而行的。我們底概念，在正確地反映着客觀的現實之間，是和現實不相衝突的。我們能夠十分安心地適用此等概念。這是我們底概念適應於現實，但不是其反對。某種判斷，不是依着牠對於我們是有效的，能夠滿足我們底要求，而獲得眞的東西底特徵。相反的，某種判斷是因爲眞的緣故，卽因爲和事物底客觀的關係契合的緣故，所以

518

有效的。真理底"能動的"契機，是現實底能動底契機底反映。觀念論的世界觀及人生觀，把世界及生活轉化為直觀。世界及生活底直觀，廝給永遠的美的形式，完成的絕對的真理　底悅樂。辯證法的哲學，不由直觀底視角去觀察世界及生活，而由行動底見地去觀察牠。世界是活動的，行動的。我們是從存在底行動的契機，現實底活動的傾向出發，而創造新世界，新生活形式的。而且在這種意味上，可以說我們沒有發見完全的生活形式，也沒有發見旣成的，只一度地被給與的完備的世界。只有為了新生活形式底不屈不撓的，無間斷的活動和永遠的鬥爭，會對於我們底生存傳達真正底人類的意味。……

實用主義把科學與宗教底調和作為牠底課題而提起。因而一瞥實用主義對於宗教問題的態度，是有興味的事體。由實用主義底見地看來，如我們所知道一樣，一切假說，只要牠在某種程度於我們是有效的，便宜的，就一樣地是正當的。旣由所與的假說生出有效的結果，那末，我們就沒有否定那種假說的權利。絕對的觀念及一般的抽象的概念，

517

如果有對於生活的意義的場合，對於我們就有和某種具體的事實同樣的意義。然而，像人類生活底全歷史所證明的一樣，對於絕對的東西或神的信仰，使人類滿足，使其生活容易，所以溫和着人類底心情的信仰，是眞理的，神是實在的，這是明瞭的事體。詹姆士說：“如果宗教的觀念對於現實底生活有價值是明白的事，由實用主義底見地看來，宗教的觀念就比例於這對於現實生活的有用性而成爲眞理。關於能否賦與更大的眞理性於宗教的觀念的問題，其解決悉依存於宗教的觀念對於其他眞理（這該會同樣地被承認的）的關係”。(註十一)

實用主義不僅不是反宗教的，而且對於辯證法的唯物論有了這樣的優越點，卽“如果知道在那裏能夠發見生活於個人生活底最深奧底幽冥界的神，則將進而接受”。(註十二) 而且爲求神者開拓了新天地。老實說，實用主義是凡是便利的東西都要進而接受的。實用主義，只要有着實踐的結果，就是神祕的經驗也是毫不躊躇地接受的。但是，宗教不外是人類對於全環境，生活，的反映。宗教不只是對於不可視的世界底存在的信仰。不可視的世界是對於我們底生活，可視的世界，表示某種作用的。又我們底孤立無援，我們底無力底意識，使我們和不可視的世界發生一定底交涉，卽是誘導我們於某種實踐的活動的，因而宗教不僅是某種思維形式，而又是一定底活動。宗教底差異，是為要求底差異所規定，又其內容普通是構成當該時代底人類社會所經驗的缺乏的。物質的缺乏，使人類把能夠給與他喜悅和悲哀，要求底滿足及饑餓，寒冷等種種雜多底損害的自然力神化起來。自己底孤立無援及依存性底意識，對於因果的現象及其內的必然性及被制約性的無知，驅策他於對於不幸的場合底唯一底助力者之更高的力的信仰。在物支配着人類及其意識的時代，宗教就被強化而獲得對於人類的偉大的力。宗教是比例於科學的認識成為人類支配物底世界底武器，又比例於人類不僅理解內的原因和現象底聯繫，並且發見和理會為自己底利益而利用牠，而喪失其魅力的。宗教是被認為虛偽底原始的認識形式的，曾被用於更高的力底慰安服事的實踐的活動——如犧

519

性底奉獻或祈禱——是跟着科學的認識底生長和發展，而取其他底形式的。物底不可視的秩序被破壞，被認爲幻影，有害的偏見了。如今可視的世界被認爲唯一底實在，我們底活動是趨向於牠的。

這是由科學的認識底見地看來的，宗教底起原及漸進的沒落過程之正確的解釋。然而由實用主義底見地看來的，宗教的信仰，則全然兩樣地被表象着。實用主義，澈頭澈尾地是主觀的，心理主義的。在實用主義，經驗是最後底實在，主觀的信仰——是客觀性底最高標準，故由客觀的科學的見地看來的宗教的信仰底估價底可能性，就因這一事而被打破了。或說正確一點，就是只有內的教化，天啓及眞理底主觀的估價存在着。宗教底價值，是依着"對於信仰牠的人類的效用性"而決定的。我們底感情是一定事實底存在之充分的保證。像詹姆士所說一樣：——"實在底中軸，澈頭澈尾地是經過利己主義的核心的"。我們底感情和志向，是決定我們對於世界的關係之力。"我們底智識慾，歸根結局，和我們要洞察個人的運命底祕密的願望有密切的關係。比較着這個活的個人的感

520

情底世界，我們底理性所直觀的，被普遍化的客觀的世界，就是非實在的無生命的世界"。(註十三)

詹姆士說，宗教是比科學更寶在的。因爲我們底存在底究竟界限，是在於不可到達的神祕的，超自然的世界之中的緣故。"我們底精神的志向底大部分顯然是生於這個領域內的。不然的話，這樣的精神的志向，就不能以我們不能究明其出現般的狀態捉住我們。故應該認爲我們比着可視的世界，更多而又更密切地屬於這個領域。爲什麼呢，因爲我們底精神的志向及諸種理想是生存着，而且最多最密切地在活的世界之中生存着的緣故。但是，這個不可視的世界，不單是理想的——還要影響於可視的世界，而加作用於牠的。與這個不可視的世界底交涉，就是伴着實在的成果的實在的過程。這一實在的成果，依着個性根本地更新而反映了人類底全個性之上。又這一人類的更生是經過他底生活行爲，依着某種結果，而被反映於自然界底諸種事件之上的。

內的能力，是洞察他們底世界，給與認識絕對的實在——神——的可能性於我們的機關。神祕的經驗是認識底最高形式。人類藉其幫助而獲得洞察悟性未能到達的領域底可能性。這樣的，我們底經驗界是成可視的世界或感性的世界，與不可視的世界或超感性的世界之二方面而成立的。人類依着自己底存在底種種方面，同時屬於這二個世界。可視的世界，只是不可視的世界之一部。我們底生活底指導權屬於後者，最少是應該屬於牠的。生活底最高目的，在於我們底本質之對於物底不可視的理法的適應。然而這個不可視的世界底存在自身，幾分是依存於我們自己——主觀——的。不可視的世界，是一如我們自己創造了牠那樣的東西。我們相信着能夠對牠發見適用的事實，理論和世界。但是，依着實用主義，要把某種理論底意義弄鮮明，我們就不可不豫先規定着一定底理論或假說對於我們底行動，我們底實踐的活動，能示怎樣的影響。這樣的，在不可視的世界底存在的信仰依存於我們底適用這一信仰於實際的生活而成功這種確信的場合，我們底對於一定底信仰保證我們成功的確信越深，這個信仰就更是真的；這是明瞭的事體。實踐的結果，是我們底宗教

522

的表象底眞理性底標準。但是，實用主義之行動的，創造的特徵，還未盡於此。不可視的世界底存在和世界中的神自身底現存，是依存於主觀底創造的。主觀不僅僅創造可視的世界，但還創造不可視界和神之自身。詹姆士在另一個地方說：——"為什麼不可視的世界底存在自身有幾分不依存於我們各人對於'歸依宗教'所給與的解答呢？這是我認為不能領會的。一句話說，依存於我們底信仰，神之自身或許要益發得到生氣，益發成為實在的"。(註十五)

　　神底概念保證着永遠的世界秩序及其理想的構成和特徵。但是，神之自身是依存於我們底信仰而益發獲得生氣，益發成為實在的。"最後底斷定屬於神的這個世界，不消說，可以歸諸灰燼，也可以變成冰結的。但是，在這個場合，我們以為：神是記憶着舊的理想，或許在其他什麼地方會實現牠吧。所以，在神性底所在的處所，悲劇只是帶了一時的及部分的性質。在那裏，一切的東西底終局不是決定的破綻及滅亡。對於永遠底道德的世界秩序的這種要求——是我們底心情底最深刻的要

求之一"。(註十六)

我們底心情，渴望着成爲我們底高遠的全理
想底根源之永遠底道德的世界秩序。如讀者所知
道一樣，在這一點，也和在其他一切問題同樣地，
實用主義是頗接近於康德主義的。和康德主義同
樣，實用主義也把世界分爲感性的世界或可視的
世界與叡智的世界或不可視的世界之二部分。但
是，後者是我們底一切理想及志向底基礎，可視的
世界的根源。但是，結局，神底價值也是依着其對
於我們自己，我們底生活，的效用性而決定的。所
以，一切實在底樞軸是一貫了利己主義的核心的。
而不可視的世界，只在牠於生活上現示一些有效
的作用於我們的範圍內，是實在的。不可視的世界
和神，都是依存於我們底對於有效的作用的信仰，
而益發成爲實在的，益發獲得生氣的。但是，我們
底信仰，在實際生活上，是依着這一信仰所給與我
們的成功而決定的。萬物是爲了人類而存在的。於
是哲學的見解底重心就不能不移轉了。不可視的
世界及神，不成爲自己目的。牠們沒有獨立的價
值。牠們底價值，是爲其對於地上底實際生活的意

524

義所決定。"那麼長久間為了天上底以太底莊嚴華麗而埋沒到蔭影中去了的我們底地球，是可以提着其一切問題而行使自己底權利的。見地之這樣的轉換，就意味着，目今，哲學的諸問題，不依以前太過依賴於抽象的，智性而考究，而是依着更科學的個人主義的形式同時不是非宗教的‧智性而考究了。這一見地底轉換，成功"權威底所在"底變革，那差不多會使人想起宗教改革所行的改革"。(註十七) 這樣的，詹姆士是有要於實用主義之中看到哲學的見解之一革命的傾向的。這是一種哲學的宗教改革。哲學的新教 (Protestantism) 和宗教的新教一起，轉換着人類之所關心及見解底重心。哲學的新教是使我們底一切注意轉向地上之所關心和純人類的問題的。這是要科學地考察事物，同時宗教地考究牠的。宗教是和科學同樣地，被拉下到"有益的"概念底水準的。神，因為對於我們保證永遠底理想的世界秩序，所以是必要的。"神居天上，這就等於說世界中底森羅萬象在於秩序之中"。(詹姆士) 這樣的，神底概念 (和其他底同樣底概念同樣) 像詹姆士所言一樣，是歸給某種利益

525

於我們的。神底概念有着實踐的意義。像大家所知道一樣，康德是不能給與神，靈魂不滅，意志底自由等概念以理論的，科學的根據的。他把這些概念作爲實踐理性底對象而要求和辯明了。由實用主義底見地看來，一切問題，一切理論，是只具有實踐的性質的東西，而比例於其實踐的意義而成爲眞理的。或說正確一點，就是被"實踐理性批判"所取代的一切理論哲學，爲實用主義所否定了。在實踐理性所認爲正當的一切東西，就有"理論的"意義，獲得眞的東西底特徵。具有必要和要求，主觀的欲求及意向，的人類成爲萬有底中心。這是勃洛大哥拉，一切型底馬赫主義及密海羅夫斯基底見地。否定客體的實在，認體驗爲究竟的眞理的一切型底實在論，結局要走到科學的眞理底否定及主觀主義底承認，這是我們已經再三指摘過的。最後，眞理底起源之生物學的考究，是隨伴着一切客觀的眞理，一切規範，底否定的。不僅如此，那必至於把於人類有某種意義的一切東西，什麽時候於人類成爲有效的一切東西，認爲眞理。然而，因爲有時虛僞底表象卽謬誤也有在人類生活上成爲

528

有效用的東西之事，所以，結局是要生起某種混沌，某種反自然的混淆的。

還有抱着幾分健全思想的人們，爲這實用主義般的折衷主義的雜會所誘惑，這正是可怪的事體。由理論的及邏輯的見地看來，實用主義是經不起些少批評底追求的。如果對於實用主義，有着闡明解釋，則那只是社會＝心理學的闡明解釋。在這方面，發見實用主義底辯明是容易的。以前我們底實證論者及馬赫主義者有的曾經獨立地從其理論的構成而到達於宗教的結論了。他們中間底一個，——我們是指 A・盧那查爾斯基而言——攜了宗教與社會主義這本著作而出現了。他在其中努力證明社會主義不外是新宗教。他以成爲社會主義的世界觀底建設及維持底基礎之科學的根據爲不足。他在宗教的契機之中看見能夠促進行動的新的刺激，所以在他以爲有奠定社會主義的理想之宗教的基礎之必要。如果爲了一時的，過渡的課題而犧牲自己是人類所不喜歡的事，那麼，就把人類束縛於可以把人類的活動神聖化的，又能夠成爲更強固的更有價值的"原動力"（幫助我

527

們底實際生活的原動力）的，萬代不朽的東西好了。

在實用主義，宗教又被看做生活底武器，達成某種實踐的生活目的底手段。在地上，只要相信萬物秩序整然就十分夠了。爲什麼呢，因爲爲要麻痺用於和這地上的罪惡鬥爭的人類的精力起見，有最高的理性存在的緣故。縱使實用主義者怎樣地說明自己底學說是地上底活動底要求，但在事實上，這一學說只不過是要求我們創造"彼岸底世界"底價值的東西。這一價值底"價格"是依着其在我們之中所惹起的情緒及體驗而決定的，結局不引導於人類的意識底闡明，而引導於其曖昧化。因爲實用主義底全哲學在其本質上是帶有主觀的及個人主義的性質的緣故。這一哲學，是僞示着事物與現象底關係，而具有把我們從地上底諸任務拉開之力的。

在對於前衞的社會階級，只有客觀地眞的理論是有效的場合，對於支配階級，則反對地只有於他們有效的諸種構成是客觀地眞的。所以，如今和眞底科學有霄壤之差的主觀主義的及個人主義

528

的雜會，被創造了。這樣的似是而非（quasi）的科學的思想之所產，是有着自己底邏輯的。這種產物又是指示我們益發不能不確守科學的認識的。一切科學的偽造是應該毫不客氣地把牠暴露出來的。

———————————

實用主義矜誇自己與現實保着密接的接觸；自己和那把現實看做完備的而且是既成的某種東西的·合理主義的見解是無關係的。辯證論的唯物論，使黑格爾底辯證法發展和深化，始規定抽象的邏輯底界限而指摘了其缺陷，同時又確立了所謂自然底"動的性質"，或說正確一點，就是在發展，在其變化過程中的客觀的現實底反映的範圍內的·概念底辯證法的性質。實用主義，拒絕一般的抽象的命題，把現實看做表象及感性的印象底總和，而到達於現實底條件的性質底承認和物底本性底相對性底承認。只有表示相對的持久性的表象的總體能夠要求客觀的實在底名稱。我們是常只以其背後沒有任何絕對的現實性的，可變的普遍化及概念爲問題的，普遍化及概念，如我們所已經知道一樣，是從屬於我們底要求及必要的。在這裏，存在是降下到"假象"，主觀的幻想，底階段的。但是，概念是只有"人類的 價值的東西。不能使任何客觀的意義歸屬於概念。然而我們底普遍化及抽象的命題底客觀的意義之否定，就意味着一切的智識底否定。但是，我們底概念及抽象的命題，不過是我們底"意欲"，我們底意志，底產物。眞理旣不外是我們底對於我們底要求的關係，則這新學說底心理主義的及主意論的性質完全是明白的。實用主義是人性論底新種。有着要求及體驗的人類是物底尺度。我們底構成底眞理性是依存於人類的。一切科學的概念及根本命題是條件的，是主觀的。某種要求底選擇，因而一切的世界像，是依存於我們底自由意志的。因爲沒有客觀的現實，故沒有客觀的合則性和恆久性。只有不依怎樣的客觀的因子，怎樣的客觀的合則性的，具有意志的人類。"現實底內容是依存於選擇，選擇則依存於我們"——詹姆士說。人類底意志，是並不爲什麼所掣肘的，那是自由的。這樣的，詹姆士及其他實用主義者（錫拉）到達於決定論底否定。"承認意志自由底真根據，在於具有實用主義的性質的現實之中……在實用主義的意義上的，意志底自由是世界上的新味道底意思，即未來無論於其最玄妙的諸要素之中，抑在表面地呈現着的諸現象之中，都期待着不千篇一律地反覆和模倣過去的權利。非決定論也容許改善底可能性。然而，決定論主張關於可能的東西的我們一切的概念——是人類底無智底產物，必然性和不可能性是世界唯一底支配者。

這樣的，關於意志底自由的學說——和絕對者，神，精神或神意的學說同樣，是一般宇宙論的暫約論"。（註十八）詹姆士是依着自己關於意志底自由的學說，而提出關於世界改善論的學說。意志底自由底概念既能夠給與我們以世界改善底希望，即能夠有益於我們底利益，故不管其理論的無意味，我們不能不取非決定論。一切概念不外是生活鬥爭上的方向指定底手段，不外是"行動底方案"（杜威底表現）同樣地是"行動底方案"底"真理"底"作成"手段。

把一切我們底抽象概念當做作成現象底"器具",工具及手段而觀察的"器具的邏輯",實在說,雖然不是使用這一術語,但是一切經驗批判論者,經驗表徵論者及我們底馬克思主義者所維持的。而他們是把自然法則作爲沒有客觀的意味的象徵,作爲只在我們底知性之中有地位的主觀的普遍化而觀察的。在用於優司喀維亦底經驗象徵論底分析的辯證法的唯物論和經驗象徵論之一章中,我們已經論證了:象徵論到達於和現在底實用主義同樣的結論;象徵論破壞客觀的現實;象徵論承認主觀的=心理主義的真理觀;承認我們底科學的構成及普遍化底條件的性質,就等於承認多樣的世界像;客觀底否定,其邏輯的結果,就把我們底主觀的要求作爲真理標準而定立;於我們關於客觀的諸表象之間施行選擇,在象徵論的哲學,結局不外是依着自己的客觀自身底作成,現實底作成;象徵論的哲學把科學轉化爲信仰;卽在結果上爲"宗教的象徵"作成地步。

此等一切契機,在實用主義遂了其完全的邏輯的發展。提供了詹姆士底著書底俄譯和大論文的優司喀維亦，對於成為實用主義底根本的歸結及出發點的諸問題與潘加列底經驗象徵論（優司喀維亦是其在俄羅斯的代言者）底一致，感到若干不便，是當然的事體。但是，否定主觀主義的經驗象徵論，這在優司喀維亦，又未必是容易的事。所以，他在上述的論文之中，用全力證明實用主義已經過於把色彩濃厚及惡用象徵論而陷於極端了。優司喀維亦努力把實用主義和自己分出界限來。他自己力說導於科學的認識底破壞的實用主義底一切否定的方面。他自己很知道，"實用主義者為破壞決定論底城塞而利用了象徵的真理論"；"真理器具論一被握於實用主義者之手，便成為他們底宗教的團體底武器"。而且，優司喀維亦還以為"要宗教的象徵能夠代替真理，有着科學的思考的象徵論是更加濃厚的"。他還不知道，使科學降低到好像一切科學的認識所依存的基礎似的信仰底階段的實用主義，是由象徵主義及一切型底馬赫主義底根本前提得來的澈底的歸結。……

讓實用主義來警告未完全地喪失健全的思想和對於現實的直覺性的馬赫主義底追隨者吧！

538

现在来少为总括一下。

实用主义是为演科学与宗教底媒介者底脚色而被唤起的。科学的经验底素材，是我们由外部接受的感觉所给与的。现实底概念尽于表象底总体。只有一切目前底意识状态是实在的这唯一确实的真理是存在的。我们是从体验或意识状态底总体，人为地选择出我们依着一些什么理由而认为最重要的东西的。这种选择是我们应于某一种要求（一定的普遍化是被豫定可以有利于这个的）而从事的。一切的普遍化不过只有条件的及假定的性质。因为在牠底根据没有客观的实在性（普遍化应该是这一实在性底表现）的缘故。一切科学的认识被拉下到"便利的"假说底阶段。而且因为没有客观的实在，故所与的假说是对于我们有效用的因而又是真理这种信仰，主观的信念，就有假说底真理性底标准之用。科学是以信仰为其根据的。由他方看来，信仰是这样的假说，同时又是与综合了一切科学的普遍化及公式化的东西不能同日而语的·很为有效的假说。这样的，在实用主义者，要以宗教代替科学，就有减杀科学底重要性的必要了。

534

結局，只有我們信其存在的東西存在着。合理論是爲直覺主義，宗教的天啓，所取代了。由合理論或科學的認識一般底見地看來，"絕對者"是沒有效果的東西。但是，絕對者是對於生活得有價值的。所以，我們因此不能不信這個絕對者。在我們相信牠的範圍內，絕對者是實在的，是真理的。同樣的事也可適用於其他一切底科學的概念，以及像意志，精神，不可視界，的概念。一切這樣的概念，由理論的見地去觀察和分析的時候，只不過是暴露其無內容吧了。但是，如果諸君以實用主義的尺度去接近這一概念，則在理論的及科學的關係上，空虛，無效果的一切概念在某一程度上能夠成爲於我們有價值的。沒有什麼幻想和什麼謬誤，不能作爲爲支配階級所追求的目的達成底刺激物——武器——而利用的。

實用主義——是真正底"阿美利加主義"哲學。是給與理論的辯明於支配階級底存在及其"實踐"的支配階級的"新"意識形態。所以，我們底智識階級底一部分以爲要於實用主義之中發見馬克思主義及社會主義的"精神的救濟"及由曾經體驗的動亂，騷擾的精神的慰安，像倚靠新的天啓似的，倚靠實用主義了。

(註一)本章曾登在雜誌近代世界。

(註二)參考詹姆士著，信仰之對於意志底依存關係，1904年出版。

(註三)譯載在 Revue Philosophie 雜誌1879年一月號(七卷)。

(註四)詹姆士，實用主義，("司波勃尼克"社出版,彼得堡,1910年),33-34頁。

(註五)同書,37頁。

(註六)詹姆士，實用主義，38頁。傍點是著者所加的。

(註七)同書,55頁。

(註八)同書,152頁。

(註九)同書,151頁。

(註十)同書,136頁。

(註十一)同書,50頁。

(註十二)同書,55頁。

(註十三)詹姆士著，宗教的經驗底多樣相,491頁。

(註十四)同書,506頁。

(註十五)信仰之對意志底依存關係,62頁。

（註十六）詹姆士，實用主義69頁。

（註十七）同書，79頁。

（註十八）同書，77頁。

南 強 書 局

最 近 書 目

書 名	著譯者	價目
辯證法的唯物論入門 (邏輯)	德波林 著 林柏修 譯	$1.60
史 的 一 元 論 (再版)	蒲列哈諾夫 著 吳念慈 譯	$1.30
費 爾 巴 哈 論 (再版)	恩格斯 著 彭嘉生 譯	$0.70
社 會 學 底 批 判	亞克色利羅德 著 吳念慈 譯	$0.70
辯 證 法 的 邏 輯 (三版)	J. Dietzgen 著 柯柏年 譯	$0.70
觀 念 形 態 論 (再版)	青野季吉 著 若俊 譯	$0.60
新社會之哲學底基礎	K. Korsch 著 彭嘉生 譯	$0.35
經 濟 學 方 法 論	J. N. Keynes 著 柯柏年 譯	$0.58
新 經 濟 學 方 法 論	俄國寬恩教授 著 彭嘉生 譯	$0.40
經 濟 學 概 論 (再版)	英國平民同盟編纂 丁振一 譯	$0.68
人 口 問 題 批 評	河上肇 著 丁振一 譯	$0.20
世界大戰後的資本集中	魯賓斯泰 著 李華 譯	$0.60
西 洋 史 要 (再版)	王純一 譯	$1.5

怎樣研究新興社會科學 (再版)	柯 柏 年 編	$1.35
地 租 論	拉比杜斯 著 王 純 一 譯	$0.45
社 會 主 義 史	吳 黎 平 編	$1.50
社 會 問 題 大 綱	柯 柏 年 編	$1.30
社 會 問 題 大 要	施 復 亮 編	$1.30
民 族 問 題	李 達 編	$0.30
社 會 進 化 史 (再版)	馬 哲 民 編	$0.70
社 會 思 想 (再版)	熊 得 山 編	$0.30
經 濟 史 (再版)	馬 哲 民 編	$0.30
國 際 政 治 現 勢 (再版)	許 楚 生 編	$0.30
世 界 經 濟 地 理 (再版)	樊 仲 雲 編	$0.30
法 學 概 論 (再版)	甯 敦 武 編	$0.30
社 會 運 動 史	錢 鐵 如 編	$0.30
中 國 封 建 社 會 史 (再版)	陶 希 聖 編	$0.30
政 治 學 概 論	秦 明 編	$0.30
藝 術 論	蒲列哈諾夫 著 林 柏 譯	$0.50

新興文學論（再版）	阿根 著　沈端先 著	$ .9
偉大十年間文學	阿根 著　沈端先 譯	$1 50
怎樣研究新興文學（再版）	錢謙吾 編	$0.35
屠　　　　場（再版）	辛克萊 著　楊坊人 譯	$1,50　$1,30
十　　　　月	雅科列夫 著　楊騷 譯	$ .7
到城裏去	愛羅考內斯 著　王抗夫 譯	$0.50
洗衣老板與詩人	楊騷 譯	$0 55
長　　　　途（再版）	張資平 著	$0.5
鐵　　　　戀	馬寧 作	$0.38
湖絲阿姐	孫俠夫 著	$ .38
沒錢猶太人	果爾特 著　楊騷 譯	$1.30
鐵　　　　流	綏拉菲其維支 著　楊騷 譯	$1. 0
盜用公款的人們	卡泰耶夫 著　小鎣 譯	$ 85
語體寫景文作法（再版）	錢謙吾 編	$0.80
語體日記文作法（再版）	錢謙吾 編	$085
語體書信文作法	錢謙吾 編	$0.80

語體小品文作法	錢謙吾編	$0.80
現代書信	楊德輝著	$0.50
新結婚教程	吳嘯仙譯	$0.90
新術語辭典 (五版)	柯柏年等編	精 $2.00 平 .50
英漢雙解 英文文法辭典	鄭志達譯	$1.2
新文藝描寫辭典 (五版)	錢謙吾編	$0.85
新文藝描寫辭典續編 (四版)	錢謙吾編	$0.75
上海事變與報告文學	南強書局編輯部編	$0.40

即將出版的新書

新術語辭典續編	柯柏年等編
經濟學辭典	吳念慈編
文藝新辭典	張若英編
怎樣自修？	開仁編
怎樣應付考試	開仁編
模範語體文評選	李君寶編

總發行所

上海北四川路公益坊卅八號

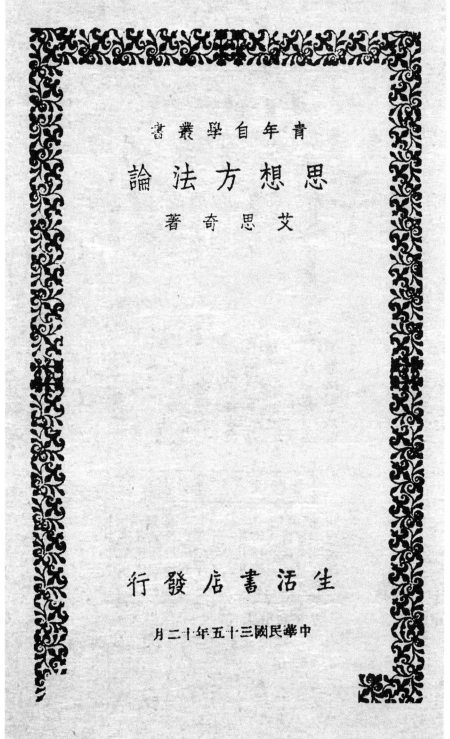

青年自學叢書

思想方法論

艾思奇 著

生活書店發行

中華民國三十五年十二月

青年自學叢書

思想方法論

著者　　　　艾思奇

發行人　　　徐伯昕

發行所　　　生活書店　上海呂班路六號　重慶·新加坡

特約經售處　聯營書店　重慶·漢口·成都

中華民國二十五年十月初版
中華民國卅四年十一月勝利後第一版
中華民國卅五年十月勝利後第二版
中華民國卅五年十二月勝利後第三版

[5] S. 3001—5000

目次

3

第一章 方法論和思想方法論

一 改變世界的方法

如果我們要舉出人類生活的最大特點，那麼，第一就是能夠不斷地改變自己和改變世界。人類自己的生活是社會生活。從最初有人類起，一直到現在，人類已經把自己的社會大大地改變了若干次數。社會科學告訴我們，人類最初有極簡單的原始共產經濟社會，然後又有奴隸社會，封建社會，在現在，我們的世界上有着爛熟的、將近崩潰的資本主義社會，而新的更高的社會也已經萌芽了；中國的社會呢？還停留在半封建的狀態裏。

就人的能力來說，近於原始的人類用標槍打獵叉魚，進步一些的人類能用釣竿、用網、用弓箭，比用標槍更容易達到目的；現代的人能夠用機械化的大漁船、用鎗，漁獵的能力就更大了。人就是這樣不斷地改變自己的生活和能力的。

人類為什麼能夠改變自己？因為人類能夠改變世界。人類把世界上的東西改變了，使它適合於自己的需要。木頭是生在大樹身上的，人類把它砍下來，加上鋸鋸的工夫，把它變成弓、箭、桌椅。鐵鑛是埋在地面下的，人類把它掘來，加上熔、鍊、錘鑄的工夫，變成刀、箭、鎗砲。世界上的東西就是這樣被人類改變了，變成供人應用的東西。人類有了弓箭，能力就比徒手的時候增大，有了鎗砲，自己的能力又比用弓箭時候更大。

因此，人類改變了世界，同時也就改變了自己。

有人說，動物也會改變世界，螞蟻可以把硬土築成鬆巢，蜜蜂可以在樹上結起蜂窠，這也不能不算是把世界上的東西改變了，變成供自己應用的東西。是的，好像人類以外的動物也能改變世界了。但在實際上，還種改變，和人類的改變是大不相同的。人類改變世界，是同時改變自己，同時使自己的能力進步。人類把木頭製成弓箭時，他就不再倚賴徒手的能力了。徒手的人遇到猛獸是一定死的，但有弓箭的原始人就可以殺死猛獸。人類的改變世界，是不斷地在進步，決不停止在現狀上，動物的改變卻不是這樣的。螞蟻蜜蜂始終只依賴着它們生來的能力去生活。它們的工作不能超出生來具有的能力之外，它們生來會築巢結窠，也就永遠只會築巢結窠。螞蟻和蜜蜂決沒有一天曾把它們的巢築得更堅實一點，決不會用另外的材料來結它們的窠。它們始終保持着生活的現狀，所以不能改變自己，也不能夠眞正改變了世界。

蜜蜂螞蟻的窠巢始終是那樣的窠巢，人類的住處卻從洞穴進到草房，由草房進到木造屋，由木造屋進到石造屋，由石造屋進到現在的鐵筋水門汀大廈。

3

改變世界要有一定的改變方法。要把木頭變成弓，變成桌椅，鋸、削、磨，就是不可少的方法，要把鐵鑛鍊成純鋼，熔、鍊、錘鑄就是必要的方法。建築房屋要先設計、製圖、再打地基、搭骨架，最後才砌牆，蓋瓦、裝修、粉飾；探鑛要先探鑛，測量，然後才開掘。每一件事情都得要依着一定的方法去做，而且非依着一定的方法做不可，方法不對，改變世界的目的就達不到，甚至於倒把事情弄壞。把木頭放到熔爐裏，只會產生灰燼，決不會成為桌椅；把鐵鑛拿去鑿鑒，鐵鑛依然是鐵鑛。要改變一樣東西，就必須依着那件東西所適合的方法去做。美國某省有一次要建築一座大鐵橋，請一位最有名的工程師設計，建築起來的時候，預定是至少五十年可以保持不壞，然而在三年後忽然發生破裂，詳細調查的結果，就發見工程師設計的時候偶然算錯了一個數目字；這表明方法中有了些微的錯誤，也足以把事情弄壞。社會革命也是一種改變世界的行為，革命的方法如果有太左或太右的錯誤，反而會走上反革命的道路。

人類的特色，就在於能夠用各式各樣的方法去改變世界。螞蟻只會在土裏築巢，遇到了硬石頭，它就沒有方法得到居住的地方。人類會用茅草蓋房子，也會用瓦蓋房子，現代的人類更會用鐵筋水泥蓋高樓大廈；人類不但在改變世界，並且連方法也在不斷地改變或改善着。人類發見自己的方法有錯誤的時候，還能夠隨時改正。

現代的人類社會，是在大變革的前夜裏，生活在這樣的社會裏的我們，每一個人都能够感覺到周圍世界裏的混亂、動搖、和苦痛，在中國，我們更身受着帝國主義者侵略的痛苦。如果我們自己不是壓迫者或侵略者的幫兇，我們就擔負着改變世界的任務：我們要攻破這混亂和苦痛的現的幫兇，我們就擔負着改變世界的任務：我們要攻破這混亂和苦痛的現狀，把侵略者打倒，以爭取民族解放。怎樣去完成這一個任務呢？這也是要有各式各樣的方法的，每一個人要因着他們生活地位和能力的不同，而採取各種各樣的適當的方法去行動，也不一定都大家都用政治家的方法去行動，也不一定都要學軍事家。在民族解放運動中，各種人有各種人的作用和「崗位」，因着作用和崗位的不同，所採取的適當的方法也常常有差異。

這本小冊子所要講的是思想方法的問題。我們是把改變思想也當做改變世界的行動的一種類，我們在這裏是要討論：思想是怎樣會走錯路，我們要用什麼樣的方法去改變它，才能夠很適當地使它走上正軌？

二　世界觀和方法論

正確方法是怎樣得來的呢？是不是人類的頭腦裏憑空想出來的？決不是！應用方法的主人雖然是人類，但方法的本身，決不是依着人的意思隨意決定，而要依着事物本身的性質來決定的。譬如，要從木頭裏鍊出鐵來，就顯然是行不通的方法，因爲木頭本身的性質，就不會有產生鐵的可

6

能。就是用鐵鑛鍊龍，也仍是要依着鑛鐵本身的性質來決定的，鐵鑛要在攝氏表一千度以上的熱度才能熔化，因此鑛鍊的方法就要用一千度以上的熔爐，要想在一千度以下鍊出鐵來，也就是不可能的事。又譬如說，社會不好，一切都呈現出腐化的現象，我們要把它改造好，用什麼方法呢？社會的本身是要向着更高級的社會發展下去，那麼，我們改造社會的方法，也只有促進它的這一種發展，如果我們不依着它的這一種性質去做，卻想憑着自己的頭腦的空想，設計出一個理想的社會來使它實現，那也是絕對要失敗的；在人類歷史的過去時代裏，就有過很多空想的社會改造家，沒有一個曾經是成功的。

每一件事物都有它自己的特性，每一件事物的變化，都因着它本身的特性而顯現出一定的法則。要改變一件事物，必須要看清楚它的特性，巧妙地利用着它本身的變化法則，來決定一定的方法，這樣的方法才會正

7

確，才會使我們成功。

在決定方法的時候，你必須要有一定的認識。你必須要知道了這事物的性質，你才能夠知道怎樣利用它，改變它，你對它認識得愈清楚，就愈更容易得到正確的方法，你在改變它的時候就愈更如意，愈更容易達到目的。對於事物的認識，就是方法的基礎。有了正確的認識，在方法上也就容易獲得正確的見解。明白了鐵鑛的熔解點是一千度以上時，就了解要用一千度以上的熔爐去煉鐵。明白了中國民衆生存的最大威脅是東亞野心國的侵略時，你就知道為中國民族求出頭的方法就只有走抗敵的一條路。

世界上的事物是無限地多種多樣，各種各樣的事物又都有著那各種各樣的特性和法則，那麼，我們不是同樣要用無限地多種多樣的方法來對付一切事物了嗎？就單拿我們的思想來說，同是思想，也有各種各樣的表現，我們的思想有的應用在社會問題上，有的應用在科學上，有的應用在

8

612

政治上，有的應用在日常小事或者算盤上，同是科學上的思想，應用在數學上和應用在生物學上就大不相同，也都是各有各的特性和法則，那麼，說到思想方法，我們不是也要依着這各種各樣的表現而有無限地各樣的方法呢？要是這樣，我們這本小册子怎能講得完呢？

不錯，對付各種各樣的事物，我們要有各種各樣的方法，如果我們的方法不能跟着事物的特性而有適當的變化，這一定是行不通的。但這並不是說，各種各樣的事物中間就完全沒有共同性和共通的法則，也不是說，我們對付事物的各種各樣的方法中間不能有共通點。用人來做比喻說，在中國，現在有當兵的人、有農人、有工人、有知識份子、有店員學徒，這也算是各種各樣，他們的處境、性格、見解、情緒，也各有各的特點。但這並不能够遮蓋了他們中間的共通點，他們都是中國這半殖民地社會裏的人，而且都是較下層的受壓迫者。他們求生活和求解放的方式是多樣的，

9

有的掮鎗、有的耕田、有的搖筆桿子，但這也不能遮蓋了他們中間的一個共同的求解放的方法：民族抗敵的聯合戰線。就整個的世界來說，一切事物雖然各有特點，但它們中間也是可以找到共通的法則的。譬如說，我們承認一切事物都有變動，不管它們變動的形式是怎樣千差萬別，然而會變動這一點總是共通的。

是的，世界上的一切事物中間還有着共通的總的法則，我們對於這法則是可以獲得一個總的把握或認識的。這一個總的把握和認識，就是我們的世界觀。

前面說過，對於一件事物的特性，我們有了正確的認識，那麼，在方法上我們也有了正確的認識。我們可以把這認識作為基礎去決定正確的方法。我們對於整個世界的總法則有了正確的認識，那麼，我們在改變世界的時候，也有了總的方法的基礎。換一句話說，我們的世界觀，同時就

10

是我們的方法的基礎，是總的方法的理論，也就是總的方法論。

三　思想方法和行動的方法

前面所說的方法，好像只是指行動的方法，也就是怎樣去改變世界，怎樣去控制周圍事物的方法。思想方法是不是包括在這樣的方法裏面呢？

我們知道，思想也是世界上的一件事物，它和別的事物不同的地方，就在於它是屬於我們主觀方面的東西，思想是我們自己的，我們自己是用思想來認識周圍的一切，我們的思想是其他一切事物在我們頭腦裏的一種反映，因此我們說到思想，總覺得它和一切事物是站在對立地位的。思想和事物的對立，就是主觀和客觀的對立，也是精神和物質的對立，哲學上也稱爲意識和存在的對立。但對立雖然是對立，思想本身仍不外是整個世界的事物中之一種。我們對於自己的思想，仍是能夠設法加以改變和控

11

制，就像我們對於事物一樣，如果總的方法論能夠教給我們怎樣去改變和控制事物的理論，那它同時也能教給我們怎樣去改變和控制思想的理論。

因此，我們的世界觀，不但可以成為行動的方法論，也可作為思想的方法論。在這一點，思想的方法論和行動的方法論是一致的。

有人把思想方法論和行動的方法論完全分開。以為思想方法論的目的，只在乎使我們學得一種巧辯的方法，使我們能夠巧妙圓滑地應用思想，使我們獲得一套有系統的思想，只要在思想上說得圓滿就行了，至於這思想應用在實際行動上有什麼效果，那是可以不問的，因為行動上的效果，是屬於行動方法的範圍。張東蓀先生把說話的法則和事實的法則分開，以為說話的法則只要的是把話說通，至於所說的話，可以不一定要合乎事實。

這就是把思想方法和行動方法完全分開的一個好例，因為他所說的說話法則，就是指一種思想方法論，而事實法則就是指行動的方法論。這種分開是不是對呢？凡是有點實生活經驗而不肯讀死書的朋友，一定要說這是不對的。

我們的思想的可貴處，就在於它能夠把事物的真理，反映到我們頭腦裏，使我們對於事物有正確的認識；有了正確的認識，我們在改變事物的行動中纔有正確的方法，這是前面已經說過的了。怎樣纔能夠把事物的真理反映到我們頭腦裏，使我們獲得正確的認識呢？這就要靠有正確的思想方法。正確的思想方法所指示我們的東西，結局一定要能夠轉化成正確的行動方法。如果一種思想方法不能夠給我們獲得正確的思想，不能夠使我們獲得改變事物和控制事物的真理，那麼，即使它所產生的思想是多麼圓滿，多麼合理，多麼有系統，然而始終不是事實的真理，而只是空洞的文字遊戲，這樣的思想我們怎能說它是正確的呢？就放下正確不正確的問題不講，我們整天忙於生活忙於鬭爭的人，對於這種空費心力的思想，也是

13

一點不需要的，不但不需要，而且還有害，浪費心力就是一種損害。我們所需要的思想方法，是不但不能和行動的方法分開，並且還要用行動來做它的正誤的規準，如果它所給我們的認識，應用到行動中時有了錯誤和失敗，那麼，這種思想方法也是不正確的。這就是要用實踐來檢證真理。

有了上而的這些理由，我們就知道思想方法論和行動方法論（行動的指針）是分不開的，在我們討論思想方法論的時候，這是必須要顧慮到的一點。但為着敍述的便利和這本小册子題目的限制，我們是把思想方法論割作一個單獨的部分來講述了。這也不是不可能的，只要顧慮着上述的一切，因為思想雖然是整個世界中的事物之一，雖然和人類的實踐行動有那麼密切的聯繫，但它在總的法則中仍有着自己的特殊性。如果把我們的世界觀作為思想方法論而表現出來時，我們認為是有許多新的東西可以談到的。

第二章 本體論和思想方法論

一 根本問題

在現社會裏，人們所處的地位有多種多樣的不同，各種人的世界觀也因此是極不一致的。舉日常的例子來說，在社會上經歷過一些事情，吃過一些痛苦的人，會覺得世界是變動、衝突、爭鬥、成功與毀滅的總匯；而在那生活在寄生的環境裏，過着優遊歲月的人的眼裏，世界卻好像是沒有憂慮的，為着人的幸福而造成的一樣。宗教家說這世界上有神靈主宰，全世界受苦的人都是生前有罪的，所以世界是一個贖罪的大場面，觀念論者說世界的一切都是一種心靈作用的表現，唯物論者卻認為世界的唯一存在就是物質，心靈、精神等都不過是物質的附屬性。形而上學者把世界看做

15

固定不變的東西，辯證論者認為一切皆變，這多種多樣的世界觀，不但性質不同，而且常常是完全相反。世界只有一個，而人們對它的看法卻那麼多，難道這許多的看法都是世界的真相嗎？當然不是。一個世界只有一個真相，世界觀如果太多了，那一定只有一個是正確，而其他則是錯誤的。

如果我們的總的世界觀是認為一切皆變的，那麼我們運用思想，研究任何事物的時候，也一定把它當做動的事物看，如果我們不承認世界有變動，那我們將也要用不變的方法來解釋事物，如果我們認為世界是贖罪的世界，那我們對於每一個人的苦痛都要用罪罰報應的方法來解釋。這就是世界觀和思想方法的關聯。

世界觀和思想方法有這樣密切的關聯，各種各樣的世界觀，就形成各種各樣的思想方法，世界觀的錯誤，也就是思想方法論的錯誤。我們的世界觀並不都是正確的，因此我們的思想方法也不會常常正確。思想方法論就是關於思想方法的理論，這理論任務，是要辨別什麼是正確的思想方法，什麼是錯誤的思想方法，讓我們可以依着這理論的指示，去克服錯誤的方法，走近正確的方法。

在目前，大多數的人都知道辯證法唯物論是最發達最正確的世界觀和方法論，也就是最正確的思想方法論，這本小冊子的主要內容就是要對這種方法論給與一個解釋。但這種方法論是過去幾千年來哲學發展的最高成果，它是克服了過去哲學中的錯誤的世界觀和方法論，並熔化了其中的合理的東西，才達到今日的成果。現在的我們，對於這最高的成果還不能夠充分地把握着；現在的我們，在思想上還有很多舊的錯誤的世界觀和方法論的殘遺。要克服這些殘遺，不單只是接受了新的正確的方法論就夠了，還得要把舊的東西也有一個新認識，看清楚它的錯誤在什麼地方，看清楚怎樣克服它的方法，因此，當我們解說那最高的思想方法時，是需要同時把錯誤的世界觀和方法論加以解說和批判的。雖然因為篇幅的限制，我們只能做得極其簡略。

二　觀念論和思想方法論

從來哲學上的最根本的問題，是物質和精神（或思想和事物，意識和存在等，都是一樣）的關係的問題。世界的根本是什麼？是精神嗎？物質嗎？是物質產生精神，還是精神主宰物質？主張物質先於精神的，是唯物論，主張精神主宰物質的是觀念論。這問題也叫做本體論（即世界的根本體質）的問題。它既然是哲學上的根本問題，當然也就是整個世界觀裏的根本問題了。因此我們的思想方法論的討論，就先從本體論上談起。

先談觀念論罷。我們要盡量地談得通俗一點。

近幾年來，中國一般知識份子的談話中，新產生了許多的名詞，其中

18

有一個和觀念論很有關係，我們不妨拿來助助談興。例如我們有一個朋友，他做事太任性，人家供給他的意見，他不採納；他有錯誤，自己卻不肯認錯，也不接受人的批評。這種人，我們用什麼話來形容他呢？在舊時，我們一定說：這人是「太固執成見」，更早的時候，也會說：這人是「剛愎自用」。然而近幾年來，我們卻有了一個新的名詞來形容他。我們會說，這人是「主觀太強」。

為什麼能夠用這一個新名詞呢？

我們要先解釋主觀的意義。主觀是和客觀互相對待的名詞，如果要做一個比較粗略的解釋，那麼，我們可以說：主觀就是指自己本身，而客觀就是本身以外的一切。我對於我自己，就可以稱為我的主觀。但這名詞也不是單指個人而言。例如一個團體，這個團體要做一件事情，它本身必須要具有做的能力，這種能力，我們也可以稱做「主觀的能力」。而這團體

19

本身以外的一切，我們就稱做「客觀環境」。

因此，所謂主觀太強，意思說是說自己本身太強頑，而把周圍的一切全都不放在眼下。「固執成見」或「剛愎自用」都是自己本身太強硬，不把別人放在眼下，都可以包括在主觀太強一個名詞之內。「主觀太強」，是不是對呢？做一件事我們只知道固持自己本身的成見，只知道追求自己的目的，把別人的意見完全丟開，把一切周圍的困難全然不放在眼下，這種態度是不是對呢？我們一定要說，這是不對的！做事情，成功不成功，周圍環境中具備着的各種條件很有關係，如果全然沒有成功的條件，而我們卻只知道蠻幹，那是要遭失敗的。中國舊時有一個「水中撈月」的比喻，可以用來做一個說明，水中根本沒有月亮，如果我們只注意自己的幻覺，硬要到水中去撈，不是終於要把自己的性命送到水中去麼？自然，無論做什麼事情，勇敢是要的，還就是說自己本身的強硬是相當有必要的，自己不勇敢，那即使客觀環境裏有了成功的條件，也不敢去追求；但勇敢到全然不顧客觀環境，也是不對的。又，自己的意志，自己的主張是要能夠努力去求實現，不能努力去求實現自己的意志和主張，那就永遠沒有成功的一天。但同時，個人的觀察，常常有不完全的地方，如果太固持自己的意見而不虛心採納別人的意見，也是不對。總之，主觀方面相當的強硬，在做事時候是很必要的事。然如果過分的抬高了主觀，完全抹殺客觀的一切，那就不會有成功的可能性。

說了這一篇，和我們要講的觀念論有什麼關係呢？有的，觀念論現在已經被我們抓着要害了。過分誇大了主觀的事物而抹殺客觀的事物，這就是觀念論的根本特徵。

為什麼呢？這自然要作進一步的解釋。

我們還要精密地解釋一下主觀的意義。由上面所說的一切，我們大致

21

可以看到：所謂主觀，嚴格地說起來，並不是簡單的自己本身，而是指自己的理想幻想，自己的意志和意見，以至於自己的勇氣和力量。「剛愎自用」和「固執成見」，都是太固執自己的意志和意見的意思。一個團體的主觀，就是指這團體的理想目標和實行力量。理想、意志、意見、力量等，總括起來說，都是屬於精神方面的東西。因此，所謂主觀，嚴格地說也就是指精神方面的東西，而所謂客觀，又恰恰相反，是指一切物質方面的東西。主觀太強，就等於說太誇張了精神方面的東西，而抹殺了物質的東西。這種情形，正是觀念論的特色。

前面對於「剛愎自用」「主觀太強」的解釋，是就行動的方法或做事的方法方面說的，我們所講的是做事「固執成見」，或做事「主觀太強」。若當做思想方法論來看又怎樣呢？那也是一樣的。當一個人研究一個問題的時候，如果他把自己主觀的成見看待太重，把客觀的事實輕視不

22

顧，這就可以說犯了觀念論方法論的弊病。如果觀察一件事物的時候，他把空理論或公式免強併湊，而不從事物本身去分析，忘卻了事物的活的法則，這也算是陷入了觀念論方法論的陷阱了。就是那表面上擡着唯物論的招牌的人，如果他觀察當前的事件時只知道把幾十年前的唯物論者的話引用說明，而不知道做活的分析時，這也不是眞正的唯物論者的思想方法。

最後，用聯合戰線內的事情來說，如果有一些人提出一種主張，站在唯物論上說是有很多理論錯誤的，然而對於聯合戰線卻很有益處，那我們要用什麼方法來評價它呢？爲着客觀的實踐的利益，我們應該站在聯合戰線的尺度給與相當好的評價。如果忘卻了這聯合戰線的意義，專門只知道在理論上去和它辯難，那麼，即使你的理論是眞正新唯物論的理論，但因爲忽視了客觀實踐的意義，也仍然是太拘持於主觀見解，仍然是有觀念論的氣味。

23

三　機械論和思想方法論

現在又談談機械唯物論吧。這一種唯物論也是不正確的唯物論。

凡事都有反面，一方面有「固執成見」的人，另方面又有完全不知道什麼是成見的人，沒有成見見到了極端，就成為「毫無主見」「隨風倒」，甲說依甲，乙說依乙。自己就有主張，也絲毫不能堅持，一遇到些微困難，就馬上停止前進。這和「固執成見」的人恰恰成了正反面。有時我們也說他是動搖，是「意志不堅定」。

不但個人有這種情形，就是團體、國家，也有這種情形。例如說，因為環境不好，就把團體的主張完全放棄，甚至於投降了敵對的勢力，或者如敵國把坦克車飛機之類開來嚇一嚇，就不顧一切地棄甲曳兵而走，這和個人的「隨風倒」，是一樣的情形。

24

「隨風倒」的主要特徵，就是把自己的主張，自己的力量完全抹殺，把周圍一切的勢力看待過分的重要了。自己的力量和主張等，我們在前面叫做主觀的東西，周圍的一切，我們叫做客觀的東西。因此，用帶書本子氣的話來說，「隨風倒」就是完全看不見主觀的東西，而只看見客觀的東西。

在這裏，我們要注意了。隨風倒的人，我們說他們是毫無主見，或抹殺自己的主張。其實要認真說起來，也不能說他們完全沒有主張。「隨風倒」不正是他們的主張嗎？「沒有主見」就是我的主見！他們可以這樣說的。沒有主張正是我的主張。屈服在周圍的勢力之前，完全順利線前進，有阻礙便馬上停止，這也正是我的主張。總之，讓客觀的東西來決定一切，就是我的主張了。這種主張叫做絕對的客觀主義。

絕對的客觀主義，正是機械唯物論的一種啊。

25

為什麼呢？

機械論的唯物論也是一種唯物論，因此它把物質看得很重要。我們知道，客觀的東西也就是物質的東西，所以機械論的唯物論也很重視客觀的東西。客觀的東西很重要，是不錯的，凡是唯物論者都這樣相信。然而機械論者的眼睛有點昏花，他的瞳子裏映進去的客觀的影子太大了。於是覺得世界就只是這一個客觀的世界，把自己的主觀忘記得乾乾淨淨。他看見風可以把草吹倒，就以為也可以吹倒自己，不知道自己如果努力站穩一點，也可以有一點對風抵抗的反作用，而不至於倒了的。他看重了物質，但因此就完全忘記了人類的精神作用。他只知道精神是物質的一種性質，是從物質中產生出來的，卻不知道物質產生了的這種精神，也能夠反過來對物質發生反作用。

受夠物質壓迫（如經濟環境的壓迫），常常會養成一種刻苦強幹的精神，養成了這種精神，就可以反過來克服物質的壓迫。機械論的唯物論只看見前半，看不到後半，他只看見物質的壓迫能使人刻苦忍耐，於是就以為刻苦、忍耐、屈服、是被壓迫者不可挽回的運命。譬如說，我住的地方是某國人的勢力範圍，因此我的一切言論行動，都得要表示和某國親善。這樣的見解，正是客觀主義的見解，也就是一種機械唯物論的見解。

這樣來解釋機械唯物論，有人也許會以為太過火了一點。因為世界上的機械唯物論者並不都是這樣怯懦的人物，法國十八世紀的機械唯物論者還是革命的思想家，現代的機械論者<u>布哈林</u>還是<u>俄國</u>革命的領袖人物之一。是的，這是不能否認的事實，但<u>機械唯物論</u>裏包含着屈服妥協的要素，也是同樣不能否認的，<u>布哈林</u>的思想就常常表現出妥協主義和折衷主義的色彩。

在思想方法論上，機械論的表現是，對於每一件事物的認識，只注意

27

到客觀方面的說明，而沒有注意到主觀方面的研究。例如抗敵的問題，只知道在敵人的武器和我們的武器的比較方面研究，而完全抹殺了自己的民衆的抗敵熱情的作用，結果是看見敵人的武器太强，認爲我們只好屈服了。這就是太誇大客觀事物而忽視主觀力量的錯誤，這正是一種機械論。

說得更淺顯一點，機械論的方法論是只注意到一件事物的外部條件的研究，而忽視了事物本身本部力量的研究。例如有人以爲中國社會最近百多年來的變化，完全是受帝國主義之賜，而忘記了在這帝國主義的侵略刺激之下中國的社會層自身的種種變化。這就是所謂外爍論。這一種理論的實踐的歸結，是認爲要解決中國的問題，只有在世界的問題解決之後，中國的問題才能解決了。這不也是充分地表現了機械論的特色了在現在只有等待，和忍受而已。

嗎？機械唯物論談到這裏爲止吧。

四 新唯物論和思想方法論

仍然從做事說起：世界上人才不齊，有做事能幹的人，也有不能幹的庸碌者，怎樣纔會成為能幹的人呢？

能幹就是能做事，也就是能把事情推動起來。要能夠推動一件事，有兩個不可少的條件。第一是，做事的人必須把這件事看得很清楚，從這裏的一切內容起，一直到做的方法，都要弄得明白；這叫做有把握。有了把握，就可以去幹，然而要幹起來，卻得要有第二個條件，就是要努力、堅決、有勇氣。單只能努力，看不清楚事情，那就是瞎碰，瞎碰有時也許會把事情偶然碰成功，但十有八九是要碰到阱坑裏去，這是幹而不能。能夠看清楚事情，若沒有勇氣堅持着去做，或者精力不佳，不能貫澈所做的一切，成功也不會那樣便宜地到來，這就是能而不幹。幹而不能，和能而不·

29

幹，都不足以把事情推動起來，所以必須要兩個條件具備，才算是能幹。

幹而不能，徒然有一身的蠻勇，勇氣的發揮，不會得到一點真正的效果，因為它是只看見自己，看不清楚周圍的一切，主觀方面倒很強了，客觀方面的認識卻被忽視，這錯誤，和前面說的觀念論是同類的。能而不幹的人，雖然能把周圍的一切看得清楚，但自己的力量卻提不起來，不能去鬥爭，不能去打破阻礙，眼看着很有把握的事情也會失敗下去，這是只看見客觀，而疏忽了主觀的結果，可以歸入前面所說的機械唯物論一類裏去。現在要說的新唯物論，或辯證法唯物論，是和這兩者都不同的。

能幹的人，第一要把周圍看清楚，這是他做事的基礎；沒有這基礎，也就沒有他自己的力量。換一句話說，要認識清楚周圍以後，他自己的真正力量才會產生出來。也就是說，主觀的力量，是從客觀的基礎上產生的。然而，客觀的基礎有了，主觀的力量具備了，這時要緊的就是要把這

30

力量發揮出來，才能推動事情，這時主觀的力量就要特別着重了，事情的成功與否就全靠了它，這叫做主觀的反作用，也可以說是主觀和客觀的對立和矛盾。

新唯物論就是能幹的哲學，它把客觀世界看做基礎，認為主觀的一切只是從這基礎上產生的；但同時卻也不能忽視，主觀對於客觀，有很大的反作用。若照前面說過的，把客觀的東西作為物質看待，把主觀的東西作為精神看待，那麼，物質和精神的關係在新唯物論者的眼中就是這樣的：精神是物質的產物，同時精神對於物質也有反作用。精神和物質本來是統一的（因為主觀是從客觀產生），但同時又和物質對立着、矛盾着、反撥着。

這是新唯物論在本體論上的根本見解。

有人一定要反對說：「如果新唯物論就是能幹的哲學，那麼，古往今

31

來能幹的人很多，難道他們都是新唯物論者麼？但世界上的英雄偉人，雖然成就了很多的事業，誰也不聽見他們主張過什麼新唯物論，新唯物論只是最近幾十年來才有的啊。」

是的，如果照普通的見解來說，那麼世界上每一個英雄偉人都是最能幹的人，因為他們做了很大的事業。羅斯福做了大總統，還不能算能幹嗎？照索里尼能把意大利全國力量拿去侵略阿比西尼亞，還不算能幹嗎？

但我們今天要把能幹兩個字的意思限得嚴格一點。我們不能拿那人所做的事業的大小，來評判他是否能幹。卻要看他所做的一切，是不是能够充分的以客觀事實為基礎。不能以客觀事實為基礎的人，即使幹得轟轟烈烈，始終仍不免有點瞎碰，不能算是澈底的能幹。羅斯福雖然做了大總統，但他要用復興政策挽回沒落的資本主義，和客觀事實的發展不合（因為資本主義是必然要沒落，無法挽回的），事業雖大，終於失敗，這不是真正的

32

能幹；墨索里尼想用侵略來挽救意大利的危機，毛病也正相同，至多不過把危機延緩些時，並不能從根本解決。

所以，要照我們現在嚴格的來說，世界上的英雄偉人，不一定就是真正能幹的人，真正能幹的人是今日的新唯物論者，即使他們不是普通的英雄偉人，也不失其能幹。因為新唯物論是唯一能幹的哲學，新唯物論者都能以客觀事實做基礎，同時又能用故大的主觀力量去推進他們的事業。

作為思想方法論者，新唯物論也是最能把握真理的。對於實踐行動的問題，這種方法論是要求我們把主觀客觀各方面的條件以及這條件間的相互作用（如精神對物質的反作用），都要有深刻的研究，對於一件事物的變化，它不僅僅像機械論一樣只要求我們注意外部力量的作用，也要求我們研究內部的原因。它不像觀念論那樣只看重空理論、空理想，而要求我們在客觀事實中去發現活的真理；但同時也並不是要拋棄了前人的正確理

33

論原則，只注意表面的事實，而是要求我們把原則在具體事實中去活用。

它不要我們背誦經典，搬弄名言，但它要我們把經典名言中的最高與理活潑地應用在實踐利事實裏。它不要我們毫無條件地用空理論來反駁任何一種在聯合戰線上有意義的言論，但在聯合戰線裏所產生出來的言論，在實踐上究竟有什麼意義，這一點，它卻要求我們用理論原則來給與正確的評價。

以上是從本體論上簡略地說明了思想方法論的最根本的基礎，有了這根本的把握，就可以更具體地從各方面加以詳細的闡明了。

34

第二章 認識論和思想方法論

一 認識是反映

就像前面說過的一樣，要能夠控制一件事物，必須要對於那事物本身的性質有明確的了解。要懂得駕馬的方法，必須先要了解馬的特性，要懂得革命的戰術，對於革命事件本身就要有正確的分析或佔量。要懂得正確的思想方法，對於思想本身的性質，和它的發生發展的法則，也要有相當的理解。研究思想的性質和發展法則的學問，就是認識論。因此我們現在要把人類的認識的問題的討論，作為思想方法論的一章。

認識是什麼，認識就是客觀事物在我們頭腦裏的反映，我們認識了某一件事物，就是指某一件事物的形像反映在我們的頭腦裏。我們的思想，

35

我們的思想的內容，都是從周圍世界取得的。有些崇拜天才的人，以為人的聰明是完全天生的。這是很大的錯誤。這錯誤就是前面本體論裏的觀念論的錯誤。它把人類的主觀（思想，聰明等）過分誇大了，忘記了客觀世界的一切。無論什麼聰明的人，不經過相當的學習，他的聰明決不能發揮出來；一切偉大的思想，都是經過很刻苦的研究閱歷而得到的成果。

但這種反映，並不是像鏡子一樣，純然從外界的事物投進來的影子。

如果這樣想，那就是把人類的頭腦（主觀）完全看做一種接受器，外面（客觀）投來什麼，就接受什麼，自己完全是被動的、靜止的，對於外界沒有一點反作用。這樣的見解，就和前面說過的機械唯物論的錯誤一樣，是把客觀太過抬高，把主觀的作用完全抹煞了。事實上人類的認識作用並不這樣簡單，人類的認識，是在實踐活動中獲得的。簡單到一塊鷄蛋糕的滋味兒，如果你要明確地認識它，就得要用嘴去嘗一嘗，所以恩格斯說：

36

「吃雞蛋糕就是認識雞蛋糕」。又譬如游泳吧，你如果要真正懂得游泳，就非自己先學會游泳不可。沒有學會游泳時，不論你怎樣觀察、想像或者閱讀書籍，也不會真正的了解游泳。人類的認識雖然是反映，但人類的頭腦並不是一面簡單的鏡子，當它反映外界的事物時，是經過四肢五官的活動，然後達到頭腦裏的。這是人類認識比鏡子強的地方。因為鏡子只能把事物的表面形像反映出來，但人類通過了實踐的活動，就可以認識到更深刻的性質。鏡子只能反映一個桃子的表皮，人類吃桃的時候，就可以發見表皮內部的核。鏡子只能反映一株桃樹，一個桃子，但人類在栽種桃樹的實踐活動中，就很明白地認識到一個桃核怎樣會變成桃樹，和桃樹又怎樣開花，結成桃子，也就是能夠認識到一系列的變化過程。

實踐是人類認識的基礎，沒有實踐，也就沒有認識，整年關在屋子裏享福的人，比較起那費夠千辛萬苦的人來，對於社會的認識就差得多。單單在書本子上讀一年的化學書，不如在實驗室裏好好的做一個月。認識並不是單單客觀的反映，主觀的活動對於這反映也有很大的作用。新唯物論以外的一切唯物論者（大體上都是機械論的），都不能把握到這一點，只看見客觀世界的作用，看不見主觀方面的反作用。馬克思在費爾巴哈論綱一書裏，說他們只知道從客體上把握，而不知道從主體上把握，就是這樣的意思。這樣的見解，又稱為太「直觀」的見解，因為它以為認識是直接由外界的觀感得來，並不需要實踐的媒介。

人類的實踐又是怎樣的一種東西呢？它是和人類所處的社會分不開的，也可以說，一個人的實踐活動，都受着他所處的社會環境的限制，野蠻社會裏的人只過着野蠻社會的生活，他決沒有機會來做近代文明人的實踐活動，就是在同一個文明社會裏，各種各樣的人們的實踐活動的範圍也是不同的，工人天天在推動那沉重的下層工作，大資本家操縱着企業的中

38

心，農人熟悉的是植物的耕種，商人注意着貨物的流通。各樣的人在他們自己的範圍內做着特殊的實踐活動，他們的利害不同，地位各有差異，反映的範圍是各式各樣的，對於事物的認識也就極不一致。因此，在同一個社會裏，我們可以看見各種各樣的人和各種各樣的思想。特別是在一個分裂爲各種集團或階層的社會裏，每種集團總有一種代表他們的共同利害的思想。

總之，人類的思想和認識是客觀事物的反映，而且是跟着人類社會實踐的發展而發生的、反映。因爲這樣，認識是不斷地進步的，不像鏡子的反映，永遠只能反映事物的表面。人類社會愈進步，人類的認識也一層一層地加深。近代人的認識比較古代人的認識，就全部來說，不論是量的豐富處和質的深刻處，都高出了不知若干倍。原始人的思想卻更是低級了。現在殘存着的半原始人，如愛斯基摩人之類，他們的認識是就像小孩一樣

39

的，有的連計算數目竟不能達到十數以上，這是低級認識的更顯著的例子。

因此，認識是發展而來的東西，不單只現在人類的思想才算是認識，就是原始人對於世界的觀念也是認識。現代人的認識和原始人的認識，在發展上有着歷史的關聯，不，就是和動物的心理狀態，也有着這樣的關聯，因爲人類也是動物進化來的，動物的心理，也是一種反映。更就反映來說，連無生物的存在狀態，我們也可以說它是一種反映，火遇到水會熄滅，水遇到冷會結冰，磁石會吸引鐵，陰陽電相遇會發出聲音和火花而中和，這種能够互相感應的作用也可以說是一種反映。因此，在唯物論的立場上說，一切物質都有反映的能力和性質，所不同的，只是高級物質的反映和低級物質的反應在性質上不同。無生物的反映只表現爲物理化學的作用。最低級的生物的反映，是對於外界的刺激的反應。較高級的生物有反射作用，更複雜的生物有條件反射作用，到了人類，才有極複雜的思想的反映。

二 認識的發展過程——感覺

我們說認識的反映是發展的。那麼，人類的認識是怎樣發展的呢？是從什麼地方開始，經過一些什麼過程呢？唯物論的答覆是：從感覺開始，從我們的五官所直接接受到的外界的印象開始。感覺是人類認識的最初形態，是認識的起點。沒有感覺過的東西，也不會成為人類的思想內容的。

生長在鄉下的農人，一生沒有看見過機械，偶然看見了火車時，他總以為車頭上是有什麼人在推動。因為他從來沒有看見過機械的作用，因此也萬不會想到車輛可以用機械推走。生來盲目的人，也不會懂得什麼叫做彩色。我們常常聽見一個瞎子摸象的寓言：人間他們象是什麼樣的東西：摸

41

着脚的瞎子說象是像柱子，摸着身子的瞎子說是像牆壁。這就因爲他們眼睛裏從來沒有看見整個的象，只好用觸覺來代替，因此他們的思想也只好依着觸覺的指示，產生種種不正確的想像了。

感覺使我們的主觀直接接觸外界，是外界事物在人體外部器官上作用的結果。人類的認識既然是外物的反映，因此這直接反映外界的感覺就成爲認識的起點，這是當然的道理。感覺所反映的外物是不是完全正確的呢？我們只能說是近似的正確形象，還不是完全的正確形象。因爲感覺的反映雖然是直接由外物投射而來，但同時也要和人類的感官發生了作用後才會產生。它一方面要依賴外界，客觀，一方面也要依賴人類的器官，主觀。在熱帶地方是看不見冰雪的，外界所沒有的東西在感覺裏也不會有，但在另一方面，害色盲症的人，在熱帶的繁茂的樹木裏也分不清楚綠葉和紅花，沒有耳朵，就沒有聽覺，沒有眼睛，就沒有視覺，器官上的缺陷也

42

會成為感覺反映中的缺陷。如果有人以為感覺的反映已經是全然完成的客觀的影像，已經把外界的影子完全接受進來，這就陷入了前面所說的機械論或客觀主義的錯誤。但如果說感覺裏所反映的外物完全是歪曲了，那也不對。在感覺裏，近似的正確的反映是有的，色盲的人雖然不能分辨綠葉和紅花的顏色，但葉子和花的形狀總還能分辨清楚。這是客觀世界裏的近似的正確形像。如果把這一點客觀的東西都抹煞了，以為感覺不過是外部器官裏所產生的混亂現象，那就是陷入到觀念論或主觀主義的錯誤。德國哲學家康德和英國哲學家柏克里，休謨，以及近代的「經驗批判論者」，都有這一種錯誤。

客觀世界是主觀認識的基礎，同時我們也要考慮到客觀世界的影像反映到主觀方面來的時候，也受到了主觀方面的反作用。這是新唯物論的原則在認識論上的表現。

這原則在感覺認識上還有另外的一種表現：感覺的認識，無論如何是要依靠外界來決定的。有了豐富的外界，纔有豐富的感覺。在同一個環境裏的人，雖然有聰明和愚鈍的不同，但他們所能看見的東西，同樣不能超出一定的範圍。即使是眼睛最敏銳的人，如果生在蒙古或西伯利亞的荒野地方，他的視覺內容也不會比得上大都市裏的一個平常的人。但同時我們也要知道，人類的感官所能接觸的外界，也是跟着人類實踐活動的發展而發達起來的，人類在改變世界的活動中，使外界的一切事物常常產生新的東西。人類在蒙古的荒漠地方建築了許多工場，在西伯利亞造成了許多森林，把荒漠的形態完全改觀了。人類製造了望遠鏡，可以看見極遠的天空中的星體，製造顯微鏡，可以觀察那微小到不能看見的生物。這也就證明，人類對於周圍世界的感覺的認識，並不能純粹從客體上去把握（或太直觀的把握），而要從實踐上，主體上去把握。

三 認識的發展過程——表象和概念

感覺只是人類認識的起點，是認識發展的最初形式，感覺還不是思想。最簡單的思想，也不是單單的感覺就能達到的。譬如我們心裏想：派克自來水筆的價值是二十元。這叫做一個「判斷」，這是最簡單的思想。

這判斷裏包括着兩樣東西：第一是「派克自來水筆的價值」，第二是「二十元」。先就「派克自來水筆」說，我們提到這一個名詞的時候，我們心裏並不一定要想到特別的某一枝派克自來水筆，我們所想像着的只是價值二十元左右的派克筆，想像到它們的共同的特徵，如十四K的筆尖，白金的筆鋒，真空貯墨水管，沉着結實的筆桿，兩道金匣，至於不是共通的特徵，如筆桿的顏色和花紋之類，我們可以丟開不想，只把這些共通的特徵，在頭腦裏結合起來，在頭腦裏形成一個形像，把它作為二十塊錢左右的筆

45

的共通形像。這一種形像，在客觀世界上是沒有的，客觀世界上的現實的筆都有它特別的顏色和花紋，但我們的頭腦裏卻可以表現出這沒有顏色花紋的東西，這叫做表象。這樣，我們可以知道，表象不是直接從客觀外界的筆所得到的感覺，而是把許多筆的感覺概括而成的影像。這樣的認識，也就不是直接的感覺所能達到的了。再說「價值」這個名詞，和直接的感覺就距離得更大。派克筆的表象雖然不是外界的東西直接投射的影像，但感覺的要素是仍然保留着的，像金的筆尖和真空貯墨水管之類便是。而在價值這名詞裏，卻看不見感覺的要素，我們只了解，凡是能够和一定的貨幣交換的東西，它就有着「價值」，而「價值」就是指這種交換性質而言，這是代表着一切商品中所包含的性質，這性質不是依靠感覺可以想像的，但我們的心裏可以對它獲得一定的觀念，我們把它叫做概念。如果說，表象是概括的感覺，那麼概念就是概括的觀念。

這樣，就是最簡單的思想，也不是從感覺可以直接達到的。一個簡單的判斷，它裏面就包含着表象和概念兩種東西，並且也非有這兩種東西，不能構成判斷。現在就得對表象和概念更進一步地研究一下。

表象雖然不是直接的感覺，然而是直接的感覺的概括，因此它是由感覺的認識發展成的。在實踐中，同樣的感覺經過了無數次的反覆以後，人類纔能夠把這些感覺的共通的特徵統一起來，而造成了表象。吃過了許多的梨以後，我們纔綜合起這些梨的形狀、顏色、和滋味而造成一個共通的表象。沒有耕過田的人，對於一畝地的表象是不明瞭的，甚至於不懂得一畝地是多少。但農人每年耕種田地，他們就能由面積的大小，產穀的數量等來結合成一畝地的表象。

表象不是客觀世界裏實際有着的東西，因此可以說它是離開了客觀實在性了。但另一方面，人類用表象認識事物的時候，是抓住了許多事物的

47

共通的核心。因此，它在外表上雖然脫離了實在性，而在本質上卻是更深入地認識了實在性，是人類認識的更進一步的發展。如果把表象的主觀方面（即離開了實在性）忽視了，以為它是十足的客觀的反映，這就是機械論的錯誤。但如果只看見主觀的方面，不知道它所反映了的事物的本質，那也是不對的。

現在要說到概念了。前面已經說過，表象和概念，都是事物的概括的認識，但表象還和感覺有着不可分的聯繫，概念卻脫離了感覺的負擔，而正式走進了思維或思想的領域裏去了。表象雖然離開了客觀實在性，但仍在我們的頭腦裏形成一個單獨的感覺形象，而概念的認識是連單獨的感覺形象也拋開了。譬如在價值的概念裏，完全找不到感覺的形象，這是前面已經說過了的。

概念的認識拋棄了感覺形象，不是和客觀實在性離得更遠了嗎？不

48

錯，是離得更遠了，但同時也把握到了更深刻的東西，接近了表象所不能接近的東西。譬如，一尺長的長度，我們可以用表象來把握，可以很明白地在心裏形成一個感覺的形象。但十萬里的長度，卻不容易形成表象。光的速度一秒鐘行三十萬公里，這樣的速度就不是表象所能把握到的，然而我們可以有「光速」的概念，可以在思想裏把握到它。

表象和概念是這樣不同，但也並不是完全沒有關聯的。概念是表象的發展，是把表象和感覺加以普遍化的結果，如果沒有概念，單有表象，我們的認識就不能把握到更普遍的東西。譬如用人類來作比喻。我們對於幼年人、男人、女人等等，都可以用一個表象來把握。但「人類」就只有概念能完全把握到，因爲在整個的人類，有各種各樣的種族，有小人，大人，老人，我們要把這各種的種族和年齡的人在頭腦裏綜合成一個單獨的形象表現出來，是不可能的。我們在表象裏只能想像出一個年青人，或黃

49

種人，作為人類的代表。但這只是一個代表，並沒有把普遍的人類把握着，也沒有把從小到老的人類生長過程把握着。要把握到這一切，只有拋棄了表象的單獨形象，走近概念的認識裏。所以，概念的認識是把一切感覺和表象的普遍化，是比感覺和表象更進一步的認識，也正因為這樣，所以如果不先有感覺和表象的認識，也不會形成概念，如果沒有商品交換的事實給我們天天感覺到，我們頭腦裏也就不會產生交換價值的概念。原始社會裏的人類不實行物品的交換，他們的頭腦也就不會有價值的概念。總之，概念是在實踐（如交換之類）中，從感覺的認識裏發展而成的。認識發展到了概念的形式，就開始走進了思想的領域。概念是思想的單位要素，就像原子是化學的單位要素一樣。然而並不能說它是完全的反映，一個概念所反映的束西比表象更深刻。譬如前面說的價值概念，只是反映一個概念所反映的只是事物的一個側面。

了商品的交換作用這一側面，在同一商品裏，還有其他的側面，如「使用價值」，就是前面的價值所沒有反映出來的，所以，單單的一個概念（如價值），只是片面的、死的、抽象的東西；因為它是從具體的商品中抽出來的一個側面，雖然這是感覺表象所不能達到的一個深刻的側面，但如果我們把這樣的概念孤立起來運用，就不能夠完滿地反映客觀世界。我們應用概念的時候，只能看它是反映了客觀世界的運動變化中的某些要素或契機（Moment），客觀世界的運動變化是許多的要素或契機的聯結，因此也只有許多的概念的聯結纔能把握到運動變化，如果把各個概念孤立起來，使它和其他的概念完全對立着，而忘記了對立概念中間的互相轉化和聯繫，那我們的思想就會和客觀世界的運動變化離開，而走上錯誤的道路。

新唯物論的方法論（即唯物論辯證法）就是要在聯繫和互相轉化中來應用概念的，所以它最能反映這世界的運動變化。形式論理學卻和這相

51

反，把每一個概念都當做孤立靜止的東西看，因此形式論理常把我們引導到錯誤的思想裏。但這要到下一章，纔能詳細討論。

四　認識的發展過程——判斷，推理

判斷是概念的發展。在人類認識裏，概念的形成是第一步走進了思想的領域。再進一步，人類就把握到概念和概念中間的關聯，以及一個概念怎樣轉化爲另一個概念。譬如：「商品有價值」、「摩擦能夠生熱」、「下層民衆是革命的基礎」。在這幾個判斷中，每一個都包括着兩個概念，中間用一個「是」或「有」字表示着兩個概念的關聯；這就是判斷的形式。

但我們要注意，只就形式上來說，我們纔可以說判斷只是概念和概念的關係，如果就內容來說，我們就得要說判斷也是客觀事物的關係的反映。當我們決定了「商品有價值」這一個判斷的時候，我們能把握到的不僅僅只是商品和價值兩個概念的結合，並且也表示事實上的商品確是可以和金錢交換，而這一個判斷也就反映着我們日常不知看見了幾千萬次的貨物交易的客觀事實。

判斷的內容旣然是客觀事物的反映，那麼，它的形式，也得要因着人類對於客觀事物的認識的變化而變化的。人類對於一件事物的認識有了發展時，用來反映的判斷也得要跟着發展。用中國人對帝國主義者的認識來說，在七八十年前，中國人還只是最初上了帝國主義的當的時候，中國人對於他們的認識還很模糊，只覺得洋鬼子都是可惡的，這樣的認識終於歸結成一個判斷：「外國人都是要侵略中國的。」經過了幾十年的恥辱和鬥爭以後，中國人終於又明白並不是一切的外國人都要侵略中國，要侵略中國的只是那帝國主義者，是帝國主義國家內的上層階級。中國人對外國人的認識達到這樣的階段，是在民國十五年前後，那時的認識又轉化成這樣

53

的一個判斷：「帝國主義者要侵略中國」。再經過相當的研究，對於世界經濟的情勢有了正確的了解時，我們又可以得到一個更高的判斷，即：

「凡是帝國主義者都是要侵略別的國家的」。

這裏有三個判斷，它們的性質是互不相同的。第一個判斷是把外國人侵略中國這一件事簡單地肯定下來，這叫做「肯定判斷」，也叫做「單獨判斷」；第二個判斷是指出「只有帝國主義纔侵略中國」，這一件特殊化的事實，這叫做「反省判斷」，或「特殊判斷」；第三個判斷是指出一切的帝國主義都要侵略一切別的國家，這是把認識更普遍化了，所以叫做「普遍判斷」或「必然判斷」，黑格爾又稱之為「概念判斷」。關於這三個判斷的發展上的關聯，恩格斯也舉出了「摩擦能生熱」的很有趣的例子來說明，我想不嫌麻煩地把它引在下面：

「有史以前的人類，當他們（約在八十萬年以前）發現了摩擦生火的方法的時候，就

54

者比這些還以前，當他們用摩擦來使身體的寒冷部分得到溫暖的時候，他們已經實踐地知道摩擦能夠生熱的事實了。但從這時起，一直到發現摩擦一般地就是熱的源泉時，這當中不知道有多少歲月，但千數年總是要經過的。然而無論如何　終於這樣的一個時候到來：這時人類的頭腦充分地進化起來，能夠把摩擦是熱的源泉這一個假定的判斷甚至於肯定的判斷加以確定。

再經過幾千年，最後到了一八四二年　邁爾（Mayer）朱爾（Joule）和柯爾定（Colding）又把這一特殊過程（這幾千年中間所發現了的）在和其他類似過程的關係上來加以研究，換句話說，即在接近便的一般條件上來加以研究，而把下面的判斷做了公式：即一切機械運動都會由於摩擦而轉變成熱。在這問題的認識上，從上述的定在的肯定判斷要進到到反省的特殊判斷　是需要這樣長的時間和這樣多的經驗知識的。

「但到了這時候，事態的進展就急速得多了。才不過三年後　邁爾就能夠把反省判斷至少是本質地　提高到像今日這樣的階段上。即，任意的運動形態，在各種場合的一定條件之下，都直接或間接地能夠而且不得不轉化成其他任惡的運動形態。這就是概念的判斷，並且是必然的判斷。判斷的最高形式。」

55

由以上所舉的例子裏，我們可以看出，「判斷」這一種思想的形式，是跟着人類認識的發展而發展變化的，如果我們單從形式上來研究判斷，那我們當然只看見一些概念的聯結，此外不會再有什麼，但如果我們能夠同時從內容上來判斷，那麼，每一種判斷都表現爲人類認識發展的一個階段。這樣，思想的形式的研究（即論理學），是和人類的認識發展的研究（認識論）分不開的。這就是論理學和認識論的一致。

但論理學和辯證法的一致，是只有辯證法的論理學纔能這樣做的。形式論理學卻做不到這一點。因爲形式論理學是只從形式上來研究思想的形式，而拋棄了思想的內容。因此，形式論理學對於判斷的研究，只是將各種判斷分類排列起來，至於各種判斷中間的關係，怎樣從低級的判斷發展成高級的判斷，判斷的轉化和人類認識發展中間的聯繫，形式論理學是不研究的。這樣的一種論理學，要拿來把握那運動發展的人類的思想，當然

56

是不夠的了。

這裏因爲篇幅的限制，不能把形式論理學上關於判斷的理論詳細舉出來批判，只這樣原則地說一說，讀者如有機會，可以自己找一些形式論理學的書來參考。現在再談推理的問題吧。

推理，在形式上看來，是幾個判斷中間的關係和聯結。最簡單的推理是由兩個判斷引申出第三個判斷來，如：——

人都是會死的，
袁世凱是人，
所以袁世凱會死。

是所謂三段論法。

這裏有三個判斷，所以叫做三段論法。第一個判斷叫大前提，第二個叫小前提，第三個叫結論。這裏的大前提，是一個普遍的固定了的大原則，結論的判斷，全是由這一個大原則推演出來。這結論是對於一件特殊

57

的事體的說明。由一個比較普遍的原則推論出特殊的事實，這叫做「演繹推理」還有一個推理形式是和演繹推理相反的，例如：——

馬有毛　牛有毛　狗有毛，獅子也有毛……

馬，牛　狗　獅子都是走獸，

所以走獸都有毛。

這一個推理也是三段，不過大前提和小前提裏是列舉了許多單獨的事實，而在結論裏得到一個普遍的原則。由特殊的事實歸結成一般的原則，這樣的推理和演繹法所走的路徑是恰恰相反的。論理學上叫做歸納推理。

推理的形式大致是以這兩種爲主，在這兩種中間自然還可以分有許多類。也有表面上是獨立的一種而其實卻不外是和這兩種中的一種同類的東西，譬如所謂類比推理：——

（1）受壓迫的俄國革命勢力曾不惜退到堪察加

58

中國的革命勢力也有受壓迫的情形，

所以中國革命勢力也不妨退到自己的堪察加去。

（2）阿比西尼亞的抗戰失敗了，

中國的處境和阿比西尼亞類似，

所以中國如果抗戰亦必敗。

這兩個推理的例子，大前提和小前提都是特殊的事例，所以和演繹推理用普遍原則做大前提的情形不同，而和歸納推理是同類，但它的結論仍是特殊事件，所以又和歸納推理不同，這是因歸納推理的每一前提裏是有許多的特殊事件，而在類比推理裏只有一個，前提不充分，所以得到的結論也不能是普遍的。

由以上所舉的例子，我們可以知道，推理的形式實在是由兩個判斷的關聯中產生的東西，就好像判斷是兩概念的關係所產生的一樣。但在內容

59

上，推理仍是客觀世界的事物關係的反映，就好像判斷的內容也是客觀事物的反映一樣。因爲是客觀事物的反映，所以，推理的形式本身，是要跟着人類認識的發展而發展的。人類的認識愈進步，也就是客觀事物在人類頭腦裏的反映愈正確愈深刻，推理的形式也會跟着愈接近眞理。研究推理形式的時候，同時也要以人類認識的發展的研究爲基礎，這情形也和研究判斷一樣，表示論理學的研究和認識論的研究是一致的。離開了認識論，論理學就成爲單單研究思想形式的學問，這就是形式論理學，離開了論理學，認識論就不能把握到思想發展的具體形態。只有把論理學和認識論統一起來，總能夠完滿地把握到人類的認識和思想的眞理性。但推理的形式是怎樣和人類認識的發展統一着呢？請舉一個例子來說明。

就好像判斷的形式跟着人類認識的發展，會由肯定判斷經過反省判斷而發展到必然（或普遍）判斷一樣。推理的形式也跟着人類認識的發展，由

60

質的推理或肯定的推理發展到反省推理和必然推理。肯定的推理是什麼？只是泛泛地肯定了一些事物的關係的質。用中國對帝國主義的反抗做例子來說。在中國人受帝國主義侵略的初期，人們就感覺到，這樣的事情是需要反抗的。這時人們心中所表現著的推理大概是取著這樣的一個形式：

中國的國家是受極大的侮辱了，
被侮辱的國家是應該以反抗求生路的，
所以中國應該反抗。

這是初期的被侵略者心目中的推理（是一個演繹推理，由「被侮辱應該反抗」這原則歸結出「中國應該反抗」的特殊教訓），在這推理裏，中國人只肯定了這一件事情的性質，肯定了反抗的需要，至於反抗後是不是一定可以求得生路或勝利呢？在這一個推理中是還沒有把握的。不過中國人是這樣想著，而且想來實踐。這就有了鴉片戰爭以來歷次的民衆反抗運

61

動（如太平天國、義和團、辛亥、五四、五卅等），經歷了這多次的實踐經驗以後，把這些經驗反省一下，對於最初的推理就有了新的發展，對於它的真理性能給與新的評價了。這就有了反省的推理。

大前提　太平天國及義和團雖然失敗，但也使帝國主義不能不有所顧忌了，五四，和五卅運動也曾得到多少的勝利，尤其是五卅以後的國民革命，一二八的抗戰是不能算不勝利的，喜峯口的抗戰也打敗了敵人，這許多次的經驗都表明中國民衆爭得了相當的勝利。

小前提　但這許多次的經驗都是反抗的經驗。

結論　因此，中國人如果反抗是會得到最後勝利的。

這是一個歸納推理，把許多反抗的特殊事實歸納起來，得到一個「反抗會勝利」的普遍結論。反省推理通常都是歸納的。

經過了一次反省的推理，使「中國人必須在反抗中求生路」，這推論

62

的真理性得到了一次現實的證明，使這真理性更為確定，更深入到客觀事實裏去。但這樣的推理還沒有達到必然的推理。這個推理的真理性雖然有了相當的證明，但始終還是假定的，它的結論只是說「反抗會勝利」，還不能預測到「反抗的必然勝利」。因為歸納推理通常只是列舉了許多事實，探取了這些事實的表面上的某點的一致（如每次運動的相當的勝利）而把不一致的地方抽去，獲得一個共通的類似點。但前提裏所舉的事實無論怎樣多，始終是不完全的，也許還有其他遺漏了的事實沒有包括在內，那麼，遇到這遺漏了的事實，我們就不能作必然的預測了。例如我們看見鯉魚沒有肺，鰯魚沒有肺，以及其他許多的魚都沒有肺，由這許多事實所能做出的結論只能是「凡魚大致都沒有肺」。如果我們要說一切魚「必然沒有肺」，那就錯誤了，因為還有一種肺魚，卻是有肺的。就中國民眾的反抗來說，也是一樣，我們由以前經過的幾次抗爭中的部分勝利，歸納

63

到將來抗爭也會勝利，這樣的推論還只是由表面的共通點抽出來的假定，還不能確定勝利的必然性，爲什麼就一定會勝利呢？完全失敗難道就不可能了麼？如果一定會勝利，那在事情（反抗）的本身一定包含着必勝的理由，決不是單單由表面的類似點的歸納就可以說明的。

類比推理也是反省推理的一種，它的不確定性，是更比歸納推理更屬害，由阿比西尼亞的失敗，就推理到中國的反抗也會失敗，而不顧到中國和阿比西尼亞不同的許多具體的優勢，這就是類比推理的不確定的地方。

我們如果要單單靠歸納推理來發見必然的真理，那是不夠的。

這樣，把歸納推理或類比推理孤立起來看，並且想單單靠它來發見真理，是錯誤的。但如果像現在所做的一樣，從認識的發展上來研究它，把它當做認識發展上的一個階段和契機，那麼反省推理的作用也不容我們完全抹殺。就像前面說過的一樣，它是比質的推理更進了一步，使質的推理

64

得到一些事實的證明，雖然這證明還只限於表面的事實的類比，沒有更深入事實的核心和本質，沒有抓着事物的必然的本性。但比較質的推理更得到進一步的確定性，至少我們對於某一件事物的關係有理由給以「假定」。

有了這假定，我們就可以再進一步去研究這事物關係的內部的必然條件，至少引起了我們去做這種研究的動機。我們看見屢次的反抗都有相當的勝利，於是我們心裏就有了「只要反抗必然勝利」的假定，於是我們又會問：為什麼屢次反抗都有點勝利呢？為什麼事實會使得我們可以做出這樣的假定，這在事實的內部一定有些必然的原因，我們應該進一步去抓着這些必然的原因。於是我們就這樣去研究，而走進了「必然的推理」的領域了。

這樣，歸納推理在認識和思想的發展上不是一個很有力的契機嗎？也就為着這樣的原因，歸納推理對於科學的發展會有很大的貢獻。科學的假定，就是常常從歸納推理發見的，假定就是公理或定律的準備階段。自然

65

要使假定獲得公理或定律的意義，是要到必然推理的階段纔能實現的。

必然的推理是要把握住事物本身的許多必然條件，由這許多條件來推論事物的必然的發生，它所依據的不是表面的類似點的歸納。而是要很具體地研究事物本身各方面的複雜內容。舉一個最簡單的例子：譬如化學家在實驗室裏，研究氯氣和氫氣的化合。他發見這化合現象在許多條件之下，必然發生：如（1）一定的必需溫度，（2）一定的氣壓，（3）再加上光的作用，有了這三個條件，氯氣和氫氣就化合成鹽酸氣而爆發。把握着了這些必然條件以後，他就可以預測：凡是氯氣和氫氣在這些條件之下一定化合。這樣，必然的推理是不必一定要依靠許多事例的歸納，只要把握到一些必然條件，就可以達到確定的真理性了。

再把中國民眾的反抗做例子來說。我們由歷次的反抗運動中所得到的相當的勝利，得到了反抗必會勝利的假定以後，還要更進一步去確定這假

定是否可以成為必然的真理。於是我們不能單單以歷次反抗的表面的勝利

經驗為滿足，而更進一步去研究反抗運動中有些什麼必然的勝利條件。這

一個研究是很複雜的，我們要注意到軍事方面的條件，經濟方面的條件，

以及政治、文化等各方面的條件。於是我們可以得到這樣的一種推論：即

過去的反抗雖然每次都有相當勝利，但每次也可以說有許多失敗，因為

它們對於最後勝利的必然條件並沒有完全具備。今後的反抗戰爭如果要勝

利、必須把這些條件具體地具備着：如在政治上要動員廣大的民眾，結成

堅強的聯合陣線，在軍事上也要全國總動員，戰略上不必和敵人作固定的

陣地戰，而應該採取大規模的流動遊擊戰爭。……等等，這是反抗者自己

主觀方面的條件，同時客觀方面，侵略者也必定具有着許多沒落的條件，

總會促成我們的的勝利。如經濟的恐慌，下層大眾對上層的政治上的不滿和

騷亂，對於侵略戰爭的反對和厭棄等。有了這許多的條件，我們就可以預

67

測說，這次的反抗一定是勝利的。

這樣的推理，如果寫成三段論法，是這樣的：——

大前提　敵人本身政治、經濟、軍事上的崩潰，和我們民衆反抗陣線的堅強，軍事、經濟策略應用的正確……等等，是反抗勝利的必然條件的總體；

小前提　中國今後的反抗具有這一切條件了；

結　論　所以今後的反抗是必然勝利的。

必然的推理的內容大致如此，它有着幾點特色，是我們應該指出的：

第一，必然的推理不能離開實踐（在科學上是實驗），事物發生的許多條件，怎樣纔能成爲必然條件呢？這要在實踐中纔能決定。氫氣和氫氣化合的許多必然條件，是在科學的實驗室裏確定的。侵略者國內的必然崩潰，是近代勞苦大衆的社會實踐在社會科學上確定了的公律，聯合戰線是反抗勝利的主觀條件，這也是被壓迫民族反抗運動史上的實踐中得到的教訓，

68

必然的推理就是要把這些實踐中確定了的必然條件作爲結論的條件。第

二，必然的推理的眞理性，不是單方面的，而是包含着矛盾的。這推理所表明的是，要具備某些條件，對於事物纔可以達到某種結論，缺少了一些條件，事物的結論也就另是一樣，甚至於完全相反。具體點說：反抗運動並不單純地向着勝利的方向走，由於勝利條件的不夠，它也有失敗的可能性。因此它是包含着勝利和失敗同時並可能的矛盾的，必然推理就要從這矛盾上來研究，並指出要具有某些條件，這矛盾就可以向着勝利的一方面走。第二，必然的推理是最確定的眞理，這樣的眞理是具體的。因爲它要儘可能地把握到一切具體的條件，具體的程度愈高，也就是對於事件的內容把握得愈完全，眞理性也就愈更確定，必然的推理不是用一個空空的原則來泛泛地說明一件事實，而是要就每一件事物的各種特殊條件，指出該事物的特殊的發展狀態。公式主義的社會科學家應用社會科學的公式理

69

論，說經濟落後的俄國不能建設社會主義，而真正的社會科學家伊里奇卻

依據俄國的具體條件，指示該國可以首先走上社會主義的道路。這對於每

一件事物的儘可能具體的把握，就是必然推理的一個最大特色。

由質的推理經過反省推理而發展到必然推理，就達到了推理的最高階

段。這發展是跟着人類的認識發展而前進，推理形式的最高階段在內容上

就表現着人類對於事物的最深入的認識，表現着人類已把握到了事物的內

在矛盾。辯證法的論理學所要求的就是這矛盾的把握，辯證法並不單純地

拋棄了演繹推理和歸納推理，不過從內容上來說，演繹和歸納推理都只反

映着事物的較低級的真理性，因此辯證法只把它當做認識或思想發展的一

個契機或一個要素，而辯證法本身所要求的必然推理則是把這些要素綜合

了（而且是在實踐的基礎上綜合了）的結果。

形式論理學只研究推理的形式，而不研究它的內容，因此也不知道依

70

壞着認識的發展來研究各種推理形式的發展上的關聯。只是把各種形式機械地加以統計、分類和排列，想單從形式上來斷定某種推理形式的真理性。如果單從形式上來判斷，那麼，歸納推理所得到的結論是極不確定的，因為（前面已說過）歸納推理的前提裏所包括的事實是有遺漏的。就是必然推理，單在形式上來推敲，也不會覺得有可靠的真理性。因為必然推理裏許多條件的必然性，只全靠內容本身，全靠實踐來決定，在形式上是看不出必然性來的。這樣，形式論理學的推理研究，不能把推理形式結合在活的事物內容上，它把推理形式的血和肉抽出了，使它不能產生活的思想和真理。

五　分析和綜合

以上把認識和思想發展的形式和內容大體上講完了，以下再從研究方法上來講一講思想所走的路徑；首先我們要講一講分析法和綜合法。

認識的發展過程，像前面所說的一樣，是由具體的感覺和表象開始，走向抽象的思惟（概念、判斷、推理），又由比較抽象的質的推理和反省推理，走向較具體的必然推理（因為要把握各種具體的必然條件，作具體的預測和說明）。從研究方法上來看時，我們研究任何一件事物的時候，所走的路徑也是要從具體的，最常見的東西開始，從這裏漸漸走向比較抽象的概念，定律或原則的發見，又由這些定律或原則的規定，走向具體事物的說明和預測。由具體事物走向它們共迪的抽象的東西，這一個方向是把共通的概念（高度的抽象概念也叫做「範疇」）或原則分析出來，所以是「分析」的路徑。從共通的原則中找到具體的事物的說明時，所走的路徑是取「綜合」的形態的。譬如馬克思的經濟學的研究，是從人人最容易看見的具體的「商品」開始，由商品中分析出一切商品所共有的價值概

72

念。由價值又分析出抽象勞動，具體勞動的概念，更達到剩餘價值和剩餘勞動的法則，這樣就抓着了資本主義社會經濟的許多核心的法則，由這些法則的綜合，就進一步去說明資本主義社會的運動法則的具體過程，生產的無政府狀態、危機、勞資的鬪爭、資本主義社會的必然沒落等。這是綜合的路徑。

又譬如研究中國社會經濟，這是一個最複雜的社會經濟形態，裏面有封建制度，有資本主義要素，有帝國主義侵略的烙印，有野蠻民族社會的殘遺，從這複雜的具體形態的研究中，我們給它找出了一個簡單的規定，說：這是半殖民地封建社會。整個的中國社會的特性，就包括在這一句抽象的話裏。我們怎樣能得到這一個規定呢？這是需要詳盡的分析的，我們必須把中國社會經濟裏所包含着的一切要素一件件地分析出來，把它們象來互相比較，研究它們中間的相互關係，然後來決定這些要素中什麼是最

73

主要的重心。於是我們發見，封建殘遺在中國社會裏還是一種支配形態，中國社會在本質上是帶着封建性的。這樣的一個研究過程，是把抽象的簡單的規定從具體的複雜的現象中分析出來，所走的路是以分析爲主。我們從這簡單的規定出發，來說明中國社會發展應走的道路時，又可以得到許多具體的思想。譬如說，中國社會既然是封建性的，因此中國的發展前途一定是向着資本主義的民主主義的方向走，但又因爲中國是半封建的社會，帝國主義的壓力太大，資本主義不能自由發達，因此資本主義的代表者不能負擔起推動社會發展的任務，而這任務就落在更下層的勞苦大衆身上了。這樣的一套說明，是由簡單的規定走向複雜的事態的說明，所以那研究的路徑是綜合的。

這樣的研究路徑，和人類認識發展的路徑是一致的。前面已經詳細說過，人類的認識最初是從具體的表象開始，走向抽象的概念，這樣的路程

74

可以說就是分析的路程。又由概念經過判斷推論，達到了具體的事物的理論，這算是綜合的過程。這樣，研究方法和認識發展的路程就有着一致的地方。明白地說，研究方法如果不能順應着認識本身的發展過程走去，是不會正確的，因爲研究方法不過是把認識本身的法則合理地加以運用，使認識儘量地不要走錯路，因此它的任務就是要把認識所走的道路更正確化，合理化。而它本身所走的路徑也不能不和認識的路徑一致了。

但上面所說的一切，難免會引起讀者的誤會，以爲我們所謂的研究方法，不過是上半段分析，下半段綜合，這樣機械地湊合起來就成功了。而且，我們所主張的方法，是新唯物論的方法（也就是唯物辯證法），要照這樣說，那麼，辯證法也不過是一段分析加上一段綜合就完了。這是一個誤解，我們不能不打破牠。

上面說到分析的研究時，是說研究以分析爲主，並不是說在分析的時

75

候，完全就可以丟開了綜合。說到綜合的研究，也是一樣，分析和綜合，在正確的研究方法裏是不能分開的。在分析的時候，要用綜合來補足，在綜合的時候，也要不斷地去分析具體的事實。但這樣空空的講是不夠的，我們得舉例來給與說明。

就把中國社會經濟的分析作為例子吧。我們分析了中國社會內部的各種要素（資本主義的、封建的、原始的、帝國主義的），並且看出封建的要素是支配的形態。我們為什麼不說，中國就是封建社會？而要說它是半殖民地的半封建社會呢？這就因為我們在分析這些要素的時候，不單單是把它們分開了就算完事，不單只是把這些要素分開了，再比較一下它們在中國社會裏所佔的成份的多少，就算完事。在分析、比較的時候，同時我們就得注意到它們中間的相互關係。我們不單只要知道封建經濟是中國經濟的基本形態，還要注意帝國主義的侵略和發育不全的資本主義要素在這

76

封建形態上所起的反作用。這就是同時要注意到各種要素的綜合。也就是要用綜合來補足我們的分析。這樣一來，我們纔知道中國封建經濟是和西歐的封建經濟不同，它是被帝國主義的侵略壓歪了，於是我們纔得到半殖民地半封建經濟的概念。

這道理，說起來似乎很簡單，但應用起來，卻有很多人不能夠照這樣做。在前幾年文壇上哄動一時的「中國社會史論戰」裏，就有許多人在分析中忘掉了綜合的補足，於是得到了錯誤的結論。有的人看見中國社會經濟的支配要素是封建性的，於是就說中國是純粹的封建社會，有的人看見資本主義式的生產物（如鐵路、輪船之類）侵入中國來了，就說中國已經是資本主義社會。這就是在分析的時候忘記了綜合，因此所分析出來的要素都被他們看做孤立的，和別的要素好像沒有相互關係。當他們要決定中國社會性質的時候，也只用孤立的要素來決定的。

77

在綜合的時候，情形也是一樣，我們決不能因為我們的研究是在走着綜合的路徑，就忘記了分析。我們分析了中國社會的各種要素，決定它是一個半殖民地半封建社會，我們從這一個概念出發，把這分析的結果綜合起來，給中國社會的發展和前途一個說明。我們說：中國社會發展的任務是反封建，也就是要向資本主義的民主主義走去，但因為半殖民地性的緣故，本國的民族資本主義受着帝國主義的高壓，無法獨立生長，因此資本主義的代表者也沒有能力擔負起這一個發展的任務，這任務是落到更下層的勞苦大衆身上去了。這說明是不是正確呢？自然是正確的，然而還不夠得很。如果單單依靠這個說明，就想解釋一切，那我們將會覺得資本主義的代表者在中國發展上一點進步的作用也沒有了。這樣的結論就是錯誤的。要免除這樣的錯誤，就必須在研究中隨時根據中國當前所發生的事實的，從新的事實中作新的分析，把這新的分析來補足我們的綜合的說明。譬如

78

在民族危機的現階段裏，我們說明當前中國社會的動向時，是不能單單依據舊的分析的原則就滿足的，我們必得把當前的情勢加以分析，把日本帝國主義的新的進攻和中國民衆的新的抗敵要求加以認識，然後我們可以斷定，資本主義的代表者在中國雖然不能獨力地最後地擔負起時代的任務，但在現階段，在敵人猛烈侵略之下，他們也可以成爲抗敵的一支力量的。

有了這樣的新的分析，我們纔明白在目前的階段，可用聯合戰線的策略推動中國社會的發展，而不必一定要下層的勞苦大衆做獨力的支持。這樣，在我們綜合的研究時，是要不斷地用新的事實和新的分析來給與補充的。

目前反對聯合戰線的人，就是不去分析新的事實，單單把舊的抽象原則拿來做說明一切的根據的。因爲篇幅限制，不能對他們再加批評，但讀者自己想來也可以類推了。總之，分析和綜合，在唯物辯證法（正確的方法）裏，只是兩個重要的要素，我們不能把分析當做獨立的方法（即丟開

79

了綜合的單純性的分析法），也不能把綜合當做單獨的方法，更不能把辯證法看做分析法和綜合法的機械的結合。我們對於被分析了的東西，必須注意到它們的關聯和統一，對於綜合的說明，必須隨時加以新的分析。只有形而上學或形式論理學的方法，纔會把被分析了的東西各自孤立地看待，把綜合的東西看做死的永遠固定的綜合（卽不能容許新的分析和新的變化的綜合）。這樣的「分析法」和「綜合法」是不能說明運動和變化的。

六 歸納和演繹

現在再略說一下「歸納」和「演繹」吧。

歸納推理和演繹推理，在前面講推理的時候我們已經說明白了。平常我們所聽說的「歸納法」和「演繹法」，就是把這兩種推理加以誇張，使它們各自成為獨立的研究方法。歸納法是從許多單獨的事實裏找出一個共同的原則，以後遇到同類的事實時，就用這一個原則去解釋。演繹法是恰恰相反，不從事實出發，而是一開始就把握着一個普遍的原則或公理，用這原則去推論一切特殊的事件。歸納法好像是很尊重事實的，而演繹法卻好像是不顧事實。

這兩種方法是那一種對呢？在唯物辯證法上說來，兩種方法都不對。

歸納法叫我們只注意眼前的個別事實，忘記了公理原則的應用，常常使我們的眼睛變得很近視，或者只看見事物的表面看不見更深刻的東西。歸納法看見阿比西尼亞打敗仗，阿拉伯人打敗仗，西班牙的人民陣線也遭遇了許多失敗，就會把失敗看做永久的原則，以爲被壓迫者的反抗都不會勝利，它只這樣注意表面的事實，全然不能夠在失敗中看出勝利的前途。這錯誤，在講歸納推理的時候我們已批評過了，現在不必重複。演繹法呢？它只是固執着一些原理原則，抹煞了當前的事實，那錯誤是更容易明白

81

的。用希特勒的思想做例子，他以為世界上只有日爾曼人是優秀的民族。這就是完全沒有事實根據的一個空洞的原則。他的一切言論，以及他對於許多事物的解釋，都是從這個空洞原則出發，則此才會產生他那強詞奪理的荒謬而武斷的理論。譬如猶太人在世界上，不論在學術方面政治方面都有着許多偉大的貢獻，然而在抹煞事實的希特勒嘴裏，卻被罵得一錢不值。

這就是單純演繹法所達到的最好的例子。

唯物辯證法反對把歸納誇大成一種特殊的方法，對於演繹也是一樣。歸納和演繹都只是這整個方法中的一個要素，就好像分析和綜合也是它的要素一樣。有的人說，不了解唯物辯證法的人，常常把這方法還原成這兩種中的一種。有的人說，既然它是「唯物論」的方法，當然要偏重物質，事實，當然要以歸納法爲主了。又有的人說，唯物辯證法本身包含着許多大原則或規律（如矛盾統一律之類），這

82

種方法不過是把這些規律拿來應用而已，所以它是演繹法。

還完全是誤解。唯物辯證法雖然偵重事實，但並不像歸納法那樣僅僅停重表面的眼前的事實，卻還要把握到事實的內部矛盾，還要看出現在的事實和過去、將來的事實的關聯。所以它的方法不單只把眼前的事實材料加以歸納就完事，在研究事實的時候，對於原有的科學原則是不能忘記了的。中國的葉青，就不明白這點，他不明白歸納法和辯證法的根本不同，他以唯物論要偵重事實為理由，在研究中國社會的時候就丟掉了社會發展的普遍原則。社會發展的根本動力是社會內部的矛盾，這是一個普遍的原則，在研究中國社會的時候也應該應用的，但葉青因了中國受帝國主義侵略的是事實，就以為中國社會的變動全由外力，而忘了普遍的原則，這就不懂辯證法，把辯證法和歸納法分不清楚的好例。總之，辯證法在進行事實的歸納的時候，是同時不忘記了原則的應用，也就是不忘記了演繹的。

83

反過來說，在用原則進行演繹的時候，辯證法也不是單單的以演繹為滿足，同時要在新的事實中做新的歸納，找出新的變化形態。如果不注意到這一點，就會把原則變成死的公式。死的公式，常常會使我們離開了事實的真理。公式主義的錯誤，在標榜唯物辯證法的人們中間是很不少的。譬如有人因為以前許多封建國家都會走上資本主義以至於帝國主義的道路，於是把這公式套在中國社會上，說中國將來也會成為帝國主義。這就是不能在中國的新事實裏做新的歸納，只盲目地應用公式的結果。因為受了帝國主義侵略的封建社會，和以前的封建社會已有許多不同的地方，但如果能夠注意到這些不同的地方，它的革命的性質雖然帶着資本主義性，但它的前途決不會再走向帝國主義了。

我們就可以斷定，它的前途決不會再走向帝國主義了。

總之，不論歸納法和演繹法，都只是一種形式論理學的（或形而上學的）方法，它們都把事物看做死的，不變的東西，歸納法只注意眼前的表面事實，忘記了眼前的事實和過去的事實的關聯，並且也不能理解將來的事實的發展，只從現在的事實裏抽出一些死的原則。演繹法把死的原則當做不變的公式來應用，當然也不能說明新的事實的發展。至於正確的辯證法，那是和這兩者不同的整個的方法，不能還原成歸納法，也不能還原成演繹法，也不是歸納法和演繹法湊合成的。歸納和演繹，在辯證法裏面只是一種方法的要素，並不是各自獨立的「方法」。在歸納事實的時候，辯證法同時要顧慮到原則的演繹，也就是不放棄大原則。在演繹的時候，辯證法同時要從事實中進行歸納，使原則在新的事實中得到新的活用。辯證法是把這兩種東西統一起來，而不是把它簡單地湊合起來，這是應該注意的。

第四章 形而上學的方法和辯證法

一 形而上學和形式論理學

在前面三章裏面，我們時時刻刻講到形式理論學和形而上學這兩個名詞，並且說這兩種方法是和唯物辯證法相反的方法。至於它們本身的性質究竟是怎樣的呢？這在前三章裏雖然偶爾也說明到一點，但還沒有明白而有系統的解釋。這裏就要詳細地談一談了。

形式論理學和形而上學的方法是分不開的。有了形而上學的方法才會有形式論理學，有了形式論理學，形而上學的方法才具有了確定的形式。

但為解釋的便利起見，我們先從形式論理學上說起。我們可以給它一個比喻：形式論理學可以說是思想上的「官樣文章」。

為什麼是「官樣文章」呢？這祕密，通常一般的大衆恐怕是不能了解的，因為這是做官人的把戲，如果小百姓都懂得了，那恐怕官也就不容易做了。譬如說，土豪劣紳殺了農民，事情鬧到官廳裏去，做官的人一定要來一篇「官樣文章」（或打幾句「官話」）說：「我們一切都要按照法律辦理，殺人要抵罪，決不容赦。」但表面上雖然這樣嚴正，暗地裏卻可以和殺人者講親善，送禮物，弄來弄去，仍然可以「依照法律」判定無罪。

又譬如災荒年代，慈善家們帶着一副悲天憫人的面貌到處大募捐款，事後當然要來一篇報告，說明某些地方用了多少，某些款子又怎樣開支得分文不剩，真是乾乾淨淨，清清楚楚，然而這也只是官樣文章！實際上他們自己已經落下了幾十萬，到名勝地方去蓋起了別莊來，捐款人和災民都還是在夢裏。

只要表面上說得冠冕堂皇，內底裏變通自在，可不用管，這就叫做官

87

語：只看重外表的形式，形式通得過，就敷衍了事，至於事實的內容如何，那完全不問，完全抹殺，這就是官樣文章，直截了當地說，官話或官樣文章，同樣有一個特點：只看重形式，完全不注意內容。

但思想上的官樣文章又是怎樣的呢？那就是只注意思想的形式，而忘記了思想的內容。形式論理學就具有着這一個特點，這在第三章我們已經說過一些了，這裏再要明白地解釋一下。

我們先要問：什麼樣的思想，才是正確的思想？我們通常都會回答說：「要合乎道理的思想」。簡單點說，就是「要合理」。用新名詞來說，就是「要合邏輯」。所謂邏輯，就是論理學，因此也就是說：「正確的思想，是要不違背論理學。」

這是我們通常的見解。合道理，合乎論理學，我們就以為是正確的思想。

但認真說起來，這種見解，是要斟酌一下的。因為我們又可以從另一想。

方面說：正確的思想，是要合乎事實。如果單單合乎論理學，或單單在道理上講得通，而離開了事實，那種思想也是要不得的。

譬如這幾年來常有人發表過這樣的議論：刻苦努力的人不怕餓肚子，今日的學生失業的很多，這就證明今日的學生是不大刻苦努力的。這種思想，看起來當然也有幾分道理，在論理上也還說得通，可是和今日的事實就不能符合。因為在經濟恐慌極嚴重的今日，就是刻苦努力的人，也不見得就一定能找到職業，這樣的思想，我們就不能說它是正確的，因為它只有空空的道理，沒有事實做內容。

人的思想，本來是要能反映事實，才是正確的，現在卻不管是否合乎事實，只求表面形式上講得過去，這就是思想上的官樣文章。形式論理學就是思想上的官樣文章，它把思想排列成各種各樣的形式（如前章所講的判斷推理等）來研究，而不研究思想所反映的事實的內容。它只求形式是

89

不是合乎一定的規定，不管這些形式是不是能反映事實。它給思想的形式定下了三個根本規律。我們只要檢查一下這三個規律的性質，就可以對形式論理學這東西有充分的了解了。

三個規律是：一、同一律；二、矛盾律；三、排中律。在這中間，同一律是最根本的一個規律，其餘兩個都是這同一律裏推衍出來的。同一律是什麼意思呢？它有一個公式：「A是A」，這公式的意思就是說：一件事物只能做一件事物，狗只能是狗，活人只能是活人，死人只能是死人，總之，認為一件事物和它的本身總是同一的，這就叫做同一律。

由這同一律裏，就推衍出矛盾律和排中律來：一件事物既然是一件事物，那就不能同時又不是這件事物，狗既然是狗，那就不能同時又不是狗，一個人是活人，就不能同時是死人，這就是說：一件事物的本身就只能是同一件事物，決不能和它本身有衝突，有矛盾。這就是矛盾律，它的

90

公式是：「A不是非A」，或「A是B時，不能同時又不是B」。至於排中律，也是同樣由同一律推衍出來，並且也只是矛盾律的反面的表現。矛盾律說一個人不能同時是活人又是死人，排中律就說：一個人只能是活人，或者只能不是活人，活和不活的中間的情形是沒有的。這就叫做「排中」。這樣，排中律和矛盾律可以說是一個東西，不過說的方法不同而已。它的公式是「A是B，或非B」。

形式論理學的三個定律的意義我們已經了解了。這定律是不是對的呢？從形式上來說，這當然是對的。我們既然說某人是活人，當然不好說他又不是活人，狗當然是狗，我們不能同時又說它不是狗。但這是不是能反映事物的真理呢？如果世界上的事物是永遠不變的死的東西，那它是能反映的。狗永遠是狗，不會變成別種的動物，活人永遠是活人，不會變成死人，狗的本身不會包含着變成別種動物的要素，活人的本身上也不會包含

91

變成死人的可能性。要是這樣，那麼，狗當然只是狗，活人當然只是活人了。但實際上的事實卻不然，世界上的事物是不斷地在運動發展，活人終有變成不是活人的一天，照進化論來說，一種動物可以進化為另一種動物，那麼，狗也不會永遠只是現在的狗。這樣，活人裏面就包含着不是活人的要素，狗的本身也包含着非狗的可能性了。是的，活人終歸是活人，在形式上我們不能說同時它就是死人，但我們如果要使思想更能反映事實內容的話，我們就同時要注意到活人總是一天一天的走近墳墓，我們要注意，一個活人的身上，隨時隨地都帶着死的可能性。（失業、被壓迫、不就是這可能性嗎？）他要隨時隨地和死戰鬥，要克服了死的機會，才能保持着活人的存在。如果我們注意到這樣的事實內部，那麼，形式論理學的缺陷，就很容易明白了。

再舉一個現實的問題來說：不久以前，通貨膨脹的問題鬧得很凶。有許多學者說通貨膨脹可以把市面的不景氣克服。理由是：目前的不景氣，都是表現物價的跌落。實行通貨膨脹就可以使物價高漲，因此也一定能恢復景氣。按照形式論理學的規律來說，通貨膨脹既然能提高貨價克服不景氣，當然就不能同時又說它會加強不景氣了。因此，從這樣的「道理」上來說，通貨膨脹眞是克服不景氣的無上妙藥了。然而事實呢？物價高漲，一方面固然可以刺激投機商人的情緒，使他們勇於購買，把不景氣暫時和緩一下。但在另一方面，物價漲了，貧窮的消費者更是無力購買，大眾的購買力愈更減低，這就表示不景氣終於要愈更加強下去。這樣，在克服不景氣的通貨膨脹中，我們同時就看見加強不景氣的要素。這樣的事實，對於形式論理學的三個定律就大大的違背了。

這樣，形式論理學不能反映事實，單只有一個空空的形式，是很明白的了。但前面已說過，形式論理學所以不能反映事實，是因為事實是不斷地變動着的。如果世界是靜止不變的東西，那我們就無法反對形式論理學了。因為靜止不變的東西是永遠同一，不包含着矛盾的，倘若世界上的事物是這樣的東西，那當然就可以由形式論理學的同一律和矛盾律來反映，那又怎能說它是不合乎事實呢？

現在，我們可以看出形而上學和形式論理學的密切關係來了。我們所以能夠反對形式論理學，是因為世界上的事物都在不斷地變動。反過來說，如果要替形式論理學做辯護，就不能不否認了世界的變動性，就不能不把世界上的一切事物都看做不變的，各自孤立的東西。而形而上學的方法論，正是要把世界看做固定不變，把萬物看做各自孤立，一次成就的東西。形而上學正是以否認世界的變動性為主要特色的。因此，形而上學的方法論是形式論理學的最大的辯護者，更正確地說，形式論理學本身就是建立在形而上學上的。因為形而上學把事物看做互相孤立的東西，把形式和內容看做沒有關聯的東西，所以形式論理學才丟開了思想的內容而單研究形式，因為形而上學否認了一切事物的變動性，所以形式論理學才不注意判斷和推理的歷史發展，而只把各種判斷和推理的形式加以分類羅列。

因為形而上學主張每一件事物都是永遠不變的，不會轉化成另外的事物，所以才有形式論理學的同一律和矛盾律，排中律等。形式論理學是建立在形而上學的方法論上的。同時，反過來說，形式論理學既規定了同一律等三個定律，使我們的思想無法反映變動的亦實，也就是使我們的形而上學的思想更固定起來，使我們更容易傾向到把世界看做固定不變的東西。這樣一來，形式論理學也能反轉過來幫助形而上學，使形而上學的方法論更確定，它建立在形而上學上，同時它又使形而上學得到更有力的支持。兩者是互相幫助狼狽為奸的。要想克服形式論理學，就得要同時也克服了形而上學。

95

二　辯證法和形而上學

我們已經明瞭了形而上學和形式論理學的缺點了。但是，形而上學和形式論理學雖然有那樣的缺點，在過去卻有一個長長的時期支配着人類的思想，就是在現在，也有不少的人在有意或無意地受着形而上學方法的影響。如果說這種思想方法對於人類思想毫無貢獻，那麼，當時的人類為什麼要接受它，為什麼要使自己的思想受它的支配，這豈不是太愚蠢了？如果說，這種思想方法是曾經有過很多貢獻的，那麼，現在我們接受辯證法的方法論時，對於它又將怎樣處理呢？是不是能夠絕對拋棄了呢？或者還應該特別給它留一個位置呢？辯證法和形而上學的關係，究竟應該怎樣來了解？

我們先得要承認，形而上學在人類思想上，也曾經有過很多的貢獻。

96

世界是不斷地變動着的，形而上學把世界的一切看成不變的東西，這固然是完全錯誤了。但是，在我們研究這變動的世界之先，我們還得要把這整個變動中的各部分一樣樣地來研究一下。譬如說，我們要了解高爾基這人的一生，這了解並不是馬上就可以達到的，我們得要把他的童年時期，青年時期以至於老年時期的生活，一部分一部分地分開來研究過。這就是說，在我們要了解整個的變化過程之前，我們需要先把這過程的各部分切開來分別的研究。如果不把各部分分開來研究過，整個的了解還是不可能的。又譬如讀書，要使一個從來沒有讀過書的人會讀一本書，不是馬上就會成功的，一定要先教他把書上的字一個一個的認會，然後又學讀一句一句的句子，這一步學習的工夫做過了，然後纔可以達到讀書的目的；我們現在是懂得了唯物辯證法，知道把握世界萬物的運動變化。但在我們未達到這種思想之前，我們不能不先把這世界的各部分分開來研究過。自然科學上的分類、解剖、分析，就是在研究整個的關聯之前必經的步驟。這樣，我們可以了解，形而上學的方法為什麼會在人類思想中發生出來，為什麼會有一個時期支配着人類的思想，而且有過相當的貢獻了。因為形而上學的作用，就是在於分類、解剖、分析、把整個發展過程或整個事物的各部分切開來，一樣一樣地做獨立的研究。我們在把握整個的東西以前既然不能不先分別地研究各部分，那麼，在我們能够用辯證法把握事物的發展以前，不能不先經過形而上學的個別部分的研究，這是很明白的事。換一個說法，不經過個別部分的研究，就沒有真正的全體的了解，不經過形而上學的階段，人類也不會達到今日的唯物辯證法的思想。形而上學原來是今日的更高的思想方法的階梯，它在過去曾貢獻了很多的材料，使我們能够建立起今日的辯證法的世界觀和思想方法。這樣，它在過去所以能够支配了人類觀想，理由是很容易明白的了。

93

今日的我們，對於形而上學及形式論理學要探取什麼樣的態度呢？有人以爲在我們今日的思想裏，還可以替形而上學保持着一個位置。以爲現在還有許多事物的研究，不是辯證法所能管轄到的，應該把地位留給形而上學。這種思想，在號稱唯物辯證論者的人們中間也頗不缺少。在中國，葉青就是一個。他們的理由，說起來似乎也好像很有道理。他們會這樣的說：譬如現在有一件新的事物或新的變化過程發生了，我們要去研究它，那麼，第一步不仍然是要加以分析、解剖，先把它的個別部分弄明白了，然後總能把握整個的事物和發展嗎？這樣，我們不是仍然要先用形而上學的方法來研究，然後總達到辯證法的理解嗎？這樣，形而上學在現在不是仍然有地位嗎？

這理由好像是說得很對的。爲什麼好像很對？因爲我們研究任何一件新事物，確是如上面所說，要先從分析、解剖、個別的部分研究起，把事

99

物的各部分一樣地觀察清楚了以後，然後總能把握到全部的、整個的發展。這不是好像表明，在研究的開始一個階段，仍然要形而上學嗎？但在實際上，這樣的想法是完全錯誤的。這錯誤，是由於不明白什麼是形而上學的真正的意義。形而上學之所以為形而上學，並不在於它把事物作分析和分割的研究，而在於它分析分割之後就把這些被分割的部分看做各自獨立的，靜止的東西，忘記了這些部分中間的關聯，忘記了變動和推移。因此，我們即使對於一件事物做分析的研究，並不一定就會陷入形而上學的方法。分析的結果會陷入形而上學的關聯。如果我們在分析的時候仍不忘記綜合，仍能夠用綜合來加以補足，那即使同是在進行分析，而這分析和形而上學的分析只是簡單地把事物的各部分分析散，使它們僵硬化。辯證法的分析卻始終保持着事物各部分的活的關係，因此也能西，不能把握住它們的活的關聯。如果我們在分析的時候仍不忘記綜合，仍能夠用綜合來加以補足，那即使同是在進行分析，而這分析和形而上學的分析是不同的。形而上學的分析只是簡單地把事物的各部分分析散，使它們僵硬化。辯證法的分析卻始終保持着事物各部分的活的關係，因此也能看出事物發展的前途。辯證法的分析，在平常最常看見的是國際政治分析，這分析也不是形而上學的。因為它不是簡單地把國際政治舞臺上的各種勢力分列出來就算完事，它同時還顧慮到各種勢力間的相互作用，以及每一種勢力在整個世界的政治舞臺上的作用。好的分析，都是能夠預言國際政治的將來趨勢，並指示前進的人們應探取的行動的。

我們現在還要形而上學嗎？根據上面所說的理由，它對於我們是不必要了的。我們已經有辯證法的方法論，使我們可以做活的分析研究，不必再要死的形而上學方法論了。形而上學的方法，是在過去，在現在，在辯證法的方法還沒有被人把握到的以前，對於人類總有用處，在現在，它反而是會妨害活的思想的發展了。在過去的科學研究中，曾因為有它的幫助，獲得了許多寶貴的材料。但我們現在的研究，卻不僅僅以獲得材料爲滿足，同時要把握到材料中間的互相關係和運動變化了。形而上學會把找到的材料硬

101

化起來，所以是活的思想發展上的障礙。

這樣做，是不是把形而上學無條件地拋棄了呢？不是的，辯證法是把形而上學克服，把他的好的成分吸收了。形而上學把事物的各部分分解開來研究，辯證法在初步的研究中也要把事物的各部分加以分解，這是形而上學中的好的成份，被辯證法吸收自形而上學的。壞處就在於分解後的凝固化，就在於它的靜止的看法，這一點，是辯證法要拋棄了的。辯證法把形而上學的好的成份吸收在自己的內部，溶化成整個方法中的一個要素。

但這並不是在我們的思想中給整個形而上學保持一個特殊位置，並不是說形而上學在今日還有應用的必要，這一點是必須要注意的。

三　唯物辯證法的根本觀點

唯物辯證法和形式論理學不同的地方，前面已說過，是它不單只研究思想的形式，並且要研究，怎樣總能使思想反映事物的真理，怎樣使事物的真理成為我們的思想的內容。世界上的事物是不斷地運動變化着的，唯物辯證法也就要求我們的思想能夠把握運動，反映事物的變化。因此，唯物辯證法的第一個根本觀點，就是要我們從運動方面來看世界，不要把世界的一切看做固定不變的死的東西。所謂從動的方面來看世界，大概包含着這樣的幾點意義：

一、把一切事物都當做發生、發展和沒落的過程來看。一個人，是從母親的胚胎裏發生出來，再經過幼孩時期，青年時期等等的過程，一直到老年，就不能不死。世界上決沒有長生不老的人，這是誰都明白的，一個人在出生以前，世界上沒有他，在他死後，世界上也就永遠沒有了他的蹤跡。這是一個淺明的例子。其實世界上一切的事物都可以這樣看的。每一件事物都是在一定的地方，一定的條件之下發生出來，在一定的條件之下

103

發展，一直到沒落。譬如中國近年來對侵略者的忍辱退讓，這事實，也是有它的發生、發展、和沒落的過程的。不能夠從過程上來看這事實，也就不能夠了解這事實的運動變化。有的人以爲忍辱退讓是中國的民族性所使然，好像它是永遠和中國人的本性分不開的，這就是不能夠從發生和發展的過程上來看的好例。我們要眞正了解忍辱退讓的事實，必須要從中國社會、經濟、政治各方面來詳細研究，它爲什麼會發生，它會發展到什麼樣的程度，它到什麼樣的情形之下會沒落（譬如在民族抗敵聯合陣線結成時退讓的事實也就一定會沒落了）？就是一塊石頭，雖然看起來好像覺得它是永遠不動的，但它的形成，也有一定的歷程，它最初也許是地心裏的熔岩，跟着火山的爆發而流到地面，總凝結成現在的樣子（這叫做火成岩），跟着火山的爆發而流到地面，總凝結成現在的樣子（這叫做火成岩）。它最初也許是海中的泥土渣滓，沉澱到海底去以後，受着海水的高壓力而結成的（這叫做水成岩）。一塊石頭形成了以後，也並不就永遠凝

104

固，一年一年的風吹雨打，日晒冰凍，使這石頭發生「風化」作用，漸漸的又會裂成碎塊，變成塵土，結果這塊石頭是終於走向了沒落的過程。所以，在表面上看起來好像很固定的東西，實際上也有它的生長和沒落的過程。如果我們不從這樣的過程上來理解世界的一切事物，我們的思想就不能反映事物的真理。因此，發生和發展的觀點，是唯物辯證法的根本觀點。

二、把一切事物都看做互相關聯，並且能夠互相轉化的東西。任何一件事物，在世界上都不能夠孤立存在。任何一件事物的存在，都要依靠着其他事物作為存在的條件。譬如一個人的生活，就要靠空氣來呼吸，靠各種動植物作食料，靠各種物質來作為衣服和住室的資料。這是人的生活和其他物質的關聯，平常我們只以為自己是在個人的圈子裏生活着，很少想到自己和全世界的關係，但如果認真一看，就知道我們吃的一些白糖，用

105

709

的一把小刀，都和侵略我們的帝國主義有密切的關係，其實一切事物不但

互相都有關聯，並且也能夠互相轉化，泥土和我們人類，看起來是兩種絕

對不相干的東西，但同樣的泥土，在一定的條件之下，它也會轉化成我們

的肉體。這是為什麼呢？譬如，這些泥土如果是在田裏（這就是一定的條

件），從它裏面長出了稻麥，成為我們的食物，不是就終於轉化成我們的

肉體了嗎？任何事物都是這樣，在一定的條件之下互相關聯著，並且在一

定的條件之下，會互相轉化。一種東西，在一定的適當條件之下，都會轉

化成另一種東西。如果世界上的事物沒有互相的關聯和轉化，也就無所謂

運動和變化了，因為所謂變化，就是指一種東西能變成另一種東西的意

思。我們如果不從互相轉化的方面來看事物，我們的思想也就不能反映變

動的真理。因此，互相轉化是唯物辯證法的第二個根本觀點。

三、把事物的運動看做絕對的，把靜止看做相對的。整個世界的事

106

物，沒有一樣不是在變動，但我們有時看見一些事物好像並不運動變化，而是在靜止着。這應該怎樣解釋呢？如果說，世界上除了運動以外，另外還有着靜止的事物，這是不是對呢？這種折中的看法，並不是事實的真理，這不是澈底的動的觀點。事實上，一切在表面上好像靜止的事物，在根底裏還是在不斷地運動變化。譬如我現在是一個青年人，在三年以後，朋友看見我，仍然覺得我是一個青年人，那麼，我在三年之內，好像是靜止着沒有什麼變化的。但在實際上，我在這三年之內已吃過了許許多多的食物，穿過了許多的衣服，肉體上的新陳代謝是在不斷地進行着，我的年齡增加三歲了，世事也更經驗了許多，在研究方面，我也增長了不少的知識，怎樣說沒有變化呢？所謂沒有變化，只是指我還沒有脫離青年時代這一點，在這一點上，算是相對地有了靜止的外貌，在根本上我始終是不斷地在變化着的人啊。自然，我們不能否認，相對的靜止，在事實上也有着

107

的，任何事物的發展，都是階段式的發展，就像人生的發展要經過少年、壯年、老年等等的階段一樣，每一個階段上，就有着相對的靜止。但我們要注意這只是相對的靜止，不是完全的靜止，在相對的靜止裏面，我們仍要注意到它在根本上是運動的。我們要從靜止中時時看出運動。這是唯物辯證法的第三個根本觀點。

四、我們已承認世界上的事物都是運動變化的過程，但爲什麼事物會這樣呢？事物的運動的原因是從那兒來的呢？辯證法的根本觀點，認爲運動的決定原因是在事物本身的內部，認爲一切運動變化的根源都是事物自己的發展。人爲什麼能生長呢？這是因爲人的本身內部具有着生長的可能性；社會爲什麼能發展呢？這是因爲社會本身具有着發展的各種條件。但我們這樣說，並不是要把外部的原因完全丟掉，前面已說過，一切事物是互相關聯的，事物和事物的關聯中，互相間就發生外部的影響。這影響對

108

於事物的變化，作用也不小，有時能夠左右它的發展方向。簡單的一株樹，如果種在氣候土地不適宜的地方，它的生長就不完全。中國社會如果沒有外來帝國主義的侵略，不至於會成為現在半殖民地的狀態。有些運動，看起來甚至於好像是完全由外力來決定的。譬如機械的運動，好像全然是要由外力推動。這就是外部的作用。如果我們不否認一切事物的互相關係，也就不能否認外力對於一件事物的變化的影響。不過，也只能承認是有重要的影響而已，我們不能把外力當做決定變化的本質的原因。樹種在土地氣候不適宜的地方雖然發育不良，但樹之所以為樹，樹之所以能夠生長成樹，仍是由於樹的本身的性質使然，一株樹決不會只為外界環境的不同而變成一塊石頭的。中國成為半殖民地，帝國主義的侵略固然有極大作用。但中國社會內部的腐化，對外敵抵抗力量的薄弱，才是使它成為半殖民地的決定原因。如果中國民眾能夠形成統一戰線，一致抵抗外敵，是

109

不難成為自由獨立的國家的。機械運動表面上雖然是由外力（如蒸汽電力等）推動，但如果機械本身不是機械，或者是壞的機械，那即是有蒸汽電力也沒有用處，這也是內部條件決定運動變化的一個好例。總之，在唯物辯證法上，是要把事物的運動看做它自身的運動。如果不承認事物自身的運動，那就等於完全拋棄了運動的觀點。為什麼呢？因為我們如果說事物不能自己運動，那就等於說一切事物都是死的，不變的東西，沒有外力，它就永遠不動了。所以，要從動的觀點來看事物，必須要承認事物的自己運動。

以上四點，是用唯物辯證法來研究事物的根本觀點（也就是運動的觀點），不把握住這個觀點，就不能把握運動。但這還是一些原則上的觀點，至於運動的具體法則，以及所謂運動的內部原因或原動力，究竟是什麼？這問題，上面還沒有談到。下面我們就要略說一說唯物辯證法的諸法則。

110

第五章 唯物辯證法的諸法則

一 矛盾統一律

前面說過，事物的運動變化的根源，是在它本身內部。如果不承認事物的本身會運動，那就等於不承認世界上的一切都在運動。這內部的根源是什麼呢？一句話，就是事物本身的矛盾。沒有矛盾，就沒有運動變化。

用社會作比喻來說，如果一個社會裏的人和人中間，沒有一點衝突和矛盾，社會成了絕對美滿的東西，那麼，它還有什麼進步和變革可言呢？社會之所以需要改進，就因為它始終有著一些缺點或矛盾。人為什麼會生長呢？這是因為人的身體裏不斷地進行著新陳代謝的作用。這就是說，人的

111

身上時時刻刻有千萬數的舊細胞在死滅，在消蝕，同時也有千萬數的新細胞在生出，在成長。一方而有舊的東西在死，同時又有新的東西在生，生和死的矛盾時時刻刻在人身上存在着，人的身體才會不斷地生長。再說到運動變化的本身，根本也就是一個矛盾的東西，我們說一件東西在運動，意思就是說這件東西是同時在某地而同時又不在某地。如果單單說這件東西在某地，而不說同時又不在某地，那就等於說它固定在某地，這就不是運動。又如果單單說它是不在某地，那也不能說明運動。因爲一件東西的運動，無論如何總要經過某些地方。所以，只有讓「在」和「不在」的矛盾同時存在一件東西裏時，這東西才會運動。

一切事物在自身內部都有着矛盾，每一件事物都是矛盾的統一。因爲有矛盾，所以才會自己運動變化，矛盾是運動變化的根源，是運動變化的原動力。矛盾的統一，是運動變化的最根本的法則，也就是辯證法的最根

112

本的法則，這個法則就叫做矛盾的統一律。

事物的運動變化既然是矛盾的統一，因此，我們要把握事物的真理，也得要從矛盾統一律上來觀察它們。在第二章裏，我們談到推理的時候，就指出最高的推理（即必然的推理）是要從矛盾方面來推論，是要說明一件事物在某些條件之下會達到某種結果，而在另外的條件之下又會達到相反的結果。事物所能達到的結果是矛盾的，必然的推理就是在這矛盾中指出它的必然的變化方向。必然的推理一定是合乎辯證法，一定是要把握矛盾統一律的。形式論理學裏沒有必然的推理，因為形式論理學的三個定律（同一律，矛盾律和排中律）就和矛盾統一律完全相反。

按照形式論理學的同一律來說：「A只能是A」，或者按照矛盾律來說：「A不能是非A」。或者照排中律來說，「A只能是B，要不然就只能是非B」。換成前面的具體的例子來說：「生只能是生」「生不能同時又包含着死」「人的身體只能是活着的，要不然就只能是死的。」「某物只能是在某地」「在某地的東西不能同時又不在某地」，「某物只能在某地，要不能就只能不在某地」。這些，就是形式論理學的三個定律所能告訴我們的一切。但辯證法的矛盾統一律卻相反。它告訴我們，「一個活人的身體同時也在不斷地死滅」，「運動的物體是同時在某地而又同時不在某地」。「在一個祗何裏，有些人拚命地要保守現狀，有些人拚命又要拚命地打破現狀」。辯證法總是要從這些矛盾方面來把握運動變化，如果換作公式來寫，那就是這樣的：「A是A，同時又是非A。」或者：「A是B，同時又不是B。」

要把握運動，不能不依着矛盾統一律，看出每一件事物的內部矛盾。如果不從矛盾方面來看事物，只依據着形式論理學的同一律，把一切事物都看成同一的，那我們就無法找到事物運動變化的原動力，也就是無法去把握運動。如果我們對於社會，只看見一些保守現狀的人，而不能同時看出許多要打破現狀的人，那麼，社會永遠只是一些保守現狀的人在支持着，就沒有進步或變革了。如果社會眞是永遠不變的，如果一切事物都是靜止固定的，那麼，形式論理學是可以反映它們的眞理的，然而實際上一切事物都在不斷地變動，我們要把握眞理，也就不能不拋棄了形式論理學而依從辯證法了。

有人以爲：就全體來說，我們觀察世界是要依從矛盾統一律，但就某些部分來說，我們仍然要給形式論理學留地位。爲什麼呢？因爲整個世界雖然是變動的，但就如前而說過的一樣，有時也有相對的靜止。在相對的靜止方面，就可以用形式論理學的方法．譬如一個活人，在他未死之前，他總是一個活人──一個靑年，在三十多歲以前，始終可以算是靑年，──中國社會在目前始終是半殖民地的半封建社會。我們不能同時把活人稱做死

115

人。把青年同時稱做老人。這就是相對靜止上可以用形式論理學的地方。

這種論調，是不明白相對靜止的真義，並且是曲解了矛盾統一律的結果。前面已經說過，相對靜止並不是完全的靜止，它的根底裏仍是不斷地在運動變化。說得更明白一點。相對的靜止，不過是運動的一種特殊形態而已，它本身還是一種運動，因此，我們要把據這相對的靜止，也仍是要依着矛盾統一律才行。這就是說，我們不單只要看它表面的靜止狀態就完全，同時還要看出它的內部的非靜止的地方。我們不但要看出活人是活人，並且要了解活人身上不斷地有千萬細胞在死滅，我們不但要明白三十歲以下的青年始終是青年，同時要明白這青年始終是一天天在變老。我們不但要知道現在的中國是半殖民地半封建社會，同時還要明白這半殖民地半封建社會裏有許多的人羣在天天爲着反侵略反封建而闘爭。如果我們單單看見前一半而忘記了後一半，那我們就是把相對的靜止看做了絕對的静止，把相对静止极底裹的运动的要素抹杀了，这样的做法，固然给形式论理学留下了地位，但同时也就抛弃了辩证法了。

我们知道，形式论理学在过去曾经支配着人类的思想，它所以能支配人的思想，就因为它抓着了这相对的静止，把这裹面的静止的一面誇大，抛弃了内部的变动的要素。过去的人类因为还没有获得更高级的思想方法，我们有了高级的思想方法，已经不需要它。这当然并不是简单的把它抛弃，而是把它所看到的一方面包括到更高的方法论裹来。在「A是A，同时又不是A」这个法则裹，前半段已经包含着形式论理学所看到的一面了。在这个定律裹已经有了「A是A」的一段，所以我们不必在这法则之外另外给形式论理学留地盤。只要我们不把矛盾统一律加以曲解，就可以知道这法则已经可以完全代替形式论理学了。

117

人們對矛盾統一律的曲解，是很多的。剛才講過的，有人以為矛盾統一律就是把活人同時稱做死人，把青年人同時稱做老人，這就是一種大大的曲解。真正懂得辯證法的人，決不會把矛盾統一律應用得這樣荒謬。

「A是A，同時又不是A」的公式，決不應該解釋得這樣死板。我們應該把握到一個正確的解釋。所謂矛盾的統一，是指一件事物的內部包含着消滅自身的要素，也可以說，一件事物的本身，是它的肯定的方面，但在它本身內部又包含着否定的方面。「A是A」，是指肯定的方面，「同時又不是A」，是指否定的方面。形式論理學的同一律，就是只看見肯定的方面而抹殺了否定的方面。矛盾統一律的方法，就是在肯定的裏面同時要看見否定的要素。用具體的例子來講，就是要在活人的身上看出死滅的要素，在半封建社會裏看出反封建的條件和要素。活人還是活人，青年人我們還是承認他是青年人，半封建社會，在青年人的身上看出走向老年的要素，

118

我們還是要稱它做半封建社會，卽使應用辯證法，我們也不能同時稱它們做死人，老年人，和非封建社會。矛盾統一律向我們要求的並不是這些。

像前面所說的只是一種曲解。它所要求的只是要在它們裏面看出死滅，老年，反封建等等的要素。事物肯定的方面，在辯證法裏仍是肯定的，從這裏，也可以看出它是吸收了形式論理學的精華，也可以看出它可以完全代替形式論理學。因爲形式論理學的有用的要素已經包含在它裏面了。

總之，矛盾統一律就是在肯定的東西裏看出否定的要素。在這裏，肯定的東西是旣成的方面，否定的要素卻還是未成的，潛伏的方面。這兩方面是不能同等看待的，如果把活人同時稱做死人，那就是把活人裏所包含的未成的方面（卽否定的要素——死滅）曲解作已成的東西。這樣的曲解，眞正了解辯證法的人是不應該有的。在研究事物的矛盾時，應該把矛盾的兩方面加以分別看待。

119

還有一種詭辯論的曲解，更是把辯證法的真精神喪失盡了。這種曲解就是把否定的方面過分地誇大，甚至於抹殺了肯定的方面。例如因為在活人裏而看見死滅的要素，於是就說一切人根本都是死的，把活的方面都抹殺了；因為看見運動的物體是不能停留在某地，於是就說這物體根本什麼地方也不曾停留過；因為看見中國社會裏有反封建的要素，於是就說中國社會根本不是封建性的。這些例子，似乎舉得太極端了一點，好像實際上不會有似的，其實在目前標榜辯證法的人們中間，卻常常有這種曲解。譬如在傾向很壞的刊物上寫文章的人，他是和不良傾向的人弄在一起了的，他的主張也許不一定和別的人相同。然而，他和不良傾向的人們弄在一起，是肯定的方面，意見不完全一致，只是否定的方面。我們不能因為他的意見和別人不同，就抹殺了他的不良傾向。然而藥靑卻主張這樣寫了文章的人不會有不良傾向，就這是一種詭辯論的曲解。

120

把否定的要素和肯定的方面同等看待的曲解，把否定的要素過分誇大的曲解，都是理解矛盾統一律的最大障礙，我們在研究這法則時，要小心不要陷入這一個錯誤裏。

二　質量互變律

質量互變律是事物的運動變化的第二個根本法則，要理解運動變化的存在狀態，必須對這一個法則有明白的理解，爲什麼呢？因爲一切事物的運動變化，總括起來，不過只有兩種：第一是性質的變化，即「質變」，第二是數量的變化，即「量變」。青年人變成老年人，是人的質變，二十歲的青年人變成二十五歲的青年人，是年齡上的量變，但性質並沒有變，因爲始終是青年人。水變成蒸汽，是質變，因爲液體的性質變成了汽體的性質。攝氏十五度溫度的水變成五十度的水，這是量變。因爲液體的性質

121

始終沒有變，只變了溫度的度數。總之，質變和量變是一切事物變化的兩種根本形態。無論什麼變化，都可以歸入兩種中的一種。

質變和量變不是可以絕對分開的，我們要用矛盾統一律來了解這兩種變化形態的互相關係。前面說過所謂矛盾統一律，就是要在肯定的東西裏看出否定的要素。這法則應用在質變和量變的關係上時，就是：遇到量變的時候，我們要看出它內部的質變的要素；遇到質變的時候，要在裏面看出量變的要素。我們不要把量變單單看做是量變，或質變單單看做質變。

這是怎樣說呢？譬如二十歲的青年長大了，成為二十五歲的青年，這在人的一生中，只算是量變。但在這五年中，他經歷到許多的事變，他的身體上不斷地有着變化，這一點一滴的變化的積蓄，都成為他走入壯年時期的基礎，所以在青年的年歲的量變中，已不斷地潛伏着質變（由青年變為壯年）的要素。沒有那一點一滴的量的變化，就不會有將來的質變，青年人

122

如果不是一天一天地在生長，在經歷，不會走入壯年。用水變蒸汽的例子來說，也是一樣的。由攝氏十五度溫度的水，變成九十九度的水，這中間，雖然只有溫度的量變，但我們不能單單把它看做量變，而要在這中間看出質變的要素。當水由十五度升到九十九度時，它的微分子的運動就漸漸變得非常激烈，分子的運動愈激烈，就愈更加強了分散的趨勢，也就是愈更有變成氣體的趨勢，這就是量變中的質變要素。這質變的要素加強到了極頂，即水的溫度到了百度時，否定的質變的要素便由潛伏而變為顯現，成為沸騰狀態了。這就是：量變到了一定的程度就引起質變。這叫做由量到質的變化。

要在質變中看出量變的要素，更是容易的事。前面就說過，質變是在量變達到一定的程度時總會引起的。質變的本身就要以量變為基礎。在質變之後，就產生新的質，在這新質的基礎上，又有新的量變。水變成蒸汽

123

以後，就有百度以上的蒸汽的量變，人到了三十歲，變成壯年，在這壯年的基礎上，又重新增加歲數。我們可以說，質的變化，就是新的量變的準備，沒有質變，就達不到新的量變。水變成蒸汽，是給一百度以上的量變作準備；普通情形下的水，若不變成蒸氣，就不能增加到百度以上的溫度。人不走入壯年，歲數決不會在三四十歲。這就是質變中的量變的要素，質變完成以後：新的量變就顯現出來，這叫做從質到量的變化。

前面的由量到質的變化，和這裏的由質到量的變化，合起來，就叫做質量的互變。一切事物的變化，都是依着質量互變的形態進行的。事物的變化常常是由量到質，又由質到量，所以質量互變是變化的根本法則之一，我們叫做質量互變律。

要了解前章所說的相對的靜止，質量互變律是最重要的。性質的變化，是很明顯的變化，當事物由一種質轉化為另一種質的時候，我們很容易明白地獲得一個變動的觀念。青年和壯年不同，水和蒸汽是截然的兩種性質。這當中的變化是最觸目的。但量的變化卻不然，我們雖然看出了數量的增加和減少，然而性質始終不變，這反映在我們認識裏，就成為靜止的觀念。這種靜止，是不是在客觀事實上有着呢？當然有的，因為性質不變是事實。但這種靜止，只是相對的靜止，只是單單在質的方面，在一定的量變限度以內的靜止。在量的方面，事物始終還是在變動着，並且在量變達到一定限度時（即質變的時候），質的方面的靜止也就消滅了。通常所說的相對的靜止，就是指這量變中性質不變的狀態，在這樣的靜止中，我們不能忽略了它的變動的要素（不能忽略了量變，及量變的結果所能引起的質變），是當然明白的事。質量互變律不但對於相對靜止的了解上很重要，對於運動變化本身的了解上也是不能絲毫離開的。不懂得質量互變律的人，常常只看見量變而忽視了質變，或者只看見質變而不注意量變。

125

只看見量變的人，認爲一切變化只是事物的量的增加或減少，事物存在的數量減少到我們不能覺察時，我們就覺得它是消滅了。數量增加到使我們注目時，就覺得一件新的事物發生了。這樣的見解，表面上好像也承認運動變化，事實上卻否認了運動變化。因爲它認爲一切事物在世界上都是現成的，世界上沒有眞正發生過新的質，也沒有舊的質消滅過，世界上所有着的只是數目上的移動增減吧了。這就是否認了事物的發生、發展和消滅的過程。這種思想，應用到社會問題上來，就成爲漸進的改良主義，以爲要達到新社會，不必要把舊社會變質或變革，只要在舊社會的圈子裏一點一點地慢慢改良就行了。他們不知道舊的質的存在，對於量的變化是有限制的，就好像普通的水，如果不變成蒸汽，溫度決不會越過百度以上一樣，一個舊社會存在着時，改良的行爲也要受着限制，舊社會的質不容許你照你的理想去改造社會，因此，要把社會改好，靠漸進的改良是不行的，必須要先使舊的不良社會發生變革。

只看見質變而不注意量變的人，雖然承認了運動變化，但不能切實地理解它。這樣的人所理解的變化，常是沒有事實根據的，空想的。我們說到水變蒸汽而沸騰（質變）時，一定要注意到百度溫度的量變，一百度的溫度，是水的沸騰的必需條件，是水的質變的事實根據。不注意量變的人，只看見水會變蒸汽，常常以為不到一百度的水也會沸騰，而不知道應該要等到有了沸騰的必需條件總行。這例子，也許有人又認為太極端了，其實事實上卻常有這樣的人，在社會運動裏，我們常常聽說某些人有所謂左傾幼稚病，就是這樣的情形，犯這種毛病的人，就是對於理想的追求太性急，還不等到各種條件成熟，就想要它實現，結果就常常引到失敗的路上。這就是把質變中的量變的基礎忘記了，以致自己所了解的質變全然成了空想的東西，失去了事實的根據。

127

三 否定之否定律

辯證法的根本觀點之一，是把事物看做發生，發展和沒落的過程，這就是說，任何一件事物，都經過發生，成長等階段，而走向沒落消滅。一個人從胎裏生出來，經過了少年、青年、老年等生長的各時期，最後是不免一死。資本主義社會從封建社會裏生長出來，經過自由競爭和獨佔等階段，終於是要崩潰。但這裏所說的崩潰消滅，是不是絕對的死滅呢？不是的。舊的東西在死滅了的時候，還要遺留下一些新生的東西，或者轉化成新的東西。人死了，通常都要留下子女。資本主義社會崩潰了，結果是轉變成新的更高的社會。稻的莖葉枯萎了，就留下許許多多的穀粒，成爲新稻的種子。這樣，一件事物的死滅，同時就包含着新生的意味，包含着向更高級的新事物走去的意味。這也就是死滅中的生活的要素，是矛盾統一律的一個好例。

一件事物是怎樣發生、發展、沒落而轉化成更高的新事物呢？這當然是各式各樣的。但各式各樣的發生成長過程中間，有着一個共通的規律。這就是現在要說的否定之否定律。——這是辯證法的第三個根本規律。

什麼是否定之否定律呢？恩格斯舉的一個例很好，我們不妨用來幫助說明：譬如麥子的生長，首先只是一粒麥粒，這種麥粒落在土裏，受着適當的培養，便發出芽來，長成莖葉，原來的麥粒是沒有了。這麥的莖葉繼續生長、開花、結實，一直到莖葉枯萎，莖葉沒有了，於是又留下一穗結成了的新的麥粒，但這麥粒已不是原來的一粒，而是幾十粒，在性質上也不會和原來的麥粒完全同了。在這一段發生成長的過程中，那最初的麥粒，我們把它當做一個肯定，由這麥粒裏發出來的莖葉，我們把它稱做否定，因爲它否定了麥粒；最後由麥莖上又結成的新的麥粒，我們把它稱做

129

否定之否定，因為它的成熟，是在麥莖枯萎死滅的時候。由肯定到否定，

再由否定到否定之否定，這三個階段，是一切事物的發生發展所必經的共

通的過程，因此辯證法上就把它作為運動變化的一個根本規律。

由這一個例子裏，我們可以看來，要了解否定之否定律，必須要注意

幾點：

第一、否定之否定所包含的三個階段，就是指一件事物從發生，經過

發展，直到沒落（同時也是向更高的新形態走去）所經過的全階段。這就是

說，任何事物的運動變化過程，都是依著肯定、否定、否定之否定的規律

來完成的。麥粒經過莖葉的發展，直到再結成新的麥粒時，它的發展就算

是告了一個完整的段落了。這樣，否定之否定律並不是可以胡亂應用的，

它是每一件事物的全發展的整個的旋律，發展變化到了否定之否定的階段

時，就表示舊的發展完結，新的發展過程又要開始了。麥粒變成新的麥粒

130

時，就成爲新的發展的起點。有人以爲麥芽長成莖葉是否定、莖上開花也

是否定，這就是錯誤，因爲葉和花都只是莖上的一種器官，就像手和脚是

人體上的器官一樣。手和脚沒有否定了人，葉和花也不會把莖否定。而且

莖上開花，並不是莖的最後發展階段，花也並不是新的莖的發展的起點。

因此，否定之否定律決不能在這些地方胡亂應用。用社會的發展來說：最

初的原始共產社會是肯定，後來是私有財產社會否定了它，最後達到新的

共產社會，這就到了否定之否定的階段，而人類社會的發展到這裏也就告

了一個大段落，以後在新社會的基礎上，又要從新的方向開始發展了。

第二、事物發展到否定之否定的階段時，總把肯定階段上的某些特徵

恢復，並且是取着更高的形態來恢復的。由麥粒變成新的更多麥粒，就是

一個好例。由原始共產社會發展到新社會，在沒有私有財產這一點上，是

恢復了原始社會的特徵了，然而這樣的社會是比原始社會更高級的。爲什

131

麼會成為更高級的呢？因為在否定之否定階段上的事物，不但是恢復了肯定階段上的特徵，而且也獲得了否定階段上的一切發展成果。新的麥粒不但恢復了舊麥粒的特徵，而且也因為在蒸葉發展階段上獲得了極大的營養料，成為幾十粒的麥粒。新的社會因為接受了私有社會裏長期的生產力的發展，所以不論在生產技術方面，在社會組織方面，質和量都遠遠地超過原始社會之上。在這樣的意味上，可以說否定之否定的階段，是把肯定階段和否定階段上的發展的好的成果都吸收了，統一了，綜合了。所以通常我們又把肯定稱做「正」，把否定稱做「反」，把否定之否定稱做「合」。

所謂「正、反、合」和否定之否定律就是一個東西。

這裏要注意的是：所謂的「合」，並不是簡簡單單把前兩個階段上的東西合起來就算完事。如果這樣，那麼，「合」也不過是兩件舊東西的結合，怎能產生出更高級的新的東西來呢？這裏的「合」是把舊的階段上的

132

東西綜合起來，同時加過改造，發展，使它走向更高階段，不是把舊的形態依樣葫蘆地保存着。在這樣的意味上，它是把舊的東西拋棄了，但同時也是把它高揚了。所以又叫做「揚棄」。新的穀粒雖然吸收了莖葉發展的成果，但並沒有把莖葉保存在自己裏面，而只讓它枯萎了，這不是很明顯的例子嗎？用辯證法本身的發展來說，在人類思想史的最初時代，人們的思想是無意中取着辯證法的形態的，這是肯定，是正；後來，思想發展了，產生了形式論理學和形而上學的方法，把最初的幼稚的辯證法思想否定了，這是反；最後，形而上學思想到了末路，又產生新的辯證法的思想，它吸收了形而上學思想和形式論理學發展的成果，形成了更高的思想形態，但同時也就拋棄了形而上學和形式論理學。這是「合」，是揚棄。

所以，在新的辯證法裏，舊的成果是吸收了，但並不因此就要把舊的思想形態原樣地保存下來。因為高級的思想方法已經是更完滿的東西了。這一

133

737

點，中國的標榜「物質論」「辯證法」的葉青不全然了解，他以爲在辯證

法裏面，還應該給形式論理學和形而上學留個地盤，這是非常錯誤的。

第三、由前面所說的一切，可以知道，否定或否定之否定，都是事物

本身的發展所引起的變化，麥能變成莖葉，首先是因爲麥的本身有這種變

化的可能性，雖然這也需要外力的幫助，如適宜的土地，氣候，肥料；但

這些始終只是一種幫助，如果麥的本身不會變成莖葉，這一切外力都是無

用。由莖葉變成新麥粒，這更明顯地是事物自身的變化。有些人把一切外

力的消滅看做否定，譬如雀把一個蟲吃了，這就是外力把蟲消滅，有人就

以爲這是雀否定了蟲，這實在是一個錯誤。就麥來說，麥變成莖，是莖把

麥粒否定了，但我們用腳把麥粒踏碎。就不能算是腳否定了麥粒。總之，

否定是事物本身發展的自然的結果，決不是指簡單的消滅。

並且，否定之否定律是事物的幾個規律。第一次否定之後，必然有達

134

到第二次的否定的可能，兩次的否定是不能分開的，麥粒變成整後，就有結成新麥粒的可能，私有社會否定了原始社會以後，它本身又包含着否定自己的可能，並且向着這樣的方向發展。一個否定如果不包含着第二次否定的可能，就不是辯證法的意味上的否定。用腳踏碎麥粒，雀吃蟲，就是不能夠包含着第二次否定的，所以這就不是辯證法的意味上的否定，而只是簡單的「毀壞」和「消滅」吧了。

以上，算是把否定之否定律的要點大致說完了。否定之否定律和前面矛盾統一律，質量互變律，是辯證法的三個根本規律。整個世界的一切運動變化，都是以這三個規律為最根本的基礎的，理解了這三個規律，就是理解了事物運動變化的基本法則，在這樣意味上，這三個規律可以給我們獲得一個正確的世界觀。另一方面，這三個規律既然是世界的變化的根本法則，那麼，我們觀察和研究一切事物時，也不能不把握着這根本法則，

135

依從着這根本法則去研究，因此這三個規律又是我們的思想的方法論。

這三個法則，自然只是最普遍最根本的法則罷了，世界的運動變化法則，決不僅僅只有這三個。此外還有無數具體的比較不這麼普遍的法則，在我們研究的時候是不能忽略了的，否則就會把三個法則弄成空洞的死的公式。單就哲學方面來說，如「本質和現象」「必然性和偶然性」等等的法則，都是我們不能不注意到的。但這裏限於篇幅，不能再談下去，只把握到了這三個最根本的法則就夠了。因為另外還有拙著 大衆哲學 和拙譯 新哲學大綱，對這些問題講得很詳細，讀者可以參閱，不必在這裏重複了。

第六章 唯物辯證法的應用上的要點

這本小冊子所要說的東西，現在已經是完結了。在這裏，我們不過想簡略地做一個結束而已，我們從本體論，認識論，論理學等各方面討論了思想方法論的問題，結果我們承認唯物辯證法是最正確最高級的思想方法。我們已從各方面解釋了唯物辯證法的內容，指出了它和形而上學，觀念論等不同的地方。現在我們再把唯物辯證法應用時的幾個最重要的要點總括地敍述一下。

一、研究一件事物時，要盡可能地把它的各方面都觀察到，把握到。

因為每一件事物都是有着多方面的作用的。簡單到一個梨，就有顏色，形狀，香，味，等無數方面的性質。複雜的像抗敵勝利與否的問題，就要從

137

許多方面來決定：如武器，民眾的抗爭情緒，經濟的充足與否，政治組織，等等。形而上學方面的毛病，就在於常只是抓着事物的一方面，而忘卻了別的許多方面。在相對的靜止裏，形而上學只看見靜止的一面，而忘卻了根底裏的運動的一面，在抗敵問題上，有一種「唯武器論」，也是這形而上學的理論。這種理論以為只要看見武器的好壞，就可以決定戰爭的勝負，這就是只看見武器一方面，忘卻了民眾，經濟，政治等等方面；而不知道如果民眾沒有戰爭情緒，經濟的供給不充分，政治的組織不良，卽使有優良的武器，也是無法戰勝的。這樣，形而上學的方法把我們的思想限制在事物的簡單的一方面裏，使我們的思想陷入在非常狹隘的牢籠中，不能夠估計到各方面的互相關係，不能做活的觀察，結果是成為硬化而謬誤的思想。辯證法所要求的，是要把握住事物的各方面的相互關聯，要從各方面的關聯中找出根本的矛盾，也就是要用矛盾統一律來研究事物。要這

138

樣做，就切不可滿足於單單一方面的把握，而要研究到事物的一切方面。

自然，事物的「方面」是非常多的，要把一切方面完全抓住，不見得是可能的事，但即使不能完全抓住，我們也要盡可能努力這樣做，以妨止我們思想的謬誤和硬化。關於這一點，依里奇曾這樣說過：「辯證法論理學要求我們更向前走去。要真正知道對象（即我們所研究觀察的事物——作者），就必須對於它的一切側面，一切聯結和媒介加以把握和研究。我們對於這事雖然決不能完全做到，但全面性的要求，也能妨止我們的謬誤和硬化」。「見拙譯「新哲學大綱」四一五頁）

二、把握了事物的各個方面，把握到了這各方面中間的根本矛盾以後，還是不夠的。我們還要從這各方面裏，找出這事物的發展方向，從矛盾裏，看出這事物自身的運動，看出它的變化的原動力。關於這一點，伊里奇這樣說：「辯證法論理學要求在發展上，在「自己運動」上——變化

139

上來處理對象」。（同前）

三、根據前面一、二兩點，我們把握了事物的各方面，並且把握住它的內部的矛盾，就可以對於事物的運動變化有正確的估計和說明，也就是使我們的思想能夠反映事物的真理。第三章我們所講的必然的推理，正就是以這樣的一種真理的把握爲目的的。但在那裏我們已經講過，必然的推理，所注重的不是推理的形式，而是推理的內容，它所看重的並不是推理的形式是否合乎一定的規定的問題，而是推理的結果是不和事物的內容一致的問題。推理的結果怎樣才能和事物的內容一致呢？這在第三章也說過，是要憑實踐作檢證的。所以，在辯證法上，凡要研究一件事物或理解一件事物，總得要把人類對於這種事物的實踐行動作爲研究中的一個重要條件。我們說，在一定的溫度和壓力之下，氫氣和氯氣會化合而成鹽酸氣。這樣的推理，是有科學家的實驗作檢證的。我們說，抗敵的軍隊只要

140

能運用適當的戰術，藉着人民的幫助，雖然武器低劣，也可以克服敵人，這樣的推理，是有義勇軍的幾年來的實踐作檢證的。關於這一點，伊里奇這樣說：「人類的實踐全體，是不論作爲眞理的規準，或作爲人類所必需的東西和對象之間的聯結的實踐規定者，都得要加入到對象的充分的「規定」裏」。

最後，我們要緊記着伊里奇的一句名言：「沒有抽象的眞理，眞理都有具體的」。要把握每一件事物的眞理，必須要從每一件事物的具體情形分析着手。我們平常讀了幾本理論書，從上面知道了許多正確的社會變化法則。這些法則本身是不是眞理呢？我們可以答覆說，也有成爲眞理的可能，也有不是眞理的可能。如果我們應用這些法則的時候，我們能夠根據當前社會形勢的分析，使它得到一種具體的新的形態，那它是全成爲眞理的（這一點，可以參看前面第三章論分析和綜合的一節）。如果我們只可

141

靠着這些抽象法則，就想來說明一切，而不顧到每個時代，每一個社會的特殊具體形勢，那麼，任何正確的法則都會變成空洞無聊的公式，都不會有絲毫的眞理性。法則在孤立的時候，是不會有眞理性的，眞理性只有在具體應用的時候才會出現，如果不了解這一點，那麼，卽使熟讀唯物辯證法的書，把辯證法的公式記得爛熟，仍只能得到一點空洞的東西，仍然把握不到正確的思想方法。

142

後 記

我很高興，終於寫成這一本小冊子了。很對不起這叢書的編者張仲實

兄，他和我約定九月底交稿，卻一直延到十一月中旬才完成工作。出版日

期因此脫了一個多月，害得他受到了許多訂戶和出版者的責罵。但正因為

這樣，使我有較多的工夫來思索研究，貨色也才不至於出得太精糕，這一

點，還算可以向讀者諸君告慰的。

這本小冊子的內容，乍看起來，有些地方好像和沈志遠先生的「現代

哲學的基本問題」重複了。沈先生的書是專講本體論和認識論的問題，對

於辯證法和形式論理學以及辯證法諸法則的問題，全然沒有談到。他自己

會聲明這些問題在本叢書裏是有另外的一本冊子來解決了，為免得重複，

143

他那裏就略去。他所謂另外一本册子，就是指這思想方法論。要照遺樣說，這一本是應該專談他所沒有談過的東西才對的。但我卻把本體論和認識的問題重提了一遍，不是重複了嗎？我認爲並不重複，而且是必要的。

因爲在新哲學裏，不論是本體論也好，認識論也好，辯證法的許多法則也好，都同時兼有着世界觀和方法論的兩重意義。辯證法不單只是方法論，同時也是世界觀。本體論，認識論也不單只是世界觀，同時也是方法論。

沈先生所談到的，是從世界觀這一方面來立論的，因此，這裏從方法論來研究本體論和認識論，並不算是重複，而是必要的補足。

因爲其他事務的繁忙，寫起來是斷斷續續，僅僅四萬多字，拖延了兩個多月才寫完，前後筆調頗有許多不一致的地方。但大體上說來，在敍述方面，是努力使它有着一貫的系統；在文字方面是盡量地使它淺明易解；在內容方面是以切實有用，不涉空洞爲宗旨；總希望讀者讀了以後，能夠明白正確的思想方法是什麼，並且能夠實際應用。這是我的努力目標，實際上做到了什麼程度，還要請讀者諸君指教我。

在內容上，我努力應用了現實的例子，努力想把理論和中國的民族解放問題聯繫起來，我相信這種具體的應用，對於理論的發展（至少對於理論的闡明）是很重要的。但因為篇幅不夠，不能全然做到這一步，譬如第五章論辯證法的諸法則時，因為內容較複雜，事實上只能把這些法則的正確的意義說清楚就算了。沒有在中國的實踐問題方面多發揮。但幸好我在以前曾寫了另外的一本小冊子「民族解放和哲學」，是全然從這一方面立論的，可以供讀者諸君參考。

這一本小冊子的理論，從根本的地方來說，是探自外國的哲學著作的，尤其是自己譯的「新哲學大綱」一書的影響特別大。在這一點上，我們可以「坦白地承認自己是複說者和抄襲者」，葉青想用這樣話來譏誚我們，是用不着怕的，因爲新哲學不是個人主義的哲學，如果他一定要標榜自己，成立「一個新的哲學理論」，那根本已經失去了新哲學的立場了。

但這並不是說，新哲學就全是以抄襲好複說爲能事，這又是一個錯誤。我們可以「抄襲」的只是基礎的理論，拿到中國來「複說」時，我們又要把它具體地應用到中國的現實問題上，在這些具體的應用上，我們就不能單純地抄襲，而需要種種的具體發展了。所以，在這本小册子的許多個別部分的解釋上，也有許多顚費自己心裁的地方。就是全書的理論的敍述系統，也並不是從任何「底本」移過來，而是相當地自己組織過一番的。

抄襲和複說並不要緊，只要來得正確，適當，具體。怕的只是像葉青那樣，標榜着「物質論」，卻把康德黑格爾的觀念論的東西也抄許多過來。這樣的東西，還是讓它去自稱「一個新的哲學理論」的好，免得在文化界淆亂是非，使讀者莫明其妙。

思奇一九三六年十一月十二日

146